U0636902

中浦院书系·**研究报告**系列

总主编 冯 俊

中国领导学研究

（2006—2008）

于洪生 主编

人民出版社

《中浦院书系》学术顾问

殷一璀　中共上海市委副书记、中国浦东干部学院第一副院长
李书磊　中共中央党校副校长
周文彰　国家行政学院副院长
叶小文　中央社会主义学院党组书记、第一副院长
孙学玉　中共中央组织部干部教育局局长
黄书元　人民出版社社长
李小三　中国井冈山干部学院常务副院长
陈燕楠　中国延安干部学院常务副院长
林安西　中国大连高级经理学院院长
袁治平　中共中央组织部全国组织干部学院院长
奚洁人　中国浦东干部学院原常务副院长

《中浦院书系》编委会

主　任　冯　俊

副主任　王金定　崔玉宝　陈伟利　夏健明

委　员（按拼音排序）

陈伟利　成旦红　崔玉宝　冯　俊　何立胜
姜海山　刘靖北　宋　今　王洪水　王金定
夏健明　萧炳南　燕乃玲　翟　强　张生新
赵荣根　赵世明　郑金洲　周曦民

《中浦院书系》总序

　　中国浦东干部学院（简称中浦院，英文名称为 China Executive Leadership Academy, Pudong, 缩写为 CELAP）是一所国家级干部教育院校，是由中共中央组织部管理的中央直属事业单位，地处上海市浦东新区。2003 年开始创建，2005 年 3 月正式开学，上海市委、市政府对于学院的建设和发展给予了大力支持。学院按照胡锦涛总书记提出的"努力把学院建设成为进行革命传统教育和基本国情教育的基地、提高领导干部素质和本领的熔炉以及开展国际培训交流合作的窗口"、"联系实际创新路、加强培训求实效"的办学要求，紧紧围绕党和国家的工作大局，依托长三角地区丰富的革命传统资源和现代化建设实践资源，把党性修养与能力培养、理论培训和实践体验相结合，紧扣改革开放的时代精神、经济社会发展的重大问题和干部工作的实际需要，着力推进自主选学制、课程更新制、案例教学制、社会师资制建设，着力提高培训质量，增强培训的针对性和实效性，走出了一条具有自身特色和优势的培训新路，从而在国家级干部教育培训格局中发挥着不可替代的独特作用，得到广大干部的好评和社会的广泛认可。

《中浦院书系》是基于学院办学特点而逐步形成的，也是过去几年教学成果的积累。为适应干部教育培训改革创新的要求，学院在培训理念、教学布局、课程设计、教学方式方法等方面进行了一系列的新探索，提出并构建了"忠诚教育、能力培养、行为训练"的教学布局。忠诚教育，就是要对干部进行党的理想信念教育和世界观、人生观、事业观教育，教育干部忠诚于党的事业，忠诚于国家和人民的利益，忠诚于领导者的使命和岗位职责，围绕马克思主义中国化的最新成果开展基本理论教育。能力培养，就是要着力培养干部领导现代化建设的本领。建院以来，学院着力加强领导干部推动科学发展、促进社会和谐能力的培训，尤其在改革创新能力、公共服务能力、社会管理能力、国际交往能力、群众工作能力、应急管理能力、媒体应对能力等方面形成了独具特色的系列课程。行为训练，就是通过必要的角色规范和行为方式训练，对领导干部进行岗位技能、行为品格、意志品质和心理素质的训练，比如时间管理技巧、情绪控制方法、媒体应对技术等，通过采取近似实战特点的行为训练，提高学员的工作技巧和岗位技能。学院在办学实践中逐步构建起课堂讲授、互动研讨、现场教学三位一体，案例教学、研究式教学、情景模拟式教学等相得益彰的培训特点。

《中浦院书系》包括了学院在教学科研过程中形成的如下几个系列。

"大讲堂系列"。对学院开设的讲座课程进行专题整理，形成了《改革开放实践与中国特色社会主义理论体系》、《干部教育培训的改革与创新》、《经济全球化与对外开放》、《资源节约型、环境友好型社会建设》等专题。学院特别强调开放式办学，坚持"专兼结合、以兼为主"的原则，从国内外选聘具有丰富领导经验的官员、具有较高学术造诣的专家学者以及具有丰富管理经验的企业家作为学院的兼职教师，尤其注重聘请那些干过事情、干好事情的人来培训正在干事情的人。目前，学院已形成500余人的相对稳定、不断优化的兼职教师队伍，成为培训的主力军。大讲堂系列所选入的专题讲座，只是部分专、兼职教师的精彩演讲，这些讲座内容不仅对广大领导干部的学习具有参考价值，而且对那些热衷于思考当代中国社会热点问题的人也有启发作用。

"案例系列"。案例教材是开展案例教学的基本条件。为促进案例教学，学院立足于构建有中浦院特色的案例教学模式和干部教育的案例库。目前已经完成了包括《领导决策案例》、《高效执行案例》、《领导沟通案例》、《组织文化案例》、《组织变革案例》、《危机管理案例》、《教育培训案例》、《领导者心理调适案例》八本案例集。建院五年来，学院非常重视开发、利用和积累鲜活的和富有中国特色的案例，把案例开发和教学紧密结合起来，初步形成了案例开发与应用的新机制。学院通过公开招标，设立了十多个教学案例研究开发课题，并将案例及时运用到教学中去，"危机决策流程模拟"等一批案例教学课程受到学员普遍欢迎。2009年，学院设立了"改革开放经典案例研究"专题项目，"基层党建优秀案例征集与评奖活动"，采取与社会各方面力量合作的方式，进一步丰富了学院教学案例库。

"论坛系列"。学员在干部培训中的主体地位越来越受到重视，在各专题班次上我们组织学员围绕主题展开讨论，变学员为教员，成为中浦院课堂的主角，形成了具有中浦院品牌特色的"学员论坛"。比如，省部级干部"应对金融危机、保持经济平稳较快增长"专题研究班，"建设社会主义新农村"专题班，"现代城市领导者"专题培训班，还有西部开发、东部振兴、中部崛起等区域经济社会发展专题研究班，面向中央直属机关机要人员、档案局长的密码工作、档案工作专题培训班，等等。参加这些特色专题班的学员，熟悉其所在领域的工作，对问题有独到的见解，他们走上讲坛，作出精彩的演讲，既活跃了学院培训工作的氛围，也为学院今后的相关培训提供了鲜活的素材。

"研究报告系列"。学院提出"科研支撑和服务教学"的发展战略，鼓励教师积极参与科研工作，组织了系列研究报告的编撰工作。如：《中国领导学研究（2006—2008）》、《中国干部教育培训发展报告·2009》、《公共危机管理典型案例·2009》等，这些研究报告是我们追踪学术前沿，进行理论探索的结晶。

在我们未来的发展中，也许还会增加国外学术成果的翻译系列和当代中国研究的英文系列，待成熟之后逐步推出。

总之，《中浦院书系》是一个开放式的为干部教育培训服务的丛书系列，是体现中国浦东干部学院特色的学术成果集。参与书系编写工作的不仅仅是中浦院的教研人员，而且包括社会各界关心中浦院发展的领导、学者和实践者。当然，还有学院的学员、兼职老师以及很多关心支持中浦院工作的人士，他们为书系的出版也做了大量工作，不能一一列举，在此一并致谢。这项工程得到了人民出版社领导、编辑的大力支持，他们为书系出版付出了辛勤的劳动，在此表示衷心的感谢。

中国浦东干部学院常务副院长

冯　俊

2010 年 1 月

中浦院

中浦院书系

序 言

当今时代，一切都在发生巨变，不变的定律只有一条，那就是永不停歇且愈演愈烈的变化。目前，人类社会正经历着一场前所未有的金融危机，从而再一次引发全球性的经济发展方式、文化文明观念、社会运行机制以及人们交往沟通方式等方面的巨变。于是人们惊呼，我们进入了一个充满不确定性的年代。这种快速变化的时代特点，对于每一个领导者来说，意味着什么？是无视变化，还是适应变化？是因循守旧，还是锐意变革？在危机和变化面前，要抓住机遇，同时又要迎接挑战，战胜了挑战就是机遇，抓住了机遇，就意味着成功。纵观历史，没有哪一次巨大的灾难不是以历史的进步为补偿的。时势造英雄，危机能迫使领导者锐意进取，创新求变。

人类的领导活动无论在深度还是在广度上，都是综合性极强的社会历史活动，世界上的各种变化都必然会反映到领导活动中来。全球化使得领导环境日益走向开放化、市场化、社会化、民主化和法制化，这要求领导者必须具有世界眼光和宽广的胸襟，要以广阔的全视角洞察和应对时代对领导理念的挑战，要以"和而不同"的世界观洞察和应对时代对领导方式的挑战，要以本土化的视角洞察和应对时代对领导能力的挑战，要以"不慕古，不留今；与俗化，与时变"的视角洞察和应对变革时代的"领导危机"与"领导风险"。只有那些对国家充满责任感、对时代特征及其使命具有敏感性和忠诚度的领导，才能真正承担起领导职责，才能引领社会的变革。

领导者的变革能力是我们时代对领导者的根本要求，也是使之获得核心领导力的关键所在。领导者如何善于变革、善于创新，首要的一步就在于创新理念、更新思维。领导的过程包含着引领时代潮流、率领人们奋勇向前、夺取最终胜利等活动，所以领导天然地包含着不断创新的内容。领导创新存在于领导工作的实践中，具有创新能力的领导者可以想别人所未想、见别人所未见、做别人所未做的事，敢于突破原有的框架，敢于创造性地展开工作。领导者必须与领导环境相匹配，必须要有真诚的追随者，建设一个和谐的、有凝聚力的团队。同时，领导者还要具有服务意识，要为追随者作出示范，这是领导的本质所在。对于领导学研究者来说，则要通过各种途径和方式，帮助领导者清醒地认识到这一点，要促使他们正确分析我们社会正在发生的巨大变迁，正确对待在领导者和追随者之间所出现的微妙变化，成为领导者不断提升领导力的智库。

领导学是一门综合性、实践性很强的学科，这是由领导活动的多样性所决定的，领导活动涉及的因素很多，它不仅涉及领导者与追随者，而且还涉及领导活动的客观环境；不仅涉及领导的各种职能，而且涉及领导方法和领导艺术的运用；不仅涉及领导的日常工作，还涉及领导的作风和素养；不仅涉及社会的政治领域，还涉及经济、文化、科技、军事等各个社会领域。领导活动的多样性以及领导学的综合性，要求领导学研究者必须善于将各学科的资源科学地、合理地、有效地整合起来，以充分运用和发挥多学科的综合优势，研究探索领导的活动规律。要从哲学、管理学、行政学、政治学、心理学、教育学等多学科角度进行全方位的研究与交流。我们中国浦东干部学院近年来一直非常重视跨学科研究，作为培养领导干部的新型机构，集聚了多学科背景的人才，包括哲学、党史党建、经济学、管理学、政治学、社会学、教育学等，出身于不同学科背景的研究人员从各自的学科出发，聚焦到领导所关心的问题上来，从而促成领导理论研究的创新，这也是我们的研究成果获得好评的经验所在。

当前，推进领导学理论创新，最主要的是要紧紧围绕深入贯彻落实科学发展观、推进中国特色社会主义这个主题。把提高贯彻落实科学发展观、构建社会主义和谐社会的能力作为重点。贴近领导工作实际、贴近治国理政的实际，不断深化对共产党执政规律、社会主义建设规律、人类社会发展规律的认识，深化对领导人才的成长规律、领导工作创新规律和领导科学发展规律的研究。要善于借鉴西方领导理论和实践，善于把领导工作中形成的经验、教训上升到理论的高度，为推进经济、政治、文化、社会体制的改革，为进一步加快改革开放和现代化建设作出领导学应有的贡献。查阅了近三年来领导学界所关注的问题，我们进行了认真的讨论，最终形成了九个专题报告，包括：中国共产党的领导哲学及其创新，中国视阈下的西方领导理论，中国古代领导思想的当代价值，领导力研究，危机领导研究，女性领导研究，信息化时代的领导创新研究，领导决策与失误问责，领导心理与领导测评，以及国内外领导学学术会议观点荟萃，通过上述专题的梳理总结，试图为领导理论研究者和实践者提供最新参考。

总结提炼当下的新鲜经验、研究新情况、解决新问题，并不断开发历史经验，这是领导理论研究持之以恒的工作，为了实现理论工作者与实际工作者之间的密切合作，需要学者与领导干部之间的交流互动。没有领导者在实际工作中的广泛实践和积累，学者的研究只能是无源之水，无本之木。我们作为干部培训院校，具有把两者密切结合的天然优势，因为其培训对象就是现职的领导干部，都是在党政机关、企事业单位以及军队中任职的领导干部，有丰富的领导经验，能及时为我们提供信息。领导者与学者间的交流与互动是一件双赢的事情，对于领导者来说，要实现领导工作的科学化，就要善于用科学的理论作指导。对于学者来说，必须加强与实际领导者的联系，只有在交流、沟通和切磋的基础上，相互学习，取长补短，才能共同为学科的发展作出更大贡献，这是我们党在十七届四中全会上所倡导的"建设学习型政党"的要义所在。今后我们会在这方面进一步努力，为领导理论与领导实践的融合作出应有的贡献。

冯　俊

2009 年 12 月于上海浦东

中国领导学研究（2006—2008）

中浦院

中国领导学研究（2006—2008）

第一章
中国共产党的领导
哲学及其创新

　　中国共产党是一个以哲学思维和哲学创新见长的马克思主义政党，它自觉地学习研究马克思主义的世界观和方法论，并以此来指导和决定它的领导方式和实践方式。从中国共产党产生、发展的历史来看，时刻都洋溢着哲学的特质。无论是毛泽东、邓小平、江泽民，还是现任中央领导集体，都非常强调发挥哲学在领导实践中的作用。可以说，如果没有马克思主义哲学的思想支持，就没有中国共产党的生存和发展。正是马克思主义哲学赋予了中国共产党人一种恢弘旷达、高瞻远瞩的哲学精神和哲学气质，使它具有了深邃的哲学头脑和宽阔的哲学眼光。领导哲学植根于领导实践中，并为领导实践提供理论支撑。围绕着党的领导哲学，许多学者进行了理论阐释，在中国共产党革命和建设的历程中，可以看到我们党对社会主义革命和建设规律的认识日益成熟，尤其是在从革命党转变为执政党的历史条件下，紧紧围绕怎样建设社会主义、怎样建设党、怎样更好地发展的主题，以独特的领导哲学，成就了中国特色社会主义事业。围绕党的领导哲学，许多学者发表了其见解。

一、新时期中国共产党重大战略思想的领导学研究

进入新世纪后，以胡锦涛同志为总书记的中央领导集体提出了全面建设小康社会的奋斗目标，坚持以邓小平理论和"三个代表"重要思想为指导，深入研究我国改革发展中面临的新情况新问题，从开创中国特色社会主义事业新局面的战略高度，提出了以人为本，全面协调可持续的科学发展观，并就完善社会主义市场经济体制，加强党的执政能力建设、构建社会主义和谐社会、社会主义新农村建设、建设创新型国家等关系全局的重大问题作出战略部署。科学发展观等重大战略思想，是当代中央领导集体对马克思主义领导理论的重大创新。理论界围绕着中央提出的一系列重大战略思想，以领导哲学为视角展开研究。

（一）领导哲学视角下的科学发展观

科学发展观是以胡锦涛同志为总书记的党中央领导集体根据新世纪新阶段要求，结合中国国情而提出的重要领导理念，是从党和国家事业发展的全局出发而提出的重大战略思想，也是我们党对中国特色社会主义发展道路、发展模式认识的深化，是对社会主义本质、社会主义现代化建设规律认识的升华。

1. 众多论著着力于提高领导干部对科学发展观的认识而展开

科学发展观提出之后，许多学者撰写书籍和文章，帮助领导干部学习理解科学发展观。全国干部培训教材编审指导委员会组织编写的《科学发展观》，把研究和解决改革、发展、稳定所面临的新情况新问题作为重点，着力于提高广大干部推进经济社会发展的本领，以适应广大干部履行岗位职责的需要，引导广大干部成为落实科学发展观的带头人。这本教材以发

展为主线，从不同角度介绍了发展的概念，分析了发展观的基本含义和当代发展观的主要特征，介绍了各种发展观的历史演变，阐述了科学发展观的形成过程和理论基础。科学发展观强调要坚持以人为本，以实现人的全面发展为目标，从人民群众的根本利益出发谋发展，切实保证人民在国家和社会生活中的主体地位，不断满足人民群众日益增长的物质文化需要，切实保障人民群众的经济、政治和文化权益。它不仅指明了实现执政为民根本宗旨的路径，而且把它提升到了更为理性的层面，上升为历史唯物主义的基本立场和方法，并以此统领经济、政治、文化和社会建设。学者们强调要坚持以马克思主义的立场、观点和方法来指导发展。要全面统筹城乡发展、区域发展、经济与社会发展、人与自然和谐发展、国内发展与对外开放，做到经济发展与社会全面进步相统一，人口、资源与环境相协调，走生产发展、生活富裕、生态良好的文明发展道路。统筹兼顾，是一种重要的思想方法和领导方法，在领导和管理经济社会工作中，必须树立正确的政绩观，做到把握全局，搞好统筹兼顾，协调好各方面利益关系，充分调动一切积极因素为社会主义建设服务。〔全国干部培训教材编审指导委员会，2006，第6页〕

相关的论著还有《深入学习实践科学发展观党员干部读本》〔编写组，2008〕，江金权撰写的《科学发展观学习读本》〔江金权，2007〕，邢贲思主编的《科学发展观教育读本》〔邢贲思，2008〕，萧浩水撰写的《科学发展观引领下的中国》〔萧浩水，2008〕，吕澄撰写的《党员干部科学发展观学习辅导读本》〔吕澄，2008〕，等等，都是以帮助领导干部深化对科学发展观的理解为宗旨而写成的著作。这类著作大多是把党的十六大以来党中央的理论创新与党的领导实践结合起来，对科学发展观提出的时代背景、理论渊源和历史进程，科学发展观的科学内涵、基本要求和精神实质等进行全面的阐述，有利于帮助领导干部全面准确地理解科学发展观的精神实质。

还有学者从深化理解的角度，分析了对科学发展观的认识，蒋学模对科学发展观战略指导思想立论的科学依据进行了论述，提出科学发展观是在总结我国半个多世纪以来经济社会发展的实践经验基础上制订出来的，是符合社会发展的客观规律的。"以人为本，全面、协调、可持续发展"，作为建设中国特色社会主义的指导思想，阐明了为谁发展和如何发展这两个关键问题。"以人为本"，是发展的出发点和归结点，阐明了发展的目标和动力。"全面、协调、可持续发展"则阐明了发展的必由途径。"以人为本"作为社会发展的目标，体现了社会主义的本质，表明我们党领导全国人民坚定不移地要走中国特色社会主义道路。至于这一发展目标的实现程度，是要在社会发展的不同阶段逐步提高的，不可能一蹴而就，这是完全可以理解的。放弃了"以人为本"这一发展目标，就是放弃了社会主义道路。同时，要通过"全面、协调、可持续发展"的贯彻，来实现"以人为本"的发展目标。〔蒋学模，2007（2）〕

李慎明从科学发展观创立的基础、立足点以及落实的关键点三个方面进行了论述。首先，科学发展观以研究重大现实和理论问题为出发点，它把握了事物的本质及其发展的规律，体现了价值体系的科学性和逐步实现这一最终目标的科学态度的高度统一。其次，要把最广大人民群众的根本利益作为我们思考发展问题的出发点和立足点，因为只有坚持从最广大人民群众的最大利益出发，才能公正无私、毫无偏见地揭示客观规律和客观真理，才能正确回答发展为了什么、依靠什么发展这些重大的原则问题。最后，全面贯彻落实科学发展观，主体当然是广大干部群众，但谁来领导，只能是党，是党领导政府、各级干部和广大人民来全面贯彻落实。在党的领导下，全面贯彻落实科学发展观；"在党的领导下"，已经有所暗含，所以只是省略，而不是没有党的领导。〔李慎明，2007（4）〕

很多学者认为学习和贯彻落实科学发展观，领导干部要起重要作用，因此，领导干部必须带头学习和研读，以深化对科学发展观的认识，发挥出领导干部的特有作用。

2. 从领导战略和领导文化等角度阐述科学发展观

以领导哲学的角度来研究科学发展观，可以使自己站得更高，更有利于开阔视野。尽管不同学科都在研究科学发展观，但以领导哲学、领导战略、领导文化为视角，应引起我们给予特殊的关注。

杨信礼提出，科学发展观是党的十六大以来以胡锦涛同志为总书记的

中国领导学研究（2006—2008）

党中央提出的重大战略思想，是马克思主义中国化的最新理论成果，是指导发展的马克思主义世界观、方法论的集中体现，是推进社会主义现代化的重要指导思想。他撰写的《科学发展观研究》，从历史地位、理论精髓、第一要义、核心理念、基本要求、根本方法、目标追求、总体战略、路径选择、动力机制、安全保障、国际环境、力量源泉、民族利益、政治保证等方面，比较系统地阐发了科学发展观的丰富内涵及其理论与实践意义。〔杨信礼，2007〕

严书翰从三个角度阐述了科学发展观对党的领导所提出的新要求：科学发展观反映了当代中国发展的阶段性特征，它要求执政党要不断提高驾驭全局把握中心的能力；科学发展观抓住了当前影响我国社会和谐的突出矛盾和问题，它要求执政党要不断提高引领和推进继续发展、科学发展的能力；科学发展观的核心是以人为本，即以最广大人民群众的根本利益为本，这要求执政党要不断提高统筹协调各方面利益关系、妥善处理社会矛盾的能力。〔严书翰，2007（3）〕

郭强从世界观和方法论的角度论述科学发展观的意蕴，科学发展观摒弃传统发展观主客二元分割的理念和斗争哲学的思维方式，坚持实践基础上的主体性与客观性相统一的马克思主义世界观和方法论的根本原则；寻求经济社会与人的全面发展的目标，坚持以和谐的方式解决矛盾的世界观和方法论的前沿理念；探求以和谐促发展的协调发展方式，坚持人与自然和谐相处的时代观念，引领发展走向可持续性的发展道路，是指导我国经济社会发展的世界观和方法论的集中体现。〔郭强，2007（1）〕

张世和撰文，论述了科学发展观与领导文化的内在联系，提出二者是融为一体的，一方面科学发展观为建设先进的领导文化确定了方向；另一方面领导文化对贯彻落实科学发展观有重要的作用，科学发展观对进一步建设先进的领导文化提出了具有未来性、创造性和代表广大人民根本利益的要求，必须按照科学发展观的要求不断建设先进的领导文化。作者提出要在建设先进领导文化的过程中，落实科学发展观，具体做到，在充分体现领导本质中建设先进的领导文化，在提高战略思维能力中建设先进的领导文化，在把握领导活动的规律中建设先进的领导文化，在与时俱进的变

革中建设先进的领导文化。〔张世和，2007（1）〕

刘毅提出，领导文化具有推动社会发展的功能，能够引导公众意识，对领导者和领导活动有着重要的引导作用。因此，在深入贯彻落实科学发展观的社会背景下，构建中国特色的新型领导文化就显得尤为重要。深入贯彻落实科学发展观，构建中国特色的新型领导文化，应从领导态度作风、领导行为规范、领导思维方式和领导价值观念等方面重构领导文化。〔刘毅，2008（1）〕

周振国从领导学的角度解读了科学发展观，认为科学发展观指出了领导作用，领导的第一要义是发展；它揭示了领导的本质，即领导就是服务；它阐述了领导的职能，领导就是协调；它指明了领导方法，领导必须统筹兼顾；它明确了领导绩效标准，科学发展才是最好的绩效。总之，它无论是对领导科学理论建设，还是对新时期的领导实践，都具有重要的指导意义。〔周振国，2008（14）〕

类似的文章还有许多，限于篇幅不能一一列举。

3. 把科学发展观与领导能力的提升结合起来研究

许多学者感到，科学发展观的提出给我国领导学界提出了许多全新的研究课题，我们要增强责任感和使命感，以马克思主义为指导，从理论与实践的结合上探讨领导规律，研究改革和发展中的重大理论问题和实际问题。能不能坚持以科学发展观统领经济社会发展全局，是对各级领导班子和领导干部的具体考验。因此，领导学学界要以学科的视角，把科学发展观的研究与领导能力提升的研究结合起来，促使各级领导班子和领导干部提高领导能力，特别是提高领导科学发展的能力，提高驾驭全局、解决复杂矛盾的能力，提高统筹协调、处理好各种利益的能力，提高自主创新的能力，真正做到科学执政、民主执政、依法执政。只有这样，科学发展观才能真正得到落实。

李锡炎等编著的《科学发展观与领导能力提升研究》一书，收录了领导学界许多学者的文章，如：孙艺兵的《落实科学发展观与提高自主创新能力》；范立军等的《按照科学发展观的要求，提高领导干部驾驭大局的能力》；王淑君的《科学发展观与提高执政能力》；吕光明的《提升贯

中国领导学研究（2006—2008）

彻科学发展观能力的思考》；徐伟的《落实科学发展观是提升领导干部执政能力的关键所在》；王连山的《围绕科学发展观进行领导思维方式的转换是提高领导能力的关键》；王伟凯的《论科学发展观与领导力提升的逻辑关系》；冯维和的《科学发展观对领导干部思维方式的新要求》，等等，都从一个侧面对科学发展观与提升领导能力问题进行分析，有不少独到的见解。〔李锡炎，2006〕

吴光玲认为，提高领导干部贯彻落实科学发展观的能力，既是加强党的先进性建设的一项基础性工程，又是加强党的执政能力建设的一项重点工程。因为领导干部在推进改革发展中肩负着重要的责任，只有牢固树立科学发展观，并不断提高贯彻科学发展观的能力，才能正确领导本地区的发展，使本地区经济社会切实转入科学发展的轨道。因此，要从思想理论建设入手，在武装各级领导干部头脑上下功夫，强化教育培训，建立和实施对干部的科学考评体系，树立正确的政绩观和科学的人才观，在推进社会主义新农村建设的实践中提高落实科学发展观的能力。〔吴光玲，2006（8）〕

上海市闵行区梅陇镇党委结合自身工作实际，把学习落实科学发展观与提高领导发展的能力结合起来，他们撰文谈道，通过学习，提出了对科学发展观的内涵的进一步了解，树立和落实科学发展观，关键是发展，核心也是发展，能不能抓住机遇，加快发展，是一个地区能不能赢得主动、赢得优势的关键所在。梅陇正处在发展的瓶颈期，经济规模大，基数高，要实现健康发展，必须切实转变经济增长方式，优化经济结构，促进发展质量与效益的均衡，推动全镇经济全面协调可持续发展。从不断增强领导创新能力，从体制和机制上着手，全面增强领导发展的能力。〔上海市闵行区梅陇镇党委，2006（4）〕

齐冬梅认为，落实科学发展观除了需要思想的认识，更需要能力的保障。领导干部科学素养是能力的基础支撑，提高领导干部科学素养是落实科学发展观能力建设的重要内容。科学知识是辨识能力的基础支撑，科学思维是系统能力的基础支撑，科学方法是科学决策能力的基础支撑，科学精神是创新、求是能力的基础支撑。通过这诸多方面的能力建设，提高落

实科学发展观的水平。〔齐冬梅，2008（14）〕

陈先春提出，当前贯彻落实科学发展观的总体情况良好，但也有一些地方存在一定问题，主要表现为认识上存在误区、行动上存在偏差。造成这些问题的原因从主观看在于有些领导干部的领导能力水平和思想境界存在问题，从客观看是干部教育培训的机制和干部绩效考核机制不够完善所致。提高领导干部深入贯彻落实科学发展观的能力与境界，关键是要坚持和完善教育培训和绩效考评两个机制。〔陈先春，2008（2）〕

还有学者从学理角度，阐述如何从理论上弄清科学发展观的源头，对提高领导能力有重要作用。俞可平等撰写的《马克思主义与科学发展观》一书，着眼于引导领导干部和广大人民群众，用科学的态度对待马克思主义，用发展着的马克思主义来指导新的实践。分析马克思主义经典著作基本观点与科学发展观的联系。他们认为，要立足当代中国和世界发展变化的新实践，忠实于经典著作的原意，科学地、完整地研究马克思主义经典著作中的基本观点；同时，要结合新的实际，通过理论创新，深化对马克思主义的理论研究；努力分清哪些是必须长期坚持的马克思主义基本原理，哪些是需要结合新的实际加以丰富发展的理论判断，哪些是必须破除的对马克思主义的教条式的理解，哪些是必须澄清的附加在马克思主义名下的错误观点，只有区分清楚上述问题，才能更好地发挥科学发展观的指导作用。〔俞可平，2006〕

（二）构建社会主义和谐社会与领导创新

构建社会主义和谐社会，是我们党在吸收中西方政治文明思想的基础上，准确把握战略机遇期国内现状和国际局势而提出来的，是以胡锦涛为总书记的党中央领导集体为我国经济社会发展确定的明确领导目标。和谐社会应该是"民主法治、公平正义、诚信友爱、充满活力、安定有序、人与自然和谐相处的社会"，是"全体人民各尽所能、各得其所而又和谐相处的社会"。和谐社会包括社会结构内部的和谐、人与人的和谐、个人与社会的和谐以及人与自然的和谐等方面。构建社会主义和谐社会领导目标的提出，既体现了中国文化精神的核心理念，又反映了我国社会发展的时代特征和要求；既体现了中国共产党人的胸怀理想，又体现为脚踏实地、着眼未来的领导智慧；还体现了我们党将社会宏观发展目标与微观社会结构建设相结合的领导价值取向，因而具有重大的现实意义。

1.从领导理念和领导目标上认识构建和谐社会

把构建社会主义和谐社会作为党领导全国人民进行社会主义建设的重要奋斗目标，这在我党历史上还是第一次。从战略目标和领导理念的角度认识这一理论，必然成为理论界关注的重点。

《构建和谐社会与领导科学创新》一书，是由中国领导科学研究会收集学会年会的论文、并整理而成的一本书，文集中许多学者的论文对构建社会主义和谐社会的理论进行了领导学解读，如：李军鹏的《构建社会主义和谐社会是执政治国方略的发展》；罗振宇的《如何建立一个符合社会主义公平与正义的公共政策体系是实现和谐社会的重要基础》；刘树信、罗自刚的《和谐管理：社会主义和谐社会的领导诉求》；蔚严春的《坚持党的领导强化人本管理，建设社会主义和谐企业》等，都是以领导学的视角分析了和谐社会战略目标的意义。

李君如强调，社会和谐是中国共产党不懈奋斗的目标，是几代共产党人的一贯追求，这一目标的贯彻落实，不仅对于解决当前面临的问题有直接的现实意义，而且对于中国共产党为人民长期执好政、掌好权，对于国家长治久安，对于完成全面建设小康社会的宏伟任务，对于建设富强、民主、文明、和谐的社会主义现代化国家，对于实现中华民族的伟大复兴，对于最终建设好中国特色社会主义，都有深远的历史意义。〔李君如，2007（1）〕

李忠杰认为，全面和准确地把握构建社会主义和谐社会的战略目标，必须坚持辩证思维，用科学的思想方法认识和处理和谐社会建设中的各种关系，防止任何形而上学的观点和偏向。一是要辩证把握整体与局部的关系，正确认识构建和谐社会在总体布局中的地位；二是要辩证把握和谐与不和谐的关系，在矛盾运动中不断促进和谐因素的增长；三是要辩证把握长期性与阶段性的关系，量力而行、循序渐进地推进和谐社会的建设；四是要辩证把握均衡与非均衡的关系，正确认识和科学运用治国理政的战略策略；五是要辩证把握活力与和谐的关系，努力形成全体人民各尽其能、各得其所而又和谐相处的局面。〔李忠杰，2006（增刊）〕

于洪生认为：社会和谐是人类的永恒追求，但和谐社会不会自然而至，当政者起重要作用。我国历史上尽管有过所谓的"太平盛世"，但总难跳出治乱相间的"周期率"。我们党提出构建社会主义和谐社会的目标，表明党正在把中华民族优秀的和谐文化传统转化为治国理政的领导模式。我国经济的发展和民主法治的完善都为跳出"周期率"、实现真正的和谐社会创造了条件。今天，追求和谐，已不只是一种文化、一种理念，而且是一种根本的执政方式和领导方式；社会和谐也不仅仅是一种理想追求，而且是我们国家的一种制度诉求。〔于洪生，2007（4）〕

刘锡桓提出，确立社会和谐的奋斗目标，标志着我们党对"三大规律"认识的新发展。它必然要求我们党实现从追求 GDP 的增长向以人为本的执政理念价值取向的转变，实现从注重经济增长型的发展向注重利益分享型的发展的执政理念价值取向的转变，加强市场经济基础秩序构建，实现使市场经济的改革和发展从有理性的经济人向有道德的经济人的执政理念价值取向的转变，实现从政策的推动向以制度来推动的执政理念价值取向的转变。〔刘锡桓，2007（2）〕

石书臣认为，我们党提出构建社会主义和谐社会的奋斗目标，不仅是我国全面建设小康社会的内在要求，而且是对马克思主义关于社会主义建设目标理论的新提升，它体现了社会主义建设目标的全面性、和谐性、人本性等特征。全面性表现在，使中国特色社会主义建设的总体目标，由社会主义经济建设目标、政治建设目标、文化建设目标"三位一体"进一步扩充为社会主义经济建设目标、政治建设目标、文化建设目标、社会建设目标"四位一体"。和谐性表现在，要实现社会各方面利益关系的协调发展，不断推进人与人的和谐、人与社会的和谐、人与自然的和谐。人本性体现在，坚持以人为本，始终把最广大人民的根本利益作为党和国家工作的根本出发点和落脚点，在经济发展的基础上不断满足人民群众日益增长的物质文化需要，促进人的全面发展。〔石书臣，2007（1）〕

中浦院
中国领导学研究（2006—2008）

郑国瑞、李建勇提到，我国要构建的和谐社会是社会主义初级阶段的和谐社会，在社会主义初级阶段，建设具有时代特征的社会主义和谐社会是我国经济社会发展的重要目标和重要任务。建设社会主义和谐社会，必须正确处理改革发展稳定的关系。在社会主义初级阶段，和谐社会既是社会主义发展的重要目标，又是发展、改革的保证。从这个意义上来讲，社会主义和谐社会是目的和手段的统一。构建社会主义和谐社会当然并不可能完全消除社会矛盾，而是说，在社会阶级阶层利益日益分化、相互冲突、相互矛盾的情况下，必须使社会矛盾得到有效的控制和化解，整个社会能够保持"和而不同"的动态平衡。〔郑国瑞、李建勇，2006（8）〕

青连斌回顾了理论界围绕着构建社会主义和谐社会的重大命题所展开的争论，关于构建社会主义和谐社会的背景，目前存在着几种观点，一是"关键阶段论"；二是"社会转型论"；三是"问题依据论"；四是"内外依据论"；五是"阶段性特征论"。关于什么是"和谐社会"，理论界也有不同的理解，一是大、中、小和谐社会。"大和谐社会"涵盖整个社会领域，"中和谐社会"涵盖的范围是相对于经济、政治、文化而言的社会生活领域，"小和谐社会"是指社会领域中社会关系的和谐。二是广义的和谐社会与狭义的和谐社会，广义的和谐社会相当于前面所讲的大和谐社会，狭义的和谐社会则相当于中和谐社会。三是和谐社会就是全体人民各尽其能、各得其所而又和谐相处的社会。四是和谐社会是社会系统中的各个部分、各种要素处于一种相互协调的状态。五是和谐社会是社会资源兼容共生的社会。关于衡量社会和谐的标准问题，理论界也已展开研究，一种观点认为，和谐社会有三个标志，社会阶层之间的相互开放和平等进入，各个阶层应当得到有所差别的并且是恰如其分的回报，社会各个阶层之间应当保持着一种互惠互利的关系，一个社会只有同时具备了这三个标志，方称得上是一个和谐社会。第二种观点认为，和谐社会至少要有四个条件：一是社会的管理控制体系能够充分发挥作用；二是文化中的核心价值观念有凝聚力；三是不同利益群体的需要能得到满足；四是社会成员具有流动的途径。第三种观点认为，我们要构建的和谐社会，既要达到人与人的和谐，又要达到人与自然的和谐；既要达到我国各社会阶层、社会利益群体之间的和谐，又要争取外部世界格局的和谐发展；既要实现微观的各个社会组织细胞的和谐发展，又要促进宏观的整个社会的和谐发展；既要促进经济、政治、文化等社会各子系统之间的和谐发展，又要促进各子系统内部的和谐发展。关于构建社会主义和谐社会的意义，主要从如下角度展开，一是体现了科学发展观的要求，体现了我们对现代化建设规律和党执政规律认识的深化；二是表明我们党对社会主义的认识达到了一个新的高度；三是作为提高党的执政能力的一个重要方面，是对党的执政能力认识的一个新突破；四是标志着我们党的执政理念、治国理念和治理社会的理念有了进一步的发展和完善。关于构建社会主义和谐社会的切入点，理论界有几种主要观点：一是认为要把中央文件中提出的积极扩大就业、完善社会保障体系、理顺分配关系、发展社会事业这四个着力点落到实处。二是认为要把社会公平摆在首位，努力推进社会公平，提升社会公平程度，尤其要把解决收入分配差距过大的问题作为切入点。三是认为要把解决社会矛盾，重点是解决新形势下的人民内部利益矛盾摆在首位。四是认为切入点是整合社会各阶层的关系，使各个社会阶层的人们和谐相处于我们社会这个大家庭中。五是认为切入点就是又好又快的发展。〔青连斌，2006（9）〕

2. 把领导方式、领导方法的转变与和谐社会建设结合起来研究

孙奎贞认为，当今时代，一些旧的领导方式已不适应构建社会主义和谐社会的要求。领导干部需实现八个方面的变革，才能适应新形势、新任务的要求，包括：从官本位、事本位向以人为本的领导方式转变；从经验领导、经验决策向科学领导、科学决策转变；从人治向法治转变；从英雄主义向平民主义的领导方式转变；从"零和博弈"的思维方式、工作方式向双赢、多赢的思维方式、工作方式转变；从"权力本位"向"权利本位"的领导方式转变；领导职责重心的转变；从强迫命令式的领导方法向协调的领导方法转变。〔孙奎贞，2007（4）〕

唐中明认为，加强和谐社会建设是一项系统工程，构建和谐社会是与党的领导方式和执政方式紧密联系在一起的。传统的领导方式和执政方式已不适应和谐社会建设的需要。要构建和谐社会必须创新党的领导方式和

执政方式。创新党的领导方式和执政方式，必须坚持科学执政、民主执政、依法执政。〔唐中明，2006（2）〕卢嘉旗、李劲同样也认为，构建社会主义和谐社会能够优化党执政的基础和条件，构建和谐社会关键在于改革党的执政方式，改革党的执政方式的立足点在于，实现科学执政、民主执政、依法执政。〔卢嘉旗、李劲，2006（3）〕

童中贤认为，构建和谐社会需要我们的领导方式发生转型，向以人为本转变。人本思想古已有之，但那时却更多地烙上了工具性标记。以人为本作为人本思想的本质，是人的目的与手段的统一。从"政本"（或"邦本"）到"人本"的转变，是统治演化为领导的根本标志。人本领导在其价值观、权力观与服务观的假设上，与传统领导理论有根本性区别。人本领导是领导理论创新、积累并推动和谐社会实践变革的结果。〔童中贤，2006（3）〕

王金銮、康厚德认为，和谐理念的提出，蕴涵着深刻的和谐智慧，构建和谐社会需要坚持和谐的原则和运用和谐的方法，社会主义和谐社会的建构需要坚持多元平等原则，诉之民主宽容的办法，坚持系统协调原则，运用系统的方法，坚持对立统一原则，运用辩证的方法，坚持普遍联系原则，运用开放的思维方法。〔王金銮、康厚德，2006（3）〕

杨楹从思维方式视角分析了"构建和谐社会"的思维实质与价值原则，作者首先揭示了"道德主义范式"、"阶级斗争范式"、"实证化范式"和"乌托邦范式"等思维误区所具的特征，接着指出"构建和谐社会"以唯物史观、科学发展观为理论基础，以对现实矛盾的如实把握为逻辑起点，以"以人为本"为价值立场与原则，内蕴着实践生成性、生活主体性以及关系思维、未来思维和宽容思维等特征，从而形成完整思维逻辑。〔杨楹，2006（4）〕

陈中立也强调了构建和谐社会离不开思维方式的引领，思维方式没有对错之分，却有优劣之别。"向古看"的思维方式不可取。作为马克思主义者应具备的最基础性的思维方式，乃是从实际出发，实事求是，与时俱进。对于引领和谐社会的构建来说，最优的思维方式是带有世界观、方法论意义的以人为本的科学发展观。这是由它自身的起点高、视野宽、思路活的特点，以及构成它的以人为本的理念、现代整体论理念、可持续发展理念三个组成部分的优点所决定的。〔陈中立，2006（6）〕

熊滨认为，妥协是解决社会冲突的基本方式之一。妥协，就字面意义上理解，是利益各方为了达到一个都认可的"共同利益"而放弃各自最大化利益的一种谈判方式和博弈机制。在和谐社会的视野下，妥协则是其核心理念和机制，没有妥协，人类社会就不可能有文明政治的产生与和谐社会的建立，这也是人类社会经过长期的经验积累、理性探索、制度试错所获得的宝贵财富。由于妥协是相关行为主体在特定背景下的一种理性选择，它来源于利益的制度性对抗，是社会和谐的一个逻辑起点，因此，妥协有足够理由成为一种维持现代民主社会必需的公共理性，这种理性对和谐社会的建设有着重要的意义。〔熊滨，2006（11）〕

姜裕富认为，影响和谐社会建构的主要因素是公权与私权之间的失衡，调控公权与私权关系必须在宪政精神的指导下进行，作为宪政品格的合作、妥协与平衡，也是构建和谐社会关系的基本原则。合作是构建和谐社会的前提，妥协是构建和谐社会的途径，平衡是和谐社会的目标，它们一起构成了和谐社会的宪政品格。〔姜裕富，2006（1）〕

朱革新关注了在构建和谐社会的过程中，如何构建和谐权力的问题，因为和谐权力与和谐社会之间存在着密不可分的关系，和谐权力与和谐社会是相辅相成、相含相生、相融并进的，权力的和谐是社会和谐的基本要义与现实基础，和谐权力是和谐社会的根本保证。所谓和谐权力，是指社会及国家的权力结构系统中，各权力要素之间所形成的稳定、协调及科学的权力运行关系，它包括国家与社会之间、国家各权力机关之间、中央与地方之间、政府各部门之间、各类各级社会组织之间以及人与人之间所形成的合理有序的权力运行关系。稳定性、协调性及科学性是权力和谐的三个基本特征。和谐权力与和谐社会之间存在着基础关系、共生关系、同步关系、尺度关系和双赢关系。构建和谐权力，必须要实现权力主体化、权力社会化、权力合理化、权力伦理化和权力法治化。〔朱革新，2007（1）〕

王永宏认为，和谐社会具有其深厚的社会发展基础和丰富的内涵。构建和谐社会，不仅需要经济、文化和政治建设诸方面协同一致，同时又是一个改革、转变的过程。因而，尤其需要管理理念、方法和技巧的转变，为和谐社会的构建提供技术上的支持。受历史传统的影响，我们的管理技巧和方法存在滞后性，不能适应经济、政治、文化、社会发展的基本要求。其特征是粗暴、机械和呆板，遏制自由和创新，缺乏民主与公正，集中体现为官本位主义、形式主义、行政主义等。而"以人为本"的管理理念，在具体的管理实践中应体现为高超的管理技巧和管理方法。要突出民主和公正，充分发挥人的自主性和创造性，要在这种民主和公正的氛围中，推动社会的和谐发展。这不仅需要学习西方先进的管理方法，而且要创造自己的独特技巧，不断向人性化、民主化、科学化的方向演进。〔王永宏，2006（3）〕

刘晓东认为，构建社会主义和谐社会是新时期党和政府提出的一项社会宏观发展战略和治理模式。构建和谐社会实践的复杂性、系统性、艰巨性客观上要求科学方法的指导。历史唯物主义为构建和谐社会提供了总的方法论依据，矛盾辩证法、系统整体论、和合学方法及对话沟通等方法则构成其方法论的具体内涵。依照这些方法办事，可以促进和谐社会构建实践的健康稳步发展。〔刘晓东，2006（6）〕

针对有人提出和谐社会理论意味着我们的指导思想从斗争哲学、矛盾哲学向和合哲学的转变，陈志尚教授认为，现实生活存在的各种社会矛盾正是构建和谐社会的客观根据。领导的正确和英明，恰恰在于不回避矛盾，而是正视矛盾，特别是抓住那些事关发展全局的十分复杂突出的矛盾，最大限度地减少不和谐因素，最大限度地增加和谐因素，不断促进社会和谐，保证顺利建成社会主义现代化国家。社会主义事业只能通过不断地正确处理各种社会矛盾而获得发展。而"和谐"既是处理矛盾所要达到的目标，又是处理矛盾积极有效的方法。〔陈志尚，2006（6）〕

3. 重视加强党对构建和谐社会的领导问题的研究

中央党校邓小平理论和"三个代表"重要思想研究中心撰文提出，必须加强党对构建社会主义和谐社会的领导。保证党的正确领导，是成功构建社会主义和谐社会的关键。正确认识和把握共产党执政规律、社会主义建设规律和人类社会发展规律，科学制定并执行符合"三大规律"、符合最大多数人利益的政策，引导整个社会健康运行、和谐发展，都是对党的领导提出的新的更高的考验。要以党的执政能力建设和先进性建设推动社会主义和谐社会建设，改革和完善党的领导方式与执政方式，构架党委领导、政府负责、社会协同、公众参与的新型社会领导和管理结构，要改进党对意识形态工作的领导，在多样化社会思潮中构建和谐文化，以党内和谐促进社会和谐，要从多层面加强和改进党的建设，进一步确立在党内生活中尊重和保障党员权利的理念，建立通畅的党内不同意见表达机制，推行党务公开，搞好党风廉政建设，扩大党员对党内事务的参与，同时严格党的纪律，维护党的团结统一，把构建和谐社会的重心放在基层，发挥基层党组织凝聚人心、推动发展、促进和谐的作用，对于社会主义和谐社会建设具有基础性的作用。〔中央党校邓小平理论和"三个代表"重要思想研究中心，2007（7）〕

阎增山认为，各级领导干部的领导和谐社会建设的能力不是天然的，这些能力需要在和谐社会建设的理论学习中不断提高，在解决和谐社会建设问题的实践中加以锤炼。认真贯彻落实科学发展观，努力构建社会主义和谐社会，各级领导干部应当通过多种途径大力提高其领导和谐社会建设的能力。要通过深入开展调查研究提高领导和谐社会建设的能力，要在改革创新的实践中提高领导和谐社会建设的能力，通过科学总结借鉴国内外社会建设实践的经验教训来提高领导和谐社会建设的能力，同时，将和谐社会建设内容纳入领导干部选拔、任用、考核评价体系，以此形成引导各级领导干部提高其领导和谐社会建设能力的激励机制。〔阎增山，2007（6）〕

张国举提出，构建社会主义和谐社会，是全党全国各族人民在社会主义现代化建设中的一项新的战略任务，有现成的经验可学。它既要科学的理论指导实践，又需要从新的实践中发展理论。构建社会主义和谐社会是一项长期的复杂的系统工程，因此，在整个过程中，需要正确认识与处理好理论研究与实践探索、根本目的与基本手段、理想与现实、主要矛盾与次要矛盾等四重关系。实现构建社会主义和谐社会根本目的的基本手段，是充分依靠和发挥广大领导干部与人民群众的聪明才智和努力激发他们的积极性、主动性与创造性。构建社会主义和谐社会的过程，是一个不断认

中国领导学研究（2006—2008）

识和处理各种社会矛盾的过程，其中，落后的社会生产力与人民群众日益增长的物质文化生活需要是我国社会主义初级阶段的主要矛盾，这要求广大领导干部要掌握并不断提高运用辩证法的能力和本领，坚持"重点论"与"两点论"，妥善处理构建和谐社会过程中的各种问题与矛盾。其次，要建立健全以法治为支撑的解决多种矛盾和化解冲突的制度和机制：对于正当的有差别但彼此不冲突的利益关系，可由各方自主地去解决；对于有矛盾但属于非对抗性的关系，可用适当调节、管理的办法去解决，使冲突者达到利益的协调或平衡；对于对抗性的矛盾和冲突，则要用强制的手段去解决，并尽可能结合对话、商谈等方法，使矛盾的对抗性缓和以至转化，化消极因素为积极因素。〔张国举，2007（1）〕

裴泽庆提出，构建社会主义和谐社会，关键在党。在构建社会主义和谐社会的历史进程中，加强和改善党对和谐社会建设的领导至关重要。把握方向，制定政策，整合力量，营造环境，是新形势下对各级党委履行领导责任提出的新要求。从中央提出的颇具新意的"整合力量"的角度来看，党对构建社会主义和谐社会的领导过程，势必在很大程度上表现为党对和谐社会建设中不同要素和矛盾的整合过程。在这个过程中，以符合时代发展要求的整合思维加强和改善党对构建和谐社会的领导，从而使各级党委不断优化整合战略，提升整合技术，强化整合能力。因此，从整合力量的角度来研究整合思维在和谐社会建设中的作用非常重要。这种整合主要包括五个方面：思想整合、制度整合、组织整合、社会整合、文化整合。〔裴泽庆，2007（3）〕

王伟达、刘玲灵强调了"整合力量"的重要性，从社会整合的角度看，和谐是系统内部各个子系统、要素协调有序的表现，子系统及其内部诸要素协调有序，系统就会运行平稳。也就是说，和谐社会是结构合理的社会。为了使结构系统之间保持平衡，避免社会出现所谓的"断裂和失衡"现象，保证社会协调有序地发展，就必须进行有效的社会整合。社会整合是建设社会主义和谐社会的题中之义，中国共产党是中国社会整合的核心力量，在社会整合中中国共产党面临阶层分化和贫富分化、组织分化、文化价值观念多样化等挑战，必须以利益整合为核心、以组织整合为重要手段、以意识形态整合为重要途径，建构与社会主义和谐社会相适应的社会整合机制。〔王伟达、刘玲灵，2006（1）〕朱前星也分析了中国共产党的社会整合对社会主义和谐社会建设的作用及其作用机理，中国共产党进行社会整合具有现实必要性和特殊难度：一方面，社会组织日益泛化削弱中国共产党的群众基础，威胁着中国共产党的领导作用，给中国共产党的社会整合带来不稳定变数；另一方面，尽管各种社会组织大量出现，但这些社会组织发展的水平不高，组织缺乏激活力和凝聚力，组织内部整合混乱，缺乏制约机制。对中国共产党来说，和谐社会建设是一项宏大的工程，社会整合也是一项长期而艰巨的任务。要使社会整合持续稳定地规范运转，必须加强机制建设。机制具有长期性、稳定性、可操作性。社会整合机制是一个链式结构，主要有对社会整合的价值认同、利益表达、获取、分配及补偿等机制，在这里，中国共产党要起到总揽全局，协调各方的作用，按照党委领导、政府负责、社会协同、公众参与的原则，构建起以中国共产党为核心，疏密有致的社会整合机制体系。〔朱前星，2006（9）〕

王东明认为，党中央明确提出要提高领导班子和领导干部领导社会主义和谐社会建设的本领，这是一项重大而又紧迫的任务，各级领导干部要增强提高本领的责任感和自觉性，不断提高管理社会事务、协调利益关系、开展群众工作、激发社会创造活力、处理人民内部矛盾、维护社会稳定的本领，更好地适应领导社会主义和谐社会建设的需要。领导班子和干部队伍是建设和谐社会的组织者和实践者，只有把领导班子和干部队伍建设好了，和谐社会建设才能有效组织，科学实施，扎实推进。因此，必须按照落实科学发展观和构建社会主义和谐社会的要求，着力建设一支高素质的领导骨干队伍。各级领导干部都必须以求真务实的精神积极投身于和谐社会建设的实践，在实践中获得新知识、增长新本领，这是提高领导和谐社会建设本领的根本途径。〔王东明，2006（11）〕

朱岩提出，领导者要不断提高管理社会事务、协调利益关系、开展群众工作、激发社会创造活力、处理人民内部矛盾、维护社会稳定的本领，更好地适应领导和谐社会建设的需要。各级党委要把和谐社会建设放在全局工作的突出位置，把握方向，制定政策，整合力量，营造环境，切实担负起领导责任。构建社会主义和谐社会是一个崭新的课题，我们不熟悉、不懂得的东西很多，正确应对和把握我国经济社会发展的新趋势、新特点，妥善处理影响和谐社会建设的各种复杂矛盾和问题。要切实转变工作作风，在求真务实中增长领导和谐社会建设的才干。〔朱岩，2006（23）〕

王三运提出，各级领导班子和领导干部，是社会主义和谐社会建设的组织者、推动者和实践者，因而，在构建社会主义和谐社会的进程中，要努力做到"三个善于"：一是善于用科学发展观指导构建和谐社会的实践；二是善于通过正确的决策落实构建和谐社会的各项任务；三是善于依靠人民群众的力量加快构建和谐社会的进程。〔王三运，2007（6）〕

李锡炎认为，各级领导班子和领导干部要提高领导社会主义和谐社会建设的本领和能力，关键是提高思想政治素质和和谐文化素质。这是因为素质是能力的基础和前提，能力是素质的外化和升华。领导干部必须从增强和谐文化素质、思想政治素质入手，从和谐文化层面上努力提高领导社会主义和谐社会建设的能力和本领。和谐文化以崇尚和谐、追求和谐为价值取向，融思想观念、思维方式、行为规范、社会风尚于一体，反映着人们对和谐社会的总体认识、基本理念和理想追求，是中国特色社会主义文化的重要组成部分。和谐文化既是和谐社会的重要特征，也是实现社会和谐的文化源泉和精神动力。文化若水，滋润万物，悄然无声。和谐文化犹如春雨，潜移默化地滋润和促进领导干部逐步提升领导和谐社会建设的能力和本领。〔李锡炎，2006（23）〕

李新泰分析了领导干部在构建和谐社会的过程中应承担的主要责任：一是领导统领的责任，包括，统一干部群众思想的责任，把握方向的责任，制定政策的责任，整合力量的责任，舆论引导的责任。二是必须切实承担起贯彻落实的责任，包括，全面落实各项任务的责任，重点突破的责任，检查督促的责任，要转变作风、真抓实干，在抓紧、抓实、抓出成效上狠下功夫，切实为老百姓办实事、办好事。三是认真承担起示范带头的责任，包括，带头遵纪守法的责任，带头践行社会主义荣辱观的责任。带头树立群众观念的责任，注重世界观的改造，增强政治责任感和使命感，

正确对待权力、使用权力。〔李新泰，2006（21）〕

（三）执政能力建设与领导能力提升

执政能力建设是我党执政后的一项根本建设。党的执政能力，就是党提出和运用正确的理论、路线、方针、政策和策略，领导制定和实施宪法和法律，采取科学的领导制度和领导方式，动员和组织人民依法管理国家和社会事务、经济和文化事业，有效治党、治国、治军，建设社会主义现代化国家的本领。执政能力建设问题的提出，在学术界引起极为热烈的讨论，据对中国期刊网全文数据库 2006 年至 2007 年的统计，仅篇名为"执政能力建设"的相关文章就有 500 多篇。中国重要报纸数据库中有关此问题的文章也有 240 篇。可见讨论之热烈，执政能力与领导学研究关系最直接，因而，必然成为领导学界关注的重点。

1. 以领导学的视野思考领导能力建设问题

陈熙春、王建国、金荣根主编的《领导学视野中的领导能力研究》，是上海市领导科学学会年会的论文集，收录了上海学界对党的执政能力建设方面的研究成果，如：陈熙春的《审视当代中国领导问题的四个重要视角》；王健刚的《加强党的执政能力的前提刍议》；周智强、夏斌的《领导学视野下的执政能力建设》；宗小时的《提高党的执政能力要充分发挥"凝聚力工程"的要素作用》；沈明达的《党的执政能力建设与"一把手"应具有的领导力》，等等。论文集比较集中地反映了上海领导学界对执政能力建设问题的研究新进展。

中国行政管理学会会长郭济提出，加强党的执政能力建设，必须重视领导科学。我们党是执政党，加强执政能力建设，是时代的要求、人民的要求，是领导胜利建设中国特色社会主义最重要和最根本的问题。改进领导方式和领导方法，不断提高执政能力和领导水平，是党在新世纪要解决的历史性课题之一。要把科学发展观落实到中国的社会发展、政治变革等各个领域，在努力为构建和谐社会同心同德、扎实工作过程中，各级领导干部要真正做到为人民执好政、掌好权，就必须重视研究领导科学，重视

中国领导学研究（2006—2008）

研究和解决领导工作的方式方法问题。〔郭济，2006（5）〕

王玉珅、郑淑芬认为，加强党的执政能力建设是时代提出的要求，是历史赋予的伟大使命。党的执政能力建设与经济社会发展紧密联系，发展问题是党的执政能力建设的首要问题。要把党的执政能力建设落到实处，必须强调要在发展中加强党的执政能力建设。执政能力建设的新形势、执政能力建设之根本和如何在发展中提高执政能力建设等问题应加深认识。〔王玉珅、郑淑芬，2007（1）〕

麻秀荣、麻晓燕认为，总结执政经验，把握执政规律，是加强党的执政能力建设的重要内容。党必须坚持指导思想上的与时俱进，不断推进理论创新，必须坚持改革开放，推进社会主义的自我完善，必须以经济建设为中心，贯彻落实科学发展观，必须坚持执政为公，实现党的根本宗旨，必须坚持转变执政方式，实行科学执政、民主执政和依法执政，不断加强自身建设。〔麻秀荣、麻晓燕，2006（6）〕

冷小青认为，从中国共产党执政能力建设与执政现代化的关系出发，要实现执政现代化，中国共产党必须加强处理党群关系的能力建设、处理党政关系的能力建设、处理党内关系的能力建设以及处理党际关系的能力建设。探索执政能力建设，实现执政现代化，必须坚持实践性、整体性、动态性和综合性。〔冷小青，2006（6）〕

徐智忠认为，领导活动不是孤立地存在着，而总是处于一定的生态环境之中。当今中国正处于体制转轨、社会转型的特殊时期，经济的全球化，文化的冲突与融合，社会结构和利益格局的调整，对中国政治发展的影响是巨大的。分析当前中国政治态势，研究和把握现代政治发展的规律，妥善处理各方面关系，努力实现良性互动、和谐发展，对加快推进中国政治现代化，进一步强化党的执政能力建设具有重要的意义。目前，我国政治生态中存在着一些问题，这既有政治体制、管理机制的因素，又有民众素质、文化传统的影响，还有一些思想理论上的障碍。因此在推进领导科学化过程中，必须坚持从实际出发，正确理解和把握政治发展规律，注重理论、制度和方法的创新，全面提高领导水平。〔徐智忠，2006（1）〕

针对党的执政能力建设的研究中缺乏一个系统的分析框架作支撑，从而使其结论显得苍白无力的问题。孔凡义、郭坚刚试图采取规范研究方式，使研究获得逻辑支撑，他们在方法和理论上回归到政党研究的传统，从政党组织理论的视角来讨论中国共产党执政能力建设问题，提出为了加强中国共产党执政能力建设必须注意正确处理执政党的组织矛盾、组织结构和组织功能。党在加强执政能力建设过程中，必须发挥政党组织的利益综合和表达功能，发挥政党组织的精英形成和录用功能，发挥政党组织的政治决策和协调功能，发挥政党组织的政治教育和动员功能，发挥政党组织的控制和监督政府作用。〔孔凡义、郭坚刚，2006（4）〕

黄明哲认为，党的执政能力建设的复杂性和艰巨性以及当前执政能力建设中存在的突出问题，决定了构建党的执政能力建设保障机制的重要性。构建党的执政能力建设保障机制，要围绕加强党的执政能力，着力形成富有创造活力的用人机制、创新干部教育培训机制、建立和完善监督净化机制、执政能力评价机制及执政能力建设的弥补机制和激励保障机制，从整体上推进党的执政能力建设。〔黄明哲，2006（1）〕

2. 开始区分党的执政能力与党的领导能力的差异

在许多人看来，领导就是执政，执政就是领导，领导能力就是执政能力。这种执政与领导的概念上的混同，给实践带来了严重的不良影响。夏建文、苏丽君认为，领导能力与执政能力，是两个既有联系又有区别的范畴。"领导"一词的外延大些，"执政"一词的外延小些。领导是执政的政治前提，执政是党的领导地位在国家政权活动中的必然体现。同样的道理，领导能力比执政能力在含义上要宽泛得多。执政能力指的是党领导国家政权的能力，党的领导能力是指支持人民当家作主，指导国家发展方向、建设道路、制定国家发展战略和策略的能力。中国共产党是执政党，同时又是中国特色社会主义事业的领导核心。党的执政效率和执政地位不仅受党对政权领导能力的影响，而且受党对经济、政治、文化和其他社会事务领导能力的影响，加强党的建设，方能有效提高党的领导能力和执政能力。〔夏建文、苏丽君，2007（1）〕

孟继群认为，执政是党的领导在国家政权活动中的具体体现和实现形式。党的执政能力首先是就党的整体能力说的，主要表现于党的路线、方针和政策，并受体制、制度的影响。而各级领导干部是党执掌政治权力的直接承担者，是党的执政骨干，是加强执政能力建设的组织者、推动者和实践者。他们的素质和能力体现党的执政水平。因而，全党要提高执政能力建设的自觉性，做到科学执政、民主执政、依法执政，执政能力建设的重点是改革和完善党的领导体制和工作机制。〔孟继群，2006 (8)〕

肖光荣对近年来"执政能力建设"研究中出现的相关定义进行了综述，他认为有以下几种观点：第一种观点，执政能力是指执政党在领导、管理国家和社会事务过程中表现出来的本领。第二种观点，执政能力就是执政的本领。第三种观点，执政能力是执掌和领导国家政权的能力，是党支持和保证人民当家作主，推动经济发展和社会进步的能力，协调社会利益和动员社会力量的能力，维护国家民族根本利益、处理对外关系的能力，还应包括党的自身建设的能力。第四种观点，执政能力是指执政党掌握和运用国家机器，综合运用经济、政治、法律、行政等各种手段领导、管理国家和社会事务的本领和水平。第五种观点，执政能力指的是特定执政党依照所在国法律规定的程序和方式，执掌和行使国家公共权力、从而有效实现其利益和既定治国理念的本领。对"执政能力"的内容，有以下几种观点：一是包括五大能力，即不断提高驾驭社会主义市场经济的能力、发展社会主义民主政治的能力、建设社会主义先进文化的能力、构建社会主义和谐社会的能力、应对国际局势和处理国际事务的能力。二是包括十个方面的内容：科学分析形势和任务、制定执政的纲领、路线的能力，掌握国家政权、保持执政党合法性和执政地位的能力，驾驭国家机构、协调各种政权组织相互关系的能力，运用国家机器、推动经济和社会发展进步的能力，坚持执政为民、满足人民群众利益要求的能力，整合社会关系、解决社会矛盾、保持社会稳定的能力，坚持依法治国、依法执政、建设社会主义法治国家的能力，正确处理国际关系、维护国家主权、安全和利益的能力，应对复杂局面、抵御各种风险的能力，从严治党、拒腐防变、保持执政党自身先进性和生命力的能力。三是包括四个方面：与时俱进的理论创新能力，积极主动的竞争能力，积极主动的抗风险能力，执政党自身的调节力。四是包括民意代表和利益整合的能力、依法执政和治国的能力、信息汲取和筛选的能力、意识形态理论的创新能力、驾驭竞争性选举政治的能力。五是分三个层次，作为执政党这个整体层次的执政能力，作为宏观层面的各级党组织的政权建设能力，体现在微观层次的党员个体和党员干部的素质能力上。〔肖光荣，2007（2）〕

许多学者和领导者把加强党的执政能力与提高领导干部的能力结合起来认识问题。李宣讲道，在执政条件和社会环境均发生深刻变化的背景下，党必须与时俱进，创新领导方式，提高执政能力，而要提高党的执政能力，关键是提高领导干部的领导能力。因此，要提升领导能力，必须实现四个转变：实现领导职能取向由"抓常规"向"谋发展"转变，实现领导能力结构由"单一型"向"综合型"转变，实现领导影响力由单一性向双重性转变，实现领导行为由被动守成型向创新发展型转变，实现选才用人由驱使型向激活型转变，实现领导工作由经验型向科学型转变。〔李宣，2006（3）〕

李刚提出，领导班子能力建设是加强党的执政能力建设的关键。领导班子解决自身问题的能力，是衡量其政治上成熟程度的重要标志，是领导班子执政能力的重要组成部分。提高领导班子解决自身问题的能力，最根本的是要下力气提高班子成员的自身素质。要加强党性教育，为提高领导班子解决自身问题能力奠定思想基础；要配好班子，为提高领导班子解决自身问题能力提供组织保证；要严格党内政治生活，从制度上提高领导班子解决自身问题的能力。〔李刚，2006（2）〕

胡福绵认为，中央强调要加强执政能力建设，对各级领导干部来说，就是要不断提高领导能力和领导水平。实践早已证明，一个地区发展得快与慢，一个部门工作得好与差，一个企业经营得兴与衰，关键取决于是否有一支战斗力、凝聚力、创造力都很强的领导干部队伍。面对长期执政和改革开放的严峻考验，面对经济建设和社会发展的繁重任务，不断加强领导干部能力建设，对于加快地方经济发展，维护社会政治稳定，巩固我党的执政基础具有重大的意义。〔胡福绵，2007（3）〕

加强党的执政能力建设重要的是提高党的各级领导干部的素质，为

中国领导学研究（2006—2008）

此，很多学者进行了研究。主要观点包括，有的学者认为，全面提高领导干部的素质，一是政治素质；二是理论素质；三是科学文化知识和专业技术素质。还有的学者认为，建设高素质干部队伍必须正确把握"高素质"的内涵：要有远大的共产主义理想，要努力实践党的全心全意为人民服务的宗旨、密切联系群众、坚决维护人民群众的利益，要善于开拓前进、具有唯物辩证的思想方法和工作方法，要带头遵纪守法、保证清正廉洁、发扬艰苦奋斗精神、坚决反对消极腐败现象，要刻苦学习、勤奋敬业、具备做好本职工作的业务知识能力。还有学者认为，增强党的执政能力，领导干部要着重提高五个方面的能力：提高理论联系实际的能力，提高加快发展的能力，提高改革创新的能力，提高统筹协调的能力，提高处理突发事件、化解社会矛盾、保持社会稳定的能力。曾庆红指出，领导干部要从以下六个方面努力提高自己的素质和本领：要善于把握全局，要善于科学决策，要善于求是创新，要善于识人用人，要善于做群众工作，要善于团结协调。〔何勇向、官盱玲，2006（12）〕

王远启结合统一战线工作，谈到了领导与执政的问题，领导和运用统一战线能力是执政党领导能力和执政能力中的重要内容，提高领导和运用统一战线能力，有利于执政党更好地执政和发挥政治领导作用。领导与执政二位一体，领导和运用统一战线的能力与我们党加强执政能力建设密切相关，因为统一战线是党执政兴国的重要法宝，统一战线对党的伟大实践和加强党的执政能力建设具有推动作用，必须把加强党的执政能力建设与统一战线的力量支持形成强大的正向合力，不断为中华民族的伟大复兴增添新力量。〔王远启，2006（1）〕

唐颖认为，国以才立，政以才治，业以才兴。党的执政能力归根结底是由执政者的能力素质决定的。无论是党提出和运用正确的理论、路线、方针、政策和策略，还是领导制定和实施宪法和法律；无论是采取科学的领导制度和领导方式，动员和组织人民依法管理国家和社会事务、经济和文化事业，还是有效治党治国治军，建设社会主义现代化国家，都需要一大批优秀的执政人才。他们是我们党治国理政的主体，是完成党的执政使命的骨干力量。他们的政治素质、思想作风、道德品质、业务水平、工作

能力如何，决定着党的执政能力和执政成效。〔唐颖，2007（3）〕

（四）其他重大战略思想的领导学解读

除了上述重大战略思想之外，党中央还提出了党的先进性建设、建设创新型国家、建设社会主义新农村、建设和谐世界等重大战略思想，围绕这些战略方针，理论界和领导实践者也进行了相应的分析和研究。

1. 党的先进性建设研究

奚洁人提出，要以先进性建设为核心，以执政能力建设为重点，不断把党的建设新的伟大工程推向前进。加强党的先进性建设，使党的先进性通过执政实践有效地转化为党的执政能力，以巩固党的执政地位，是党的先进性建设与党的执政能力建设之间的内在逻辑。党的先进性建设和执政能力建设都必须紧紧围绕在改革开放条件下"建设什么样的党、怎样建设党"这个根本问题来进行，贯穿于党的思想建设、组织建设、作风建设和制度建设之中，统一于党的建设新的伟大工程，服从服务于建设中国特色社会主义的伟大实践。在新世纪新阶段，必须以先进性建设为基础和核心。〔奚洁人，2007（15）〕

唐秀玲提出，坚持不懈地加强党的先进性建设，坚持不懈地加强党的执政能力，不断提高党领导经济社会发展的水平，要树立和落实科学发展观，以先进的发展理念引领经济社会发展，努力建设学习型政党，以持续发展的学习能力和实践能力推动经济社会的全面进步，要牢记党的根本宗旨，始终以先进的行动实现好、维护好、发展好最广大人民的根本利益。〔唐秀玲，2007（1）〕

钟东超认为，领导干部的自身形象是有形的道理、无声的命令，直接影响着一个单位的精神面貌和工作局面，具有重要的示范效应和导向作用。因此，党员领导干部要以自身的模范行为塑造先进性形象，增强先进性建设的生命力、向心力、创造力、影响力、感召力、亲和力和凝聚力。〔钟东超，2006（2）〕

贺先平、黄志恒认为，如何按照先进性建设的要求，不断加强党员领

中国领导学研究（2006—2008）

导干部的党性锻炼，是在新的历史条件下推进党的建设新的伟大工程必须解决的重大课题。新时期加强党员领导干部的党性锻炼，是党的先进性建设的重要内容；在新的历史条件下，党员领导干部必须围绕改造世界观加强党性锻炼；按照先进性建设要求，构建加强党员领导干部党性锻炼的长效机制。〔贺先平、黄志恒，2006（3）〕

张兰花认为，党的先进性是党安身立命的根本。党的先进性建设各方面工作的成效如何，在很大程度上取决于各级领导班子和领导干部的能力和水平。在党的先进性建设方面，既有共性的规律，也有特殊的形式、内容和方法。结合当地实际，抓住党的先进性建设的关键环节，探索提高各级领导班子和领导干部执政能力的对策，对于保持党的先进性、巩固党的执政地位、维护社会长治久安、促进全面协调发展，都具有极其重要的现实意义。〔张兰花，2006（5）〕

郑传芳认为，执政能力是执政党最基本的和首要的能力。执政能力建设对我们党尤其重要，是由我们党的执政使命、执政环境、执政特点以及执政能力本身性质特点所决定的。我们党的性质、宗旨、奋斗目标、队伍的状况，党自身生存发展壮大的要求，以及先进性的特点决定了必须加强先进性建设。党的执政能力建设与先进性建设紧密联系、相互促进，加强党的执政能力建设与先进性建设有四个方面共同之处，在实践中要处理好五种关系，即总体和具体的关系、理论与实践的关系、当前和长远的关系、主观愿望与体制机制的关系、发扬传统与开拓创新的关系。〔郑传芳，2006（3）〕

谢晶莹认为，加强党的执政能力建设，是党的先进性建设的内在要求和集中体现。党的先进性建设与党的执政能力建设互相作用、互相推动、互相促进，统一于建设中国特色社会主义的伟大事业中。因此，我们要在认识上把它们有机地统一起来，在实践中把它们科学地结合起来，以思想、组织、作风建设构筑保障平台，以制度、体制和机制的完善构筑改革平台，以物质文明、政治文明和精神文明建设构筑实践平台。〔谢晶莹，2006（2）〕

2. 创新型国家建设研究

据张婕撰文介绍，增强自主创新能力，建设创新型国家，是党中央以科学发展观为指导，把握全局、放眼世界、面向未来作出的重大战略决策。"2006 年创新中国高峰论坛"以创新型国家建设中的科技、教育、文化为主题，围绕科技自主创新、创新型人才培养、创新意识和创新文化等焦点问题展开了讨论。会议认为，要增强自主创新能力、建设创新型国家，必须充分发挥政府的主导作用、市场的基础性作用、企业的主体作用、科研机构的骨干与引领作用、大学的基础与生力军作用。这既是一项极其繁重而艰巨的任务，也是科技界、企业界和文化教育界的共同机遇。〔张婕，2006（7）〕

白莹、杨升祥认为，坚持走中国特色自主创新道路，建设创新型国家是我国的重大战略决策。既是推进现代化建设的必由之路，又是党执政50余年的经验总结。考察党领导中国科技发展的主要历程，总结党领导科技发展的基本经验，阐明全面落实科学发展观，坚持自主创新，建设创新型国家是党对科技发展经验的科学总结和科技发展规律的深刻揭示。〔白莹、杨升祥，2006（7）〕

梁丽芝、郑凤娇认为，公务员作为国家机关的主体和国家政策的具体执行者，其创新能力的强弱不仅是衡量创新型国家建设程度的重要标准，更是影响创新型国家战略实施效果的决定性因素。建设创新型国家与提升公务员创新能力是密切联系的，建设创新型国家为提升公务员创新能力提供战略指导，而提升公务员创新能力是落实创新型国家建设战略举措的必经环节。只有从文化、教育、制度、组织等方面为培养公务员创新能力提供内在动力和外部保障，才能为建设创新型国家打下坚实基础。〔梁丽芝、郑凤娇，2007（4）〕

邵明昭认为，科学精神是科学的灵魂，是科学赖以发展的精神动力。提高自主创新能力，建设创新型国家尤其需要以科学精神作为精神支撑。因此，必须在全社会大力弘扬科学精神，不断进行制度创新和科教体制创新，培育以科学精神为核心的创新文化，为建设创新型国家提供一个良好的社会文化氛围。〔邵明昭，2007（4）〕

中国领导学研究（2006—2008）

3.建设社会主义新农村研究

曾业松认为，既要强调加强党对新农村建设的领导，又要求调动各方面积极性。首先，农民是建设社会主义新农村的主体，必须充分尊重农民的意愿，依靠农民的辛勤劳动，让农民自己选择符合本地实际的发展模式，参与实施方案的制定和操作，主动出资出力，自觉投入新农村建设。其次，政府在新农村建设中不仅是强有力的组织者，而且是直接的参与者，要发挥好扶持、引导、管理和服务的作用，带动和扶持农民改变农村面貌、建设新农村。此外，要动员社会力量广泛参与，为农村建设添砖加瓦。从政治上说，这体现党执政为民的宗旨，体现党的群众路线，体现党一贯的调动一切积极因素的方针。〔曾业松，2006（1）〕

陈锡文强调，推进社会主义新农村建设，是适应我国经济社会发展新阶段提出的必然要求，推进社会主义新农村建设，必须全面深化农村改革，激发农村自身活力，在国家政策的扶持下，大力发展农村生产力，加快改善农村的生产生活条件和整体面貌，促进农村经济社会全面进步。因此，必须按照"生产发展、生活宽裕、乡风文明、村容整洁、管理民主"的要求，全面推进新农村建设的各项工作。〔陈锡文，2006（5）〕

林毅夫对新农村建设提出了五点建议：一是公共基础设施建设是社会主义新农村建设的着手点，二是新农村建设的完成时间以2020年为宜，三是新农村建设的对象应是自然村，四是新农村建设的资金应以公共财政为主，五是新农村建设必须与城市化结合起来。〔林毅夫，2006（8）〕

温铁军对社会主义新农村建设的"新"进行了解读，提出建设社会主义新农村是一个呼应新时期发展战略转变的、统领全局的新提法。这个提法不仅与党的十六大提出的城乡二元结构矛盾和强调的城乡统筹的指导思想以及随后连续四次重申的"三农"问题重中之重等思想一脉相承，而且也反映出"立党为公，执政为民"的执政理念的进一步完善。〔温铁军，2006（4）〕

李小三认为，领导干部提高建设社会主义新农村的领导水平，根本的是要坚持科学的世界观与方法论，坚持科学发展观和正确的政绩观，用唯物辩证的观点和求真务实的态度去分析、处理、解决新情况、新问题。要坚持立足当前、着眼长远的原则；坚持因地制宜、分类指导的原则；坚持协调发展、整体推进的原则；坚持依靠群众、民主决策的原则；认真贯彻落实党的三农政策，不断提高做好建设新农村工作的能力。〔李小三，2006（9）〕

李光炎认为，作为社会主义新农村建设的主导者，领导者应发挥其关键的主导作用。要善于激发农民群众的积极性，善于引导、组织并服务于农村的生产发展，做好新农村建设的统筹规划，做好工业反哺农业、城市支持农村的引导和组织工作，加强教育、科技、文化对农村的扶持力度。同时，还必须始终坚持"政府引导、农民自愿"的原则，坚持量力而行，防止"刮风"，坚持分类指导，因地制宜，坚持搞好试点，逐渐推广，在抓农村生产发展的同时，还要抓农村社会稳定，正确调解和处理农村中的各种矛盾。〔李光炎，2006（10）〕

陈振华认为，新农村建设的出发点和落脚点都是建立以工促农、以城带乡的长效机制，帮助农民谋利益、谋福祉，促进农民的全面发展。各级领导从思想认识到工作部署都必须有一个大转变，要以人为本，多管齐下，充分发挥农民的主体性作用，切实为农村经济、政治、文化和社会发展等方面的全面协调、发展做好工作，使新农村建设真正成为惠及广大农民的德政工程、民心工程。〔陈振华，2006（6）〕

徐勇从国家整合的角度对社会主义新农村建设进行学理性分析。国家整合作为一个过程，是在社会分化的过程中对业已分化的部分加以调整、统筹并形成整体的产物。以往，中国的国家整合表现为国家与社会的二元整合特点，结果是城乡的分化或对立。由城乡分割到城乡统筹是历史转折的标志。它意味着从国家与社会的二元性整合走向一体性整合，达致城市与乡村的相对均衡发展。建设社会主义新农村，便是国家整合的重要目标和任务。其深刻的意义在于，通过国家整合，从根本上改变农村状况，在业已分化的城乡差别的基础上重新构造城市与乡村的有机联系和统一性。核心是在国家整合下，将资源尽可能地向乡村配置并激活农村内在的动力。它要以工业和城市的发展支持和引导农村的发展，由城乡分离走向城

乡一体。这是社会主义新农村建设与以往的乡村建设完全不同之处。〔徐勇，2006（1）〕

4. 推动建设和谐世界

朱达成认为，推动建设和谐世界，既是新世纪新阶段对半个多世纪中国独立自主的和平外交思想的继承和发展，也是党的十六大以来中国外交战略和政策的延伸、发展和创新。倡导和推动建设和谐世界是中国建设社会主义核心价值体系在国际价值观方面的集中体现，"和谐世界"的理念不仅包含了中华文明优秀价值观念，也包含了人类共同的文明进步成果。倡导和推动建设和谐世界，是中国坚持走和平发展道路的必然要求，也是中国实现和平发展的重要条件。〔朱达成，2007（3）〕

康绍邦、秦治来认为，建设和谐世界，是中国走和平发展道路的崇高目标。一方面，中国国内和谐社会构建的实践，必将对其他国家的建设和发展产生积极深刻的影响，推动和谐世界的建设；另一方面，中国的和平发展需要营造良好的外部环境，必须积极争取和平稳定的国际环境、睦邻友好的周边环境、平等互利的合作环境、互信协作的安全环境和客观友善的舆论环境。为了建设一个持久和平、共同繁荣的和谐世界，中国高举和平、发展、合作的旗帜，坚持独立自主的和平外交政策，与各国在政治上和谐相处、经济上共同发展、文化上取长补短、安全上加深互信，不断为中国的和平发展营造良好的国际环境。〔康绍邦、秦治来，2007（3）〕

徐坚等认为，建设"和谐世界"思想是运用唯物辩证法和唯物史观总结世界历史经验、洞察世界发展大趋势、认识人类社会发展规律的重要成果，是新形势下对马克思主义的继承和发展。这一思想是对当前国际现实的冷静反思，从不同政策层面上提出了促进世界和平与发展的主要途径和基本方法，具有很强的针对性和可操作性。"和谐世界"与和谐社会是一个完整的思想价值体系和政策体系，在推动建设"和谐世界"过程中需要注意如下问题，要充分考虑发展的不平衡规律，建设"和谐世界"是一个长期而复杂的过程，需要循序渐进，分阶段、分层次、分对象地逐步推进，要看到中国是一个快速发展的大国，同时将长期处于社会主义初级阶段，要从国情出发考虑本国的作用和定位，正确认识和处理好建设"和谐世界"与构建和谐社会的有机联系。〔徐坚等，2007（1）〕

杨保筠认为，发展中国家构成全世界一个庞大的国家群体，包括世界上分布于亚、非、拉的广大地区的160多个国家，即使在"冷战"结束后的国际新格局之下，它们仍然是一支不可忽视的重要力量。中国和其他发展中国家一样，都面临着反对强权政治、遏制西方"人权外交"和新干涉主义、维护世界和平、维护国家主权及领土完整和民族尊严、争取政治平等、经济自主繁荣的共同任务。同时，中国作为联合国安理会常任理事国中唯一的发展中国家代表，在维护发展中国家利益和增进其内部团结方面发挥着重要作用。为了加强与发展中国家的关系，中国不论在联合国组织，还是其他国际组织的活动和会议上，对涉及发展中国家重大利益的问题，都始终不渝地维护发展中国家的正当权利，支持它们的合理主张。中国在国际事务中积极推动南北对话，争取国际关系的民主化。〔杨保筠，2007（4）〕

张幼文认为，中国的开放型发展模式与世界经济是相和谐的。虽然中国的发展影响了世界市场的产品与资源能源价格，但这是经济全球化把中国放在生产制造分工的结果，国际社会上有一些人指责中国"新殖民主义"是没有道理的。中国是在积极参与而不是挑战现存世界经济体系中发展的，同时科学发展观与和平发展道路的提出又证明中国是一个对世界负责任的大国，开放战略的调整和升级也证明了这一点。〔张幼文，2007（1）〕

二、 中国共产党三代领导集体的领导思想研究

中国共产党的历代领导人的领导思想一直是领导学界研究的持续热点问题，改革开放近30年来，中国社会的面貌发生了巨大变化，结合当代社会的实际变化，回顾领袖人物的领导思想，可以从中发现许多有

益的启示。

（一）毛泽东领导思想研究

陈占安主编的《毛泽东领导理论研究》，是一部对毛泽东领导思想进行较全面研究的著作，他们在梳理以往研究的基础上进行了创新性研究，提出毛泽东领导理论的概念，即"以毛泽东为主要代表的中国共产党人，将马克思主义基本原理同中国革命和建设实践相结合的领导经验的概括和总结，以毛泽东科学的领导学著作为代表的毛泽东领导理论，是中国共产党人领导工作经验的结晶，是毛泽东思想科学体系的重要组成部分。"全书共分为十章，分别研究的毛泽东领导理论产生的历史条件、历史发展，毛泽东论领导观、领导职能、领导素质、领导原则、领导方法、领导艺术、领导作风、领导哲学。作者认为，毛泽东领导理论的主要特点是：革命性和科学性、系统性和综合性、民族性和通俗性、创造性和开放性。毛泽东领导理论曾经教育和指导了众多的党的领导者，是各级领导干部和将要走上领导岗位的同志们的必修课。这个理论曾经指导我们党及其各级领导者带领群众战胜了种种困难，胜利地承担了中国革命和建设的领导责任，出色地完成了中国革命和建设的领导任务，它是中国共产党历史上第一个科学的领导理论形态，对当今中国特色社会主义事业具有重要的指导意义。〔陈占安，2008〕

还有许多学者对毛泽东领导思想的方方面面进行了研究，这里举几例。王知宇认为，毛泽东在领导中国革命和社会主义建设事业的长期实践中，科学地揭示出中国共产党思想领导的基本规律，必须始终坚持以马克思主义为指导思想和理论基础，在总结我们党历史上所犯的"左"倾和右倾错误的沉痛教训基础上，提出必须始终坚持马克思主义的思想路线，必须始终坚持理论与实践的统一。认识、掌握和科学运用这些基本规律，对于全面提高党的思想领导能力，具有重要的理论和实践意义。〔王知宇，2007（3）〕

熊辉认为，毛泽东在新民主主义革命和社会主义建设时期，在致力于对中国革命和建设规律的探索的同时，也一直致力于党的领导方式和执政方式的探索，尽管在探索过程中也有失误和遭受过挫折，但形成了一套领导和执政方式的理论，为党的领导方式和执政方式的确定、形成和发展作出了开创性的贡献。在党局部执政时期，毛泽东曾提出党执政要避免采取直接指挥政权的方式，应当通过政权机关里的党团组织转化为政府行为，政权机关里的党团组织的成员是政权机关的组成人员，又是必须执行党的决议的党组织的成员，这种双重身份使他们有条件担负起把党的主张转化为政府行为的任务。党应当依靠自身正确的政策和模范工作，使政府和人民群众接受党的主张和领导。新中国建立之后，毛泽东又提出了执政党执政方式应遵循的基本原则，即党要加强对国家政权的领导，并对民主化的领导方式进行了探索。〔熊辉，2006（8）〕

傅爱军、李宁认为：毛泽东是一位与哲学结下不解之缘的杰出领导者，其高超的领导艺术得益于他的哲学思维。注重从哲学高度观察、分析和解决问题，注重将哲学应用于领导方法和工作方法，注重适应新的需要创造哲学新理论，注重提高干部、群众的哲学素养，这些都是毛泽东把哲学思维运用于领导工作的突出的最有特色的表现。作为 21 世纪的领导者，要提高执政能力和领导水平，就应像毛泽东那样习惯、学会和善于运用哲学思维。〔傅爱军、李宁，2008（3）〕

刘敏认为，在中国共产党领导中国革命和建设过程中，毛泽东的领导才智逐渐发展上升为一门高超的艺术。毛泽东领导艺术的内容是多方位的，认清国情、调查研究是毛泽东领导艺术的根基，掌握中心、总揽全局是毛泽东领导艺术的核心，洞悉大势、科学决策是毛泽东领导艺术的关键，知人善任、团结干部、依靠群众是毛泽东领导艺术的保证。学习毛泽东的领导艺术，对于领导者提高自身的领导才能和领导水平，不断提升领导能力有重要作用。〔刘敏，2006（6）〕

彭洁认为，在中国共产党历史上，毛泽东是创立和发展马克思主义领导艺术的第一人。在领导中国革命和建设的过程中，毛泽东非常重视领导方法和工作方法。他把马克思主义哲学的基本原理转化为指导实践的思想方法和工作方法，比如，一般与个别相结合、领导与群众相结合的方法，

中国领导学研究（2006—2008）

抓典型、"解剖麻雀","中心工作与一般工作相结合","学会'弹钢琴'","波浪式前进","留有余地",等等,都对我们今天提高领导水平和执政水平具有现实的意义。〔彭洁,2006(1)〕

徐青英认为,毛泽东的领导艺术是毛泽东思想体系的一个重要组成部分,从本质上说是从中国实际出发,运用马克思主义的认识论和辩证法独创性地解决中国革命的领导艺术,它的内容包括决策艺术、组织艺术、人际关系艺术等多个方面。比如:决策艺术表现为,原则坚定、策略灵活,把握时机、随机决断,开拓进取、锐意创新。组织艺术表现为,统筹兼顾、全面安排,抓住中心、带动全局,高瞻远瞩、经纶天下。人际关系艺术表现出,重权威,树形象,顾大局,等等。〔徐青英,2006(3)〕

(二)邓小平领导思想研究

孟继群主编的《邓小平领导理论研究》,是这一领域研究比较全面的一部著作,作者提出,邓小平领导理论是对马克思主义、毛泽东思想的继承和发展,是对我党领导社会主义建设胜利和挫折历史经验的科学总结,是对开拓中国特色社会主义道路新鲜经验的理论概括,体现以和平与发展作为主题的时代精神。邓小平领导理论重点是对共产党执政规律的成功探索,它坚持把执政建立在人民群众拥护的基础上,坚持马克思列宁主义主义的指导地位,坚持以经济建设为中心,大力发展生产力,坚持建设社会主义民主与法制,坚决维护稳定,坚持改革开放,坚持党的领导,改善党的领导。作者还提出,邓小平领导理论的科学内涵博大而精深,包括领导本质理论、领导主体理论、领导认识理论、领导体制理论、领导方式理论、领导用人理论、领导者素质理论等,这些构成了中国特色的领导理论体系。领导就是服务是邓小平对马克思主义领导观的新概括;坚持并改善党的领导是邓小平领导理论的主体;解放思想、实事求是是邓小平领导理论的灵魂和精髓;领导体制更带有根本性和全局性;战略决策是中心,正确的政治路线要靠正确的组织路线来保证;照辩证法办事,改进领导方法和领导艺术,这些都属于邓小平领导理论的主要内容。在改革开放的时代，邓小平领导理论体现出以下特色，一是解放思想、实事求是，二是心系人民、无私无畏，三是坚毅刚强、果断决策，四是举重若轻、讲究实效，五是胸怀坦荡、光明磊落。〔孟继群，2008〕

改革开放以来，对邓小平领导理论的研究始终是学界的热点，相关的文章非常多，这里也只能列举部分学者的观点。薛晴、马晓丽、陈会谦认为，从一定意义上讲，没有邓小平的领导思想就没有邓小平理论，没有邓小平理论就没有中国的现代化。他们结合党的十一届三中全会以来中国社会主义建设的实际，主要从三个方面来回顾和总结邓小平的领导思想在现代化建设中的指导作用，统揽全局，正确把握中国现代化建设的方向；善于抓住创新这个中心环节，重点突破、努力开创中国现代化建设新局面；精于协调，为中国现代化的健康、顺利发展创造良好环境和条件。〔薛晴、马晓丽、陈会谦，2007（1）〕

王亚林认为，列宁虽然第一次提出了无产阶级领袖是一个领导集团的理论，但对于领导集团内部各成员之间的地位、作用及相互关系等重大问题，却没能进行深入研究和解决。而夸大个人作用的个人崇拜给国际共产主义运动带来了惨痛的教训。邓小平在坚持列宁正确思想的基础上，进一步提出了领导集团要有核心的重要思想，并论述了核心的重要作用，对于纠正和克服在无产阶级领袖问题上的各种错误倾向，对于中国特色社会主义建设事业的顺利发展，无疑具有极为重要的、深远的指导意义。〔王亚林，2006（3）〕

吴梅芳、王良斌认为，邓小平党的领导思想是我国改革开放以来科学领导经验的理论总结，既继承和发展了马列主义党的领导思想和毛泽东党的领导思想，又汲取了中国古代领导思想中好的东西；既总结了中国社会主义革命和建设，尤其是改革开放和现代化建设的经验教训，又吸收了当代西方领导理论中有价值的成分，从而使邓小平党的领导思想异常丰富生动，实现了不少的超越。邓小平党的领导思想是当代领导科学理论的精华，如果将其纳入邓小平理论科学体系来思考，邓小平党的领导思想则是这个理论体系的重要组成部分；同时，邓小平党的领导思想还具有普遍的现实指导作用。〔吴梅芳、王良斌，2006（3）〕

阎颖认为，党和国家领导体制是我国政治体制的关键和核心。邓小平是我国较早思考党的领导制度和党政关系的领导人之一，从 20 世纪 50 年代的最初思考和探索到 80 年代发表《党和国家领导制度的改革》等重要讲话，阐明了党和国家领导体制涉及的重要内容及其改革的思路等重大问题，为党和国家领导体制的确立、改革和完善提供了纲领性认识，为此后党和国家领导体制在理论上的进一步探索和实践中的改革提供了指导。〔阎颖，2006（1）〕

李合敏认为，进入新时期以后，邓小平根据党所面临的形势任务和党的自身状况，在强调必须坚持党的领导的同时，创造性地提出了"为了坚持党的领导，须努力改善党的领导"的科学论断，并就改善党的领导问题作了系统论述，形成了特色鲜明的新时期党的建设的重要思想。〔李合敏，2006（1）〕

韩立红认为，邓小平历来非常重视领导班子的作用与建设，他强调"必须建立一个坚强的领导班子"，要求领导班子成员的个体素质要符合"四化"原则，整体素质要结构合理、有核心，领导班子要具有改革开放的形象、安定团结的形象、务实能干的形象。〔韩立红，2006（1）〕

（三）江泽民领导思想研究

2006 年 8 月，《江泽民文选》开始在全国出版发行，从而引起全国掀起学习的高潮。许多学者纷纷发表其学习体会。

李君如认为，学习《江泽民文选》，不仅要学习江泽民同志的理论观点和战略思想，而且要学习他运用马克思主义的立场、观点、方法研究和解决实际问题的科学态度和创新精神。江泽民反复强调要坚持以实际问题为中心研究马克思主义，并在许多方面作出了理论贡献，这些理论贡献概括起来主要是两个：一是毫不动摇地坚持邓小平理论，坚定而又全面地贯彻党的基本路线，把邓小平同志创立的建设有中国特色社会主义的理论概括为"邓小平理论"，并把它作为党和国家的指导思想写入党章和宪法；二是在丰富和发展邓小平理论的过程中，深入总结党和人民创造的新鲜经验，全面反映当代世界和中国的发展变化对党和国家工作的新要求，创立了"三个代表"重要思想，实现了党在指导思想上的又一次与时俱进。学习《江泽民文选》必须同进一步学习和总结党的历史经验特别是新鲜经验结合起来，把"三个代表"重要思想转化为为党和人民的事业不懈奋斗的坚定信念，转化为观察和解决问题的科学方法，转化为指导改造客观世界和主观世界的行为准则。〔李君如，2006（10）〕

陈伟从《江泽民文选》中，领略到了关于和谐社会领导观与增强民族凝聚力的思想，和谐社会领导观是一种具有新的理论品格的领导观，它对于民族凝聚力的更新与增强，有着重要的整合和濡化作用。从中国的社会现实和时代的发展出发，应当树立这种领导观，促进中华民族凝聚力的提升，并以领导创新带动全民创新，尊重差异和包容差异。加强政治沟通和化解矛盾，推动和谐社会建设。〔陈伟，2006（6）〕

奚洁人主编的《"三个代表"重要思想的领导学研究》，吸收了近年来学界有关第三代中央领导集体的领导思想研究，并进行了创新性研究。提出"三个代表"重要思想是对马克思主义领导理论的新贡献，突出表现在两个方面：一是对于领导主体建设的理论新贡献，即在新的历史条件下建设一个什么样的党和怎样建设党；二是对中国共产党如何完成执政使命的深入探索，即进一步回答了什么是社会主义，怎样建设社会主义。整部著作按照如下的逻辑结构展开，上篇是以领导学的视角对"三个代表"重要思想进行整体解读，分析"三个代表"重要思想领导理论的形成及特色，共分三章，首先对"三个代表"重要思想领导理论的形成背景及过程进行分析，然后阐述了"三个代表"重要思想领导理论的核心内容，最后分析了这一理论的主要特色。下篇是对江泽民为核心的党中央领导集体在领导我国人民建设有中国特色社会主义过程中的具体领导实践及其理论贡献进行系统阐述，共分八章，第三、四、五章分别对江泽民为核心的党中央领导集体的治党思想与实践、治国思想与实践、治军思想与实践进行了阐述。第七、八、九章对江泽民为核心的党中央领导集体关于领导人才素质、领导人才培养、领导班子建设的思想进行了分析，第十章阐述了江泽民为核心的党中央领导集体的领导决策思想，第十一章分析了江泽民为核心的党中央领导集体的领导方法和领导艺术问题。最后是结语部分，阐述了胡锦涛为总书记的党中央领导集体，在实践中继承和发展了"三个代表"重要思想，用解放思想开路，改革开放推进，贯彻科学发展观，促进社会和谐，为夺取全面建设小康社会新胜利而奋斗，从而在新的历史条件下进一步丰富和发展马克思主义领导理论。〔奚洁人，2008〕

唐铁汉提出，江泽民同志高举邓小平理论的伟大旗帜，尊重实践，尊重群众，与时俱进，开拓创新，坚持和发展了马克思主义的领导理论，形成了系统的完整的现代领导理论体系，对提高党的领导水平和执政能力发挥了巨大作用，他以巨大的政治勇气和理论勇气，开创了马克思主义领导理论的新境界。江泽民同志是加强党的先进性建设的典范，他始终坚持执政党领导本质与领导方式的统一，把"三个代表"重要思想作为新时期加强党的建设和领导现代化建设的根本指导思想，在领导决策科学化民主化的方面做出了典范，他坚持世界观与方法论的统一，按照客观规律办事，按照唯物论与辩证法办事。〔唐铁汉，2006（5）〕

王海军认为，党的十三届四中全会以来，江泽民同志继承和发展了毛泽东、邓小平的领导思想和领导方法，并结合改革开放和现代化建设的崭新实践，对领导干部在新的历史条件下如何实施正确领导发表了一系列重要论述，形成了他独特的领导魅力和高超的领导艺术，表现为：求真务实、与时俱进的理论创新艺术，抓住中心、统筹兼顾的强国富民艺术，辩证统一、法德并重的治国方略艺术，统筹全局、综合协调的资源整合艺术，立党为公、执政为民的政党建设艺术，韬光养晦、有所作为的文化发展艺术，高瞻远瞩、运筹帷幄的对外交往艺术，善于探索、勇于创新的治理军队艺术。江泽民同志还身践力行，为我们党的领导干部树立了典范，这对于推动我国领导科学的发展，提高广大干部的领导水平具有特别重要的意义。〔王海军，2006（10）〕

王庆仁回顾了从20世纪90年代中期开始理论界对江泽民领导思想的研究，提出，学界对江泽民有关领导思想、决策思想、领导艺术等的研究日益重视，并取得了一批成果。比较有代表性的研究成果有：陈大明的《试论江泽民的领导观》，高伟江、宋煜萍的《江泽民对领导理论的新贡献》，王纪顺的《初探以江泽民为核心的第三代领导集体创造性的领导思想》，唐铁汉的《论江泽民领导理论的时代特色》，戴树源、王鹏的《论江泽民决策思想的三大特征》，李和臣的《论江泽民同志决策民主思想》，王鲁军、陆广玉的《论江泽民的决策思想》，张志祥的《江泽民决策思想的主要内涵》，付昆、张翠善的《论江泽民决策的原则和方法》，李继存、于保中的《论江泽民的领导艺术观》等。在研究成果中由于视角不同等原因也产生出多种观点。理论界对江泽民领导思想的研究相对于对江泽民思想其他方面的研究而言，仍是较为薄弱的领域，研究中还存在宏观角度研究较多、微观角度研究较少、研究广度不够等问题。在今后的研究中，水平还有待进一步提高，广度也有待进一步拓展。〔王庆仁，2006（4）〕

三、中国共产党领导哲学在实践中的运用研究

　　我们党始终强调哲学与实践紧密结合，与实践紧密联系，党的领导哲学是为实践服务的，不是为哲学而哲学。领导哲学是为了解决现实生活中的重大理论问题和现实问题而存在的，党中央号召领导干部学习马克思主义哲学，是为了领导干部更好地领导社会实践。这就是说，为领导实践而学哲学、用哲学，只有这样，领导哲学才成为一种有用的哲学，成为能解决实际问题的哲学。

（一）党的领导哲学与领导干部

　　李瑞环同志《学哲学　用哲学》一书，使许多领导干部更加注重学习哲学，理论界许多人士也加入到讨论中来，在京的部分学者于2006年年初聚会，研讨领导干部要重视提高哲学素养的问题。专家们认为，我国社会主义现代化建设已进入一个关键时期，有许多新情况需要研究，新问题需要解决，新任务需要完成。因此，我们要重新认识哲学作为思想理论武

器的功能，坚持和发扬我们党学哲学用哲学的优良传统。当前，全党和全国人民正在学习和贯彻科学发展观，尤其需要重视马克思主义哲学的学习和运用，正确处理发展中的各种重大关系问题，反对片面性。专家们呼吁，要借李瑞环同志《学哲学 用哲学》一书的出版为契机，积极倡导广大党员干部学哲学用哲学，以提高全民族的理论思维。〔阮青，2006—01—24〕

李抒望认为，《学哲学 用哲学》是一部真实纪录、全面展示李瑞环同志学习运用马克思主义哲学心得的著作，是李瑞环同志领导经验的总结和思想观点的集萃，是李瑞环同志"一生中最重要的东西"。全书理论联系实际，深刻阐明了学哲学要学原理、用哲学也要用原理，具有鲜明的党性、突出的实践性、很强的针对性、独特的创新性，彰显了李瑞环同志学以致用、朴实无华的理论品格和实践品格。作为领导干部，必须要学哲学，用哲学，讲哲学，信哲学。〔李抒望，2006（2）〕陈鲁民认为，李瑞环的著作《学哲学 用哲学》，内容丰富，深入浅出。字里行间不难看出，作者不仅是运用辩证法的高手，而且还是历史感很强的智者。他的历史观，凝重、睿智、达观、清醒。他以一个政治家的亲身体会，告诉我们应该如何看待历史，继承历史，创造历史，可以给人许多启迪。〔陈鲁民，2006（9）〕

吴海燕认为，提高领导决策水平，最重要的方法是自觉运用哲学思维指导决策，因为哲学思维是领导决策正确制定的思想基础，哲学思维是领导决策成功实施的思想保证，所以需要提高运用哲学思维指导领导决策能力。〔吴海燕，2008（3）〕

叶凌雪、蒋秀碧认为，领导哲学是马克思主义哲学在领导活动中的应用，是领导科学的最高层次的理论。以毛泽东为代表的中国共产党人，把马克思主义哲学与中国革命和建设具体实践相结合，高屋建瓴地用思想路线、政治路线、组织路线和群众路线来指导领导实践。其中，思想路线是领导者的思维向导，政治路线是领导者的目标方向，组织路线是领导工作的组织保证，群众路线是领导活动的根本路线，这些都是以马克思主义哲学为理论依据的，都属于具有中国特色的领导科学的理论。这四条路线

像四根支柱一样，从不同侧面支撑着具有中国特色的领导哲学这座大厦。〔叶凌雪、蒋秀碧，2006（6）〕

重庆市委课题组在《党建研究》上发表文章，强调领导干部提高落实科学发展观能力的必要性，提出要把提高贯彻科学发展观的能力作为新形势下加强领导干部能力建设的首要任务，把增强思想理论素质作为提高领导干部贯彻科学发展观能力的重要前提，把强化教育培训和实践锻炼作为提高干部贯彻科学发展能力的主要途径，把建设健全干部选择作用制度作为提高领导干部贯彻科学发展能力的关键环节。〔中共重庆市委，2006（4）〕

仲祖文认为，使领导干部始终保持振奋的精神和良好的作风，始终坚持党的根本宗旨，是全面贯彻落实科学发展观的必然要求，是构建社会主义和谐社会的必然要求，是提高党的执政能力、保持和发展党的先进性的必然要求，是做好新形势下反腐倡廉工作的必然要求。各级党委及其组织部门一定要从党和人民事业兴衰成败的高度，从全面建设小康社会、构建社会主义和谐社会的全局出发，充分认识加强领导干部作风建设的极端重要性和紧迫性，切实把加强领导干部作风建设放在更加突出的位置，作为党的建设的一项战略任务，下决心抓紧抓实、抓出成效。〔仲祖文，2007（4）〕

贺善侃认为，党的十七大报告提出的发展社会主义民主政治举措，凸显了我们党开启政治体制改革新局面的决心。政治体制改革将积极稳妥地向"纵深推进"，据此，领导学应加强领导体制的民主化研究。十七大对党的领导干部的民主作风建设提出了更高的要求，这就为领导学提出了加强领导者民主作风研究的新任务。领导者的民主素质是领导体制民主化建设的根本，领导学应加强领导者民主素质的研究。〔贺善侃，2008（1）〕

陈伟兰提出，要解决一些领导干部身上存在的，影响全面贯彻落实科学发展观的作风问题，教育培训要和干部管理体制机制改革、完善监督制度互相配合，才能奏效。干部教育培训机构在加强领导干部作风建设上负有重要责任，要使领导干部能够切实反省自己的世界观价值观、改进思想方法和工作方法、提高知识水平、端正态度、转变观念，只有针对领导干部作风上存在的问题，按照干部教育培训的规律开展教育和培训工作，才

能达到理想的效果。〔陈伟兰，2007（1）〕

秦廷华提出，领导我国经济社会发展的骨干和中坚力量，是党和国家的各级领导干部。因此，贯彻落实科学发展观，首要的是要坚持用科学发展观武装各级领导干部的头脑，只有各级领导干部真正树立了科学发展观，坚持用科学发展观指导工作、研究问题、解决问题，才能保证我国社会主义现代化建设的宏伟大业得以顺利实现。〔秦廷华，2006（6）〕

龚晨认为，科学发展观是统领经济社会发展全局的根本指针。贯彻落实科学发展观，加速各项事业全面、协调、可持续地发展，是领导干部务必切实抓紧抓好的一件大事，干部具有决定性的作用，干部是关键。领导干部落实科学发展观的精神状态，是影响干部落实科学发展观的主导因素，在干部的诸多因素中，精神状态占据基础和主导性的位置。他通过问卷调查发现，当前领导干部存在着对科学发展观理解不透彻、满足于现状、锐气不够等问题。造成这些问题的原因包括他们的世界观、价值观、政绩观方面存在偏差，机制不够完善，上级的框框条条太多等。因此，必须注重优化环境，营造氛围；必须完善相关制度。他还提出了如下建议：一是要把落实科学发展观同完善保持共产党员先进性教育的长效机制结合起来；二是要健全体现科学发展观要求的干部人事制度；三是要健全体现科学发展观要求的干部激励体系；四是要健全体现科学发展观要求的干部政绩考核评价机制；要健全体现科学发展观要求的干部教育培训的长效机制。〔龚晨，2007（1）〕

张元坤认为，中央提出科学发展观之后，领导干部中还存在着许多不适应，表现为个别领导干部的科学思维能力不强，个别领导干部把握事物本质的能力不强，个别领导干部统揽全局的能力不强等问题，因而表现出科学发展意识不强，急功近利，没有长远的目标，价值观上存在偏差，有被动应付的畏难情绪，同时，干部考核的体系也不科学，考核内容随意，考核办法简单，不能发挥激励干部的作用。今后，需要加强领导干部理论武装和实践锻炼，建立起领导干部科学的管理监督机制，并建立健全领导干部考评体系，促使领导干部尽快适应科学发展观形势的要求。〔张元坤，2007（6）〕

郭广银认为，各级领导班子和领导干部是贯彻落实科学发展观的主体，是科学发展的引领者、组织者、实践者和推动者，进一步提高他们领导科学发展的能力素质，是当前党的建设工作的重中之重。因此，组织部门要在党委领导下，为领导干部提高领导科学发展能力创造良好条件和制度环境，要通过大规模培训干部，大幅度提高领导科学发展的能力，要在实践中锻炼、积累和增强领导科学发展的本领，要深化干部人事制度改革，努力形成促进科学发展的制度保障。〔郭广银，2008（2）〕

郭礼云认为，科学发展观有效贯彻的关键，在于各级党委和领导的能力素质。因此，在贯彻落实科学发展观过程中，领导干部必须带头勤奋学习，带头敬业奉献，带头提高决策水平，带头开拓创新，带头求真务实，以坚强的组织领导和模范的带头作用，推动学习贯彻科学发展观的不断深入。〔郭礼云，2006（6）〕

张卫兵提出，要从求真务实入手提高领导干部贯彻落实科学发展观的能力，各级领导干部要带头从弘扬求真务实的精神和作风入手，端正工作指导思想，着力提高运用科学发展观决策定向的能力，改进工作方法，着力提高运用科学发展观运筹协调的能力，确立正确的绩效评估标准，着力提高运用科学发展观抓落实求实效的能力。〔张卫兵，2006（12）〕

胡福绵认为，提升领导科学发展能力是新时期领导班子和干部队伍建设的重大理论和实践课题。要以深刻认识、准确理解科学发展观的精神实质为基础，定位能力标准，端正用人导向，拓展提高途径，完善保障机制，促进领导班子和领导干部领导科学发展能力的提升，从而推动和实现科学发展。〔胡福绵，2008（1）〕

彭立新提出，科学发展观要求领导干部在制订发展规划时要树立全面发展的理念，在处理社会矛盾、推进社会和谐的实践中要坚持以人为本，在从政价值取向上要有正确的政绩观念。深刻领会科学发展观的精神实质，不断提高各级领导干部的自身素质，确保科学发展观落到实处，是摆在我们面前的一项重要任务。科学发展观对领导干部素质有了新要求，因此，高素质的领导干部是落实科学发展观的重要保证，只有用科学发展观指导学习，才能提高领导干部的素质。〔彭立新，2007（2）〕

刘澄认为，战略思维是对全局性、长远性、根本性的重大问题的分析、思考、判断、总结、预见的理性思维过程，是领导干部必备的一种素质和能力。战略思维是决定领导干部能否顺应时代潮流，提高执政能力，驾驭复杂形势，抓住机遇，从而获得发展主动权的关键。为了提高我们党的领导水平和执政水平，党的各级领导干部必须注意培养战略思维能力，提高工作的系统性、原则性、预见性和创造性，全局在胸，深谋远虑，而要提高战略思维能力，就要认真学习马克思主义理论的哲学思想，尤其是马克思主义理论与我国革命和建设实践结合的党的三代领导人的战略思想，掌握战略思维的一些基本要求，扩大知识面并且联系实际进行学习，自觉运用战略思维观察、分析和解决当代中国经济与社会发展的诸多重大战略问题。〔刘澄，2006（11）〕

王新留认为，提高战略思维能力是加强党的执政能力建设的重要环节，是党和国家事业发展对领导干部提出的现实要求，也是全面建设小康社会目标的重要保证。领导干部要善于从理论思维高度把握规律，要努力拓展知识面，不断更新知识结构，要加强哲学修养，提高辩证思维能力，参加实践锻炼，不断提高实战能力。总之，领导干部必须增强历史责任感和时代紧迫感，加强理论修养，拓宽知识领域，并在实践中加强锻炼，努力提高战略思维能力。〔王新留，2006（1）〕

（二）党的领导哲学与领导工作

2006年，为全面贯彻落实科学发展观，进一步加强领导班子和干部队伍建设，改进和完善干部考核评价工作，中组部在反复试点的基础上，制定颁布了《体现科学发展观要求的地方党政领导班子和领导干部综合考核评价试行办法》，这是从组织工作上落实科学发展观的重要举措，对于贯彻落实科学发展观的要求，认真执行党的干部路线方针政策，进一步加强和改进干部考核工作。有人提出，运用科学的考核评价方法，做好干部考察选拔工作；有人提出，充分运用考察结果，发挥积极导向作用；还有人提出，加强考核队伍建设，做好选人用人工作。李立伟提出，在干部考核中落实科学发展观，就是要用全面、协调、可持续发展的标准看待干部、衡量干部、考察干部。一要用全面辩证的思想指导考核，既看外在表现，又看具体原因；二要用上下协调的思路指导考核，既看领导评价，又看群众公论；三要用持续发展的观点指导考核，既看工作能力，又看发展潜力。〔李立伟，2007（2）〕

王大炜提出，和谐社会建设要求今天的管理者和领导者不仅仅是生产经营活动方面的专家，还必须有更全面的视野和更长远的眼光，更强的战略思维能力和大手笔的动作。现代企业的领导要具备这样的能力，除了学习一点儿哲学似乎还没有更好的途径。〔王大炜，2008（4）〕

陈朋山提出，要科学发展观的要求，使干部考核内容更加体现了发展为群众，考核评价环节更加体现了发展成果由群众评价，考核评价方法更加体现了客观公正。在试点过程中，必须加强领导，周密部署，精心组织，搞好协调。要加强对干部贯彻民主集中制、勤政廉政、求真务实和心理素质等情况的考核。要坚持从实际出发，力戒形式主义，在实践中边探索、边总结、边完善。〔陈朋山，2006（3）〕

林博斌认为，要建立健全体现科学发展观和正确政绩观要求的干部政绩考核评价体系，推进干部考核评价工作制度化、规范化和科学化，需要从组织上保证科学发展观的贯彻落实、促进党和国家各项事业的健康发展。要进一步完善考核评价内容，明确考核评价标准及权重界定原则等，健全完善适用不同地区、不同层次和不同类型干部的科学规范的考核评价指标体系；要整合考核评价资源，规范优化考核程序，探索科学有效的干部综合考核评价办法，进一步增强其针对性、适用性和可操作性；必须进一步加大干部日常教育管理和监督力度，把日常工作绩效考核评价作为干部综合考核评价的重要组成部分；应建立健全专门的考核工作机构，明确工作职责，做好集中考核、日常考核等各项工作。〔林博斌，2006（12）〕

都红岩、王刚认为，用科学发展观指导干部考核评价工作需要处理好的几个关系：要处理好改进干部考核评价工作与整体推进干部人事制度改革的关系；要处理好改进干部考核评价工作与做好日常干部工作的关系，要处理好改进干部考核评价工作与整合各方面管理资源的关系，要处理好

改进干部考核评价工作与加强组工干部队伍能力建设的关系。〔都红岩、王刚，2007（3）〕

刘国华结合军队工作实际，提出各级党委要把科学发展观贯彻到党委领导的全部工作中去，以领导工作科学化水平的提高来推进部队建设的全面、协调和可持续发展。出主意是党委领导的核心，党委工作贯彻科学发展观要坚持民主科学决策；用干部是党委领导的关键环节，党委工作贯彻科学发展观要做到公正公平；作规划是党委领导的重要方面，党委工作贯彻科学发展观坚持统筹兼顾；抓落实是党委领导的落脚点，党委工作贯彻科学发展观要坚持求真务实。〔刘国华，2006（8）〕

孔令锋、黄乾认为，落实科学发展观也要求加快政府体制改革，全面履行政府职能，树立正确的政府观。如前所述，政府应主要通过提供合理的促进可持续发展的制度框架来发挥主导性作用。为了充分发挥政府的主导性作用，克服政府失灵，现阶段政府应遵循以下基本原则：一是市场优先原则；二是地方政府优先原则；三是公众参与原则；四是法治的原则。〔孔令锋、黄乾：2007（2）〕

丁福良提出，中国是一个人口大国、农业大国，随着资源和能源问题的出现，建设节约型社会是当务之急，树立科学的发展观应该成为我国当前全社会的行为定位和价值规范。因此，要把可持续发展作为发展的基础，要把有机增长看成是发展的内在特征，把创新作为发展的本质，把以人为本作为发展的基本要求。〔丁福良，2007（3）〕

李锡炎提出科学发展领导力的命题，认为它是以实现领导科学发展效能最大化为目标的领导行为的能力和效力。它是激发创新的学习力、求真务实的谋划力、以人为本的感召力、科学民主的决策力、整合资源的组织力、统筹兼顾的协调力、率先垂范的引导力、务求实效的执行力的复合的立体型结构。因此，应从多维度、多视角提升科学发展领导力。〔李锡炎，2008（6）〕

岳经纶运用政策科学的分析范式，分析了在科学发展观提出之后中国政策领域出现的变化，他认为，自改革开放以来，中国的发展政策经历了两个明显的范式阶段：单纯经济增长（GDP 主义）政策范式（1978—

2003 年），以及正在形成的、以科学发展观为标志的新发展政策范式（2003 年开始）。自改革开放伊始，发展政策主要由追求 GDP 数值所主导，权力下放和市场化是主要的政策工具。然而，自 20 世纪 90 年代中以来，中国经济、社会和环境领域出现的急剧变化，使得 GDP 主义政策难以为继。旧的政策范式受到了挑战，政策制定者们在寻求新的政策范式。2003 年"非典"疫情的爆发，以及"科学发展观"的提出标志着中国发展政策范式进入了一个新阶段。这个新出现的范式转向经济发展、社会发展和环境保护三者的平衡。作者还从对进入新世纪后中央政策的动向，有了一些新的发现，如：中国党政领导正在调整其政策风格，中国的公共管理和公共政策正在出现一些新的变化；大众传媒的地位上升，并推动了信息透明度的提高；不称职官员被罢免，显示出公共问责制度的形成；社会弱势群体得到了更多的关注，显示出向社会公正的转向。同时，政府的公共关系管理能力也得到了大幅度的提升。〔岳经纶，2007（3）〕

丁元竹认为，落实科学发展观，必须完善决策机制，提高决策的科学化、民主化水平。落实科学发展观，科学决策的基本标准应当是科学决策、民主决策、依法决策。为了保证科学发展观的预期目标与效果统一，必须健全决策程序，完善决策机制，强化决策责任。政府、专家和公众的共同参与有利于保证科学决策和有效实施，在政策制定的程序上，要确保社会公平与公正以及环境的可持续性，综合决策面临的主要挑战之一是如何提高参与的水平和参与的效果，可以说，公众参与是综合决策的重要内容。〔丁元竹，2007（4）〕

附：相关论、著索引

一、著作部分：

1. 李锡炎主编：《科学发展观与领导能力提升研究》，四川大学出版社 2006 年版。

2. 刘海藩主编：《构建和谐社会与领导科学创新》，九州出版社 2006 年版。

3. 全国干部培训教材编审指导委员会：《科学发展观》，人民出版社、党建读物出版社 2006 年版。

4. 俞可平等主编：《马克思主义与科学发展观》，重庆出版社 2006 年版。

5. 杨信礼著：《科学发展观研究》，人民出版社 2007 年版。

6. 陈熙春、王建国、金荣根主编：《领导学视野中的领导能力研究》，上海人民出版社 2007 年版。

7. 江金权著：《科学发展观学习读本》，人民出版社 2007 年版。

8. 杨信礼著：《科学发展观研究》，人民出版社 2007 年版。

9. 孟继群主编：《邓小平领导理论研究》，人民出版社 2008 年版。

10. 奚洁人主编：《"三个代表"重要思想的领导学研究》，人民出版社 2008 年版。

11. 本书编写组：《深入学习实践科学发展观党员干部读本》，人民出版社 2008 年版。

12. 陈占安主编：《毛泽东领导理论研究》，人民出版社 2008 年版。

13. 邢贲思主编：《科学发展观教育读本》，人民出版社 2008 年版。

14. 吕澄著：《党员干部科学发展观学习辅导读本》，红旗出版社 2008 年版。

15. 萧淯水著：《科学发展观引领下的中国》，人民出版社 2008 年版。

二、论文部分：

1. 曾业松：《社会主义新农村建设的热点——当前党政领导干部关注的重大思想现实问题》，《科学社会主义》，2006（1）。

2. 王远启：《领导与执政：统一战线与党的执政能力建设》，《四川省社会主义学院学报》，2006（1）。

3. 阎颖：《邓小平对党和国家领导体制改革的思考与探索》，《云南社会主义学院学报》，2006（1）。

4. 徐勇：《国家整合与社会主义新农村建设》，《社会主义研究》，2006（1）。

5. 王伟达、刘玲灵：《加强党的社会整合功能与建设和谐社会》，《中共天津市委党校学报》，2006（1）。

6. 姜裕富：《合作、妥协与平衡：和谐社会的宪政品格》，《中共浙江省委党校学报》，2006（1）。

7. 李合敏：《论邓小平关于改善党的领导的重要思想》，《云南社会主义学院学报》，2006（1）。

8. 韩立红：《邓小平的领导班子建设理论初探》，《中共山西省委党校学报》，2006（1）。

9. 阮青：《领导干部要重视提高哲学素养》，《光明日报》，2006—01—24。

10. 唐中明：《和谐社会建设与领导方式执政方式创新》，《湘南学院学报》，2006（1）。

11. 彭洁：《浅析毛泽东的领导方法和工作方法》，《黔东南民族师范高等专科学校学报》，2006（1）。

12. 王新留：《关于提高领导干部战略思维能力的思考》，《中共郑州市委党校学报》，2006（1）。

13. 吴梅芳、王良斌：《邓小平党的领导思想及历史地位评析》：《中共云南省委党校学报》，2006（2）。

14. 李抒望：《让哲学真正成为我们的思想武器——读李瑞环同志〈学哲学 用哲学〉有感》，《理论与当代》，2006（2）。

15. 沈成宏：《简论邓小平的领导风格》，《党史博采（理论）》，2006（2）。

16. 李刚：《围绕加强党的执政能力建设提高领导班子解决自身问题的能力》，《理论与改革》，2006（2）。

17. 钟东超：《领导干部要在先进性建设中塑造先进性形象》，《中国党政干部论坛》，2006（2）。

18. 谢晶莹：《准确把握先进性建设和执政能力建设的结合点》，《中共山西省委党校学报》，2006（2）。

19. 徐青英：《略论毛泽东的领导艺术》，《江苏教育学院学报（社会科学版）》，2006（3）。

20. 贺先平、黄志恒：《按照先进性建设，要求加强党员领导干部的

中浦党
中国领导学研究（2006—2008）

党性锻炼》，《桂海论丛》，2006（3）。

21. 郑传芳：《党的执政能力建设和先进性建设的关系》，《科学社会主义》，2006（3）。

22. 胡福绵：《论加强领导干部的能力建设》，《理论观察》，2006（3）。

23. 李宣：《提高领导干部执政能力探究》，《中共云南省委党校学报》，2006（3）。

24. 王永宏：《构建和谐社会与管理理念、方法和技巧的转变》，《陕西理工学院学报（社会科学版）》，2006（3）。

25. 李向国：《进一步用科学发展观武装领导干部头脑》，《理论导刊》，2006（3）。

26. 王亚林：《论邓小平的领导核心思想——邓小平对无产阶级领袖思想的新贡献》，《中共郑州市委党校学报》，2006（3）。

27. 陈朋山：《在干部考核评价工作中落实科学发展观》，《党建研究》，2006（3）。

28. 童中贤：《构建和谐社会领导方式的转变——论人本领导》，《理论探讨》，2006（3）。

29. 卢嘉旗、李劲：《构建社会主义和谐社会与党的执政方式改革》，《岭南学刊》，2006（3）。

30. 王金銮、康厚德：《构建和谐社会的原则与方法探析》，《延边党校学报》，2006（3）。

31. 温铁军：《新农村建设新在哪里？》，《决策与信息》，2006（4）。

32. 王庆仁：《江泽民领导思想研究述评》，《扬州大学学报（人文社会科学版）》，2006（4）。

33. 杨楹：《论"构建和谐社会"的思维方式》，《理论与改革》，2006（4）。

34. 刘敏：《试论毛泽东的领导艺术》，《理论观察》，2006（4）。

35. 孔凡义、郭坚刚：《政党组织与中国共产党执政能力建设》，《浙江社会科学》，2006（4）。

36. 中共重庆市委：《努力提高贯彻科学发展观的能力》，《党建研究》，2006（4）。

　　37. 陈锡文：《推进社会主义新农村建设》，《中国城市经济》，2006（5）。

　　38. 唐铁汉：《江泽民领导理论开创了马克思主义的新境界》，《国家行政学院学报》，2006（5）。

　　39. 张绍能：《领导干部要树立与科学发展观相适应的正确政绩观》，《中共云南省委党校学报》，2006（5）。

　　40. 熊莺：《领导干部要重视提高哲学素养——〈学哲学　用哲学〉座谈会摘要》，《当代贵州》，2006（5）。

　　41. 张兰花：《保持党的先进性重在领导班子建设》，《实事求是》，2006（5）。

　　42. 陈振华：《论社会主义新农村建设中领导执政理念的转变》，《福建行政学院福建经济管理干部学院学报》，2006（6）。

　　43. 叶凌雪、蒋秀碧：《论有中国特色的领导哲学》，《攀枝花学院学报》，2006（6）。

　　44. 秦廷华：《坚持用科学发展观武装领导干部头脑》，《贵阳市委党校学报》，2006（6）。

　　45. 郭礼云：《领导干部提升贯彻落实科学发展观素质能力的基本途径》，《军队政工理论研究》，2006（6）。

　　46. 张卫兵：《从求真务实入手提高领导干部贯彻落实科学发展观的能力》，《军队政工理论研究》，2006（6）。

　　47. 陈中立：《和谐社会的构建和思维方式》，《中国人民大学学报》，2006（6）。

　　48. 麻秀荣、麻晓燕：《对党的执政经验与执政能力建设的新认识》，《黑龙江社会科学》，2006（6）。

　　49. 冷小青：《从执政能力建设看中国共产党执政现代化》，《理论与现代化》，2006（6）。

　　50. 陈伟：《和谐社会领导观与增强民族凝聚力——学习〈江泽民文选〉的几点认识》，《探求》，2006（6）。

51. 张元坤：《领导干部贯彻落实科学发展观能力方面存在的问题原因及对策思考》，《福建理论学习》，2006（7）。

52. 白莹、杨升祥：《建设创新型国家是党领导中国科技发展的经验结晶》，《理论月刊》，2006（7）。

53. 张婕：《增强自主创新能力 建设创新型国家——"2006创新中国高峰论坛"综述》，《国家教育行政学院学报》，2006（7）。

54. 林毅夫：《对新农村建设的几点建议》，《科学决策》，2006（8）。

55. 熊辉：《论毛泽东对党的领导方式和执政方式的探索》，《江汉论坛》，2006（8）。

56. 刘国华：《贯彻科学发展观 做好党委领导工作》，《党建研究》，2006（8）。

57. 吴光玲：《提高领导干部贯彻落实科学发展观能力的思考》，《经济与社会发展》，2006（8）。

58. 郑国瑞、李建勇：《社会主义初级阶段与构建社会主义和谐社会》，《理论界》，2006（8）。

59. 朱前星：《中国共产党的社会整合对社会主义和谐社会建设的作用及其作用机理分析》，《世纪桥》，2006（9）。

60. 青连斌：《构建社会主义和谐社会之理论思考》，《时事报告》，2006（9）。

61. 李小三：《提高建设社会主义新农村的领导水平》，《红旗文稿》，2006（9）。

62. 陈鲁民：《李瑞环的"历史观"》，《前线》，2006（9）。

63. 李君如：《学习〈江泽民文选〉的现实意义》，《毛泽东邓小平理论研究》，2006（10）。

64. 王海军：《试论江泽民领导艺术的时代特色》，《中共石家庄市委党校学报》，2006（10）。

65. 李光炎：《社会主义新农村建设中的领导方法论》，《广西社会科学》，2006（10）。

66. 董维全：《论领导干部的精神状态》，《四川党的建设城市版》，

2006（10）。

67. 王东明：《努力提高领导社会主义和谐社会建设的本领》，《党建研究》，2006（11）。

68. 刘澄：《领导干部如何培养战略思维》，《党政论坛》，2006（11）。

69. 何勇向、官盱玲：《执政能力建设与领导干部素质研究述评》，《求实》，2006（12）。

70. 林博斌：《领导干部政绩考核评价研究》，《理论学刊》，2006（12）。

71. 李新泰：《领导干部在构建和谐社会中的责任分析》，《领导科学》，2006（21）。

72. 朱岩：《大力提高领导和谐社会建设的本领——论为构建社会主义和谐社会提供组织保证》，《领导科学》，2006（23）。

73. 李锡炎：《努力从和谐文化层面提高领导和谐社会建设的能力和本领》，《领导科学》，2006（23）。

74. 陈伟兰：《贯彻落实科学发展观必须加强领导干部的作风建设》，《国家行政学院学报》，2007（1）。

75. 张世和：《论科学发展观与领导文化》，《探索》，2007（1）。

76. 龚晨：《领导干部落实科学发展观的精神状态问题调查与研究》，《中共云南省委党校学报》，2007（1）。

77. 薛晴、马晓丽、陈会谦：《论邓小平的领导思想对中国现代化建设的指导意义》，《前沿》，2007（1）。

78. 朱革新：《和谐权力与和谐社会》，《桂海论丛》，2007（1）。

79. 张国举：《正确认识与处理构建社会主义和谐社会过程中的四重关系》，《中共云南省委党校学报》，2007（1）。

80. 郭强：《论科学发展观的世界观和方法论意蕴》，《探索》，2007（1）。

81. 丁福良：《科学发展观：中国社会的行为定位和价值规范》，《河南工业大学学报（社会科学版）》，2007（1）。

82. 王玉珅：《加强党的执政能力建设之根本》，《思想政治教育研究》，2007（1）。

83. 徐坚等：《建设"和谐世界"的理论思考》，《国际问题研究》，2007（1）。

84. 夏建文、苏丽君：《论党的领导能力和党的执政能力的关系》，《湖南城市学院学报》，2007（1）。

85. 张幼文：《建设和谐世界与开放战略的调整》，《吉林大学社会科学学报》，2007（1）。

86. 唐秀玲：《坚持不懈地加强党的先进性建设　不断提高党领导经济社会发展的水平》，《党史博采（理论）》，2007（1）。

87. 石书臣：《构建和谐社会是社会主义建设目标的新提升》，《云南社会科学》，2007（1）。

88. 肖光荣：《加强党的执政能力建设研究的回顾与思考》，《湖南师范大学社会科学学报》，2007（2）。

89. 刘锡桓：《社会和谐奋斗目标的确立与党的执政理念价值取向的创新选择》，《求实》，2007（2）。

90. 孔令锋、黄乾：《科学发展观视角下的中国可持续发展阶段性与政府作用》，《社会科学研究》，2007（2）。

91. 蒋学模：《科学发展观的理论依据》，《复旦学报（社会科学版）》，2007（2）。

92. 彭立新：《落实科学发展观与提高领导干部素质》，《湖南行政学院学报》，2007（2）。

93. 李立伟：《在干部考核工作中切实贯彻科学发展观要求》，《军队政工理论研究》，2007（2）。

94. 严书翰：《科学发展观对党的执政能力提出了新的更高的要求》，《前线》，2007（3）。

95. 唐颖：《提高党的执政能力与公务员队伍建设》，《党政论坛》，2007（3）。

96. 王知宇：《论毛泽东对中国共产党思想领导规律的揭示》，《武警学院学报》，2007（3）。

97. 都红岩、王刚：《坚持用科学发展观指导干部考核评价工作》，

《领导科学》，2007（3）。

98. 朱达成：《倡导推动建设和谐世界——中国外交思想的发展和创新》，《当代世界》，2007（3）。

99. 康绍邦、秦治来：《坚持和平发展道路　推动建设和谐世界》，《求是》，2007（3）。

100. 岳经纶：《科学发展观：新世纪中国发展政策的新范式》，《学术研究》，2007（3）。

101. 丁元竹：《综合决策是落实科学发展观的机制保障》，《唯实》，2007（4）。

102. 上海市闵行区梅陇镇党委：《全面落实科学发展观　努力提高领导发展的能力》，《上海党史与党建》，2007（4）。

103. 李慎明：《科学发展观的落实关键在党——科学发展观三题》，《党建》，2007（4）。

104. 仲祖文：《全面加强领导干部作风建设》，《求是》，2007（4）。

105. 于洪生：《追求和谐：从文化模式到领导模式》，《理论探讨》，2007（4）。

106. 孙奎贞：《构建社会主义和谐社会与领导方式的变革》，《中国党政干部论坛》，2007（4）。

107. 杨保筠：《加强与发展中国家关系　共同建设和谐世界》，《领导文萃》，2007（4）。

108. 梁丽芝、郑凤娇：《创新型国家构建中的公务员创新能力提升探讨》，《理论月刊》，2007（4）。

109. 邵明昭：《科学精神：创新型国家的精神支撑》，《辽宁行政学院学报》，2007（4）。

110. 阎增山：《提高领导和谐社会建设的能力》，《红旗文稿》，2007（6）。

111. 中共中央党校邓小平理论和"三个代表"重要思想研究中心：《加强党对构建社会主义和谐社会的领导》，《求是》，2007（7）。

112. 贺善侃：《民主政治：领导学理论创新的重要纬度》，《学习论

坛》，2008（1）。

113. 刘毅：《深入贯彻落实科学发展观构建中国特色的新型领导文化》，《理论与改革》，2008（1）。

114. 胡福绵：《提升领导干部领导科学发展能力的思考》，《理论观察》，2008（1）。

115. 陈先春：《提高领导干部深入贯彻落实科学发展观的能力与境界》，《中国浦东干部学院学报》，2008（2）。

116. 郭广银：《把十七大精神转化为领导科学发展的实际能力》，《群众》，2008（2）。

117. 傅爱军、李宁：《毛泽东的哲学思维与他的领导艺术》，《理论界》，2008（3）。

118. 吴海燕：《用哲学思维指导领导决策》，《中共南昌市委党校学报》，2008（3）。

119. 王大炜：《领导干部应当学习一点儿哲学》，《北京石油管理干部学院学报》，2008（4）。

120. 李锡炎：《领导学的新视野：科学发展领导力》，《四川行政学院学报》，2008（6）。

121. 齐冬梅：《领导干部科学素养与落实科学发展观的能力建设》，《理论前沿》，2008（14）。

122. 周振国：《对科学发展观的领导学思考》，《领导科学》，2008（14）。

第二章
中国古代领导思想
的当代价值

　　中国古代典籍包含着丰富的治国理政的领导思想，这些思想在历史上曾经产生过不同的影响，在今天，不少思想仍然具有借鉴价值与实践意义。近年来，学者们不断对其进行解读。本章选择先秦诸子百家中具有代表性的五家，即儒家、道家、法家、兵家与墨家作为研究对象，对2006—2008年间相关研究者对古代领导思想的研究及其当代价值加以梳理。这期间，管理学、领导学界及领导实践工作者对古代各家领导思想展开了多方面的探讨，发表了大量相关论文并且出版了一些著作。这些著作如李锡炎主编的《中国古代、近代领导思想述评》、田广清等著的《中国领导思想史》等。本综述以发表的论文为主，通常情况下，领导学与管理学是相近学科，两者之间难以绝对分开，从所收集到的材料来看，虽然有些研究冠以"管理"的名义，但就其内容来看，说是"领导"亦无不可。鉴于领导学与管理学特殊且亲密的关系以及当今研究界仍然有许多人习惯从管理学的角度来看待与研究古代领导思想，本章立足于从更宽广的角度对相关的成果进行梳理，当然限于篇幅，这里仅作扼要介绍。

一、 儒家领导思想的当代价值

　　儒家思想在诸子百家中脱颖而出，成为影响中国历史发展最为深远的重要思想流派。这种影响一直延续到今天。以孔子、孟子、荀子为代表的先秦儒家的领导思想对今天的管理与领导理论和实践仍然具有重要的价值与意义，论者们从多方面对此进行了探讨。

（一） 儒家管理思想体系的价值

　　有些论者从儒家思想的整体出发考察儒家领导思想系统及其当代价值。

　　张素玲认为，先秦儒家领导思想是中国优秀传统文化的重要组成部分，具有极大的思想影响力和文化传承性。以人为本的仁爱思想、主张为政者的修身、重视道德教化、强调礼的规范化制度等是先秦儒家领导思想的主要内容。在今天，研究先秦儒家领导思想的特点和现代价值，对于构建马克思主义领导学理论体系，繁荣和发展中国特色马克思主义领导学，提升领导者的领导水平和治国理政能力，依然具有重要的现实意义。〔张素玲，2006（4）〕

　　陈元义认为，儒家天地人思想："一贯三为王"，"王道通三，参通天地人为王"，儒家天地人管理思想主要由管理王道来贯通，俾能表现管理现代价值。儒家天之王道管理的现代价值表现在：顺应天人——管理的历史价值，继绝举废——管理的复兴价值，行仁之道——管理行仁价值，管理天道——管理的天道价值。儒家地之王道管理的现代价值表现在：仁民爱物——管理的爱物价值，厚往薄来——管理的往来价值，保息养民——管理的保民价值，管理地道——管理的地道价值。儒家人之管理王道的现代价值表现在：以德服人——管理的德治价值，济弱扶倾——管理的济助价值，保民而王——管理的保民价值，管理人道——管理的人道价值。〔陈元义，2008（1）〕

郭生纺认为，孔子创立的儒学思想蕴含深厚的管理思想，其以人为本是管理实质，道德教化为管理手段，修己安人为管理过程，知人善用为管理艺术的管理思想体系，蕴含着丰富的智慧，足以成为现代管理理论与实践的资源。孔子以人为本的管理思想，肯定人的价值，把人放在首位，克服了西方管理思想中忽视人的弊端。在尊重人、重视人自身的同时，提出推己及人。这种仁爱精神超越了个体，扩展到除己之外的他人，把仁爱精神升华，促进了人与人之间的和谐相处，弥补了因人类异化而带来的冷漠与猜忌。孔子为政理论集中阐述了自律与他律的意义，指出了人格素质的培养和道德教化在管理中的重要作用，使"修身"与"治国"联系进来，增强了个人的责任感，把个人主观的责任与命运和国家的兴衰联系起来，提高了个人的修养，同时提高了国民素质，使好的领导与民众结合起来，形成良好的社会风尚。孔子知人善任的理论可以启发我们在管理中建立科学合理的人事制度。要尽量吸引具有长远眼光和战略观念的贤者上升到领导岗位以使管理更加顺畅有序。我们应将孔子管理思想中的合理成分与现代管理思想有机结合，形成富有中国特色的新的管理体系，为经济建设、社会发展服务。〔郭生纺，2008（12）〕

李小莲认为，儒家政治智慧内容十分丰富，尤其以"人本民本，富民教民，为政以德，尚贤使能，统治者以身作则"等为经典。儒家的政治智慧对今天的中国特色的社会主义社会建设有很大的借鉴价值。表现在人本、民本思想奠定了我国政治文明建设的思想基础，富民、教民思想是我国建设和谐社会的起点，德治思想是我国实施"依法治国"和"以德治国"相结合的治国方略的思想渊源，尚贤使能思想对我国改革用人机制提供了借鉴，统治者要"以身作则"的思想对加强我国干部队伍作风建设有诸多启示。〔李小莲，2007（4）〕

张俊伟等认为，儒家思想所奠定的文化平台能让中国企业管理者们大有用武之地。（1）人本是儒家人本主义理念的哲学基础。儒家管理思想的最大特点是重视人，深信价值之源内在于人心，天地间以人心为贵，肯定人的首要地位、注重人的全面发展。基此而言，儒家文化的管理思想契合现代"人本主义"管理理念。肯定人在管理活动中的首要地位，注重人在管理过程中的全面发展。（2）人性是儒家人本主义理念的核心内容。儒家思想是充分肯定人性的，肯定人性是为了顺应人性、改造人性以实施管理活动。儒家管理思想主张满足人性中的各种正常要求，充分肯定了人的需求的客观性。满足人的需求是现代企业人力资源管理激励理论的核心问题。保障管理系统中人的最基本的生存权利，满足他们赖以生存的物质需求，是有效实现激励、调动员工积极性、实行人本管理的前提。（3）仁政是儒家人本主义理念的实践策略。儒家的仁政以"爱人"为本，以"守礼"为原则。儒家的管理思想认为，"礼"是"仁政"管理中的外在行为规范，有着重要的约束作用。这提醒管理者，虽然要重视通过激励性制度以及教育引导实行"爱人"为本的仁政，也要重视建立秩序性、引导性、保障性、防范性的管理制度，通过合理、完善、有效的约束性制度，规范员工行为，使各项工作有章可循，提高管理质量与效率，达到"道之以德，齐之以刑，有耻且格"的管理境界。〔张俊伟等，2008（12）〕

廖永红认为，荀子在其"人性恶"的人性假设之上，以"明分使群"为理论基础，以维护封建等级制度为出发点，系统地提出了"隆礼重法"的社会管理思想，强调以礼义道德为根本，以法律制度为辅助，将礼治与法治紧密结合，以保证整个社会的井然之序，对中国两千多年的封建社会产生了深远而深刻的影响。在建设中国特色社会主义和致力于构建和谐社会的今天，其思想中也有许多值得借鉴和启迪之处。〔廖永红，2006（9）〕

马新才等认为，孔子的管理理论主要包括：以德行政、诚信为政、率先垂范、勤政躬行等论断。同时，还提出了如何选拔人才，在施政中既要谨慎，又要果断；既要三思而行，又不要犹豫不决；作为行政者，应"尊五美、屏四恶"，着力提高管理能力。他的这些理论对现代的管理实践仍然具有一定的借鉴意义。〔马新才等，2008（2）〕

李桂华认为，以先秦孔子、孟子、荀子等为代表的原始儒家思想"为政"理念主要包括：以民为本、修己安人、隆礼重法、中庸之道、实行仁政、节用裕民、以和为贵、选贤任能。学习儒家"为政"理念推进服务型政府建设要做到：树立以人为本的发展观，树立执政为民的政绩观，树立依法行政的法治观，树立科学民主的决策观，树立从严治教的责任观，树

中浦院

中国领导学研究（2006—2008）

立勤政廉洁的权力观。〔李桂华，2008（5）〕

（二）儒家管理思想价值的展开

1. "天人合一"与和谐社会构建

夏显泽认为，儒家"天人合一"思想从人与人、人与社会、人与自然和谐三个向度体现了对和谐社会的价值追求。因为"民胞物与"是其基本态度，"思知人，不可以不知天"是贯穿始终的主线，赞天地之化育是其归属。"天人合一"所体现出的对和谐社会的价值追求，是我们构建社会主义和谐社会不可或缺的思想资源，它有助于我们全面、正确地领会社会主义和谐社会的含义，加快构建步伐。人与人、人与社会之间的和谐是社会主义和谐社会的主要内容；人与自然之间的和谐是社会主义和谐社会的前提和基础。〔夏显泽，2006（3）〕

田广清认为，儒家和谐治理观对历史中国和现代东亚国家的巩固和发展起了重要作用，并可以为当今中国和谐社会的建设和国家治理提供可资借鉴的思想资源。但由于其存在着理论与制度不同构、制度资源太少的根本性缺陷，不能作为解决当今社会政治问题的现成方案。欲实现社会和谐和长治久安，必须重构现代治理观，走出重"政治人"建设轻政治制度建设的历史误区，开辟一条靠制度执政、靠制度治国的新路。制度建设和创新的核心是民主与法治，其中又以党和政府的制度改革为重点。对战略策略作出理性化的选择，则是制度变革成败的关键。〔田广清，2006（3）；田广清等，2006（3）〕

沈春梅认为，传统儒家和谐社会与社会主义和谐社会的本质区别在于：传统儒家和谐社会是一个德性优先、贤人政治、片面和谐的社会，而社会主义和谐社会是一个德法并重、以法治国、全面和谐的社会。〔沈春梅，2008（3）〕

2. "仁政"管理思想的当代价值

在儒家看来，管理的本质是"治人"，管理的前提是"人性"，管理的方式是"人治"，管理的关键是"得人"，管理的组织原则是"人伦"，管理的最终目的是"安人"，总之，一切都离不开"人"。孔子的"仁学"思想，从管理哲学的角度来看，包括"修己"与"安人"两大原则。它首先要求社会统治和管理者，按"仁学"体系的要求进行自我修养，陶冶性情，成为仁德贤明的君主，然后用"仁"的原则去管理国家、社会和人民。"仁学"的管理思想在现代社会的管理价值主要表现在如下方面。一是"仁学"管理思想对于东亚地区经济的崛起起了重要作用；二是以"仁学"管理思想为代表的中国传统文化，正在走向世界；三是"仁学"管理思想对于弥补现代西方管理文化的缺陷具有重要作用；四是"仁学"管理思想中的伦理观念，对于挽救现代人的精神和道德失落，具有积极的借鉴价值和指导作用。上述四个方面是从"仁学"管理思想的现代转换和走向世界的角度说明的。它揭示了两个重要事实：第一，"仁学"管理思想作为中国传统伦理文化的中心内容源远流长，在当代仍充满生机活力，可以转化为现代人迫切需要的精神财富；第二，"仁学"管理思想虽然产生于中国传统农业文明时代，原本是自然经济和宗法等级制度下的社会伦理思想，但在现代市场经济和民主法治条件下，仍然具有无法替代的道德约束力量和伦理促进效应。因此，传统的儒家社会伦理，既可以转化为现代社会伦理，又可以转化为现代经济伦理，并由此形成现代社会以仁为本的人生观，以人为主的管理观，以义取利的经济观和国家利益优先的发展观。这四种观念对于我国建设社会主义市场经济体制都具有十分重要的作用。〔胡纯华，2008（9）〕

赖慧文认为，儒家思想主张"仁"道，提出了"仁者爱人"的思想，强调"得道多助，失道寡助"、"天时不如地利，地利不如人和"，这些都深刻体现了儒家的人本主义思想。因此企业经营者重视人的价值和人格，即"民为贵"；要正确把握人性的本质，推己及人，"己欲立而立人"。企业要关心人、理解人、重视人、依靠人、尊重人、凝聚人、培育人，最大限度地开发人力资源。〔赖慧文，2006（9）〕

周育平认为，孔子的"仁政"管理思想主要包括如下原则：为政以德，这是"仁政"管理思想的纲领；忠孝修身，这是"仁政"管理思想付诸实施的前提；礼乐教化，这是"仁政"管理思想的基本手段和措施；见

中国领导学研究（2006—2008）

利思义，这是"仁政"管理思想的道德规范，也是衡量一个人能否"成仁"的标准；选贤任能，这是"仁政"管理的重要组织和干部路线；博施济众，这是"仁政"管理的最终目标。孔子"仁政"管理思想和管理原则，是在继承发扬中国远古以来业已存在的德治传统的基础上，创造升华的一种伦理型社会管理理论。它的作用决不仅仅限于为封建统治者服务，而是逐渐演变成为一种普遍的伦理道德学说，构筑了中华民族传统文化的主体内容之一，对后世社会产生了重大而深远的影响。

孔子"仁政"管理思想在现代社会的价值，主要表现在以下三个方面。其一，"仁政"管理思想的基本管理原则，具有一定的普遍性，对于现代管理文化的建设具有借鉴意义。从狭义讲，"仁政"管理思想是处理管理者与被管理者的关系的管理原则；从广义讲，"仁政"管理思想是处理全社会的人与人之间的关系的基本原则，从而使整个社会建立和谐、稳定、友好、文明的生活方式。其二，以"仁政"管理思想为代表的中国传统文化，在经受了20世纪初以来西方文化的严峻挑战后，不但显示了顽强的生命力，而且正在走向世界，成为一种世界文化，其现实价值得到了世界人民的充分肯定。其三，"仁政"管理思想对于缓解现代西方个人中心主义价值观念所带来的精神危机，弥补西方管理文化的根本缺陷，促进新型人类管理文化的形成，具有重要作用。〔周育平，2006（6）〕

谢树放认为，孟子继承发挥孔子仁学德治思想，提出以民为本的仁政学说，经剔除其封建糟粕，具有超时代超阶级的积极意义。孟子仁政说中保民而王、亲亲仁民、与民同乐及制民之产以安民富民的思想，其积极意义、历史贡献需充分肯定。它对我们今天促进加强社会主义政治文明、精神文明建设，尤其对提高党政干部为人民服务的自觉性，加强党风政风建设，对促进全面建设和谐小康社会，具有现实意义，需大力弘扬。〔谢树放，2006（1）〕

陈晓光认为，"德治"是儒家管理思想的核心和最典型特征。"修身、齐家、治国、平天下"既是儒家德治思想的出发点，又是它的主要内容。儒家"德治"管理思想建立在民本主义思想基础之上。儒家"以德为先"的思想，与党中央确立的"以德治国"的方略是内在统一的，研究这一思

想对当前社会发展具有现实意义。〔陈晓光，2006（3）〕

3．"中庸思想"的当代管理价值

吉献忠认为，孔子的中庸思想是理性智慧和思辨哲学的集中体现，是一种成熟的管理观念形态。中庸思想具有"和而不同"、"过犹不及"以及"时中"与"权"等特质。中庸之道从本质上说是一种哲学思维方法，是一种辩证法，它要求我们在看待和处理问题时应不拘一格，力求达到"恰如其分"的境界。因此，在社会生活中，中庸思想具有重要的管理价值。一是"和"的管理协调功能。管理说到底是做人的工作，"和"之思维方法能系统地协调人际关系，使社会、组织呈现和谐之态。二是"经权合一"的管理方法论。"经权合一观"是中庸思想中十分重要的实践方法论，它要求管理者一方面要把握永恒不变的基本原则，更重要的是要因地制宜、因时制宜、因人制宜。作为一种思维方法，中庸其实就是"叩其两端"。"两端"即矛盾的对立双方，即对立双方的统一、协调、均衡的交叉点。因此，儒家认为，要执中，就必须反对"过"与"不及"两种错误动向。在实践中，管理者在抓员工的思想和调动积极性时，往往采取"抓两头带中间"便是这种思想的典范。因此，对管理者来说，在管理中执经达权而取其中，就既要坚持中正之道，又要敢于打破常规。〔吉献忠，2007（2）〕

杨勇等认为，儒家的"和而不同"思想构成了中国处理各种社会矛盾和各类关系的思维基础，这一思维方式具有重要的现实意义。"和而不同"思想在企业跨文化管理过程中可以继承并发展，将二者有机结合将成为跨文化管理问题研究的新视角。"和而不同"为企业跨文化管理提供组织保障，可充分发挥企业家的精神。〔杨勇等，2006（19）〕

4．儒家"民本思想"的当代价值

丁艳平认为，民本思想是儒家政治哲学的核心价值，是一种重视民众在社会生活和国家政治生活中的重要地位的思想。在中国两千多年的封建历史上曾为调和社会阶级矛盾，维护社会稳定发挥过重大作用。虽然儒家的民本思想有局限性，但是今天，我们重新挖掘儒家民本思想的文化内涵对于构建社会主义和谐社会仍然具有重大意义，可从以下三个方面探讨。

中浦院

中国领导学研究（2006—2008）

一是尊重民意的价值观念。坚持以人为本的治国理念，在现代的历史条件下，赋予了新的内涵，主要应关注为民用权、为民谋利、理顺民心三个问题。二是关于为政以德的官德素质。人的和谐，除了法律的规范之外，就是要求人自身素质、文化、修养等提高，尤其是当前我国的法制还不够健全，德治是法治的有益补充。三是关于义利统一的施政准则。我国正处在社会转型时期，只有坚持适应社会主义市场经济的道德体系，正确判断市场中的善恶是非不随物欲之流而漂浮，才能有利于经济的发展、社会的进步。很显然，中国传统道德中的"义"在市场经济条件下的道德观中还是有合理解释和合适的位置的。〔丁艳平，2008（3）〕

李绚珣认为，"以民为主"的群体本位的管理思想是儒家管理思想的核心，体现在现代管理中就是"以人为本"，企业管理中的"以人为本"就是做到以员工为本，以顾客为本，以社会为本。企业只有以人为本才能不断发展。〔李绚珣，2008（10）〕

刘海燕认为，儒家民本思想在现代企业管理中的实践表现在如下方面：管理注重"以人为本"；民本思想所主张的"以义统利，以信观仁"是企业长久经营的宗旨；儒家民本思想在企业管理上"以德服人"；儒家民本思想强调挖掘人的潜力，关心人的进步；儒家以人为本的管理理念强调个人对社会、对国家的责任感。〔刘海燕，2006（11）〕

（三）儒家思想与企业管理

1. 儒家思想对企业管理的积极促进

龚喜春认为，孔子提出的"性相近也，习相远也"的人性思想，对今天的企业管理正确地把握人性，从而采取恰当的管理方法不乏借鉴价值。孔子把人性分为"性"和"习"两个范畴，充分提示了后天环境对现实的人性塑造作用，从而在现实人性问题上，避免了陷入先验论的泥潭，而率先树立了人性可塑的理论。既然人性是后天环境塑造的，在好的环境下就会变得善良，在坏的环境下就会变得丑陋，在企业管理中就要努力塑造一种诚实守信、宽恕奉献、先义后利、敬业创新、协作拼搏、好学上进的文化氛围，从而弘扬人性中善的一面，抑制恶的一面，引导员工的现实人性向善的方向转化。要实现这一目标，首先企业领导人要以身作则；其次，把企业倡导的价值观转化为具有可操作性的管理制度；再次，树立模范人物，宣传企业精神。既然人性中既有善的一面，又有恶的一面，企业管理中就要坚持德治与法治相结合的原则。通过德治，对人性善的一面加以引导、弘扬；通过法治，对人性恶的一面加以抑制、改造。孔子关于人性的另一观点是"唯上智与下愚不移"，意即唯有上等人和下等人是不可改变的。也就是说，并不是每个人都能够通过环境塑造成性善者。尽管孔子的这种观点带有的"先验论"的色彩，但现实生活中确实存在出污泥而不染的性善者和根本改造不出来的性恶者。既然世上总有少数人难以教化为性善者，那么对企业内部现有的员工，就不要奢望通过企业文化建设来引导每个员工人性向善，将企业利益、同事利益与个人利益结合在一起，抛弃极端自私的观念。企业里有这样的员工，应毫不留情地剔除掉。因为改造人性不是企业的责任，犯不着去做自己做不了的事，只能将这少部分人交给社会去改造。既然"唯上智与下愚不移"，企业在招聘员工中，往往喜欢聘用"上智者"，而避免招进"下愚者"。企业一定要把好进人关。〔龚喜春，2006（2）〕

　　金长健认为，儒家思想主张"天生万物，唯人为贵"，治理国家应"民为邦本，本固邦宁"。这启示我们在企业管理中，要关注员工精神上和物质上的需要，将企业目标和员工的个人目标有机地结合起来，以最终实现企业的预定目标。我们看到，"极高明"正是在"道中庸"的过程中实现的。自形上之道始，以阴阳而立天，以刚柔而立地，以仁义而立人，实为不断一分为二又合二为一，再一分为二复合二为一的过程。仁义和合而有礼仪、风俗、制度。偏于制恶则为法，偏于扬善则为乐，礼居德、法之中。所以在企业中，我们对人的管理应该树立人才战略管理理念、人文管理理念、形象品牌管理理念、企业伦理管理理念，以及知识价值观念、人才资本观念和多元和谐的新竞争观念。〔金长健，2008（1）〕

　　何军认为，从儒家文化中汲取精华，纳入企业管理和企业文化建设之中，继承创新，学习扬弃，光大超越，必将成为企业加快发展的不竭动力。自强不息是儒家文化的精髓。弘扬自强精神，增强忧患意识，实现企业持续快速发展是企业应对竞争压力、解放内部矛盾的关键所在。人本思想来源于儒学。继承传统的人本思想，要求企业必须创建以人为本的企业文化，切实把人作为目的而不是手段，努力使企业人力资本不断升值，谋求企业与员工的共同发展。学习超越传统的忠诚文化，建立企业与员工、企业与客户间双向多维的现代企业忠诚理念，是企业生存发展的根本。搞好企业管理，除了不断加强制度建设等刚性管理外，还必须全面导入以律己修身为主要内容的儒家柔性文化，做到柔性管理与制度管理的有机结合，刚柔并济，全面强化。和谐共处作为传统美德贯穿整合于儒家管理伦理中。企业应当与其所处的内外环境和各结构性要素之间协调统一，企业内部必须各履职责，分工协作，上下同欲，共谋发展。〔何军，2006（3）〕

吴红伟认为，儒家思想对现代企业管理的价值主要体现在：以人为本，以义统利，以信取仁，勤劳节俭，严于律己，重才尚贤。〔吴红伟，2008（8）〕

黄辉龙认为，儒家思想对现代企业管理的启示在于：建立"以人为本"的企业价值观，建立和谐的经营管理理念，建立"义利"相统一的企业经营理念。〔黄辉龙，2006（2）〕

万友根认为，市场经济要求伦理道德在现代企业管理中发挥协调作用，以抑制人在对利益的无限追求中所造成的人的价值迷失与社会的秩序失衡。儒家伦理突出了对人自身的关注及对人类共同体的终极关怀，更强调人本主义，普遍和谐，责任意识，等等。这些观念内化为企业的伦理意识，影响到企业家精神、企业伦理和企业文化的培育，这是儒家伦理在企业管理中存在的理由。现代企业可把儒家伦理优势转化为竞争优势，实现利益相关者的共赢。〔万友根，2006（4）〕

郭宇认为，儒家领导思想的时代价值可从儒家领导思想对日本企业经营方式的影响，对新加坡企业经营方式的影响，对韩国的影响，对我国企业经营方式的影响等方面来看。儒家领导思想及其对现代领导科学研究的时代价值，是理论界探讨"传统文化与现代领导科学研究与发展关系"的一个重要内容，也是当今我国构建和谐领导的一个理论根基。建立儒家思想与和谐领导的关系，应辩证地看待儒家领导思想，儒家领导思想随时代

而"转型"，要取其精华，批判与继承。〔郭宇，2008（1）〕

2. 儒家文化对企业管理的消极影响

传统儒家文化对我国企业人力资源管理的消极影响，具体表现在如下方面。（1）重德治而轻法治的倾向。表现在企业人力资源管理上，常以非理性的伦理道德观念为原动力。它过分重视德行管理，忽视企业规章制度的作用。结果导致了企业员工无章可循、有章不循、违章不究的现象。规章制度停留在嘴上、纸上，而不能见之于行动。这种"德治"虽在一定程度上给企业带来和谐，但企业毕竟不是一个家庭，作为社会的经济组织，需要一个客观公平的标准对其成员的思想和行为加以约束和规范。（2）重均同而轻个性的倾向。在企业人力资源管理上，主要表现为：更偏重于那些重总体，轻个体的学说；没有完善的竞争和激励机制；在企业职工个性上，共同性胜于特殊性，群体性高于个性。（3）重传统而轻变革的倾向。千百年来，中国农村的自然经济管理一直占主导地位。一方面是家长专制式的管理关系和纲常礼教，另一方面是"天不变，道亦不变"的传统守旧思想。这种因循守旧，知足常乐，处事退缩，不思进取的倾向至今深深影响着当代企业的管理思想和行为。〔李洁，2006（9）〕

杨光辉认为，以儒学为代表的伦理型管理思想可概括为"修己"和"安人"，即以自我管理为起点，以社会管理为过程，最终实现"平天下"之目标。格物—致知—正心—诚意—修身—齐家—治国—平天下，是其管理思想的逻辑演绎，而管理的模式和方法没有本质的差异，对家族的管理方法同样适用于企业和国家，这样就形成了以家族管理为出发点的中国传统管理思想。伦理型管理是由己及人来看待社会，把治家的伦理道德准则及管理方法运用于企业及国家管理中，要求企业成员要像父子、兄弟一样相处，结果导致了在管理中讲人情、讲关系，平均主义大锅饭。这种管理方法使企业内部人际关系比较融洽，但内部交易成本太高，企业对员工饮食起居、生老病死考虑得较多，领导要花大量的时间和精力去做人的思想工作，结果员工的积极性、创造性还是不高，企业经济效益差，企业目标变成了社会福利目标。家族式管理任人唯亲的现象严重。他们在处理人际关系时按亲疏远近而非因才适用，因此在组织内产生"自己人"和"外

中浦院
中国领导学研究（2006—2008）

人"的差别。外人为了生存也就趋炎附势，拉帮结派，形成"你群"、"我群"的派系。有时会造成企业"内讧"。因此，家族式管理要么凝聚力很强，人际关系融洽；要么内部四分五裂，派系纷争。〔杨光辉，2008（9）〕

冯学梅认为，儒家思想对华人商业组织管理习惯存在以下不良影响。一是尊重权威，形成家长权威制度。这种制度中权力过分集中，有一定的长处，也有它的短处。二是"家族主义"或"泛家族主义"倾向普遍存在。当家族企业在市场竞争中，其内部交易成本大于那些非家族企业的竞争对手、造成竞争力低下时，那么家族企业是不合理的和低效的。三是重人情而轻法制的偏向。它过分重视人情管理，忽视企业规章制度的作用，结果导致一些企业无章可循、有章不循、违章不究的现象司空见惯。规章制度停留在嘴上、纸上，不能见之于行动。〔冯学梅等，2007（6）〕

解晓燕比较了儒家传统管理思想与现代企业柔性管理的差异。一是儒家传统管理重专制，现代企业柔性管理重民主；二是儒家传统思想重保守，现代企业柔性管理重变革；三是儒家传统管理重义轻利，现代企业柔性管理义利统一；四是儒家传统管理重均同，现代企业柔性管理重个性。通过比较，可以得出的结论是：儒家管理思想自身存在不足，与现代企业管理不相适应。柔性管理是现代企业管理发展的必然趋势，所以将儒家传统管理思想提升为现代企业柔性管理是促进企业柔性管理的措施。〔解晓燕，2008（5）〕

（四）儒家思想与领导素养

郑晓华认为，儒家的德治理论十分重视领导者的人格影响力，认为领导者应该是有德有才之人，具备仁、义、礼、智、信等道德修养，这些道德修养也构成了儒家人格论的全部内涵。儒家的论断要求领导者把关注的重点放在自己的道德修养上，塑造和提升自己的道德影响力。儒家的这些思想并没有过时，和现代领导学的很多东西有着惊人的相似。现代领导者造就人格魅力要注意如下方面：克己——强化自身修养，应当从克己做起。孔子讲"克己复礼"，孟子讲"寡欲"。克己奉公、无私奉献是威信和人格力量的源泉。服务——服务是领导价值的重要体现，是领导的基本属性。安民、富民、求治去乱是儒家孜孜以求的目标。在现代领导活动中，造福于民应成为一切政治、经济行为的基本价值取向。尊重——在以人为本的主张得到普遍认同后，正视人性、满足合理的人性需求，成为现代领导者必须谨记的道理。领导者要对人宽厚，关心下属的生活、利益和愿望，虚心听取他们的意见，以平等的态度对待下属，同时不把责任推诿于下属，不迁怒于他人，如孔子所说"己欲立而立人，己欲达而达人"、"己所不欲，勿施于人"。〔郑晓华，2006（4）〕

舒丹等认为，孔子创立了德性伦理学与政治伦理学相统一的原则，其伦理思想对现代社会仍有巨大影响。（1）孔子主张德政，反对以杀戮无道使国政趋向清明的"霸道"。如果排除孔子德政思想中的阶级成分，其思想对促进领导干部的政治道德建设，维护社会稳定，仍然有着重要的借鉴意义。它从根本上要求领导干部为人民掌好权，用好权，全心全意为人民服务，要有爱民、为民、富民、利民、安民的意识。领导干部必须以自身的良好行为作出表率，然后才能教化人民，这是孔子的"为政以德"的德政思想的借鉴。（2）孔子重视义利的关系问题，赞成"见利思义"、"见德思义"，用义即道德来指导和决定利益。这种重视道德对物质利益的反作用，重视民利，强调个人的和局部的利益，应该服从整体的全局的利益的观点，对于领导干部的政治道德建设来说是极为重要的。领导干部除了拥有正当的个人利益之外，并没有特殊的利益，他们是广大人民群众利益的代表，当个人利益和广大人民群众的利益发生冲突时，一定要把人民的利益放在首位。用孔子的义利观指导人生，应该是不计较个人享乐和个人得失的，一切以整体的利益为目标。必要的时候，还要为了人民的利益不惜牺牲个人利益。清正、廉明是领导干部政治道德建设中的重要问题，领导干部一定要树立以廉洁为最大美德、腐败为最大耻辱的观念。在金钱面前，万不可见利忘义，损公肥私，而要廉洁从政，一尘不染。（3）孔子建立了"仁"为核心的道德规范体系，仁的基本内容是爱人、忠恕之道和克己复礼。爱人就是人和人之间有同情心，相互关心爱护，相互尊重。"爱人"不仅要求领导干部内部要互相尊重相互爱护，更要求领导干部要爱

中国领导学研究（2006—2008）

民。领导干部要坚持全心全意为人民服务的最高宗旨和道德准则，把为人民谋福利作为一切工作的出发点和归宿点。领导干部一定要掌好权，用好权，实现好、维护好、发展好人民群众的利益。这也是"孔子"的伦理思想在领导干部道德建设中的体现。所谓忠恕之道就是将心比心，推己及人的方法，这是孔子实行仁的基本方法。领导干部任何时候都要设身处地地为人民着想，想人民之所想，急人民之所急，尽力为人民办好事。"克己复礼为仁"是仁的基本途径。将"礼"理解为脚踏实地、清正廉洁、坚持真理的道德规范时，"克己复礼"是进行领导干部政治道德建设的有效途径。（4）孔子十分重视自我修养，"学"、"思"、"行"是其主要途径。学，对现在的领导干部来说就是要学习马列主义、毛泽东思想、邓小平理论和"三个代表"重要思想，树立正确的世界观、人生观、价值观，从而为领导干部加强政治道德修养提供理论依据。对领导干部来说，还要提高主体政治道德修养的自觉性，使他们把社会主义道德要求，逐渐变成自己的内在约束力。这要通过不断的自我反省、检查自身、审视自我来达到。孔子"行"的道德修养思想，要求领导干部具有良好的政治道德行为，主要表现为要有合乎道德的工作作风和行为习惯。〔舒丹等，2008（4）〕

魏彩霞认为，为了实现仁政德治的政治理想，孔孟儒家非常重视对官德问题的探讨，在提出丰富的具有意义的思想的同时，也具有不可忽视的内存缺陷：官德修养上的道德精英主义，造成民众社会监督机制的缺乏；官德修养上的道德绝对主义，造成重德轻才的失衡；官德修养上的道德理想主义，造成实际道德的虚无；官德修养上的道德宗法主义，造成人情政治横行；官德修养上的道德义务主义，造成外在法制规范的缺失。挖掘儒家传统管理思想中的缺陷并寻求解决之道对于今天的官德建设具有借鉴意义。〔魏彩霞，2006（3）〕

张泽一认为，"仁"、"礼"和"中庸"是儒家管理思想的精髓之一。"仁"告诉职场领导如何以人为本，有效沟通；"礼"告诉职场领导怎样制定和制定怎样的规章制度；"中庸"告诉职场领导硬性管理和柔性管理的完善统一。仁礼并用，执中达和，三者相互补充，相得益彰，对于提高职场管理水平有重要的启迪作用。〔张泽一，2008（6）〕

陈良认为，中国的企业家应把儒家内圣外王的人格理想纳入追求的方向，用儒家精神支撑、涵养企业家的内在品格，为企业精神确立一个合理的伦理动机和价值规范，建立东方优秀的企业家精神。"修身为本"思想为企业家提供了一种人力资源意识；儒家思想中义利合一思想为企业家树立正确的经营理念；"和为贵"、"变则通"的精神，为现代企业管理营造了一种良好的人际环境。主张把儒家思想与培育中国特色的企业家相契合，并不是复古，而是一种民族文化的复兴，这种复兴是与当代社会的现实环境相适应的复兴，是复兴中华民族的重要要素，实际也是儒家思想的精神所在。〔陈良，2006（1）〕

王贺认为，数千年的政治实践过程中，儒家伦理思想表现出的是一种家国同构的伦理政治，对中国社会发展产生了深远的影响。在今天我国公务员行政伦理的重构中，儒家伦理的修身思想、礼法思想、民本思想等，对公务员的自身修养、行政理念、价值观的培育具有重要的借鉴意义。〔王贺，2008（6）〕

二、 道家领导思想的当代价值

以老子和庄子为代表的道家是儒家之外对中国影响最为深远的思想流派。道家领导思想在一定历史时期曾经对社会的发展起过重要的推动作用。在今天，道家领导思想仍然具有重要的借鉴意义与实践价值。

（一）道家思想与现代管理

韩琳等认为，老子的管理思想对现代管理理论的发展具有重要启示意义。（1）"无为而治"的管理宗旨。老子的管理思想是以"道"为基础的。道法自然，"道"的基本特性就是自然，反映在管理思想上就是"无为而治"。它要求管理者遵循事物发展的客观规律，正确决策与领导，减少对决策执行活动的干预，反对瞎指挥及强作妄为。所谓"无为"，并非"不为"，而是不要"强为"。无为而治的管理模式将尊重人、关心人作为管理的出发点，对人类管理有着永恒的启示。（2）以人为本的管理思想。老子强调管理者应该以人为核心，这是搞好管理的根本。老子曰："故道大，天大，地大，人亦大。域中有四大，而人居其一焉。人法地，地法天，天法道，道法自然。"人与天地道具有同等的地位，强调了人的重要性。企业要发展，国家要富强，必须坚持人本理念，尊重人，重视人才，调动人的积极性和创造力，让他们成为真正的主人。关于人的使用，老子说"我无为，而民自为化"。主张管理者用无为的方式管理人、使用人。关于人的培养，老子说"道生之，德畜之，物形之，势成之。是以万物莫不尊道而贵德"。即以"道"来培养人，以"德"来涵养人。老子还认为管理者应关心百姓的利益，设身处地为他们着想："圣人无常心，以百姓心为心。"管理者若能领会和运用老子思想中所蕴含的人本思想，那么就一定能够达到管理的最高境界了。（3）上善若水的水式管理方式。老子教人管理要效法水的智慧，把水的特性化为智慧用于管理方面是老子管理思想的一个特点。水式管理主要强调管理组织的灵活化，制度的非刚性化，方法的情感化，人际关系的和谐化。管理活动应如同水随势附形一样善于灵活变化、因势利导，善于把握时机，如此则可做到游刃有余，左右逢源。（4）反者道之动的管理艺术。"反者道之动"是指事物向相反的方向变化，这是"道"的运动规律。这一思想包含着非常丰富的内涵，它揭示了事物之间的对立统一、相反相成的关系，对现代管理方略有着重要的价值。〔韩琳等，2006（3）〕

　　闫秀敏认为，道家轻松管理是其无为管理的一种表现，它要求从管理者到被管理者的主观认识状态和认知能力出发进行管理。为了能够在轻松无为中实现组织的管理目标，道家着重强调了管理者"知不知"管理认识、虚己谦下的管理修养、群策群力的管理手段和各司其职的管理条件。道家轻松管理之道向现代管理者昭示：要想摆脱劳累之苦，就不能不从自身是一个管理者的实际情况和优势出发，以虚己谦下之德行群策群力之实，进一步借各司其职之用补能力有限之憾，成轻松管理之果。〔闫秀敏，李慧认为，《老子》中所蕴含的管理思想对当代管理者有重要的启示意义，主要有如下方面："道"是管理的根本所在；无为而治是管理的最高境界；慈、俭、不敢为天下先是管理的三宝；行不言之教是老子极力推崇的管理方式；上善若水的管理艺术；知足者富的管理心得。〔李慧，2008（3）〕

（二）道家思想与国家治理

郇天莹认为，老子思想对当代中国政府管理理念转型的价值体现在如下方面：第一，老子思想蕴含"有限政府"的管理理念。老子提出的政府模式是一种"有限政府"的模式。在规模上，它"小国寡民"，组织精简，人员有限，税收更有限；在行动上，它"无为而治"，听任民众自主、自为而不过多干涉，以至民众"不知有之"；在制度上，它通过"道法自然"的途径创建、维护良好的制度环境，使民众拥有"自为"的空间。我国的政府管理转型中应建设"有限政府"，放松规制。第二，老子思想倡导"结果导向"的管理取向。政府要效法天道，不妄加外力干预，以便使民众达到"自化"、"自正"、"自富"、"自朴"的结果。第三，老子思想符合创建服务型社会的改革方向，服务型政府必然是"无为"的政府，以人为本的政府，促进社会和谐的政府。〔郇天莹，2008（6）〕

吕有云认为，全能型统制型的政府管理模式，不仅导致管理的低效率，也给腐败现象可乘之机，为经济和社会发展带来了诸多弊端。道家"无为而治"的古老智慧可以起到纠偏作用。道家的"无为"观，旨在消解政府、管理者对民众的生产生活的不应有的干预，批评那些不顾客观规律的强作妄为。落实到政治、经济和社会管理上，要求政府或管理者在管理中要遵循如下准则。首先，要以"无为"的精神来达到"无不为"的效果。"无为"并非排斥政府的一切管理行为，只是说不要为得太多太滥，要有所为，有所不为，要学会"无事"、"好静"、"无欲"。其二，政府当把百姓自己能做的事，让百姓自己去做，不要横加干涉，政府只是在旁起辅助和服务作用，这就叫做"辅万物之自然而不敢为"。其三，按照"道有当为、有不当为之常理，不为其所不当为，而为其所当为"的无为管理之道，政府的所为在于，建立和维护公平公正的法律制度体系，维护良好的社会环境，营造使企业和个人良好发展的空间。"无为"管理在当前我国政府职能转变和政府管理创新中的最佳模式是"小政府、大社会"。这种模式主要体现为：第一，转变管理理念，从全能型政府转变为有限型政府；第二，实施政市分开，发挥市场在资源配置中的基础性作用；第三，实施政企分开，使企业真正成为市场竞争的主体；第四，实施政事分开，积极推行事业单位改革；第五，实行政社分开，大力培养和发展社会中介机构和中介组织，形成良好的社会与政府的关系；第六，公开审批权限，精简审批事项和审批程序，有效抑制政府职能部门的自我扩张。总之，无为管理理念下的政府职能转变，一方面体现为政府放权，把不该管也管不好的事务还给市场、社会和企业等角色；另一方面体现为政府的服务能力和服务效率的大大提高。〔吕有云，2006（4）〕

曾宪年认为，深入挖掘老子"爱民治国"思想，全面解读这一思想的现代意义，能为今天建设社会主义和谐社会提供参考和借鉴。老子"域中有四大"体现了以人为本的思想；"政闷民淳"的仁政爱民思想，告诫领导者如果政治清明宽厚，则人民淳朴忠诚；"顺百姓心"的爱民治国思想表明，领导者要消除与人民之间的矛盾，就必须代表人民群众的利益，满足人民群众的愿望，以实现人民群众和领导者的整体和谐发展。〔曾宪年，2006（3）〕

高耀志认为，老子丰富的辩证法思想对今天构建社会主义和谐社会仍然大有裨益。（1）"万物同源"与社会整体和谐。《老子》第42章："道生一，一生二，二生三，三生万物。"宇宙的本源是"道"，"道"生"无极"，"无极"生"阴阳"，"阴阳"生"天地人"三才，三才化生生养宇宙万物。宇宙万物相互作用，相互依存构成和谐整体，包括人与自然的和谐、政治关系和谐、人际关系和谐。（2）"有无相生"与社会辩证和谐。《老子》广泛地论述了各种既对立又统一的关系，其中"有无相生"的论述立意最高。《老子》既看到了宇宙万物相反相成的普遍关系，也注意到了对立面双方不是一成不变的，而是相互转化的。《老子》虽然没有总结出质量互变规律，却揭示了事物发展由量变到质变的过程。量变到质变的法则，我们今天仍然要遵循。因为社会主义和谐社会的建设不是一朝一夕的事情，不可能一蹴而就，必须循序渐进，一步一个脚印扎扎实实地向前推进。（3）"周行不殆"与社会动态和谐。《老子》认为"道"是运动的，"独立而不改，周行而不殆"，是按照自己的轨道运行不息的。和谐社会的伟大目标要求我们不懈奋斗，做到可持续发展。社会主义和谐社会不是一个静态的僵化目标，而是一个动态的实现过程。〔高耀志，2007（6）〕

（三）无为而治思想的当代价值

高红认为，老子政治哲学的核心是"无为而治"思想，这一思想不是教导人无所事事，无欲无求，而是蕴含着"有所为，有所不为"的朴素的辩证法智慧。"无为而治"对我们政府在构建社会主义和谐社会，以人为本，贯彻落实科学发展观的具体过程中，如何"作为"以真正让人民满意，具有一定的哲学寓意和借鉴意义；广大公仆要有"清静无为"、"少私寡欲"的意识；政府要"有所为"，"有所不为"；政府在行政过程中尊重规律，按规律办事，这样才能真正做到"以人为本"，实现最广大人民的最根本利益。〔高红，2008（12）〕

李思霖认为，《道德经》蕴含了丰富的管理思想，"道"可以作为企业管理的指导原则；"无为而无不为"可以理解为企业管理的最高境界；人本管理、柔性管理是老子管理的具体措施；老子"人尽其用"的人才观对企业人才战略很有帮助。老子的无为思想与现代管理理论中的领导理论在某种程度上有所契合。"无为而治"在现代管理中多被应用于管理的领导理论。这一思想在管理上的应用，就是管理者在原则和规章的指导下，充分尊重个人的人格和尊严，给每一级部下与其职责相应的充分自主权，使每一个层次的人在规定的权力范围内能自主决策、自主经营。老子的管理思想就是如何合理使用人、信任人、尊重人，最终达到管理人的目的，从

中国领导学研究（2006—2008）

而达到统治人的目标。现代企业管理中的唯贤，主要体现为以人为本。老子提出了"守弱用柔"的思想，现代企业管理正由刚性管理向柔性管理转型，实施柔性战略，提升企业的市场响应能力已成为人们的共识。〔李思霖，2006（2）；江淑芳，2006（4）〕

葛荣晋认为，道家"无为而治"思想在企业管理上的现代价值表现在两个方面。第一，在行为上要求管理者"逆其自然"者有所不为，而"顺其自然"者要有所为；第二，在竞争上要求管理者既要善于竞争，又要善于不竞争。这是一种以最小的管理行为获取最大的管理效果的高超管理艺术，在现代管理中具有指导意义。〔葛荣晋，2007（4）〕

姚霞认为，老子的"无为而治"思想是古代道家治理国家的学说，并不是现代的企业管理学，但这一思想与当前市场经济条件下的现代管理学，似还可以找到相似或相近的地方。"无为而治"管理思想有诸多启示。老子讲无为顺其自然，辅万物之自然而不敢为，这是"无为而治"思想中最重要的内容。现代管理者也应懂得这一道理，按照经济自然发展的规律办事，而不能主观妄为。老子讲"始制有名，名亦即有，夫亦将知止"。这就是说，最高明的领导者在于减少自己的有为而增加下属有为的空间，给下属机会调动其积极性。〔姚霞，2008（12）〕

沈飚认为，道家的"无为而治"在现代管理中多被应用于管理的领导理论。"无为而治"是凭借"顺其自然"的哲学智慧进行科学的领导和管理，是一种以最小的领导行为获得最大的管理效益的高超管理艺术。"无为而治"的思想对当今社会的领导和管理工作具有重要的借鉴意义。"无为而治"思想在管理上的运用，就是管理者在原则和规章的指导下，充分尊重个人的人格和尊严，给每一级部下与其职责相应的自主权，使每一层次的人在规定的权力范围内能自主决策、自主经营。除宏观的、全局性的决策外，不必凡事都请求上级。这对充分调动下属的积极性、主动性和创造性是很有意义的。〔沈飚，2008（6）〕

耿相魁认为，老子的"无为"管理哲学思想的实践价值表现在如下方面。一是"无为无不为的"企业管理模式。"道"的原则是"无为无不为"，"治大国若烹小鲜"的管理思想落实到现实的企业管理中，就是倡导一种"无为无不为"的管理模式，即以"优秀企业文化为基础，融科学控制与自我管理于一体"的管理模式。二是"有所为有所不为"的政府管理模式。社会主义市场经济对政府的定位是"守夜人"。政府在市场运作良好时充当无为之手，在市场运行出现问题时充当扶持之手，减少不必要的干涉和控制，为经济社会发展提供更加有效的公共服务，尊重经济社会固有的运行规律。政府职能部门要按市场经济的定位真正发挥管理的智慧和作用，就必须确立以"无为"求"有为"的理念。政府"无为"并不是缺位，而是更好地有所作为；政府把发展权交出，把路标设好，专一地去营造环境，搞好服务，这才是"无为"中的"有为"。政府要尽可能不干涉企业运作，对不该管也管不好的地方要"无为"，真正做到从管制型政府到服务型政府、从无限政府到有限政府的转变。有限政府是有效政府的前提，只有"有限"才能"有效"。〔耿相魁，2007（3）〕

（四）道家思想与领导素养

张秉福认为，从领导学的角度来看，《道德经》是一部重要的领导学著作，书中包含了丰富的领导方法和领导艺术思想。《道德经》认为，领导者应具备如下素质：品德高尚、认真谨慎、少私寡欲；领导者应具备如下领导行为：为人之下、不言而教、无为而治；关于领导权变要"道法自然"，即随具体情境而变，因具体情境而定，主要表现在因人制宜、以退为进、遵循规律等方面。对老子领导思想的探讨，对当代领导者的实践提供了积极的借鉴和参考。〔张秉福，2006（1）〕

刘义堂认为，道家所提倡的自然恬淡、知足常乐的生活观，上德如谷和柔弱谦下的处世哲学，对生活在物欲横流的现代社会中的人们，尤其是对政府官员教育具有一定的借鉴意义。在市场经济条件下，缺乏有效监督的权力必然去寻租以获得不当利益。在制度建设不断完善的同时，还要加强对政府官员的教育，以养成他们在生活中的自然恬淡、知足常乐的生活态度，在工作中的上德如谷和柔弱谦下的工作态度，才能有效地配合制度

中浦院
中国领导学研究（2006—2008）

监督，从而促其更好地履行自己的职责，推进和谐社会建设。〔刘义堂，2006（8）〕

三、法家领导思想的当代价值

法家是我国学术史上的一个重要流派，在历史上曾经显赫一时，秦朝之后走向沉寂，但其思想学说影响深远，直到今天。论者们对法家领导思想的当代价值给予了多方面的探讨。

（一）法家思想与国家治理

葛荣晋认为，法家的治国之道，除了"以法治民"，还有"以术治吏"。法是公布于众的成文法，而"术"则是"君人南面之术"，即君主用以驾驭群臣的秘术。只有在"势"的基础上，将"法"与"术"有机结合起来，并且交合运用，才是法家完整的刚性管理。"术治"虽然含有玩弄阴谋权术的成分，但也凝聚了许多有价值的管理智慧，应当客观地全面地评价它。从管理学上，韩非的"术治"中含有不少防奸与考核相结合的积极因素，对于构建现代控制管理仍有一定的借鉴意义。〔葛荣晋，2007（3）〕

汤新祥、张雪梅认为，秦朝作为我国第一个统一的君主专制帝国，之所以既成于法家，也败于法家，是因为商鞅和韩非两位法家代表对政治和谐在法治走向公平过程中的价值认识和处理方式不同，即在法与权、君与臣、治与力三对关系的处理上出现重大分野所致。在法与权的关系上，商、韩二人一个奉行的是"中法"式独断，强调"任法而治"，一个选择了"不共"式独断，强调君权第一，从法第二。两种君权独尊路径的不同导致法与权关系和谐的相异，最终使商鞅造就盛世，韩非导入暴政。在君与臣的关系上，商鞅强调以法治臣，提倡君臣合作，共同治理国家，使秦国获得强国富民所需的和谐的政治关系与稳定的政治秩序。韩非强调君臣利益的对立，坚持以术御臣，造成君臣关系的极度紧张，严重破坏了国家政治机器中的自我调整、自我纠错的公平和谐发展机制。在治与力的关系上，商鞅注重以法生国家之力，使秦走上了一条"刑生力，力生强"，"强必王"的变法成功之路。韩非注重以君主之术，生君权之力，最终失去了生力的重要源泉——臣心与民心。由此启示我们：要构建以民主法治和公平正义为首要特征的社会主义和谐社会，就应该把法治与公平放入政治和谐的视野中加以研究解决，而不能就法治谈法治，就公平谈公平，只有政治和谐发展，法治才能走向公平，公平才能得到最大实现。〔汤新祥、张雪梅，2008（6）〕

李全胜认为，韩非对人性的深刻洞见以及治理天下的睿智，特别是在对儒家"道德"立国思想抛弃的基础上提出"依法治国"思想和"法、术、势"等基本方略，显得弥足珍贵。韩非的思想也昭示我们，要正视人的现实生命之种种内容，尤其在处理一些公共事务时，更要全面把握现实人性的丰富内涵，把人本思想、科学管理、依法治理、善治等思想有机结合起来，实现与不同历史文化背景、政治社会制度、自然生态禀赋、经济基础与上层建筑的融合与叠加，去粗取精、去伪存真，承前启后、与时俱进，为治理理念和思想的丰富与发展注入源头活水。〔李全胜，2008（4）〕

王静认为，先秦法家学派的管理思想，对今天推进社会主义和谐社会的建设具有积极的参考意义。第一，多方引导，实现人性好"利"与趋"义"之间的有效平衡。一要调整国家公共投入的优先顺序，满足人性基本需求，实现社会有效管理；二要端正管理者言行，引导人性向善；三要充分利用人的趋利避害心理使人形成有利于和谐社会建设与发展的行为规范。第二，"法、术、势"结合，"治吏限权"，实现和谐社会建设所需的有效管理。为此要以法治世，以术治官，以势限权。〔王静，2006（1）〕

尹华广认为，法家关于法的治国思想主要是以重刑治国的"以法治国"的思想，也提出了制定的法律必须得到一体遵行、"壹法"、"一尊"

等主张；儒家关于法的治国思想主要是"德主刑辅"的思想，儒家的刑与法家所主张的法在根本内容上并无不同。其对现代法治和谐的正反两面的启示主要是：要重视法与人的和谐；形式意义上的法治与实质意义上法治的和谐；"治民"与"治吏"的和谐。〔尹华广，2008（6）〕

张亲霞认为，虚静无为是韩非政治艺术的最高境界，它包含两方面的含义：含而不露；无需事必躬亲。韩非认为达到虚静无为的基本途径是君主凭借权势，运用法和术。如果我们剥离韩非思想中的君主集权、君臣等级等不利于现代管理的成分，就会发现无论是虚静无为的内涵还是达到虚静无为的手段对现代管理都有积极的借鉴价值。韩非作为政治艺术的虚静无为在现实政治中的实质就是通过客观的规则——法，以及一定的方法使管理者获得较好的政治效率。作为一名管理者，有了这种意识，就会积极主动地加强法制建设，加强制度建设。这无疑对避免人治，推进政治文化的现代化有重要的现实意义。管理者要想无为，就要加强职能部门的建设，充分发挥职能部门的功效。〔张亲霞，2007（12）〕

田长明认为，将韩非的领导思想置于现代领导学的视野中加以认识、诠释，可以为当今领导者提供借鉴。一是领导者必须把握人性；二是领导者不仅要有权，更要有威；三是领导者要重"法治"而非人治；四是领导者要讲方法和艺术。〔田长明，2008（14）〕

（二）法家思想与企业管理

赖慧文认为，法家以道为本，以国之治强为目标，以法为行为标准，以势为运行力量，以术为操作方法，法势亦相结合，构成了法家思想的管理观，即包括管理的本质观、目标观、行为观、组织观、控制观，以此构成了管理型法家治道模式。根据这种理论，依法治企是公司管理的首选。在管理中，首先必须进行刚性约束，就是在管理活动中依靠各种规章制度，强制性激发员工的工作积极性。要靠制度去管人，靠制度去约束人。〔赖慧文，2006（9）〕

徐从根、陆鹏认为，传统法家管理文化对现代管理具有指导作用。在韩非的法家思想体系中，"法"是健全法制，也是制度的建设；"术"是指推行法令，驾驭群臣的策略和手段；"势"指的是君主的权势。这三者相互影响，相互促进。韩非的"法"思想为我们提供企业制度建设之道，"术"思想为我们提供了制度执行之道，"势"思想对我们形成卓越的领导风格提供了借鉴。〔徐从根、陆鹏，2008（2）〕

魏满霞认为，韩非的赏罚观非常丰富。韩非认为人性好利恶害，故赏罚可用。赏罚应该循名责实，依法实施，赏罚还应该具有可行性，赏罚必须遵循信赏必罚、厚赏重罚、赏誉同轨、非诛俱行、赏罚不阿的原则。韩非的赏罚观对现代企业管理具有重要的启示。在以人为本的今天，缺乏人性化的管理是难以立足的。因此，应该将韩非法制化、规范化的管理思想与人性化的管理思想结合起来。〔魏满霞，2006（3）〕

徐从根等认为，在韩非的法家思想体系中，"法"是指健全法制，也就是制度建设；"术"是指推行法令、驾驭群臣的策略和手段；"势"是指君主的权势，这三者相互影响，相互促进。以"法"、"术"、"势"的思路来指导管理过程，可以使企业沿着一个正确、健康的运行轨道顺畅运行。"法"之环节，即重视制度建设；"术"之环节，即制度执行技巧；"势"之环节，即卓越的领导风格。〔徐从根等，2008（2）〕

四、兵家领导思想的当代价值

兵家思想是我国传统文化的重要组成部分，是中华文明受世界瞩目的光辉一页。兵书中的战略战术理论和经营管理原则被世界多种行业所吸收借鉴，从而在当代焕发出重要的实践价值。在众多兵家著作中，《孙子兵法》是最具代表性和影响力的作品。

徐纪敏认为，现今时兴的企业的资本运营、企业兼并、企业资源组合、企业营销网络改造、供应链整合、价值链流程重组等战略形式的出现，实际上就是巧妙应用《孙子兵法》中"以战养战"的战略思想，把

中浦院

中国领导学研究（2006—2008）

社会其他可以利用的战略资源尽可能地归我所用，从而获得最大的经济效益。实际上，《孙子兵法》除了可以用于军事和商业外，还可以用到体育竞技、治病养生、为人处世等很多方面。这正是孙子兵法对全世界的宝贵贡献。《孙子兵法》以它厚重的历史文化积淀，在价值观念、思维模式、战略原则、战略思想等诸多方面，都给后人以思想启发。〔徐纪敏，2008（2）〕

（一）《孙子兵法》与领导素养

姚振文认为，《孙子兵法》对将帅素养有着独到的见解。他在兵法中全面论述了"将帅五德"、"将有五危"、"幽静正治"、"进不求名，退不避罪"等思想，构成了较为完整的将帅理论体系，尽管这一理论受其时代的限制有其自身的局限，但从指挥者素质和修养的角度看，其普适性和超越性对现代领导者又不无启示。（1）"将有五德"——领导者的全面素质。"智、信、仁、勇、严"五个方面的素质是相互联系，相互作用的，只有把五者融为一体，发挥整体功能，才能成为高素质的领导者。当然，五德皆备，并非要求领导者成为"全能将军"，而是说五德各方面的基本要求必须具备。在五德皆备的前提下，一名领导者应取长补短，勤于学习，勇于实践，不断提高自身的整体素质，才能成为一代跨世纪的优秀领导人才。（2）"进不求名，退不避罪"——领导者的政治品格。作为将帅，胜利时不居功图名，失败时不推诿责任，考虑问题只知道保护民众，有利于国家。这样的将帅才是国家的珍宝。（3）"静以幽，正以治"——领导者的情操修养。《九地篇》云："将军之事，静以幽，正以治。""静"意为沉着冷静，具体而言，就是不急不躁，从不狂热，始终保持清醒的头脑，唯有在这样的冷静状态下，思维才能保持正常。"幽"意为深谋远虑，藏而不露，这对领导者而言，在很多情况下是非常必要的。"正"意为公平无私，对领导者而言，就是以身作则。"治"意为条理井然，指将帅作战要有耐心，有条不紊。（4）"将有五危"——面对危机时，避免性格缺陷。《九变篇》谈道："必死，可杀也；必生，可虏也；忿速，可侮也；廉洁，可辱也；爱民，可烦也。凡此五者，将之过也，用兵之灾也。覆军杀将，必以五危，不可不察也。"这是从反面论述将帅的五种性格缺陷，也可以说是五种致命弱点。孙子在此提出的"五危"应看做是对"五德"的必要补充，在提倡五德的同时，强调不能超过限度，告诫领导要力避五危。〔姚振文，2008（4）；李静等，2008（5）〕

姚振文认为，在领导工作中领导者应借鉴孙子"求之于势，不责于人"的思想，学会审时度势、灵活求势、主动造势、择人而任势，最终实现资源的有效利用，提高工作效益，使自己的工作思路和工作方法更加符合科学发展观的要求。具体而言，有如下几点。（1）"激水之疾，至于漂石者，势也"——领导者要学会借助速度以发挥"势"的效能。（2）"势如𪽪弩，节如发机"——领导者要通过对"势"的控制以增强"势"的效益。这时强调用"势"要突出两点：一是布"势"要险，要有打击力；二是发"势"要节短，要把握好距离和节奏。"势如𪽪弩"是说要完成"势"的准备，箭在弦上，待时而发。"节如发机"是说机会到来时，要能够在最短的时间内释放出最大的能量，势如急风暴雨、电闪雷鸣，以求取最大的功效。（3）"勇怯，势也"——领导者要高度关注"势"的精神因素和精神力量。（4）"势者，因利而制权也"——领导者要善于把握"势"的动态变化性。（5）"善战人之势，如转圆石于千仞之山者，势也"——领导者要把握用"势"的总体要求。第一，领导者要学会度势；第二，领导者要学会顺势；第三，领导者要主动去造势；第四，领导者要善于驭势。〔姚振文，2008（21）〕

肖敏认为，在市场经济条件下，竞争日趋激烈，商场如战场，管理者作为将帅之才，其综合素质不仅是履行职责的保障，而且对整个组织的生存与发展具有重要作用。所以，作为现代管理者也必须具有《孙子兵法》中主张的"五德"，即智、信、仁、勇、严，并赋予新的时代内容。（1）现代管理者的"智"，主要表现为三个方面的要求：一是博学多识，点石成金；二是足智多谋，善于应变；三是目光敏锐，思维灵活。（2）现代管理者的"信"，主要是指以诚信为核心的良好的道德品质和修养：一是精力充沛，心理健康；二是作风民主，善与人处；三是为人师表，不谋私利；四严谨自律，品德高尚。（3）现代管理者的"仁"，一是宽容大度，体察入微；二是知人善任，务求实效；三是明辨是非，义利分明。（4）现代领导者的"勇"，一是英明果断，勇于负责；二是勇于创新，锐意改革；三是坚忍不拔，开拓前景。（5）现代管理者的"严"，一是严格纪律，威严肃众；二是公平公正，一视同仁；三是善于激励，处罚有度。〔肖敏，2007（10）〕

陈小虎结合《孙子兵法》中的"五德"就其对当代领导者素养的结合作了探讨。（1）智，就是智慧，将帅要知识渊博、多谋善断，能正确认识事物，预见事态变化，有克服困难、解决困难、战胜敌对势力的能力。孙子把"智"放在"五德"的首位，对领导者知识、智慧、才能给予了极高的关注。领导者要成为智者，要做到具备渊博的知识、正确的决策、多谋善变。（2）信，指诚信待人，言必信，行必果。领导者的重要职责之一是鼓励信任的生成，领导者要在下属中取得威望，有效行使指挥和控制职能，就必须对下属讲信用，以树立威信。为此，要做到"号令一也"，公正无私，施信于人。（3）仁，即仁爱。孙子的"仁"指将帅要爱惜体恤下属。领导者应仁爱待人。领导者须懂得如何关心、爱惜、尊重自己的部属；要重视满足员工合理的精神和物质需求；仁爱不是溺爱，是基于严格管理的爱护、爱惜。（4）勇，即勇于决断，坚毅顽强。勇是敢于承担风险，当机立断的魅力和胆识。（5）严，即严格、严肃。领导者要做到"三严"：法令严明，赏罚严格，严于律己。孙子的"五德"思想对现代领导者自身素养的内容和要求起到了极为宝贵的借鉴作用。领导者应努力培养自身"智"为上的领导才能，树立"信"、"仁"为本的领导思想，养成"勇"、"严"为标准的领导风格。〔陈小虎，2008（5）〕

孙远方认为，借鉴《孙子兵法》中精辟的战争理论，可以提高领导者应对和处理现代公共危机的能力和水平，降低公共危机可能带来的负面社会影响。（1）"兵之情主速"——领导者处理公共危机事件要坚持快速反应原则；（2）"因利而制权"——领导者处理公共危机事件要学会灵活变通，防止极端化倾向；（3）"静以幽，正以治"——领导者处理公共危机事件要有处变不惊的大将风度；（4）"上下同欲者胜"——领导者处理公共危机事件要取得群众的信任、理解与支持；（5）"杂于利害"——领导

者处理公共危机事件要有辩证的利害观。〔孙远方，2008（12）〕

（二）《孙子兵法》与科学决策

姚振文认为，《孙子兵法》立足于人类战争的残酷现实，提出了一整套用于战争决策的方法和步骤，对当今竞争时代的科学决策有独特的启示。（1）庙算思想——科学决策的整体性、系统性分析。《计篇》中说的"故经之以五事，校之以计，而索其情"这句话突出体现了孙子决策思想的整体性。"经之以五事"，是就决策的全面性而言的，即要注重战略问题的整体性；"校之以计"，是就决策的辩证性而言的，即要注重战略问题的对抗性；"索其情"，是就科学决策问题的定性分析而言的。孙子坚持先量度后判断的决策原则，强调定量分析与定性分析的统一。（2）知胜思想——科学决策的认知前提。庙算必须建立在"知"的基础之上，"知己知彼，百战不殆"。孙子所强调的"知"包括知的辩证性和动态性、知的全面性、知的前瞻性等内容。（3）因变思想——科学决策的原则性与灵活性。"变"是孙子整个用兵思想的核心，主要表现为三个方面：化执为活、"因变"思想、不变之变。（4）全胜思想——科学决策的高层境界。孙子提出了以"全"争胜即"不战而屈人之兵"的思想。孙子在用一种至善至美的追求来设计和指导战争决策行为，力求最大限度地减少战争的破坏作用，尽可能在不全靠武力的情况下达成战争的目的。这一点尤其值得今天的决策者学习。〔姚振文，2008（3）〕

张世和认为，《孙子兵法》中的领导决策思想，主要包括：预测的思想，决策的系统思想，决策中的比较，决策执行中的协调，决策中的主动权，决策中的权变等。《孙子兵法》内含着辩证的领导观、主动的领导观、权变的领导观和智慧的领导观，正由于此，对所有领导者都会有所启迪。〔张世和，2008（7）〕

（三）《孙子兵法》与行政管理

管正认为，孙子兵法的原则、方法适用于现代行政管理，而且具有重要的价值，在现代行政管理实践中，《孙子兵法》中关于"国事为重"、"将为国辅"、"视卒如子"、"以法治军"、"知者必胜"、"谋略取胜"、"求之于势"、"以变应变"等理论转化为行政管理的理论与方法，行政管理就能取得显著成效。〔管正，2006（5）〕

　　田惠莉认为，建设现代行政文化需要发掘传统文化资源，《孙子兵法》作为兵学经典具有深厚的传统文化底蕴，其间蕴含的行政管理思想对行政文化建设具有独特的价值。从行政文化创新的角度看，《孙子兵法》的现代价值体现在《孙子兵法》的人文价值和科学精神与科学与人文结合的管理思想；《孙子兵法》的伦理道德思想与当代行政价值观的重塑；《孙子兵法》的战略思想与行政心理和管理艺术的提高等三个方面。〔田惠莉，2007（5）；田惠莉，2008（2）〕

（四）《孙子兵法》与企业管理

　　杨先举认为，《孙子兵法》大致有七个方面可供企业管理学习。（1）悟道。军事要按孙子所说的"五事"中"道"的原则，"七计"中"主孰有道"的原则办事，得道胜。企业管理也要讲道。企业必须有正确的路线、方针、政策、企业文化等做支撑，并"令民与上同意"。（2）得将。将，"民之司令"，必须具备"智、信、仁、勇、严"素质的将，进不求名，退不避罪，领导好，指挥好作战。企业管理也要有好的厂长、经理、董事长、CEO 等。（3）励士。军队作战要"仁爱士卒"，要"教戒为先"，要"功而飨之"，要按"士卒孰练"的原则训练队伍。企业管理也必须遵循这些原来培训、锤炼良好的员工队伍。（4）造势。军队要造势，用强有力的态势制人不制于人，取胜对方。企业也必须造势，把企业做大、做好、做强，有好的产品，好的服务，及时供货，合理的价位等供应社会。（5）庙算。军，作战要讲"先计"，多庙算，做好决策工作，运筹帷幄之中，决胜千里之外。企业管理也必须讲庙算，做好决策工作、计划工作。（6）谋攻。军，"上兵伐谋"，主动地谋功，也要讲伐交，为做好伐谋工作，必须做到"知己知彼"，力求"不战而屈人之兵"，同时也要作好"伐兵"工作。企业管理也必须"知己知彼",作好伐谋工作、伐交工作、伐兵工作,如销售伐兵、品牌伐兵等。(7)策胜。作战要讲策略,要因变制胜,处理好攻守、奇正、迂直、虚实、分合等关系,且要注意"贵胜"。企业管理也要注意上述竞争策略,处理好攻守等关系,注意竞争时效。〔杨先举,2006(5)〕

莫尧认为,《孙子兵法》在现代企业中的运用可有如下方面。(1)"治众如治寡,分数是也;斗众如斗寡,形名是也"——科学设置岗位和组织管理体系,建立健全法制和规章制度;(2)"兵者,国之大事,死生之地,存亡之道,不可不察也。"——现代企业管理需要战略,需要战略家,战略计划是管理成败的首要条件;(3)"知彼知己,百战不殆;兵来将挡,水来土掩。"——现代企业管理讲究信息对称,直面博弈,优中选优,科学决策。〔莫尧,2006(3)〕

戴孝悌认为,《孙子兵法》所包含的科学思想贯通到企业营销管理实践中去,是提高企业经济效益的有效途径之一,也是企业管理现代化的重要课题。(1)用兵之道,以计为首,要赢得市场就应先建立市场导向的战略计划;(2)根据"道、天、地、将、法""五事"扫描营销环境,寻找营销机会;(3)依据"慎战、速胜、力求胜于无形"的原则,制定和发展营销战略;(4)用"因利制权,诡道制胜"原理指导营销战略方案的实施。〔戴孝悌,2006(10)〕

薛国安认为,孙子的"主孰有道"、"将孰有能"、"法令孰行"、"士卒孰练"、"赏罚孰明"等观念,蕴含着深刻的治军艺术,将治军之道创造性地应用于现代企业管理,重视宏观管理策略、管理者素质、制度管理、各级培训、激励机制等,对于提高企业管理水平将大有裨益。〔薛国安,2006(5)〕

王学秀、范冠华认为,《孙子兵法》中的关爱部属、依法治军等理论对于规范的组织文化制度建设和组织凝聚力的生成也具有重要的借鉴意义。(1)以"五事"为核心的组织战略文化。第一,"经之以五事,校之以七计"是《孙子兵法》组织战略文化的核心。孙子提出了战略环境分析与管理的五大核心要素,即"经之以五事":"一曰道,二曰天,三曰地，四曰将，五曰法。道者，令民于上同意，可与之死，可与之生，而不危也；天者，阴阳、寒暑、时制也；地者，远近、险易、广狭、死生也；将者，智、信、仁、勇、严也；法者，曲制、官道、主用也。"在"五事"后又提出了关系到军队生死存亡的"七计"："校之以计，而索其情，曰：主孰有道？将孰有能？天地孰得？法令孰行？兵众孰强？士卒孰练？赏罚孰明？吾以此知胜负矣（《计篇》）。"第二，战略是文化的重要组成单元，同时也是组织文化得以形成的关键所在。《孙子兵法》组织战略文化的特点是文化与战略融为一体，它对现代组织战略文化的启示是：有效的战略和先进的文化是组织发展和成功的关键所在。（2）以"智、信、仁、勇、严"为核心的组织领导文化。《孙子兵法》关于军队将领的内容，体现了如下一些对领导文化建设有借鉴意义的内容。第一，领导者的职业素质要求。《孙子兵法》提出了军队领导的五种基本职业品质，即"智、信、仁、勇、严"，这是对将领在个人先天素质和后天学习修炼之后需要准备好的职业素质方面的要求。此外，孙子还提出如果将领能够"进不求名，退不避罪，唯民是保，而利于主"，就是"国之宝也"。第二，全局和系统性的战略思维。这是《孙子兵法》战略思想的核心。第三，丰富的知识与高超的实践智慧。作为军队的领导者，既要懂得宏观形势方面的"经之以五事，校之以七计"，还经结合战争的具体过程，恰当地学习和运用知识，锤炼战争智慧，"不尽知用兵之害者，则不能尽知用兵之利也。"（《作战篇》）（3）以"令之以文，齐之以武"为核心的组织管理文化。在强调人和人性的重要性的基础上，孙子在《行军篇》中道出了组织管理的真谛："故令之以文，齐之武，是谓必取。"第一，严格规范和运行良好的制度是组织管理文化赖以生成的基础。孙子首先提出了制度制定的执行的日常化和程序化，他对组织管理的一些基本原则进行了分析，还十分强调组织管理的控制能力，他还将赏罚分明作为组织管理的重要法度。第二，对下属的"仁爱"是组织管理的另一方面。"严管"与"厚爱"永远是管理不可忽视或不可或缺的两个方面。孙子重视对士兵的关心，强调"用""养"并重，将仁爱管理放在制度管理之先，倡导管理者要"视卒如婴儿，故与之赴深溪；视卒如爱子，故可与之俱死"，他还强调对下属的仁爱要把握

适度。〔王学秀等，2007（5）〕

赵杰认为，《孙子兵法》作为一部兵学圣典，对企业管理具有重大的现实启示。他从现代企业管理要充分重视信息的重要性，现代企业在激烈竞争中要积极主动地掌控主导权，前线经理要懂得灵活机动等三个方面阐述了《孙子兵法》的现代应用价值。〔赵杰，2006（5）〕

（五）《孙子兵法》与人才管理

公炎冰、徐鹏认为，现代社会择贤用能、增加势能、发挥人的潜力已成为人才管理的核心内容。《孙子兵法》关于选拔人才、用人才、激励人才等思想，成为人才管理的重要借鉴。《孙子兵法》中蕴含的哲学思想对人才管理有重要的借鉴意义。《孙子兵法》中对"将"的要求，可借鉴拟定选拔人才的标准，用人治势的理论可借鉴指导具体的人才管理，其"以将造势"、"治众成势"、"兵强发势"的战略思想在人才管理领域具有切实的指导性和广泛的借鉴意义。〔公炎冰等，2006（5）〕

宋素敏等认为，《孙子兵法》的人本管理思想可运用于企业人本管理。孔子对将帅人才十分重视，企业人本管理也要高度重视人才的作用，尤其是各级各类管理人才。企业家要有求才若渴、爱才如命的精神，要把识才、育才、用才作为自己的中心工作，要善于营造使企业人才辈出、人尽其才、才尽其用的氛围和环境。孙子高度重视对士卒的训练和培养，将"士卒孰练"、"兵众孰强"作为衡量战争双方胜负的重要条件。从人本精神出发，企业家应高度重视员工培训，提高员工素质，这是促进经济社会、企业和人发展的头等大事。孙子强调管理者要"与众相得"（关系融洽亲密）、"视卒如婴儿"。人本管理非常强调情感管理。管理者要与被管理者建立深厚的感情，亲密的关系。人本管理还要求对员工进行有效的激励。管理者要善于把握人心、鼓舞士气，从而使企业形成有序高效的活跃态势。〔宋素敏等，2007（13）〕

五、墨家领导思想的当代价值

墨学与儒家并称春秋战国时期的显学。虽然，墨学的影响后来没有儒家、道家等显著，但其影响却从未消失过。墨家领导思想在今天仍然具有一定的价值与意义。

（一）墨家思想与国家治理

张国胜认为，墨家在分析社会问题，阐明理论观点，抒发治国理想的体系中，深刻地论述了治国安民的管理策略，其主要观点包括：重利贵义的价值取向，民为政首的管理目标，尚贤使能的用人原则。墨家的许多思想与今天提倡的以人为本，执政为民，创建和谐社会的民意是不谋而合的。〔张国胜，2006（1）〕

许立新认为，墨家的管理思想包括："兼相爱，交相利"的人际关系管理思想，"尚贤使能"的人事管理思想，"生财固本"的生产管理思想，"节用节俭"的消费管理思想。总之，墨家的尚贤治国、崇尚节俭、重视农业、兼爱为本等管理理念对当今中国政治建设与发展有借鉴意义；墨子社会管理思想对维系社会安定有特殊意义；墨家伦理思想对重建今日中国公民道德具有作用；墨家社会思想具有实现社会本位的现实价值。〔许立新，2008（4）〕

丛蓉等认为，墨子管理思想的宗旨是"兼相爱，交相利"。虽然这一思想宗旨带有功利主义特色，但它反映了当时小生产者反对以强欺弱、以富辱贫、以贵傲贱的行为，体现了天下之人互助互爱、共同发展的要求，所以对于当今社会发展仍然具有积极意义。墨子"尚贤"的人事管理思想，打破血缘和阶级的界限，就其基本精神而言，不仅适用于我们今天的社会建设，而且应该大力提倡。墨子"尚同"的行政管理思想，似乎不太切合实际，但"尚同"中所有包含爱民、利民、体谅民情的思想，以及对无政府的混乱状态的批判，对合理的政治思想的统一的肯定等，都是积极可取并有现实意义的。墨子的管理思想，既具有"人民性"，又具有义利统一的特点。墨子以"人民性"为特点的管理思想与管理的人本主义范式有异曲同工之妙，因为管理的本质就是重视人情味的人本管理。墨子的"兼爱"、"尚贤"、"尚同"都蕴涵了丰富的人本管理思想。如墨子的"兼爱"，不仅要求被管理者对管理者的爱，同时也要求管理者对被管理者的爱，如此才能激励员工的积极性。墨子"兼相爱，交相利"的思想中蕴涵着"利义统一"的价值观念。在墨子那里"利"和"义"都是合理存在的，并且对"利义"的追求也是合理的。这种"利义统一"，既包括个人利益与社会利益，也包括物质需要与精神需要统一。就是说，"兼相爱"是以双方都能获得利益为基本原则，墨子的"利义统一"思想，实质上是一种经济伦理思想，这对于当代管理理论和管理实践极富借鉴价值。管理者对被管理者应该讲究"利义统一"，不能只有空头上的表彰与承诺，管理者对被管理者的嘉奖应该是精神与物质两者并重。"利义"的平衡和谐统一，是社会协调、稳定和安宁的根本，使国家和人民健康向上发展的必要条件。〔丛蓉等，2008（4）〕

（二）墨家思想与人才管理

杨明艳认为，墨子人才管理思想的核心是"尚贤"。墨子的"尚贤"思想归纳起来有四个方面。一是关于"贤人"的标准。墨子提出"况又有贤良之士，厚乎德行，辨乎言谈，博乎道术者乎！"可见，贤人一要具备道德品行标准，叫"厚乎德行"，即贤人在道德行为上要厚道，是德行高尚的"仁人"；二要具备交际能力的标准，叫"辨乎言谈"，即贤人是能说会道的"智者"；三是知识标准，叫"博乎道术"，即要有广博的知识，贤者必须是知识渊博的"能人"。二是关于崇尚贤人的四条原则，即"富之、贵之、敬之、誉之"。三是关于"举贤"的原则，即"不避贫贱"、

"不避亲疏"、"不避远近";四是尚贤使能是国家管理的根基。〔杨明艳,2007(4)〕

杨明艳认为,墨子"尚贤"思想中,蕴涵了极其丰富的人才管理思想,对现代人事管理有极其重要的借鉴意义。一是明确提出了选拔人才的标准;二是反对任人唯亲,推崇任人唯贤;三是因事择人,量才使用;四是体现了责、权、利相结合的原则。〔杨明艳,2007(4)〕

郑磊等认为,墨子的人才思想包括:"厚乎德行",是人才选用的核心标准;"万事莫贵于义",是人才行为准则的标准;"兼相爱,交相利",是贤人社会的理想标准。墨子的人才思想,对当今人力资源的规划、对员工的激励、对人的考核、对管理理念灌输和控制等都具有启示作用。〔郑磊,2007(17)〕

刘朝晖等认为,"尚同"和"尚贤"是墨家管理哲学的两个基本原则。"尚同"即上下一致的集体主义原则,就是现代管理所说的"团队精神"、"共识式"的管理模式;"尚贤",即推荐贤才,重用贤者,就是现代管理重视人才的人事管理原则。〔刘朝晖等,2008(6)〕

黄亮认为,墨子将尚贤与尚同当做治理国家的举措。在尚贤与尚同的关系中,尚同是目的,尚贤是手段,只有通过尚贤,才能达到尚同;尚同是外在的政治秩序,尚贤是内在的根本保证,唯有通过尚贤,才能保证尚同的无私无偏。尚贤思想具有重要的社会现实意义。尚贤的主张要求破除宗法等级制度的禁锢,在社会中通过尊贤利贤,使贤士能人获得爵位,得到富贵,受到尊重,来营造一种尊重人才的氛围,国家的富强平治在于大量的有贤能的人得到尊重和重用。按照墨子的主张,就个人的发展而言,强调人的社会地位不是不可以改变的,人的贫富贵贱也不是不可以改变的。在尊贤使能的社会氛围中,人的能力得到发挥,人必须由此得到全面发展,社会也必然由此得到安定。就社会政治而言,强调人才对于治理国家的根本性作用,社会治乱,在于是否能够举贤任能,要求尊重人才,重用人才。这种人才观念和治国观念,不仅在当时社会具有鲜明的思想特色,而且对当今社会人才的使用和培养具有积极的启迪作用。墨子的尚贤思想与现代管理中的人本观念相契合。尽管现代西方社会管理理论,人文学说大量被引入到国内，但是研究墨子的"尚贤"思想，对我国的人才机制建设和良好的社会环境的建立，仍然有现实的指导意义。〔黄亮，2007（6）〕

〔三〕墨家思想与企业管理

陈杰认为，墨子的管理思想由"兼爱"思想、"尚贤"思想、"尚同"思想构成。墨子思想在现代企业管理中的运用表现在如下方面：现代企业以人为本的管理思想是墨子"兼爱"思想的延伸；现代企业的知识管理思想是墨子"尚贤"思想的实际运用；现代企业管理中的企业文化思想是墨子"尚同"思想的新发展。墨子思想在现代企业管理中的价值表现在如下方面。第一，"兼爱"思想在现代企业管理中的价值。墨子的"兼相爱，交相利"思想，实质上是一种柔性管理，它通过人们的自爱和爱人，从而使每个人的利益都能得到满足，这既符合人的自然性的需要，又符合社会道德法律规范的要求。墨子的"兼爱"思想用于企业管理中，可以增强企业的凝聚力，对塑造成功的企业文化也具有实际的指导意义。同时，在企业外部实施"兼爱"思想，能够协调企业与企业之间、企业与顾客之间的关系，增进相互之间的理解，形成企业内外的良性和谐关系，从而促进企业快速发展。第二，"尚贤"思想在现代企业管理中的价值。墨子认为，尚贤是为政之本，主张尊重贤才，任用能人。墨子不拘一格发现人才、选用人才的观点对现代企业管理同样具有借鉴意义。对真正德才兼备的贤才，无论其出身高低贵贱，都应广而招之，举而用之，使企业对人才产生巨大的吸引力和向心力，使人才乐于投奔于企业中，为企业的发展壮大，发挥出他们的一切聪明才智。第三，"尚同"思想在现代企业管理中的价值。墨子把"天下之百姓，皆上同于天子"的"尚同"思想作为治理天下的良方，认为由"君王来统一天下的义"，人们的思想才能统一，社会才不会发现混乱，国家才能得到治理。不仅如此，墨子认为天子与臣民之间的关系是可以互相沟通和协调的。这一思想完全符合现代企业的管理理论。世界 500 强的许多企业中，企业领导和普通员工的关系相当和谐，企

中国领导学研究（2006—2008）

业领导和企业员工的沟通渠道也十分畅通，由于劳资双方都把企业的利益放在首位，建立信息收集系统，上下关系融洽，因此形成良性循环，极大地促进了企业发展。〔陈杰，2008（9）〕

解启扬认为，墨家的管理思想以"兼爱"为伦理基础，以"尚贤"为指导原则，以"贵义"为社会目标，破除贵贱、亲疏的等级观念，力求构建一个公平合理、节约效能的古代理想社会。虽然墨家管理思想立足于先秦社会，以政治管理为职志，但企业管理与政治管理有相通之处，如果能对墨家管理思想进行创造性诠释，对现代企业管理无疑具有借鉴和指导意义。现代企业管理根本是人的管理，以人为本，知人善任，力求最大限度地发挥人的效能，实现人的价值，实现企业效益与社会效益。〔解启扬，2008（10）〕

齐瑞瑞认为，墨子思想、精神运用于现代企业经营管理之中，可从以下方面着手：一是效法墨子，身体力行，以身作则；二是"兼相爱，交相利"是企业经营文化的核心；三是经营的成效在"尚贤"；四是"法仪"让经营有章可循；五是"节用"使企业效能倍增。〔齐瑞瑞，2006（1）〕

（四）墨子管理思想存在的局限

马明策认为，墨子思想本身存在着明显的局限，实质是用功利主义的思想消解了其本身想达到的人文关怀。一是管理目标的矛盾性。墨子"兼相爱，交相利"管理目标，本身是想达到"兼相爱"的人文主义的终极关怀，最终却落在"交相利"的功利主义上。二是管理方式的局限性。墨子提出的"尚同"主张虽然在政治制度方面使政令上下统——致，便于执行，但这种上级官员对下级官员，下级官员对百姓的绝对控制为以后法家所继承，并发展成为一整套封建专制绝对君权主义理论，尚同沦为专制统治的工具。墨子从功利主义角度出发，在经济上提出节葬、节用、非乐，过分夸大了节约的作用，表现出一种狭隘的急功近利心态。荀子对其"蔽于用而不知文"的批评是有道理的。三是国家管理保障的虚幻性。墨子极力宣扬"天志"、"明鬼"，试图为自己的政治主张寻找最高的保障，但这种保障，借助于宗教的制裁，建立在人们对"天"和"鬼神"的畏惧上，带有强烈的迷信色彩，并不具有强制力，也不具有制度上的可操作性。墨子宣扬的"上帝"和"鬼神"的管理保障，完全是不可证实和无法保障的，这就使其管理保障具有实践操作上的虚幻性。〔马明策，2008（9）〕

六、各家领导思想之间的有机结合

（一）法家治企与儒家待人的和谐运用

赖慧文认为，法家治企和儒家待人在企业管理中要和谐运用。法家治企的制度化管理和儒家待人的人性化管理是相互联系的。在制度建设中，要注意制度的人性基础；同时，在人性管理中，要把遵章守纪作为员工的最基本要求提出来，使"法家治企"与"儒家待人"能够相互渗透、相辅相成，更加紧密地结合在一起。但是，"法家治企"与"儒家待人"在现实管理当中，既是相互矛盾，又是密不可分的。如何把握二者之间的关系，解决两者之间的冲突十分重要。体现在企业管理中，就是如何让员工理解并接受制度化的刚性管理，又能领会领导风格以及人性化的柔性管理，让员工欣然接受。企业管理要实现制度化管理与人性化管理的统一。企业的管理模式必须用制度化夯实基础，体现刚性管理制度的建设，这是管理的基础；用人性化来升华管理，体现柔性化管理的人性化建设，是管理的目标。〔赖慧文，2006（9）〕

（二）儒家与道家领导思想的比较及启示

毛国民认为，"无为而治"不是道家之专利，而是儒、道两家共同的理想。"圣人气象"是指圣人所具有的"仁"、"和"、"乐"以及"与天地同"之境界。由此境界推出儒家以"为政以德"、"任官得人"、"行其所

无事"等"无为而治"之自然方式构建和谐社会的终极理想。〔毛国民，2008（6）〕

陈善朝等认为，老子与荀子的著述中包含着丰富的管理思想。从表面看，老子主张"无为而无不为"，荀子主张"隆礼重法"、"明分使群"，一个消极一个积极，彼此对立，水火不容。事实不然，两人的管理思想可以说是同中有异，异中含同。不同的人性论导致了不同的管理视角。老子主张自然人性论，认为人在本性上是自然自为的。从此出发，他提出了"无为而无不为"的管理思想，以图实现从人的内心出发来达到管理社会的目的。他认为，既然人是自然自为的，那么最好的管理方法莫过于使人们无知无欲，用心去体悟道这一天下之法式，把握自然运行规律。与老子不同，荀子是位性恶论者，认为依靠人们自然本性的恢复来消除纷争是不可能的，离开了外部的制度约束和圣人的教化，只会使社会一片混乱。由于人性论基础的不同，管理的出发点不同，导致两人的管理方式不同。老子主张无为而治，要发挥被管理者的积极性，而荀子主张要有严格的监督考核机制，以外部约束来保证被管理者循规蹈矩。两人的管理思想也有许多相同之处。两人都重视领导者的表率作用，注重平等等。两者的管理思想已成为我国管理思想的重要来源，比较其异同可为我们提供如下启发。一是要把制度约束和道德约束结合起来，二是把全面考核与发挥被管理者的积极性结合起来，三是正确处理形式平等与实质平等的关系。在现代管理中，既要坚持制度面前人人平等，也要坚持每个人人格、生命权的平等。但这仅仅是一种形式上的平等。对于管理者而言，更重要的是做到得所当得，发挥个人的积极性，以求得更大的整体效益，从而为每个人的整体发展创造条件，每个人都获得充分发展的条件，这才是真正的平等。〔陈善朝等，2006（1）〕

（三）儒法思想与西方管理思想的融合

张国琼等认为，先秦儒家"人性本善"的假设及其"以人为本"的思想与西方某些管理心理思想不谋而合又有些许差异，以韩非子和商鞅为代表的先秦法家"性本恶"的人性假设及其崇尚"法治"的思想与马斯洛关于人的需要层次理论颇有共通之处，融合了法家管理理念的儒家思想与布莱克和莫顿的管理方格理论可谓异曲同工。通过我国古代管理思想与西方管理心理思想的比较，可启发我国管理者在已有的管理思想和策略中融入西方的管理心理思想，以形成适合我国国情的管理理论。〔张国琼等，2007（4）〕

附：相关论、著索引

一、著作部分：

1. 常桦编著：《"中国式"领导——传统文化中的管理智慧》，华文出版社 2006 年版。

2. 奚洁人主编：《领导学研究与评论（第一辑）》，上海人民出版社2006 年版。

3. 田广清等著：《中国古代领导思想史》，九州出版社 2006 年版。

4. 田广清等著：《中国古代领导思想史》，上海交通大学出版社 2007年版。

5. 李锡炎主编：《中国古代、近代领导思想述评》，人民出版社 2008年版。

6. 黄书光主编：《中国领导教育的历史探究》，华东师范大学出版社2008 年版。

二、论文部分：

1. 陈良：《儒家思想与企业家精神的培育》，《辽宁工学院学报》，2006（1）。

2. 陈善朝、刘爱国：《老子与荀子的管理思想之异同》，《湖南税务高等专科学校学报》，2006（1）。

3. 谢树放：《弘扬孟子仁政思想精华，促进建设和谐小康社会》，《管子学刊》，2006（1）。

4. 单大明、卞莉莉：《儒家思想与现代人本管理》，《中国市场》，2006（1—2）。

中国领导学研究（2006—2008）

5. 曾宪年：《和谐社会：老子领导思想的特征》，《船山学刊》，2006（1）。

6. 张秉福：《老子思想中的领导要素初探》，《长沙民政职业技术学院学报》，2006（1）。

7. 陈向善、刘爱国：《老子与荀子的管理思想之异同》，《湖南税务高等专科学校学报》，2006（1）。

8. 牛增辉、赵仁琪等：《〈老子〉一书蕴含的行政管理思想》，《中国市场》，2006（1）。

9. 王静：《先秦法家的管理思想对构建和谐社会的启示》，《新东方》，2006（1）。

10. 张国胜：《利义并重以民为本的墨家管理思想》，《湖北教育学院学报》，2006（1）。

11. 孙中原：《墨家智慧治国论》，《重庆工学院学报》，2006（1）。

12. 齐瑞瑞：《墨子思想与现代经营管理》，《职大学报》，2006（1）。

13. 付进扬：《浅析墨子的管理思想》，《江西行政学院学报》，2006（1）。

14. 唐任伍、卢少辉：《儒家文化对现代管理的影响》，《太平洋学报》，2006（2）。

15. 龚喜春：《孔子的人性思想与企业管理》，《湖北师范学院学报（哲学社会科学版）》，2006（2）。

16. 黄辉龙：《儒家思想对现代企业管理和文化建设的启示》，《广东省社会主义学院学报》，2006（2）。

17. 李思霖：《老子的管理思想与现代管理的契合》，《齐齐哈尔师范高等专科学校学报》，2006（2）。

18. 葛荣晋：《法家"以术治吏"思想及其现实意义》，《中华文化论坛》，2006（2）。

19. 高崇：《〈孙子兵法〉与管理心理学》，《管子学刊》，2006（2）。

20. 何军：《从儒家文化谈企业管理》，《焦作师范高等专科学校学报》，2006（3）。

21. 陈晓光：《儒家"德治"管理思想及其启示》，《锦州医学院学报（社会科学版）》，2006（3）。

22. 蒋艳清：《儒家和谐思想对企业管理的现代价值》，《船山学刊》，2006（3）。

23. 李前兵、钟晓东：《儒家文化的特征及其对企业人力资源管理的影响》，《生产力研究》，2006（3）。

24. 田广清：《儒家和谐治理观与国家治理的制度化——从制度文明视角扬弃传统和谐治理观》，《江苏行政学院学报》，2006（3）。

25. 田广清、刘丰田：《从伦理中轴到制度中轴——论扬弃和超越儒家和谐治理观》，《美中公共管理》，2006（3）。

26. 夏显泽：《"天人合一"：儒家关于和谐社会的价值追求》，《昆明理工大学学报（社会科学版）》，2006（3）。

27. 魏彩霞：《孔孟儒家官德修养方式的内存缺陷及对策》，《晋阳学刊》，2006（3）。

28. 胡亚林：《论老子守柔思想与中小企业经营战略》，《理论月刊》，2006（3）。

29. 曾宪年：《老子"爱民治国"思想的现代解读》，《湖南师范大学社会科学学报》，2006（3）。

30. 魏满霞：《韩非赏罚观对现代企业管理的启示》，《广东财经职业学院学报》，2006（3）。

31. 李岩：《略论先秦儒、道、法家的社会管理观》，《吉林师范大学学报（人文社会科学版）》，2006（3）。

32. 莫尧：《〈孙子兵法〉与现代企业管理》，《法制与经济》，2006（3）。

33. 董佳丽：《儒家管理思想对构建和谐社会的启示》，《教书育人》，2006（4）。

34. 张民：《儒家管理思想简析》，《大庆师范学院学报》，2006（4）。

35. 吕永超、周波：《人力资源管理与〈荀子〉思想渊源》，《科技信息》，2006（4）。

36. 蒋丹：《儒家思想对现代管理的启示》，《攀枝花学院学报》，

2006（4）。

37. 蒋艳清：《儒家和谐思想对企业管理的影响》，《湖南行政学院学报》，2006（4）。

38. 万友根：《传统儒家思想在企业管理中的现代解读》，《经济体制改革》，2006（4）。

39. 张素玲：《先秦儒家领导思想及其现代价值》，《湘南学院学报》，2006（4）。

40. 郑晓华：《儒家的道德人格论与领导者的人格魅力》，《理论学刊》，2006（4）。

41. 韩琳、刘康乐：《〈老子〉的管理思想及其现代意义》，《重庆职业技术学院学报》，2006（3）。

42. 江淑芳：《论老子思想与现代企业管理》，《太原职业技术学院学报》，2006（4）。

43. 吕有云：《从道家"无为而治"理念看我国当前政府职能转变》，《法制与经济》，2006（4）。

44. 曾宪年：《老子领导哲学主体思想探析》，《湖南人文科技学院学报》，2006（4）。

45. 管遵华：《老子思想对现代企业管理的启示》，《理论界》，2006（4）。

46. 徐华新：《儒家人本思想对现代企业管理的影响》，《商场现代化》，2006（5）。

47. 公炎冰、徐鹏：《〈孙子兵法〉对人才管理的启示》，《滨州学院学报》，2006（5）。

48. 赵杰：《〈孙子兵法〉对现代企业管理的几点启示》，《滨州学院学报》，2006（5）。

49. 张文儒：《〈孙子兵法〉与企业战略》，《滨州学院学报》，2006（5）。

50. 杨先举：《〈孙子兵法〉的企业管理价值》，《滨州学院学报》，2006（5）。

51. 薛国安：《孙子治军之道与现代企业管理谋略》，《滨州学院学报》，2006（5）。

52. 管正：《孙子兵法在现代行政管理中的价值与应用》，《滨州学院学报》，2006（5）。

53. 潘承烈：《〈孙子兵法〉对企业商战的启迪》，《滨州学院学报》，2006（5）。

54. 周育平：《孔子"仁政"管理思想及其价值》，《中共贵州省委党校学报》，2006（6）。

55. 梅光耀、潘红虹：《〈孙子兵法〉领导心理学思想探讨》，《科学与管理》，2006（6）。

56. 刘义堂：《道家思想与政府官员教育的研究》，《东南大学学报（哲学社会科学版）》，2006（8）。

57. 廖永红：《论荀子的社会管理思想》，《重庆工学院学报》，2006（9）。

58. 李洁：《传统儒家文化与当代企业人力资源管理》，《当代经理人》，2006（9）。

59. 赖慧文：《"法家治企，儒家待人"——东方文化与企业经营管理之道》，《华东经济管理》，2006（9）。

60. 杨勇、洪明：《儒家"和而不同"思想与企业跨文化管理》，《商业时代·学术评论》，2006（19）。

61. 戴孝悌：《〈孙子兵法〉中的营销管理思想》，《现代企业》，2006（10）。

62. 姜洪斌：《浅析儒家政治管理方式》，《理论界》，2006（11）。

63. 刘海燕：《儒家民本思想与现代企业管理》，《改革与战略》，2006（11）。

64. 张亚娥、王振明：《浅谈韩非的"形名术"对现代管理的启示》，《学术纵横》，2007（1）。

65. 吉献忠：《孔子中庸思想及其管理价值》，《石家庄经济学院学报》，2007（2）。

66. 吴芳：《儒家思想对当今企业经营管理的启迪》，《芜湖职业技术学院学报》，2007（2）。

66. 吕巧英、胡东东：《论老子"无为而无不为"的社会管理思想》，《保定师范专科学校学报》，2007（2）。

68. 陈小葵：《墨家"德治"思想简论》，《平原大学学报》，2007（2）。

69. 耿相魁：《〈老子〉"无为"管理的哲学思想及其实践价值》，《资料通讯》，2007（3）。

70. 李晓春：《道家思想与组织管理》，《现代商贸工业》，2007（3）。

71. 葛晋荣：《法家的"以术治吏"与企业的刚性管理》，《东方论坛》，2007（3）。

72. 汤一介：《儒家思想与中国企业家精神》，《徐州师范大学学报（哲学社会科学版）》，2007（3）。

73. 李小莲：《管窥儒家政治智慧的现代价值》，《沙洋师范高等专科学校学报》，2007（4）。

74. 葛荣晋：《道家的"无为而治"与现代科学管理》，《北京行政学院学报》，2007（4）。

75. 孙华：《从庄子〈逍遥游〉中体会企业管理的新境界》，《辽宁经济》，2007（4）。

76. 张国琼、陈果：《古代儒、法家思想与西方管理思想的比较》，《西南交通大学学报（社会科学版）》，2007（4）。

77. 杨明艳：《墨子人才管理思想述评》，《思茅师范高等专科学校学报》，2007（4）。

78. 王学秀、范冠华：《〈孙子兵法〉的组织文化建设思想》，《滨州学院学报》，2007（5）。

79. 田惠莉：《〈孙子兵法〉与行政文化创新》，《滨州学院学报》，2007（5）。

80. 孟小红、彭子菊：《试析〈孙子兵法〉中的管理心理思想》，《牡丹江教育学院学报》，2007（5）。

81. 冯学梅、李海军：《浅议儒家思想对华人商业组织管理习惯的影响》，《河北企业》，2007（6）。

82. 易海涛：《儒家思想与现代企业管理》，《商场现代化》，2007（6下）。

83. 高耀志：《〈老子〉的"和"思想对构建和谐社会的启示》，《重庆工业学院学报（社会科学版）》，2007（6）。

84. 赵金科、刘煜：《法家法律政治思想与新农村法制文化建设》，《齐鲁学刊》，2007（6）。

85. 黄亮：《墨子"尚贤"思想与现代管理人本观念的契合》，《中外企业家》，2007（6）。

86. 张晓歌、杜文娟：《儒家思想与企业家素质的关系初探》，《国外理论动态》，2007（7）。

87. 黄河：《儒家思想在现代企业管理中的实践》，《湖南日报》，2008--07—08。

88. 宋素敏、高崇：《〈孙子兵法〉中的人本管理思想与企业人本管理》，《全国商情（经济理论研究）》，2007（13）。

89. 钟兵：《儒家思想与现代企业文化建设》，《现代经济》，2007（8）。

90. 姚鹏：《老子〈道德经〉管理思想对现代领导者的启示》，《江苏商论》，2007（8）。

91. 黄河：《小议道家文化与现代管理——从"刚柔相济"到"天人合一"》，《商业文化》，2007（8）。

92. 张宏书：《老子思想与共生管理》，《发展》，2007（8）。

93. 黄钧铭：《韩非子"法"、"势"、"术"思想对现代企业管理的启示》，《北方贸易》，2007（8）。

94. 郑磊、成云：《由墨子的人才思想看当今人力资源管理》，《职业圈》，2007（17）。

95. 刘丁蓉：《儒家思想对领导者角色转换的启示》，《行政与法》，2007（10）。

96. 肖敏：《〈孙子兵法〉的"五德"与现代管理者的综合素质》，《理论导刊》，2007（10）。

97. 王宇露：《论孔子仁学的人本管理思想及其运用》，《生产力研究》，2007（22）。

98. 陈华：《道家"静"的哲学对现代管理思想的启示》，《企业家天地》，2007（12）。

99. 张亲霞：《韩非虚静无为术对现代管理的启示》，《学习论坛》，2007（12）。

100. 杨天胜：《〈孙子兵法〉对企业经营战略的启示》，《中国城市经济》，2007（12）。

101. 陈元义：《管理王道现代价值探讨——以儒家天地人管理思想为本》，《华侨大学学报（社会科学版）》，2008（1）。

102. 贾春莉：《论儒家思想在企业伦理建设中的应用》，《技术与市场》，2008（1）。

103. 韩丽：《论儒家文化与现代管理的"错位"》，《安徽文学》，2008（1）。

104. 郭宇：《浅谈儒家领导思想对当代和谐领导活动的价值》，《哈尔滨市委党校学报》，2008（1）。

105. 李长江：《道家思想中的管理智慧》，《长治学院学报》，2008（1）。

106. 陈华：《道家管理思想新探》，《长治学院学报》，2008（1）。

107. 关志国：《道家"以正治国"思想发微》，《学术论坛》，2008（1）。

108. 金长健：《从儒家思想看现代人本管理》，《淮海文汇》，2008（1）。

109. 马新才、马丽、胡红梅：《孔子管理思想探析》，《潍坊高等职业教育》，2008（2）。

110. 黄卓龄：《解读法家法治思想》，《法制与社会》，2008（2）。

111. 徐从根、陆鹏：《法家思想的现代管理之道》，《北方经济》，2008（2）。

112. 徐纪敏：《〈孙子兵法〉和企业战略管理》，《学术问题研究（综合版）》，2008（2）。

113. 田惠莉：《我国传统行政文化的现代价值——以〈孙子兵法〉为例》，《广西社会科学》，2008（2）。

114. 李云吾：《儒家思想：现代课堂管理的新解读》，《地理教育》，

2008（3）。

115. 丁艳平：《略论儒家民本思想内涵及其现代意义》，《保山师专学报》，2008（3）。

116. 沈春梅：《论传统儒家和谐社会与社会主义和谐社会的本质区别》，《南方论刊》，2008（3）。

117. 李慧：《老子思想中的管理要素探析》，《内蒙古农业大学学报（社会科学版）》，2008（3）。

118. 李总、居水木：《浅谈法家、道家、儒家管理思想在现代企业管理中的运用》，《技术经济与管理研究》，2008（3）。

119. 魏九花、周艳：《论韩非的"术"与校长领导艺术》，《当代教育论坛》，2008（3）。

120. 姚振文：《〈孙子兵法〉对科学决策的启示》，《领导科学》，2008（3）。

121. 王晓光：《日本企业管理中的儒家思想》，《船山学刊》，2008（4）。

122. 舒丹、杨铭光：《孔子的伦理思想对领导干部的政治道德建设的借鉴意义》，《山东省农业管理干部学院学报》，2008（4）。

123. 闫秀敏：《道家轻松管理智慧新解》，《青海社会科学》，2008（4）。

124. 李全胜：《"道德"人性的终结与法制思想的产生——韩非子管理哲学探微》，《江汉论坛》，2008（4）。

125. 姚振文：《〈孔子兵法〉将帅素养理念对领导者的启示》，《中共南京市委党校学报》，2008（4）。

126. 许立新：《墨子管理思想的现代价值》，《商场现代化》，2008（4）。

127. 丛蓉、刘芳、高世春：《论墨子管理思想的现代价值》，《辽宁行政学院学报》，2008（4）。

128. 张朝强：《〈孙子兵法〉中的战略管理思想》，《知识经济》，2008（4）。

129. 陈颖：《儒家君子观对现代管理者的启示》，《读与写杂志》，2008（5）。

130. 李桂华：《儒家"为政"理念与服务型政府建设刍议》，《楚雄师范学院学报》，2008（5）。

131. 陈小虎：《〈孙子兵法〉"五德"与现代领导者的素养》，《攀枝花学院学报》，2008（5）。

132. 李静、姚振文《孙子兵法与领导者素养》，《中共山西省委党校学报》，2008（5）。

133. 解晓燕：《儒家传统管理思想提升为现代企业柔性管理分析》，《商情（教育经济研究）》，2008（5）。

134. 王贺：《儒家伦理思想与我国公务员行政伦理的重构》，《许昌学院学报》，2008（6）。

135. 张泽一：《职场领导的儒家管理之道》，《广东青年干部学院学报》，2008（6）。

136. 毛国民：《"无为而治"异说——从"圣人气象"看儒家治国理想》，《宁夏大学学报（人文社会科学版）》，2008（6）。

137. 沈飚：《论中国传统道家文化在现代企业管理中的继承和发扬》，《科技风》，2008（6上）。

138. 管斌、何似龙：《道家古代管理思想初探》，《商场现代化》，2008（6）。

139. 郇天莹：《老子思想与当代中国政府管理理念转型》，《中国人才》，2008（6）。

140. 汤新祥、张雪梅：《成也法家，败也法家——商鞅、韩非法治思想异同论》，《湖北大学学报（哲学社会科学版）》，2008（6）。

141. 尹华广：《法家、儒家关于法的治国思想及其对现代法治和谐的启示》，《湖南科技学院学报》，2008（6）。

142. 刘朝晖、杨晓文：《墨家"尚同尚贤"思想与现代管理》，《中共青岛市委党校 青岛行政学院学报》，2008（6）。

143. 杜小军：《儒家人才思想与现代人力资源管理理论的比较分析》，《人才资源开发》，2008（7）。

144. 张芹：《浅谈儒家思想对现代中小企业管理的启示》，《中国集体经济》，2008（7下）。

145. 周义萱：《老子管理思想探微》，《读与写杂志》，2008（7）。

146. 田长明：《韩非领导思想的现代解读》，《领导科学》，2008（14）。

147. 张世和：《〈孙子兵法〉领导观》，《决策》，2008（7）。

148. 吴红伟：《儒家思想对企业管理的现代价值》，《商场现代化》，2008（8）。

149. 陈小葵：《法家"以法治官"思想简论》，《法制与社会》，2008（8）。

150. 杨光辉：《传统与现代：儒家思想在企业管理中的运用》，《企业家天地》，2008（9）。

151. 胡纯华：《以"仁"为核心的儒家管理哲学》，《科教文汇》，2008（9）。

152. 宁建新：《〈孙子兵法〉战略管理体系新探——中国古典兵法的现代西方式阐释》，《企业管理》，2008（9）。

153. 陈杰：《墨子思想在现代企业管理中的价值分析》，《商场现代化》，2008（9）。

154. 马明策：《人文精神的缺失——试论墨子管理思想的局限》，《商场现代化》，2008（9）。

155. 张倩、邓铨：《〈孙子兵法〉对现代企业员工选聘和管理的启示》，《考试周刊》，2008（17）。

156. 李绚珣：《以人为本的儒家管理思想》，《管理观察》，2008（10）。

157. 梁永锋、伍应卫：《浅论老子管理思想与现代管理》，《商场现代化》，2008（10）。

158. 解启扬：《墨家管理思想的现代意蕴》，《经济与社会发展》，2008（10）。

159. 姚振文：《〈孙子〉势论对现代领导者的启示》，《领导科学》，2008（21）。

160. 谭丽梅：《浅谈儒家和谐管理思想及其影响》，《兰台世界》，2008（12上）。

161. 庞慧：《"用非其有"：战国后期君道论的整合与歧出》，《史学月刊》，2008（12）。

　　162. 郭生纺：《孔子管理思想浅析》，《决策＆信息》，2008（12）。

　　163. 俊伟、罗章：《管理的中国精神——儒家人本主义理念内涵及其对现代企业管理的启示》，《管理观察》，2008（12）。

　　164. 郭福才：《儒家人性化管理思想及其在企业管理中的应用》，《广西大学学报（哲学社会科学版）》，2008（增刊）。

　　165. 高红：《老子"无为而治"思想的现代价值》，《文教资料》，2008（12）。

　　166. 姚霞：《老子道家管理思想及其现代价值》，《决策＆信息》，2008（12）。

　　167. 李凡苇：《老子管理思想的若干特色》，《决策＆信息》，2008（12）。

　　168. 武雷、杨阳：《〈庄子〉与现代企业管理》，《广西大学学报（哲学社会科学版）》，2008（增刊）。

　　169. 赵趁：《儒家人本思想在企业管理中的应用研究》，《农村·农业·农民（A版）》，2008（12）。

　　170. 孙远方：《〈孙子兵法〉对现代危机处理的启示》，《领导科学》，2008（12）。

第三章
中国视阈下的
西方领导理论

　　随着经济全球化、文化多元化和科学技术的迅猛发展，中西方各个领域的交流活动越来越频繁，在这样的时代背景下研究领导问题，必须要借鉴西方的领导理论，要把全球化、现代化、本土化有机地结合起来。近年来，西方领导理论不断传入中国，给中国领导学的发展带来新鲜的活力，但是，中国毕竟有不同的历史传统，在政治、经济和文化各个方面都与西方有较大的差异，照抄照搬西方的领导理论，很容易产生"水土不服"的现象。如何对待西方领导理论，怎样以中国的视阈来分析领导学问题？是近年来中国领导学界关注的重点。因为东西方学术交流的前提，首先是要了解西方领导学研究的成果及发展动态，厘清中西方领导学在研究范畴、研究方法、研究内容、研究领域等方面存在着哪些不同，在此基础上才能进行跨文化研究与对话，这是学界应有的共识。就具体情况而言，中国领导学界已经开始注重这方面的问题，在吸纳西方领导学研究合理成分的基础上，开始用创新的理论指导不断发展的领导实践。只有树立世界的眼光，才有利于构建符合中国特色的领导学理论，从而真正让中国领导理论走向世界。

一、西方领导理论流派的研究

尽管西方领导理论很难用明确的历史阶段来划分，也不能准确说出哪种领导理论是属于哪个历史阶段的，但从学术发展史来看，西方领导理论已经历了近百年的时间，在这个过程中出现了许多理论流派。进入新世纪后，各流派出现了合流的趋势，因而又出现了许多新理论。为了写作结构和材料组织上的便利，这里，我们把西方领导理论研究分为两部分，一部分是21世纪之前已经出现的领导理论流派及其相关的研究，另一部分是近年来新出现的领导理论，尽管这些理论看起来也可归类为某流派，在此不严格区分。

（一）西方各领导理论流派分析

2007年翻译出版的约翰·安东纳基斯等人编写的《领导力的本质》，书中对西方领导理论的历史发展进行了系统梳理，作者把西方领导理论研究划分为8个主要学派，并把它们归纳成两个维度：暂时期和高产期。一是领导力特质学派（Trait School of Leadership），即伟人理论，这一理论认为，是那些异乎寻常的杰出人士改变了人类历史，伟人学派的观点认为某些特质（即那些稳定的性格）把领导者和非领导者区别开来。二是领导力行为学派（Behavioral School of Leadership），20世纪50年代，由于对特质理论的评论比较悲观，特质理论让位给了领导力行为风格理论，他们把研究集中在对领导者表现行为及对待追随者方式的分析上。三是领导力权变学派（Contingency School of Leadership），他们提出领导者与成员关系、任务结构以及领导者职位权力等会决定实践中不同领导力的效率。四是领导力相对学派（Relational School of Leadership），他们根据所

中策院
中国领导学研究（2006—2008）

谓的"垂直二元连接理论"提出，后来演化为领导者与成员交易理论，发现领导者与追随者之间高质量的关系是建立在相互信任和相互尊重的基础上，而低质量的领导者与追随者之间的关系是建立在履行合同义务的基础上。五是领导力怀疑学派（Skepitics of Leadership School），领导力研究遭到质疑，有人提出，领导者的所作所为和领导力不相干，领导力测评的情况只是反映了个体受到暗示的领导力理论的结果而已。尽管怀疑派提出的疑问没有获得答案，但领导力研究本身却从这一学派的研究中获益不少。六是领导力信息处理学派（Information-Processing School of Leadership），他们重点研究了领导者使自己合法化的原因，即如何使自己的特质和追随者对领导者原型的期望保持统一，从而获得合法化地位。七是新领导力（新魅力型/变革型/愿景型）学派（The New Leadership Neocharismatic/ Transformational/ Visionary School），提出以前的领导力模式都是以交易为导向的，要有一种新模式去解释追随者是如何受到目标和理想化使命的感召，并取得成就的。八是新出现的问题（Emerging Issues），以往研究的许多领域有待于进一步深化，包括领导力的情境、道德规范以及可替代的性情预测因素（特质），都需要加强研究，有必要促进各项研究的融合，综合各学派的优势，使领导理论研究更深入。〔约翰·安东纳基斯、安纳·T. 茜安西奥罗、罗伯特·J. 斯滕伯格，2007〕

冯秋婷等编著的《西方领导理论研究》，对西方领导理论流派进行了较系统的归纳整理，他们从 12 个方面对西方领导理论进行归类，提出了 12 大类的领导理论：领导者特质与能力理论；领导方式与领导风格理论；领导权威与领导魅力理论；领导伦理、价值观与社会责任理论；领导决策与领导执行理论；人力资源管理与开发理论；领导激励理论与教练技术；领导沟通协调与冲突处理理论和技术；组织管理与组织危机管理理论和技术；领导变革与创新领导；领导环境与领导文化理论；领导有效性与领导效能理论。〔冯秋婷等，2008〕

董临萍、张文贤对国外组织情境下魅力型领导理论的主要研究成果进行了综述，文章回答了如下问题：什么是魅力型领导？魅力型领导风格是如何形成的？魅力型领导风格的效能如何？哪些因素会对魅力型领导风格的形成与效能产生影响？与国外比较丰富的魅力型领导理论及实证研究相比，国内的魅力型领导研究还处于怎样的阶段等。作者在阐明了魅力型领导内涵的基础上，提出了魅力型领导模型的三个重要阶段：House 模型（1977）、Bass 模型（1985）以及 Conger 和 Kanungo 模型（1988）。组织情境下魅力型领导风格兴起的原因主要有两个，一是在复杂动荡的环境中，组织需要魅力型领导者来有效地实施变革，以适应外界环境；二是组织面临着不断提高员工忠诚度和绩效的挑战，魅力型领导者与下属之间基于情感依附（emotional at tachment）形成的领导者—下属关系，能够改变下属的价值观、信仰和态度，使其对领导者高度忠诚、信任和服从，进而取得超越组织期望的业绩。作者还从魅力型领导的形成、效能以及影响因素等视角对相关的理论和实证研究成果进行了梳理，并对魅力型领导理论的未来研究方向进行了展望。〔董临萍、张文贤，2007（11）〕

马云献对西方的变革型领导和事务型领导研究进行了梳理研究，认为，变革型领导和事务型领导在领导模式的理论上有明显不同，后者属于"论功行赏"型的交易理论，前者在于推动下属成长和讲究整体绩效。变革型领导优于事务型领导，尤其是变革型领导与下属的低离职率和高工作满意度有着高度的正相关关系，在发挥组织潜能、组织认同、员工态度和组织绩效上，变革型领导与长期或短期绩效之间都存在正相关关系。〔马云献，2006（5）〕

齐先朴提出领导价值观理论是西方领导伦理学研究的重要方面，也是当代西方领导学者讨论的一个具有理论价值和实践意义的热点问题。他对当代西方领导价值观研究的若干新理论从价值观的内涵、分类；价值观怎样影响领导者；怎样把价值观原则落实到领导行动上等方面进行了梳理和评析。领导是一种影响他人的过程；领导过程中包含了价值观的交流，包含了对追随者的尊敬，包含了公平待人和团队建设；没有价值观的交流，领导过程就不能进行等观点。西方学界通过对领导与价值观的整合研究，形成了一系列新的领导理念，比如从领导方式上看，已形成一系列领导与价值观结合的"领导伦理"或"道德领导"方式。从注重目标、战略、结构、制度到强调企业价值观。同时，西方领导价值观研究非常注重领导价值观的可操作性，把价值观融合到领导行为之中。主要表现在制定企业伦理守则，设置专门机构，设置伦理主管，进行伦理培训等。这些不仅对于我们建立和完善一种全新的、适应时代潮流的中国特色社会主义领导价值观理论具有重要的借鉴作用。〔齐先朴，2008（2）〕

翁文艳等对领导教育和领导力开发产生影响的几种领导理论进行了介绍，比如变革领导理论、情境领导理论、服务领导理论等。变革领导理论是 20 世纪 80 年代以来领导理论研究的焦点，虽然变革型领导理论没有明确指出，在特殊情境中领导者应该怎样做才能成功，但是，它却提供了领导的一般思维方法，即强调理念、激励、革新和个别化关怀。本尼斯和纳拉斯（1985）还进一步提出变革型组织中领导者常用的四种策略。变革型领导者的行为应该有道德维度，这是它区别于其他传统领导理论之处。服务型领导理论带有强烈的利他主义的意味，强调领导者应该关心和重视他的追随者所关注的事情，应该照顾和培育追随者，有责任去关注弱势群体，并同等看待他们。与服务型领导理论相关联并更广泛地被应用和接受的是，团队领导理论。要实现高效团队，领导者应该懂得听取他人的意见，让自己的行为更像一位辅助者而不是指导者，应该致力于干实事而不是相反，应该学会分析和平衡团队及成员的内在和外在需要并作出适当回应，应了解影响团队的过程，掌握决策、人际沟通、解决冲突、建立关系网络等领导技能。合乎人性伦理的领导，其主要观点认为领导者应该是一个具有良好道德基础的正直的人。正直作为一种全球领导人的必备素质，已经逐渐为世界各国的领导研究者们所公认。合乎人性伦理的领导者对员工一视同仁但又不会一刀切。所有级别的领导者都期望能做到合乎人性伦理的标准并做得比以往更好，这有利于人类利益的积极愿景。〔翁文艳等，2008，第 14—17 页〕

（二）西方领导理论流派的历史发展

蔡庆瑶、刘兰芬追溯了从管理到领导的范式演进的历程，提出随着科技时代的来临，没有哪一个话题能像"领导"这样引起人们如此浓厚的兴趣。从现象上来看，对领导的关注似乎是一夜之间，席卷全球。但从理论上来看，从管理到领导这一范式的转型也有其自己的演进历程。他们把演进的历程划分为五个阶段：第一个时期，管理和领导的交织时期（原始社会到 19 世纪中叶）；第二个时期，管理和领导的分离时期（19 世纪中叶到 20 世纪 30 年代）；第三个时期，管理的人力资源时期——领导的蓄势时期（20 世纪 30 年代到 20 世纪 60 年代中后期）；第四个时期，管理的问题时期——领导的凸显时期（20 世纪 60 年代中后期到 20 世纪 80 年代中后期）；第五个时期，领导的繁盛时期（20 世纪 80 年代中后期至今）。并且提出，从管理到领导这一范式的转型已成定式，它在各种推动因素下经历了自己的演进历程。对于任何一个组织而言，没有哪一种理论过时或无用，应当结合自己"要做的事"，抓住何时管理和何时领导的契机，这样才能在竞争中发展自我——这也就是我们研究从管理到领导的范式转型的目的所在。〔蔡庆瑶、刘兰芬，2007（1）〕

赵虹君认为，有关领导的理论众说纷纭，按照时间划分，每一时期都有各自代表性的理论，概括起来有四种，即领导的特质理论、行为理论、权变理论、交易型与变革型理论。领导理论的研究始于 20 世纪 30 年代，即领导特质理论，随后，研究者开始把目光转向领导者表现出的具体行为上，希望了解有效领导者的行为有什么独特之处。由于未能在特质和行为方面获得一致的结果，20 世纪 60 年代，研究者开始探讨影响领导效果的情境因素，形成了权变理论，即：领导 =F（领导者、被领导者、环境）。20 世纪 80 年代提出来的交易—变革型领导理论引发了领导理论研究的革命。这一理论的核心是减少理论模型的复杂性，而以更直接更人性化的角度研究领导力。从最初简单的领导者特质理论、行为理论，到复杂的权变理论以及最新的交易——变革型理论，领导理论的变迁过程显示出对领导学认识的不断深化和提高。〔赵虹君，2006（5）〕

高鸿在回顾西方领导理论的演变历程时，发现领导观变革的轨迹，从世界范围看，现代意义上的领导学起源于西方管理学。在近百年的发展历程中，西方领导学已经历了从特质理论、风格理论、情境理论，到交易与变革理论、团队理论等多种理论范式转型。这种转型体现了领导学研究视

中浦院

中国领导学研究（2006—2008）

角和关注重点的转变，其深层动因，就源于领导观的时代变革。近年来，随着全球化对传统领导观的冲击，各种新的领导理论更是层出不穷，并呈现出多种理论同时并存的多元化发展趋势。其中影响较大的有基于价值观的豪斯的领导理论、史蒂文·克尔的领导替代理论、查理·曼茨的自我领导和超级领导理论、李普曼·布鲁门的整合领导力理论、詹姆斯·杭特的仆人式领导理论、莱姆巴特的建构式领导理论等等。这些理论从不同角度阐释了领导者是如何对追随者的情感、动机、喜好、抱负、忠诚以及复杂组织的结构、文化和业绩产生重大影响的。〔高鸿，2006（12）〕

张宇薇从历史发展的角度以一个新的视角对魅力型领导进行了阐释，分析了其产生和演进的过程，即从早期的个人化领导魅力到中期的人际影响型领导魅力，再到后来形成了大多数学者所认同的关系型领导魅力。领导魅力是让他人能够以忘我境界追随的影响力，它对组织、社会的各个方面都产生积极的影响，具体表现为：领导者以完美的形式展示自我，并和追随者的价值观、审美观相吻合；领导魅力表现为一种强大的震撼力和向心力；领导者的魅力在工作中的作用是不可估量的。同时，领导魅力具有阴暗面：从产生机制来看，领导魅力不具有持久性；从运行机制来看，领导魅力不具有系统性，它依赖于魅力影响面的均衡和魅力影响链的延续；从影响范围来看，魅力型领导者不具有继任性，它容易使组织陷于"真空"领导的危险境地。〔张宇薇，2006（4）〕

湛俊三、金婕提出，组织承诺和激励是领导学中的基本理论，对于组织承诺问题，不同的学者从不同的学派、理论出发而赋予其一定的含义。早期的组织承诺理论脱胎于社会交换理论与公平理论，组织成员常会比较自己对组织的"单方投入"与其从组织所获得的报酬的关系。如果成员经过计算评估，认为这种交换过程对自己有利，那么个人对组织的承诺就会提高；反之，则对组织的承诺就会降低。20 世纪 90 年代，加拿大学者 Meyer 与 Allen 对以前诸多研究者关于组织承诺的研究结果进行了全面的分析和回顾，并在自己实践研究基础上提出了承诺的三因素模型，即感情承诺、持续承诺和规范承诺。作者从组织承诺的含义入手，分析了组织承诺的影响因素、对员工行为的影响及其形成过程。通过组织承诺的前因结果理论模式，研究了组织承诺与有效激励之间存在的内在关系，并提出了基于组织承诺的有效激励的基本措施。基于组织承诺的有效激励，体现了组织对人的尊重，可以提高员工对组织的归属感和忠诚度。拥有高度组织承诺的员工，可以有效地提高员工的积极性，发挥出每个员工的最大潜能，努力实现组织战略目标与个人目标的一致性，从而实现组织的可持续发展。〔湛俊三、金婕，2007（3）〕

李锐、凌文铨介绍了变革型领导的概念及结构，从相关工作态度、工作绩效及行为等方面分析了变革型领导的影响效果及机制，总结了变革型领导的影响因素及干预措施，提出变革型领导理论自诞生以来，领导学研究者们从不同角度进行了广泛而深入的理论探讨和实证研究。该理论并没有明确指出在特定情境中领导者应如何做才能获得成功；相反，它提供了领导的一般思维方法，强调理念、革新、领导者对下属成长和需要的积极关注以及领导者对下属的影响力，这对于加深人们对领导过程的理解具有重要意义，从而扩展了领导学研究的领域，并已成为领导理论研究的新范式。〔李锐、凌文铨，2008（2）〕

（三）西方领导理论流派的研究维度

章丹丹、涂荣军认为，领导理论中的结构维度、关怀维度和发展维度是 20 世纪西方研究者提出的三种基本的衡量领导行为倾向的尺度。领导理论是研究领导有效性的理论，影响领导有效性的因素以及如何提高领导的有效性是领导理论研究的核心。三种维度正是基于对影响领导有效性因素的分析归纳而来，是在领导理论发展的不同阶段出现的。从特质理论到行为理论再到权变理论，人们观察事物的视角也从静态到动态，从单维度到多维度，是一个不断向前发展的过程。结构、关怀和发展三维度也是这种视角变化发展的产物，从早期局限于领导者个人素质，到结合员工和任务的领导行为以及后来关注下属的发展程度和各种可分离的情境变量，人们对三个维度的深度与广度正在不断地进行着探讨与实践。近年来的研究还发现，受不同文化教育背景的领导者，其特性与行为会表现不同，从而

中国领导学研究（2006—2008）

导致不同的领导绩效。而文化教育可能成为影响领导绩效的又一考量因素。所以说，对领导理论的研究越来越朝着理性化和系统化的方向发展，并使其更加系统全面而符合实际。〔章丹丹、涂荣军，2006（4）〕

杨兆云认为管理理论发展的一条基本逻辑线索就是对人性的认识和探索。纵观西方管理思想的演变，从"经济人"到"社会人"，从"复杂人"到"全面发展的人"，在对人的认识的不断深化中，逐步确立了人在管理中的主导地位，继而围绕调动人的积极性、主动性、创造性去展开一切管理活动。管理思想也由科学管理理论、行为科学管理、管理丛林理论到人本管理理论的演进。当前无论是学习型组织、虚拟组织、知识型组织等理念都高度强调人在管理中的重要作用，标志着西方管理又重新回到以人为本的轨道上来。〔杨兆云，2007（2）〕

赵军对西方领导方法的发展进行梳理，认为领导特质理论、领导行为理论和领导权变理论从不同的视角发展了现代西方领导方法。从回顾西方诸领导理论中，可以看出西方领导方法的特点是：注重科学化，趋向于定量化、精确化分析；在探究事物的本质以及领导思维和领导存在的关系等问题时，具有思辨性。"智囊团"等群策机构相继建立，出现了领导方法的群策化趋势；领导作为一个复杂庞大的系统，包含着众多的系列，如决策系统、执行系统、反馈系统等。系统不同，领导方法也各异，从而产生了领导方法的系列化特征；以法为准绳，按法规办事，是现代西方领导方法的重要特征；现代社会是"知识激增"的时代，信息成了最重要的资源之一。总之，现代西方国家在解决科技、经济、社会协调发展方面所积累的领导方法相当丰富，值得我们借鉴。〔赵军，2008（3）〕

叶贵仁从多维的视角梳理西方关于行政领导责任问题的研究，认为目前国外关于行政领导责任的研究的起点是源于契约理论的责任政府理念，它依赖于政府内部的权力划分及政党政治的结构。从霍布斯开始，到洛克、卢梭等人逐步地完善了契约理论，这种观点认为官员的权力是由公民委托其行使的，因此，行政领导责任最根本的指向应当是对公民负责。罗尔斯对这一理论做了进一步完善。经济学上的委托代理理论也是对契约理论的发展，这些理论都在思考如何使官员真正意义上对权力的委托者公民负责。该观点强调官员应当服从于国家的宪法和法律的相关规定，而不是服从于地方性的政策。概括国外关于行政责任的相关理论，本文发现传统管理的途径侧重于行政领导的政治责任，新公共行政则分别强调对效益、公平、回应等责任，新公共服务讲到了为了公共利益而对公民负责，但是没有具体论述。官员道德的视角强调了作为个体的官员的主观责任，公共选择理论是从官员的自利性切入，而"街头官僚"理论也是从微观主体的个人工作特征为研究起点的。反思这些研究可发现，主要从政府的角度来进行研究，缺乏从个体的角度来研究行政领导责任，缺乏在义务、权力、权利的相互关系中理解行政领导责任；对于行政领导责任的实现，多是从否定性惩罚的角度来谈的，缺乏从人的主观能动性和激励的视角进行，因此，构建我国行政领导责任体系，必须把责任同权力相对等，既不扩大权力，又不扩大责任，使得权责互为依赖。参考我国古代行之有效的责任机制和西方相关研究，按照由内在到外在以及个人自主性由低到高的顺序排列，可以把这一责任体系排列为三个层面：体制规定的责任，法律赋予的责任和道德责任。〔叶贵仁，2007（1）〕

王红霞认为，西方领导理论在 20 世纪经历了一个不断发展的过程，先后出现了特质理论、行为理论、权变理论，每种理论的出现都是对前一种理论借鉴吸收、批判继承的结果，都是应社会发展的需要，对有效领导的内涵深入认识的结果，在一定程度上体现了研究者思维方式的更新。三类领导理论的研究重点从单一元素逐步走向整体。研究重点的转移在一定程度上是思维方式转换的体现，因此要反思传统的思维方式。一般系统论的出现克服了传统思维方式的一些弊端，但仍未从根本上超越传统的思维方式。复杂科学为我们进行研究提供了一种新的思维方式。领导活动本身的复杂性，要求我们以一种复杂的思维方式来研究。作者提出从复杂的思维方式对传统思维方式的超越来看，复杂的思维方式对领导理论研究的深入有重要启示，比如要关注被领导者在领导活动中的主体作用，要结合具体时空条件进行具体研究，应重视内部突发性事件的研究等。〔王红霞，2006（8）〕

二、西方新近流行的领导理论介绍

这一部分是相对于前一部分的，主要介绍国内学界对 21 世纪之后西方出现的一些新领导理论的分析，西方新流行的领导理论既与以往传统的领导理论有联系，又向人们展示了一种新的领导理论视野。

（一）新近流行的西方领导理论

詹延遵、凌文辁、方俐洛撰文分析了西方新兴起的诚信领导理论，这一理论由 Luthans 等人（2003）以领导学、道德学、积极心理学及积极组织学等领域的相关研究为基础，提出了诚信领导（Authentic Leadership）的概念。著名的盖洛普领导研究中心还于 2004 年 6 月在内布拉斯加州举行了一次峰会，专门探讨诚信领导及其发展问题。诚信领导指的是一种把领导者的积极心理能力与高度发展的组织情境结合起来发挥作用的过程。他们首先分别介绍了诚信领导的概念、特点及测量方法，并比较了诚信领导与其他类型领导的联系和区别，诚信领导者表现出不伪装自己，不是为了地位、荣誉或其他形式的个人回报从事领导活动，而是出于一种信念，他们是原创者，而非拷贝者，其行为是以自己的价值观和信念为基础的。诚信领导者率直、开放，勇于承认自身不足并对自己的行为负责，愿意为下属的成功做出承诺，并鼓励下属诚实和正直的品质。这些领导行为将会促使下属对领导者及其价值观、信念和目标的认同（即个人认同）。同时，作者还指出该理论尽管强调了一些诸如情绪过程、领导者道德等以往领导理论所忽视的方面，但诚信领导的测量工具、诚信领导与组织结果之间的调节因素等问题仍有待于实证研究的进一步探讨。〔詹延遵、凌文辁、方俐洛，2006（5）〕

于洪生介绍了西方新近出现的几种领导理论，包括适应性领导理论（Exercising Leadership）。肯尼迪政府学院的 Ronald Heifetz 教授把领导工作区分为技术性工作和适应性工作，前者有明确的问题界定及解决方案，而后者需要不断学习才能掌握，技术性工作是领导者普遍能完成好的工作，而适应性工作则需要领导者的持续努力，优秀领导者的主要任务就是应对适应性挑战，适应性工作带有实验性质，容易产生"失衡状态"及"回避工作"的情况，领导者要给团队成员提供角色定向建议，并有效地控制冲突，维护组织规范，建立起团队内有效的合作关系，形成促使每个人能力扩大化的机制。温和激进领导理论（Tempered Radicals Leadership），由 Debia E.Meyerson 提出，如何能既融入新环境中，又希望能保留自身与众不同的东西，"既要使这只船晃动，却又希望留在船上。"如何通过温和的方式推动领导变革，他通过实证研究，说明组织文化的变革是很艰难的，必须学会用"心法"和"柔术"来达到目标。仆人式领导理论（Servant Leadership），美国麻省理工学院 Robert K.Greenleaf 借助于小说《东方之旅》（journey to the East）中仆人李奥（Leo）周旋于众主人之间，但以实质性成为领导者角色的故事，表达了领导不在于其职位高低，权力大小，而是一种态度与使命的承诺。成为领袖不是因为拥有某种权力，而是看其可为其他人做出多少贡献。整合领导力理论（Connective leadership），由 Claremont 大学教授 Lipman-Blumen 提出，其主要观点是当今新时代被相依性和差异性两种冲突的力量所左右，一个好的领导者要通过人际关系最优化找到两种冲突力量的共同诉求。用指导（mentoring）来促进成功的领导，美国领导力服务中心的 Lois J.Zachary 在区分指导（mentoring）、教练（coaching）和咨询（counseling）三者差异的基础上，提出指导者（Mentor）和被指导者（Mentee）要建立一种合作伙伴关系（partnership），在两方互动过程中使被指导者（Mentee）的技能、能力、知识和思维能力得到提高。〔于洪生，2007（9）〕

翁文艳介绍了国外流行的全球领导力的概念，领导是全球性的（Leadership is global），全球领导力应该以一定的价值观为基础，这种价值观必须是为全世界谋福利的，而不是只为了个人所属的某一个国家

中国领导学研究（2006—2008）

或民族。也有的学者认为，全球领导力不是用权力影响全世界，而是尊重领导的地位权力，为全世界绝大多数人的利益服务。还有的学者认为，全球领导力在领导实践中意味着可以通过技术、教育、环境和社区的改善提高，帮助改变现有政府。全球领导力的两个重要因素：一是人性（humanities），全球领导力需要理解并尊重人的多样性（diversity of people）。二是语言（language），全球领导力必须跨越语言的障碍，了解不同语言中不同话语方式所表现出的思维方式差异和文化差异，从而运用语言准确传达信息，达到相互沟通与理解的目的，避免造成种种误解。〔翁文艳，2007（1）〕

刘晓宁介绍了一种 LMX（Leader-Member Exchange，领导—成员交换理论），传统的领导特质理论、领导行为理论和权变理论等都遵循着同一种研究假设，即 ALS（Average Leadership Style）假定，认为领导者以同样的方式对待其所有下属。而 LMX 的出现是对 ALS 假定的突破。这一理论认为现实中的领导者会区别对待不同部属，并依据关系的亲密程度区分为"圈内部属"（in-group）和"圈外部属"（out-group）。其中，圈内部属与领导的接触更频繁，因此将获得更多的自信、关注以及资源承诺，承担更高的工作责任感，并且更容易被领导评估为高绩效的工作者。圈外人员则是指一般意义上的员工，他们与领导的关系局限于正常的工作范围以内，所得到的信任和资源承诺也低于圈内部属。LMX 理论有广泛的运用前景，在今后的实践中，组织应改善组织惯性，提高绩效水平。了解现有的 LMX 水平及成因，改善个体行为，完善组织设计，以提高 LMX 水平。〔刘晓宁，2007（7）〕

《现代领导》杂志常常翻译介绍一些西方领导理论，比如美国学者查尔斯·C. 曼兹提出的超级领导理论，作者发现了一种有别于他人的富有成果的领导方法，即关注那些能成为"自我领导者"的被领导者，超级领导者的魅力是多种多样的，被领导者受到鼓舞而变得生机勃勃，他们激发出聪明才智并能目标明确地指导自己的行动。这些自我领导者以主人翁的姿态去完成业绩，而不是被动地为了顺从某个人的想法才这样做，有了他们，甚至在领导者离开组织的情况下，组织也能够照常运行。为了成为超级领导者，领导者必须加强各方面的修炼。〔查尔斯·C.曼兹，2006（3）〕美国学者弗朗西斯·贺赛苹提出了E时代的领导需要提高六大能力，主要有整合性思考能力，人类学家的文化洞察能力，家庭治疗师的沟通能力，像艺术家一样的直觉，正向的价值观，倾听内在的召唤。〔弗朗西斯·贺赛苹，2007（11）〕奥地利的D.柯克活德·哈特提出了服务型领导理论，从道德上讲，领导者有义务为自己的部下创造满足这种基本需要的各种条件，因为只有领导者才拥有这种为部下服务的职权，服务型领导理论的首要任务是，对下忠诚重于对上忠诚，也就是说领导者必须更忠诚于员工，而不是员工更忠诚于领导者。这种理念以领导者的品德为前提，其品德主要由勇气、自我节制、正义感、谨慎、信念、希望以及博爱构成。在社会极度渴望优秀领导时，许多人把领导理念归入纯粹的领导技能，从而淡化了品德的意义。这必须引起注意。〔D.柯克活德·哈特，2007（7）〕

刘燕、王重鸣对"内隐领导理论"（implicit leadership theory）进行评介。内隐领导理论研究反映了研究者对领导者特质的重新关注，但焦点却在于员工对其上司领导行为的感知过程。作者从影响因素、结构及其研究效度三个方面对内隐领导理论作一回顾和分析。目前内隐领导理论的研究主要集中于两个方面：一是发掘和整理内隐领导理论的前因变量，二是验证内隐领导理论的因素结构。就现有文献来看，内隐领导理论的构思仍不甚清晰，需要进一步的研究证据，同时，真正将内隐领导理论作为前因变量的研究很少，内隐领导理论对于领导者与下属的关系、下属员工的工作绩效和满意感之间的作用机理也不明朗，这在一定程度上也带来了内隐领导理论研究的效度问题。〔刘燕、王重鸣，2007（1）〕

闫慧珍提出了领导生态学理论，这是继领导特质理论、领导行为理论之后产生的新兴的领导科学研究领域，该理论结合生态学和系统科学知识，强调对领导环境的研究。作者从分析领导生态学产生的理论基础和实践基础入手，进而探讨了领导生态学的主要内容。指出领导生态学是将生态学原理与系统论思想融入传统领导科学来研究领导现象，不仅是领导理论自身适应时代发展的需要而产生的理论成果，也是领导理论适应领导环境的日益关联化、复杂化、易变性而产生的新突破。领导生态学的产生不

中国领导学研究（2006—2008）

仅使领导科学领域呈现出新的迹象，拓宽了传统领导科学的研究思路，同时也拉近了领导理论与领导实际的距离，为现实中的领导者改进领导绩效提供了一套有效的方法。领导生态学是当今领导及其组织适应环境、把握变革，实现组织与社会和谐发展的有力工具。〔闫慧珍，2006（5）〕

谢一帆、古雯认为，伴随全球化、信息化、市场化与知识经济时代的到来，西方各国进入了公共部门管理尤其是政府管理改革的时代，作为这场改革运动的标签与口号，新公共管理迅速成为公共行政学研究的新领域。公共管理创新涉及多个层面，如观念创新、制度创新、政策创新等，其中，公共管理的模式创新非常重要。西方国家在公共管理实践中不断推出新的模式：绩效导向模式、以公民为中心的模式、市场模式、弹性管理模式、风险管理模式等。其共性特征在于治理主体的多元化、效率和公平的均衡与统一、政府与市场作用的平衡、政府管制与公共服务相结合、借鉴私营部门的管理理念与方法、实行弹性化和权变管理。随着全球公共管理理论和改革实践的进一步发展，各国公共管理模式还将处于持续变动与创新之中。民主化、多元化、弹性化和参与性等特点作为公共管理模式的发展趋势将更为明显。通过模式的优化与创新，必能有力回应时代变革的挑战，达成未来社会更为良好的治理状态。〔谢一帆、古雯，2006（6）〕

（二）其他学科所涉猎的西方领导理论

许多学科对西方领导理论也有所涉及。蔡怡对教育学中的领导理论进行梳理，当代教育领导概念众多，而众多概念中，教学领导、转化式领导、道德领导、参与领导、管理式领导、权变领导是最具代表性的概念。卡宁汉（Cunningham）等人则指出，对学校发展颇为重要的新领导理论包括了卓越领导、秩序领导、以现场为本的领导、转化式领导、文化领导、全面质量管理的领导等。综观当今教育领导理论的发展，可以概括出其中一些明显的特征：理论探讨已走出单一偏重科学主义倾向的研究时期，走向科学方法和哲学反思的综合；研究的焦点有集群化的趋势，研究主题、研究对象或理论基础相近的某些理论形成了理论群；大多数领导新概念都融合多种理论，形成了理论间复杂的从属演变关系。作者还通过文献分析，将当代教育领导理论归纳为六个层面的理念，即教学领导、转化式领导、道德领导、参与领导、管理式领导和权变领导，通过对这些颇具代表意义的理论概念的分析，展示当今教育领导理论的最新进展。〔蔡怡，2007（1）〕

胡昌送从人性假设、激励策略、行为特征、关注人的发展共四个维度对西方学校领导理论发展的历史进行回顾与分析，从人性假设来看，开始是工具人假设，逐步发展为社会人假设、复杂人假设、道德人假设；就激励策略来说，开始主要是物质激励，后来采用了人际关系激励，自我实现激励和共享信念的激励；领导的行为特征，最初表现为强制型的，逐步发展为诱导型的、参与型的和合作型的行为方式；从领导者对人的发展的关注程度的变化过程来看，开始是无视人的价值，把人当做是"会说话的机器"，后来，发现人际关系的重要性，不得不重视人的因素，但仍然忽视人的发展问题，随着社会的发展，学校领导者基于道德人的人性假设、高度重视人的发展，在未来的学校管理实践中学校领导者将致力于发展追随者群体，在共同体价值观、信念的道德责任和义务感中，为创办优质学校而不懈努力。〔胡昌送，2006（4）〕

谭海波以政治学来分析西方领导理论，认为在市场化、全球化、信息化和民主化的世界趋势下，西方治理理论所蕴涵的多中心、多主体治理，政府职能的市场化、社会化，强调公众参与，建设"善治"政府等理念，客观上为公共领域领导模式的创新提供了有意义的借鉴。以往行政领导学的研究，注重的往往是构成行政领导活动的要素、体制、过程、方式、文化和效率等问题。在全球化、信息化和民主化背景下兴起的治理理论对这种研究习惯提出越来越大的挑战，它需要我们在更为开放广阔的时代背景下，重新审视公共领域领导的格局，创造一种新的领导模式，即一种多元的、生态的、权变的和总体性的公共领导模式，从而更好地促进社会公共利益的实现和增长，促进社会和谐和可持续发展。作者提出，公共领导是一种以公共组织群体在公共领域的协同一致领导为主要特征的领导活动，在治理理论的视域中，公共领导不同于行政领导，它顺应了时代的发展趋

中国领导学研究（2006—2008）

势，在格局、目标、职能、行为上具有一系列创新之处，是公共领域中一种新的值得关注的领导模式。〔谭海波，2006（6）〕

王赛男、高峰强、王鹏从研究方法的角度对西方的变革型领导、组织集体效能、工作态度关系研究进行了梳理，提出集体效能在变革型领导与工作态度之间起了中介作用；变革型领导行为提高了集体效能，并直接和间接通过集体效能正向影响工作满意度与组织承诺。最后，对今后关于变革型领导行为与工作态度关系的研究提出相应的建议。以往这方面的研究过多强调了定量的研究，而忽视定性研究，今后需要进一步考虑如何将这两种方法融合，要将调查研究、实验室实验与实地试验相结合，采用多个侧面、多种方法进行研究，以减少单纯一种方法解释所造成的误差。作者还提出多种学科知识与研究思路的应用与创新的问题。由于变革型领导、集体效能、工作态度的研究涉及多种领域（企业、学校、政府部门、公共卫生部门以及军队等），因此需要运用多种学科知识和研究方法来进行科学系统的研究，所以今后的研究方向是综合多种学科知识与研究方法，采用多变量、相互影响、相互作用的观点进行研究，研究方法要与时俱进，进行创新，这样才能适应研究的要求。〔王赛男、高峰强、王鹏，2006（9）〕

高鸿提出，领导活动作为一种综合性的社会实践，本身就涉及管理学、心理学、社会学、组织行为学、哲学等多个领域，相应的领导学研究也应该借鉴多学科研究方法和成果展开交叉研究。事实上，许多学科的学者都对领导学进行了不同程度的研究，但他们大多是从自己的专业视角出发的，相互之间共同关注的问题并不是很多。正如芭芭拉所说："人类学家从跨文化的视角来分析领导力，政治学家对如何完善某些国家领导或州领导的功能感兴趣，社会心理学家认为领导是人际相互作用的过程，两个人之间就可以发生，组织理论家们则关注身居高位的少数人如何能够以及应该怎样管理那么多下属。"由于不同学科应用概念术语的情境不同，探讨关注的话题不同，研究凭借的理论框架不同，可以产生思想碰撞和观点争鸣。多学科、多视角的剖析，能形成学科之间的"杂交"优势，形成各学科普遍认同的话语系统，推动领导学研究的对话与争鸣。西方很多学者已经开始进行这方面研究。〔高鸿，2006（12）〕

王琳楠、马越峰回顾了情绪智商（即"情商"）理论的两种模式：能力模型和混合模型，并介绍了将情商理论应用到领导力研究领域，获得了新的研究发现。掌握情绪智商的领导者能有出色的领导力，能够达到领导和谐的境界。为何能出现这样的情况？情商高领导者能保持非批判性的态度，发挥出员工最佳的一面；他有非凡的洞察力，能帮助员工了解自己；他以真诚培养员工真正的诚实；他以开放的心态面对和解决问题；他有优秀的表达能力，发展顺畅的沟通；他能够获得支持力，培养忠诚和奉献感；他善于较早地解决问题和冲突；他保持热情，为有效的领导提供一种模范；他有自信心，相信自己的能力。现代企业领导者要善于把情商运用于提升领导力过程中，以提高领导技能。〔王琳楠、马越峰，2006（3）〕

王鑫、柴雅凌、徐芳、焦秋阳探讨了领导生命周期理论的概念及其在图书馆管理中的应用和意义。这一理论的要点是，下属的成熟度可分为四个阶段，即成熟度很低、成熟度较低、成熟度较高、成熟度很高；领导方式的选择要与被领导者的成熟度相适应；没有普遍适用的、最好的领导方式或普遍不适用的、不好的领导方式，一切以组织的任务及下属的成熟度而定，重视管理的随机性和灵活性。这对如何确定图书馆馆员的成熟度以及如何根据馆员成熟度进行管理有参考意义，要根据馆员各自不同的成熟度实行动态管理。作者对如何提高馆员成熟度提出了自己的观点。比如对馆员进行相应的培训，采取适当的激励措施等。当然，这理论的运用并不能替代图书馆现有的全部管理思想与技术方法，所以应把领导生命周期理论作为一种认识工具看待，重视管理方式的创新。〔王鑫、柴雅凌、徐芳、焦秋阳，2006（4）〕

三、中西方领导理论的比较

分析与介绍西方领导理论，只是学者们的研究意图之一，把外面的理论引进来为我所用，是领导学研究者的主要目的。因此，不少学者在分析

中国领导学研究（2006—2008）

西方领导理论的同时，重视领导理论的学术交流与对话，把西方的理论用于分析和解决中国领导者所面临的实际问题，促进领导理论的本土化。

（一）学术交流及中西领导理论比较研究

翁文艳等提出，目前，关于全球化和世界各国各民族共存于同一个地球的观念备受关注，要求领导者们做到求同存异，克服人们由于语言和世界观不同而造成的差异，尊重和理解来自于不同文化传统的利益相关者对于领导力的不同看法与见解，了解他们是如何进行思考和生活的。由于国家的不同，通常会在领导者的目标、风险选择、实用主义、人际关系能力、有效智力、情绪稳定性和领导类型方面造成相当大的差异。国家的差异也影响了这些特征与领导者的晋升速度之间的关联程度。因此，在跨文化交流与借鉴的过程中，要注意如下问题：了解你希望引入使用的国外模式和实践的文化假设、价值观念和信仰；了解本国现有的文化假设、价值观念和信仰；在设计和借鉴引入时依靠国内外资深专家；尽可能多的使用本国已经在使用并证明有效的发展模式及工具；帮助所有相关人员了解借鉴国的文化价值观和信仰；对本国文化与外国文化特征进行比较，找出异同点；选择那些与本国更为相关的方案、情景、事件及形势；根据本国的习惯调整姓名、日期、标志等等；积极跟踪观察新模式在本国环境中的使用过程并随时作相应调整。跨文化领导发展的最大挑战就是要求对不同文化的相同与差异之处进行深入理解，并在这一过程中向每一个相关的人员学习。〔翁文艳等，2008〕

于洪生认为，全球化进程使得领导活动打破了国家与疆域的界限，要求把领导理论的研究置于全球领导理论与领导实践的视野之中，必须把全球化、现代化、本土化有机地结合起来。近年来，西方领导理论不断传入中国，给中国领导学的发展带来新鲜的活力，但是，中国毕竟有不同的国情，照抄照搬西方的领导理论，很容易产生"水土不服"。因此，必须解决好中西方领导理论的结合问题，要挖掘中西方文明中蕴藏着的宝贵而深厚的领导思想资源和领导经验积淀，充分发挥中西文明"两种"优势。西方文明讲究个性、人权、价值和民主，但其以自我为中心，过分强调自由、利己等弊端，容易导致种种难以解决的矛盾。中国文化讲究"和"，其优点是推崇为他人服务，整体合作，团队精神，社会和谐，但中国文化中也包含了封闭、保守、专制等因素。中国的长处，正是西方的短处，中国的短处，正是西方的长处。因此需要各种文化间的融合，所谓"和而不同"。要着眼于当代实际问题的解决，吸收和借鉴外国领导学的优秀成果，使之为我所用，并在理论分析中加以发展和创新。〔于洪生，2007（9）〕

黄建伟、陈富国提出，中西管理思想因其思想渊源、文化背景、历史传统和民族特色不同，在整体内容上和表达方式上都表现出一定的差异性。但是，中西管理思想作为人类的共同文明成果，仅仅学习和研究其差异性是不够的，还必须寻找作为中西管理思想和谐共存、沟通交流、融合会通的相似、相近或相同之处。作者通过从计划、决策、组织、激励、领导、指挥、控制这几大管理职能来解读和比照中西管理思想的相似、相近或相同之处，认为有些管理思想还可以互解互读，这有利于发现和运用人类管理的一般性和普遍性规律，并为西方管理思想本土化和中国管理思想走向世界提供了解读和比照的途径。尽管如此，我们不能错误地认为中西所有的管理思想都可以互解互读并有相似、相近或相同之处来比照，毕竟中国和西方的思想渊源、文化背景、历史传统和民族特色不同。〔黄建伟、陈富国，2006（2）〕

李俊对我国建立的国家公务员制度同西方国家所采用的文官制度相比，提出两者在依法管理、公平竞争、功绩原则、注重权益保障等方面有一些共同之处，但在社会政治背景、政治要求、管理体制、价值取向、范围限定、选用标准、淘汰管理方面又有本质的区别。因此，我国公务员制度既形成了与西方国家文官制度相一致的国际兼容性和开放性，又有与其完全不同的具有中国特色的政府人事管理内容、管理方式和管理法规。〔李俊，2006（1）〕

辛杰、徐波通过回顾中、西方企业领导伦理思想的发展历程中，看到现代企业的一个重大趋势就是人们越来越重视人的伦理道德的重要作用，将伦理道德规范与企业管理有机地结合在一起。作者从思维方式的差异、

中国领导学研究（2006—2008）

管理伦理目的的差异、管理伦理手段的差异及管理伦理的变革意识的差异四个方面比较分析中西方管理伦理的差异，进而比较中西方管理伦理的优劣势，确定中国企业在管理伦理中的对策，即进行跨文化的管理伦理建设，树立以人为目的的理念，培育健全的社会责任意识，提高企业家的道德素质。〔辛杰、徐波，2007（2）〕

高日光、王碧英、凌文轻认为，凡是社会群体或组织，不论其规模大小，形式、性质如何，为了达到一个共同的目标，总离不开领导。而由于中国文化背景下的领导理论与西方研究成果之间存在着显著的差别，其中一个重要方面即是个人品德。崇尚道德是中国领导思想的根源所在。因而中国人心态总是期望领导者是一个德高望重的"清官"，以便为平民百姓造福，可见，中国领导理论中"德"因素的出现绝非偶然。领导学研究者都处在一定时期、一个特定的社会，他们的观念不可避免地反映了他们所处时代的局限性，他们所创立的理论仅能适用于他们国内。作者还综述了领导理论中国化研究的重要成果，并就中外领导理论的差异进行了文化分析，反思管理科学本土化研究的必要性。〔高日光、王碧英、凌文轻，2006（6）〕

盖尔·C.阿芙利（Gayle C. Avey）教授突出实证研究，他与辉瑞制药、西门子、慕尼黑保险、麦当劳等多家跨国公司开展合作，设计和讲授领导学和管理发展等课程，在德国等国家实行了几十年的莱茵模式。这一模式以社会公平的理念为基础，承认工商业和当地社区的相互依赖性。这种模式关注一个企业的长期可持续性以及它与众多利益集团的关系，而不仅仅是与股东的关系。作者认为这一模式比英美模式更具有可持续性，并且更能体现"和谐"的理念，更能为帮助中国企业摆脱"其兴也勃焉，其亡也忽焉"的周期律、打造强劲持久的竞争优势做出贡献。在书中作者用比较莱茵和英美模式的"可持续领导方格"和来自28个组织的案例，比较详细地介绍了莱茵模式。通过突出一种在财务、社会和环境方面都被证明是成功的、与英美模式显著不同的领导方式，对企业家、领导学研究者以及政府官员，具有一定的学习参考价值。〔盖尔·C.阿芙利，2008〕

胡德平对中西方行政领导体制进行比较研究，官僚制是适应工业社会的行政模式，然而，随着官僚制在全世界的发展和运用，其形式合理性和工具理性的弊端也日益暴露出来，中西方政府行政面临着官僚制危机的共同命运。于是，中西方国家都展开了官僚体制的改革尝试。由于处于不同的行政发展阶段和制度完善程度，中西方的官僚制改革又有不同的目标任务和路径选择：西方国家展开了"摒弃官僚制"的政府再造运动，而中国则开始了一场以"职能转变"为切入点和着力点的行政改革，以期实现完善政府官僚体制和转变行政典范这一双重的共时性行政发展目标。面临"全球行政改革时代"，西方政府再造运动对中国行政改革有借鉴意义，但也有不适用于中国的理念、方式和方法，所以，我们应该学会对西方政府的再造进行取舍考量。〔胡德平，2007（1）〕

　　李福英提出，西方学习型组织理论的系统思考与《易传》的思维模式都强调管理决策的整体思考、动态思考与本质思考，但任何思维方式都是一种文化系统最深层的历史积淀，由于特定的时代和文化背景的造就，我们又不难寻绎出两者之间在思维形态等方面的差异。比如，《易传》的直觉思维较为朴素，明显带有直观性、模糊性和情绪化的特征，留下了不可言传的神秘主义印记。与《易传》不同，西方学习型组织的系统思考，作为一种新型的组织概念，却是以现代实证科学为基础的，以经过反复模拟实验的成功案例为依据的。当然，对于西方学习型组织理论，我们也应侧重于一种思维方式和管理决策方法的领会、借鉴，决不能离开我国社会、文化的具体环境而机械地、盲目地"接受"。〔李福英，2006（8）〕

（二）西方领导理论对中国的影响

　　杜一菲把西方的变革型领导理论和学习型组织理论运用于分析中国组织中的领导问题。他提出学习型组织被认为是目前最具竞争力的组织，变革型领导是新近关注较多的一种领导风格，而在学习型组织的创建中，变革型领导比其他几种领导风格更适合，也就是说变革型领导更适应创建学习型组织。首先，变革型领导有助于员工自我超越，其次，变革型领导有助于改善心智模式，再次，变革型领导有助于建立共同愿景，最后，变革

中浦院

中国领导学研究（2006—2008）

型领导有助于提高团队学习。这样，就把变革型领导理论与学习型组织构建模型结合起来，有利于促进组织领导力建设。〔杜一菲，2007（1）〕

李超平、孟慧、时勘把变革型领导理论引入中国问题的研究中，他们利用 197 对"管理人员—下属"的匹配数据考察了变革型领导对组织公民行为的影响，层次回归分析与典型相关分析的结果都表明：变革型领导对组织公民行为有显著的正向影响，且能解释的方差变异量明显高于国外同类研究。这一研究结果进一步证实了李超平与时勘所编制的变革型领导问卷（TLQ）具有较高的预测效度。〔李超平、孟慧、时勘，2006（1）〕

孟建平、霍国庆提出，目前领导理论出现了一种类似于 1961 年管理学家孔茨描述管理理论时所指的混乱状态，将之喻为"领导理论丛林"。在"丛林"中，许多关于领导的定义和观点彼此冲突。描述了"丛林"状态，并分析了其产生的根源，最后提出了解决这种状态的一些建议，比如，对领导现象发生的范围、领导行为、领导者、领导对象以及领导目标进行界定，确定为学界比较认可的领导概念等。〔孟建平、霍国庆，2008（3）〕

杨壮分析了西点领导力精神对我们的启示。西点军校领导力理念的核心是强调士官生的价值体系，"荣誉、责任、国家"是西点军校的校训。西点毕业生身上所闪耀出的责任和荣誉感与中国的大学毕业生形成了鲜明的对比。西点本科教育不仅重视知识、学术、能力的传授，更加重视培养人的品格、品质、品行和品德。西点军校强调，一个有品格的领袖，不仅要追求真理，评判是非，在行动中还要表现出勇气和承诺。相比之下，中国学校教育传统过多重视知识和技能的培育，重视学术水平、考试成绩、死记硬背，而严重忽视了学生自身的品格教育、毅力培育和自我修养，导致很多学生在毕业后无法胜任社会。西点军校领导力的培育十分重视领袖的榜样作用，强调卓越领导者必须身体力行，首先为下属做出好的榜样。在中国，领导力的规范、素质和要求往往是对下的，是下属和追随者的事情，一些在位的领导通常习惯于对别人发号施令，对自己放纵无律。西点对领导力的定义是领导力是一个过程，而不是法定权力。在这个过程中，领导者的行为、追求、价值、能力、品位、风格必须与追随者的需求、价值、追求、渴望相合拍。同时领导者和追随者的行为还必须符合情境包括环境、时间、地点、文化等特征，做到与时共进。领导、下属、情境的互动过程，要求领导者首先要是一个追溯者，同时也要求领导和下属都有较高的情商，能够换位思维，顺当沟通。〔杨壮，2007（2）〕

孙怀平、杨东涛、王洁心通过对无锡和镇江两地 87 家中国制造企业实证研究发现，在企业生命周期的创业阶段，变革型领导对内部职业机会、培训和员工参与有显著影响，交易型领导对人力资源管理实践有显著影响；在快速发展阶段，交易型领导对人力资源管理实践有显著影响；在成熟阶段，变革型领导和交易型领导都对人力资源管理实践有显著影响；在衰退阶段，变革型领导对人力资源管理实践有显著影响，交易型领导对内部职业机会、培训和员工参与有显著影响。生命周期不同阶段的企业中，领导风格对人力资源管理实践的影响也不同。在人力资源管理实践的因子中，职业安全受领导风格影响较小。在企业生命周期的创业阶段和衰退阶段，领导者对职业安全都缺乏关注，这一方面与企业在不同生命周期阶段的战略目标有关，更多的还是与中国的具体国情有关，在创业阶段，企业多处于求生存状态，对未来发展也不清晰，领导者对员工的职业安全也难以保证，而在衰退阶段，企业面临各种危机，财务状况也日趋恶化，在新产品和服务尚未开发和投放市场时，企业未来命运也难以把握，领导者对员工职业安全和发展也不清晰。〔孙怀平、杨东涛、王洁心,2007（3）〕

梁克俊、邢密密在分析中西方文化差异的基础上，提出我国领导干部培养跨文化交际能力的方法：首先，领导干部要针对以上中西方的文化差异，将中西文化比较、理解和学习贯穿外语学习的始终。在外语学习中加强对异国历史、文化、习俗的理解和学习，这应成为领导干部在汉语文化背景下学习外语的主要目标之一。其次，要注重培养领导干部的跨文化意识。一是要具有较强的文化敏感性，能够敏锐地感觉并客观地观察、评估和理解不同的文化差异。二是要最大限度地减少文化偏见和文化冲击，从根本上消除民族中心主义思想。在与不同宗教信仰的国际友人交际时，一定要尊重其宗教习惯，避免产生不必要的误会。再次，在跨文化交际中领导干部要不断丰富交际文化知识，提高跨文化交际能力。要在实践中逐渐积累交际的文化知识，掌握在外事交往中处理一些微妙问题时所需要跨文化交际的知识和技巧，就能够在外事交往中如鱼得水，提高对外交流的质量。最后，在跨文化交际中应该不卑不亢，对于损害国家利益的行为要予以回击，做到既不失面子又维护民族尊严。〔梁克俊、邢密密，2007（2）〕

张海钟、赵文进、张维英通过对现代管理心理学中领导行为和领导风格研究成果的综述，认为西方的管理心理学适合西方的文化和政治体制，盲目照搬肯定不行。比如民主型、专制型、放任型的领导作风区分，西方心理学认为，民主型最有效，但在中国这个长期受封建专制统治的国家，单纯强调民主，有可能造成组织混乱。再比如关心人和关心组织效率的领导行为区分，在中国的管理中就缺乏理论指导性，因为中国的政府部门也好，企业事业单位也好，都有党的委员会书记，专门关心人，关心人际关系和谐，行政领导的任务就是关心生产效率。所以，西方管理心理学研究的结论在中国的推广存在严重的文化障碍，必须逐步本土化才能用来指导中国的党政管理和企业管理。20世纪的中国管理心理学关于领导行为和领导作风的研究，要么停留在西方管理心理学的介绍和跨文化验证方面，要么以西方文化为背景，批评中国企业家没有现代管理的心理素质，对中国古代儒家道家文化背景下形成的治国治家思想和以党的执政理论为框架的领导科学视而不见。西方的管理心理学和中国的领导科学就像两条铁轨，难以相交，主要的障碍在于话语的转换困难。心理学的本土化道路仍然很漫长。〔张海钟、赵文进、张维英，2006（4）〕

罗辉、肖华蓉以西方领导情境理论为基础，建立起行业协会管理的假设模型。作者认为制度成熟度是行业协会管理模式选择的重要影响因素，制度成熟度（U）与行业协会管理模式（M）之间存在因果关系，由于制度成熟度的程度变化，管理模式也随之发生变化，并在此基础上建立了行业协会管理权变模型，模型从政府对行业协会管理的角度，引入控制、协助、制度成熟度等变量，力图解释中外行业协会管理的特征、制度安排以及发展趋势。这种解释可以纠正目前学界对行业协会组织发展问题的认识。学界在比较中外行业协会的功能差异时提出，国外行业协会（主要是美国、日本、德国）的制度环境适当，功能得到很好发挥，而中国现阶段市场经济体制没有发育成熟、国家政治体制改革进程缓慢，希望目前中国行业协会像西方国家的行业协会那样发挥强大的功能是不现实的。但根据假设模型，行业协会功能的发挥不仅取决于制度环境的成熟度，而且取决于权变的管理模式选择，在不同的制度环境下，根据行业协会发展的不同阶段，应该选择与之相适应的制度安排。在中国，虽然制度环境成熟度低，但只要采取适当的制度安排，即通过指示（高控制、低协助）行为，政府明确赋予行业协会特定的角色、功能、行为方式，通过强控制和指令来促进行业协会的发展，行业协会便能较好地发挥其功能。〔罗辉、肖华蓉，2007（4）〕

四、西方领导理论的发展趋势

加强中西方领导学界的交流，其前提是必须及时把握国外领导理论的发展动向。当今世界处于快速的发展变化状态，领导理论和领导实践的创新非常快，了解国外领导理论的新情况，借鉴国外领导创新和领导人才培训等方面的新经验，把握国外领导理论发展的新趋势，对于促进我国领导学研究及领导实践创新有着重要的意义。

（一）西方领导理论研究的新动向

翁文艳、高鸿在参加国际领导学年会之后，总结梳理了近几年国际领导学界研究所涉及的主要问题，包括跨国组织中的领导、变革领导、女性领导、跨文化领导、领导研究中的实证方法、合作领导、领导培训中的过程模拟、领导实践者与研究者的伦理问题，全球领导力与跨国企业，领导力评价，领导力教学，不同国家和地区视角中的领导力，社区领导，团队领导力，基于价值的领导，系统化领导、高等教育中的变革领导力，职场中的领导力，多学科视角，媒体对领导力的影响，领导力模式和领导力的评估技术，愿景型领导，自我领导，伦理领导，领导力的现实影响，领导力和可持续发展，领导力和文化变革，领导力与政治的关系，全球化与多文化视角中的领导等。这些领域和观点基本反映了现代领导学理论与实践的前沿问题。比如，2006 年在美国芝加哥举行的国际领导协会第八次年会以"处于十字路口的领导与领导学（Leadership at the Crossroads）"为主题，目的在于促进与会者从各个角度对领导学本身及各个分支领域的研究与实践进行多层次、多方位的反思，其中重点对领导、领导力（Leadership）的本质内涵、领导理论（Leadership Theory）与领导力培训、全球领导力（Global Leadership）的定义等问题进行了反思和讨论。〔翁文艳、高鸿，2007（1）〕

冯秋婷等在研究西方领导理论的过程中，发现了西方领导理论发展的基础线索，并进行总结概括其发展的基本趋势。他们认为西方领导理论是由研究领导者的理论向研究领导活动的理论发展；由价值中立理论向非价值中立理论发展；由领导发生理论、领导形态理论向领导生态理论发展；由"祛魅"理论向"返魅"理论发展。比如，西方开始重视领导发生（特质）理论、领导行为理论，近年来开始注重研究组织文化、发展战略等因素的作用，提出了变革型领导理论、柔性领导理论、以价值观为本的领导、隐性领导等理论。再比如，西方崇尚理论和科学，理性主义和科学主义在早期的领导理论研究过程中起主导作用，而理性主义的后果是人成为完成指定任务的被动工具，人被"祛魅"而失去其主体性，随着行为主义理论的出现，非理性因素在领导理论的研究中开始发挥作用，人的精神特质、情感、激发、意志等成为领导理论研究中的重要方面。〔冯秋婷等，2008〕

文茂伟以系统科学的系统动态理论及耗散结构理论的基本思想为工具，梳理百年来西方学界对"什么是领导"的认识，分别从系统要素、结构和演化三个角度，评析西方学界对领导系统要素及层次、结构、演化的认识发展。在此基础上，预见西方学界构建领导理论的新方向。西方领导理论从最初仅仅关注领导者单一系统要素，发展到了对领导系统各要素领导者、追随者和领导情境等及其相互关系的全面关注从单一维度、单一层次关照，发展到了多维度、多层次的整体研究。以系统论方法观来看，西方领导理论中的领导"图景"演进不是简单的替代，不是后者对前者的简单否定，更多是整体对部分的接纳，是扬弃、是综合。而当代"共生"的各种领导"图景"不再是孤立的、割裂的，而是相互关联的。未来，借助包括系统科学在内的理论工具，一种赢得研究者共同承认的整合的领导理论可以预期。〔文茂伟，2008（1）〕

冯绍雷认为，现代领导学研究的起源可以追溯到19世纪末的工业革命时期，其研究大体上可以分为三个阶段，一是品性研究阶段（Traits Era），19世纪末至20世纪40年代，二是行为研究阶段（Behavior Era），20世纪40年代中期至20世纪70年代，三是应变研究阶段（Contingency Era），20世纪70年代至今。他提出西方学者普遍认为，当今时代，领导行为以及领导学研究的外部条件面临着四大变化，一是全球政治的多样化、开放性和民主趋势的强化；二是全球化所引发的生存竞争不断加剧；三是人口分布结构的变化；四是员工受教育程度提高以及由此产生的参与性和自治的期望值不断增强。据此，西方专家提出了"全球性领导"的概念，哈佛大学商学院的坎特提出了"领导必须变成世界主义者"的观点，领导要具有全球性领导能力，要成为"世界主义者"和"知识主义者"。世界主义者是指那些具有开放精神的超越同事的领导，他们善于接受来自他们目前框架之外的信息，并乐于接受新理论和新思想，他们能比别人先一步预想到新的打破现有格局的可能性。〔冯绍雷，2005（4）〕

李晨华概括了西方人事管理改革的特点和趋势，人事行政在某种意义上是一种统治的工具，对此的改革表现出如下态势：人事行政理念由"管人治事"到以人为本；管理体制由强调纵向层级到重视横向联系；人员任用由以委任为主转为以聘任为主；用人标准由重学历、专业知识转为强调创新能力；人才培养由阶段性教育到终身教育；工资制度由依据职级到依据绩效；人事服务方式由实体扩展到虚拟网络；人事服务的地点由衙门到服务社会化。总之，西方现代人事管理无论是价值观念、结构体系，还是适应对象、操作方式和手段等，都已发生了根本性的变化，并基本形成了一个崭新的人事制度体系。〔李晨华，2006（3）〕

中浦院

中国领导学研究（2006—2008）

　　领导教育是领导学研究的新领域，为未来培养和塑造领导者是领导学界必须重视的，美国里科特斯的《领导学》教程为我们领略西方领导教育有所帮助。这本著作立足于帮助学生获得在职业生涯和社会团体中渴望得到的发展平台，通过帮助学生选择工作、获得工作、取得职业上的进步，从而帮助学生获得职业及个人的成功。作者运用领导学理论，针对学生的学习与生活实际情况，提出了详细的、可操作性强的技巧，帮助学生全面提高有效领导的能力。大多数人失去工作不是因为他们的认知技能和技术技能，而是因为他们的情感技能，也就是领导力和人际关系技能达不到职业生涯的要求。书中详细阐释了沟通、演讲、即兴演说、主持会议、调节心态等与领导力密切相关的技能与技巧，可操作性强。在体例设计上，新颖并重点突出，每章末有小结与复习题，并专门设计了匹配题，以强化学生对一些重要观点的理解。实践联系题能够让学生尝试应用刚刚学习的新概念及领导实践，进而得出自己的经验。〔里科特斯，2007〕

　　马克·托马斯在《大师论领导》中展示了世界上过去和当代一些领袖的伟大智慧，还详细探讨了领导人身上那些至关重要的个性特征。19世纪之前，很少有人专门把领导人作为问题来研究，直到19世纪末期，"领导"这一词汇才出现在商业辞典中。在这之前，领导者们很大程度上享有继承的权利和权威，然而这属于国王和暴君统治的时代。"领导"作为一个课题，在商业界得到发展和研究并真正受到关注，是伴随着在20世纪初期工业世界的兴起而出现的。今天，毋庸置疑，商业界正被领导的概念而困扰，每一个企业和组织都处在永久不断的变革之中。与此同时，很多人在争论应当如何定义它，许多企业也都纷纷投入大量资源尝试引入和培养领导才能和领导技巧。有一点是确定无疑的，世间万物都倚仗领导；无论是企业或组织的福祉，还是一个人或一个家庭的命运。因此，对领导的研究会不断深入。〔马克·托马斯，2006〕

（二）西方领导理论研究方法的变化

　　冯秋婷等提出西方领导理论主要的研究方法有：以经验、事实为基础的归纳法，以学科交叉为主的协同方法，以学术竞争为核心的比较方法等。他们认为西方大多数领导理论都不是依靠逻辑推论，而是从经验、事实中演绎出来。研究领导行为这一复杂的社会，没有多学科的协同研究是难以想象的，除了要采取归纳、演绎等传统方法外，还要采用现代科学方法进行定性、定量的研究，要借助系统论、控制论、运筹学、行为主义、心理学、病理学进行研究，领导理论发展的多学科移植交叉性，是由领导活动的特点决定的。同时，学术竞争是科学发展的重要动力，没有竞争或不正当的竞争都会阻碍科学的发展，没有比较就没有鉴别，只有实践中比较，才能有最后的鉴别。西方领导理论的不断丰富和发展，在很大程度上得益于政治的学术竞争和实践的比较、选择。〔冯秋婷等，2008〕

乔东、李海燕提出，西方现代管理思想盲目推崇理性主义方法论，片面追求效率最大化，其根源就在于片面追求经济利益最大化的终极价值目标。这一终极价值目标不仅有着深厚的历史根源，更有着资本家片面追求利润最大化的情结。作者列举了许多事例，说明西方已开始对片面追求经济利益最大化价值目标进行批判的思想，不仅在理论上的，而且包括实践中造成愈来愈多的企业陷入发展的困境。西方现代管理思想把追求经济利益最大化看做管理的最高价值目标，究其根源在于其工具主义人性论的哲学基础。工具主义人性论尽管提出了很多人性假设形态，但是，主导人性论仍然是科学管理理论的"经济人假设"。"经济人假设"把人看做是追求经济利益最大化的"经济人"，这种"经济人"的本性就是自利性。"经济人假设"不仅在工具主义人性论中一直占据主流和统治地位，而且成为西方现代管理思想片面追求经济利益最大化的理论根源。这就说明，西方现代管理思想提出的其他人性假设，只是一种点缀而不是其最终目的，西方现代管理思想的最终目的始终就是片面追求经济利益的最大化。这是因为，西方现代管理思想产生的社会历史根源是资本主义私有制，"经济人"追求经济利益最大化的自利本性则是资本家本性的反映。〔乔东、李海燕，2006（7）〕

新加坡的林志颂和美国的德特运用领导学的最新理论，采取领导力的宏观和微观两种方法，针对亚洲企业与政府管理的实践，构建了有针对性的领导学理论与应用框架，帮助读者提高在变动和全球化的环境中进行有

中国领导学研究（2006—2008）

效领导的能力。每章末尾提供了领导力发展的案例，以期帮助读者做到理论与实际的结合，进行设身处地的思考，从而迅速应对领导环境和提高领导能力。〔林志颂、德特，2007〕

蔡文书、屈善孝分析了美国的彼得·圣吉在其著作《第五项修炼》一书中对于学习型组织（企业）学习方法进行的精辟和富有创建性的阐述，提出作者以系统动力学为核心和根据，巧妙地将知识位移到社会领域组织的建设与发展上，浅显易出地开列了系统思考法、自我超越法、改善心智模式、建立共同愿景和团体学习五种学习方法。之所以被称为方法是因为它们大多具有很强的操作性，可以直接用作工具，但同时又是思维层次上的世界观的具体体现，它们涉及社会学、心理学和组织行为学等众多领域。这两个方面都值得借鉴。〔蔡文书、屈善孝，2006（4，下）〕

美国学者纳哈雯蒂的《领导学》把对跨文化、种族和性别的领导理论的分析，作为系统讨论领导有效性的一个组成部分，重点阐述组织经历的巨变，以展望未来前景。作者首先对领导的基本概念和框架进行梳理，回顾了领导的过去、现状和未来，接着重点研究了个人差别与品质，组织中权力与领导，权变模式、交换、关系开发与管理，参与管理与领导团队，魅力型领导和变革型领导，微观领导与宏观战略领导的差别等问题。作者在每章的结尾都附有各种习题和自我评估测验，有助于读者更好地理解书中内容，帮助读者掌握新的领导理论，并在各自组织的开发和改进中加以运用。〔纳哈雯蒂，2007〕

盖勒·C.阿弗利通过对一些关于著名组织的案例研究（这些组织来自欧洲、澳大利亚和美国），来显示多种领导才能是如何"成功"地运用于组织中。他在书中对领导才能模式及其特征、微观层次的领导才能、领导才能中的情感、宏观层次的领导才能等问题进行了详细分析，为我们理解领导才能提供了一个较好的模本。〔盖勒·C.阿弗利，2006〕

附：相关论、著索引

一、著作部分：

1. 奚洁人主编：《领导学研究与评论》，上海人民出版社2006年版。

2. ［英］马克·托马斯著：《大师论领导》，华夏出版社 2006 年版。

3. ［澳］盖勒·C. 阿弗利著：《领导学模式与案例》，上海财经大学出版社 2006 年版。

4. ［美］纳哈雯蒂著，王新、陈加丰译：《领导学》，机械工业出版社 2007 年版。

5. ［美］里科特斯著：《领导学：个人发展与职场成功（第二版）》，中国人民大学出版社 2007 年版。

6. ［新加坡］林志颂、［美］德特著，顾明兰等译：《领导学（亚洲版）》，中国人民大学出版社 2007 年版。

7. ［美］约翰·安东纳基斯、安纳·T. 茜安西奥罗、罗伯特·J. 斯滕伯格编，柏学翥等译：《领导力的本质》，上海人民出版社 2007 年版。

8. 翁文艳主编、林颖副主编：《国外领导教育与培训概览》，华东师范大学出版社 2008 年版。

9. 冯秋婷主编：《西方领导理论研究》，人民出版社 2008 年版。

10. ［澳］盖尔·C. 阿芙利著，张探宇译：《莱茵模式——如何开创和谐的常青基业》，北京大学出版社 2008 年版。

二、论文部分：

1. 冯绍雷：《都市转型背景下的领导学研究与面临的挑战》，《上海行政学院学报》，2005（4）。

2. 李超平、孟慧、时勘：《变革型领导对组织公民行为的影响》，《心理科学》，2006（1）。

3. 李俊：《我国国家公务员制度与西方文官制度之比较》，《昆明大学学报》，2006（1）。

4. 黄建伟、陈富国：《中西管理思想的解读与比照》，《高等农业教育》，2006（2）。

5. ［美］查尔斯·C. 曼兹：《超级领导》，《现代领导》，2006（3）。

6. 王琳楠、马越峰：《情商理论（EQ）与新型领导力》，《科技管理研究》，2006（3）。

7. 李晨华：《从西方人事行政改革趋势看我国公务员制度的中国特

色》，《哈尔滨市委党校学报》，2006（3）。

8. 蔡文书、屈善孝：《西方学习型企业创建方法的借鉴与启示》，《现代企业教育》，2006（4，下）。

9. 张宇薇：《魅力型领导之我见》，《广东工业大学学报（社会科学版）》，2006（4）。

10. 张海钟、赵文进、张维英：《现当代管理心理学领导行为与领导风格研究成果综述》，《兰州石化职业技术学院学报》，2006（4）。

11. 王鑫、柴雅凌、徐芳、焦秋阳：《领导生命周期理论在图书馆管理中的应用》，《图书馆工作与研究》，2006（4）。

12. 章丹丹、涂荣军：《领导理论中结构、关怀、发展三维度分析》，《商丘职业技术学院学报》，2006（4）。

13. 胡昌送：《西方学校领导理论发展的特征及趋势研究》，《广东交通职业技术学院学报》，2006（4）。

14. 詹延遵、凌文辁、方俐洛：《领导学研究的新发展：诚信领导理论》，《心理科学进展》，2006（5）。

15. 赵虹君：《领导理论刍议》，《北京行政学院学报》，2006（5）。

16. 马云献：《变革型和事务型领导研究述评》，《河南商业高等专科学校学报》，2006（5）。

17. 闫慧珍：《试论领导生态学的产生及其理论贡献》，《前沿》，2006（5）。

18. 谢一帆、古雯：《当代西方公共管理创新模式评析》，《安徽大学学报（哲学社会科学版）》，2006（6）。

19. 高日光、王碧英、凌文辁：《德之根源——领导理论中国化研究及其反思》，《科技管理研究》，2006（6）。

20. 谭海波：《试论治理视野中的公共领域领导模式创新》，《四川行政学院学报》，2006（6）。

21. 乔东、李海燕：《西方现代管理思想终极价值目标反思》，《理论导刊》，2006（7）。

22. 王红霞：《用复杂的思维方式研究领导活动——兼从方法论角度

反思三类领导理论研究》，《求实》，2006（8）。

23. 李福英：《西方学习型组织理论与〈易传〉管理思想之比较》，《江汉论坛》，2006（8）。

24. 王赛男、高峰强、王鹏：《变革型领导、组织集体效能、工作态度关系研究综述》，《现代管理科学》，2006（9）。

25. 董临萍、张文贤：《国外组织情境下魅力型领导理论研究探析》，《外国经济与管理》，2006（11）。

26. 高鸿：《全球化视野下中国领导学研究的困境与出路》，《探索与争鸣》，2006（12）。

27. 杜一菲：《变革型领导对创建学习型组织的影响》，《郑州航空工业管理学院学报（社会科学版）》，2007（1）。

28. 蔡庆瑶、刘兰芬：《从管理到领导的范式转型及启示》，《理论探讨》，2007（1）。

29. 胡德平：《不同视阈下的官僚制改革：中西方行政体制改革比较》，《行政论坛》，2007（1）。

30. 叶贵仁：《行政领导责任：西方行政学的视野》，《理论探讨》，2007（1）。

31. 翁文艳、高鸿：《国际领导协会第八次年会述要》，《领导科学》，2007（1）。

32. 蔡怡：《教育领导理论新进展》，《比较教育研究》，2007（1）。

33. 刘燕、王重鸣：《内隐领导理论：影响因素、结构及其研究效度》，《人类工效学》，2007（1）。

34. 辛杰、徐波：《中、西方管理伦理比较及其对中国企业的启示》，《经济与管理》，2007（2）。

35. 梁克俊、邢密密：《文化差异与领导干部跨文化交际能力的提升》，《理论界》，2007（2）。

36. 杨壮：《再论西点领导力精神对我们的启示》，《商务周刊》，2007（2）。

37. 杨兆云：《论西方管理理论人性假设的演变》，《时代经贸（理论

版)》，2007（2）。

38．孙怀平、杨东涛、王洁心：《基于生命周期的领导风格对人力资源管理实践影响研究》，《科学学与科学技术管理》，2007（3）。

39．湛俊三、金婕：《基于组织承诺理论的有效激励途径分析》，《武汉理工大学学报（信息与管理工程版）》，2007（3）。

40．罗辉、肖华蓉：《基于权变模型的行业协会管理模式选择》，《中国行政管理》，2007（4）。

41．刘晓宁：《LMX 领导理论及其应用前景》，《商业时代》，2007（7）。

42．［奥地利］D.柯克活德·哈特：《领导的道德》，《现代领导》，2007（7）。

43．于洪生：《互通与共融：全球化时代的中国领导学研究》，《中国行政管理》，2007（9）。

44．［美］弗朗西斯·贺赛苹：《E 时代领导的六大能力》，《现代领导》，2007（11）。

45．文茂伟：《系统论视阈中的领导"图景"——百年西方领导理论发展评析演进》，《理论探讨》，2008（1）。

46．齐先朴：《当代西方领导价值观研究的若干新理论综述》，《中共石家庄市委党校学报》，2008（2）。

47．李锐、凌文铨：《变革型领导理论研究述评》，《软科学》，2008（2）。

48．赵军：《现代西方领导方法探析》，《理论视野》，2008（3）。

49．孟建平、霍国庆：《领导理论丛林与领导学科的发展》，《科学学与科学技术管理》，2008（3）。

第四章
领导力研究

    关于领导力的研究不仅在国外领导学界是焦点问题，在国内领导学界也一直是最吸引眼球的热点之一。据调查，在当今全球竞争加剧的背景下，组织领导者的领导力缺乏是一个全球性问题，其中我国是缺乏领导力人才比例最高的国家。有 47% 的被调查公司认为他们缺乏领导力人才，并且中国有 61% 的公司认为，之所以没有办法去推行储备、培养领导人的计划，是因为他们没有人培养。而有 60% 的被调研公司认为，就算有人培养，也不知如何去培养。因此，梳理学界关于领导力的研究，不仅具有重要的学术价值，也具有重大的实践意义。这里，从梳理领导力研究的视角及研究路径入手，以领导力研究涉及的主要问题及领导力培训为主线对学界的相关研究展开整合和分析。

一、领导力研究的视角及研究路径

在这个日新月异的时代，当社会变革、国际交流、信息技术、个性发展等诸多挑战与机遇降临到社会分工的每一位参与者面前时，无论我们是否身处领导者的职位，都应该或多或少地具备某些领导力。领导力意味着我们总能从宏观和大局出发分析问题，在从事具体工作时保持自己的既定目标和使命不变。领导力也意味着我们可以更容易地跳出一人、一事的层面，用一种整体化的、均衡的思路应对更加复杂、多变的世界。领导力更意味着我们可以在关心自我需求的同时，也对自己与他人的关系给予更多的重视，并总是试图在不断的沟通中寻求一种更加平等、更加坦诚也更加有效率的解决方案。总之，领导力是多变的，又是永恒的，领导力是通俗的，又是晦涩的，或许这就是常使人回味无穷的领导力。

（一）领导力研究的视角

就领导力而言，目前学术界的解释尚不完全一致。有人认为，领导力就是影响力，是激发引导被领导者跟随自己以实现组织目标的合力，是影响他人做本来他可能不会做的事情的过程；也有人认为，领导力就是激发他人跟随你一起工作，以获取共同目标的能力。应该说，领导力早已不是什么新鲜词语了，一直以来似乎都是一个说不尽的热门话题。而且大家对"领导力"的理解也是仁者见仁，智者见智，包括学术界还没能给予这个词语明确的定义。

1. 影响力的视角

学界大多数学者侧重于从这一视角对领导力展开研究。戴维新认为："世界上任何人都是影响别人和被别人影响的。影响别人行为的行为，谓

中浦院

中国领导学研究（2006—2008）

之'领导';影响别人行为的能力,则谓之'领导力'。"领导的实质是影响,领导力的本质是影响力,也就是说,领导力即获得追随者的能力。真正的领导力应由获得追随者的能力来衡量,自认为是领导者而又没有追随者的人,只是在散步。追随者愈众,能力愈大,领导力也愈大。〔戴维新,2006(1)〕

王崇梅等人则认为:从领导者与被领导者相互关系的视角,有学者认为,领导者试图通过实际的变革体现自己的意图,这要求领导者要有足够的能力和智慧在领导者与他们的追随者之间达成均衡,因此领导者要有领导力。领导力就是领导者与追随者之间具有影响性的相互关系。领导力是关于如何成功领导的学问。一个人是复杂的,一个领导者更加复杂,成功领导者要解决方方面面的矛盾,同各种人和事情打交道。任何一种领导学理论不可能穷尽领导者工作的所有领域,因此也就是盲人摸象;在研究领导者在某个时刻某个空间所展示的独特行为中研究领导力更有重要的价值。〔王崇梅等,2006(7)〕

也有学者进一步阐述认为:领导力的本质是一种人际关系、一种影响力。所谓领导力,就是领导者通过自身形象和一切与领导有关的活动释放的,能够对领导效果、组织绩效、组织变革和组织发展产生积极影响的各种作用力,包括牵引力、凝聚力、鼓动力、控制力等。〔罗伯特·N.罗瑟尔等,2008〕

杜燕鹏则提出:我们可以肯定的一点就是,"领导力"与"权力"不同。它不是要去控制别人,而是更多地去影响别人,协调别人的活动,是指激发他人跟随你一起工作,以获取共同目标的能力,其本质可以说是影响力。再细化一下,我们可以发现"领导力"包括"情感智力"、"技术技能"、"人格素质"、"认知能力"、"领导风格"等核心要素;具体则体现在领导者在特定的环境下通过独特的风格与方式感召和影响具有不同才能的追随者去实现组织目标的过程。其中"认知能力"使领导者能够审时度势,准确把握正在变化的事物的方向,为追随者们提供清楚、乐观、吸引人的前景和目标。"人格素质"和"领导风格"能激励具有各类才能的人共同推动变革和创新。"情感智力"和"技术技能"使领导者能更好地与

他人合作，能不断地整合和发挥各类优势才能，进而提升绩效从而实现组织的目标。〔杜燕鹏，2007（4）〕

也有学者认为，考察国际化的领导力，需要国际化的视野、包揽全球的胸怀、兼济天下的人文精神、严格遵守国际化的行为和道德底线。视野影响着态度，而态度决定着行为。具体来讲，国际化的领导力呈现出以下新的趋势和发展方向：为客户创造价值、降低成本的领导力，胸怀企业社会责任的领导力，成为全球化、国际化的领军人物。〔朱乃肖，2008〕

2. 法理、情商与历史的视角

法理问题是领导力研究中绕不过的一道坎；法理辨析的视角为研究领导力的相关问题开辟了新的窗口。有学者认为，领导干部的领导力可以分为权力性领导力与非权力性领导力。权力性领导力依靠的主要是领导岗位职责的法理规定，具有强制性和法定约束力。它对领导干部个人来讲，是依托岗位而外赋予的、相对暂时的一种领导力。非权力性领导力主要依靠领导干部的道德、才能气度、情感公心等非权力性因素，这种领导力往往表现为下级自觉的心理认同与支持，对领导干部个人来讲，则是依赖人格魅力而内存的、相对持久的一种领导力。杨壮则进一步阐述道：问题的核心在于权力根本不等于领导力。权力，作为一种外在赋予的力，能够实现对下级的控制，但这种控制可能仅仅存在于外表，不能深入内心。而领导力作为领导者一种内在的品质，对追随者在思想上、态度上、价值体系上、行为上都会施加不同的作用。因而，真正的、持久的领导力应该来自于一个领导者的思想、知识和内在品质。〔杨壮，2006（16）〕

情商理论的视角是将情商理论应用于领导力研究领域。有学者在回顾了情商理论的两种模式，并做了简要分析的基础上，论述了情商理论在提高现代领导者的领导力中的应用问题，对领导者提高领导力具有十分重要的现实意义。〔张玲，2008（2）〕

历史的角度是将历史分析方法与领导学研究相结合的一种具有重要价值的探索。郑宗太以《资治通鉴》为例，认为其是一部"鉴前世之兴衰，考当今之得失"的经典史书，该书中的209篇"臣光曰"，总结了从战国到五代时期历代君臣治乱成败安危的历史经验教训。可以运用历史通鉴学

的方法，通过对《资治通鉴》中一些"臣光曰"观点的解读，以古鉴今，建构关于领导力研究的新视角。〔郑宗太，2006（3）〕

3. 执行、群体与性别的视角

执行力研究是近年来学界非常热门的关键词。有学者根据分析领导力大师保赫塞博士的相关论点，指出：世界组织行为学大师、领导力大师保赫塞博士曾经说过"成功企业的经验和研究结论表明，执行力问题就是领导力问题"，赫塞博士的话可谓"一语惊人"，直接揭示了执行力的本质——领导力。这种领导力的核心在于对项目的追踪和跟进，除了选人，对项目的追踪、跟进也是领导人的领导力所在，所有善于执行的人都会带着宗教般的热情来跟进自己的既定计划，通过跟进工作能够暴露出计划和实际之间的差距，并迫使人们采取相应的行动来协调整个工作的进展。〔杨莹，2008（7）〕

从群体能力的视角入手研究领导力的相关问题具有非常明显的"结果导向"。有学者认为：领导力并不是单指政治意义上领导所具有的能力，而是任何人都具有的能力；领导力是领导者设定根本目标，充分发挥自身的潜能，以引导他人工作能力爆发的能力；这种能力是领导行为的内在力量，是实现群体或组织目标、确保领导过程顺畅运行的动力。〔严正，2007〕

郄永忠指出：在组织中，领导者是创新者，管理者是执行者；领导者讲求在变革与混沌中追求目标的实现，管理者讲求在秩序与规则内把事情办妥；领导者追求的是做大、做强，管理者追求的是做成、做好；领导者面对的是无止境的目标，管理者面对的是既定的经营指标；领导者似主人，日思夜想于家大业大，管理者如管家，殚精竭虑于家长里短……基于角色的差异，两类人理想的行为模式也大相径庭：领导者常常胆大妄为，管理者时时谨言慎行；领导者大处着眼也大处着手，管理者谨小慎微；领导者往往依仗感性而获得突破，管理者事事基于理性而有所作为；领导者倜傥洒脱，管理者沉稳持重；领导者要果敢，管理者要细致……归于一言，领导者是不断开创新事业和使事业不断迈向新境界的发动者和引导者，管理者是带领团队迈向目标的急先锋和领头羊。因此，就领导力而

言，可用公式表示为：远见＋创新＋责任＝优秀领导力。〔郗永忠，2006（6）〕

性别领导力的视角是领导力研究今年来学界给予较多关注的亮点。高娃等人提出：对于"决策上优柔寡断、管理上不够理性、形象上不够女人味"的评价，女性领导者们能够平静地看待，并清醒地认识到自己身上的不足，也能非常自我地坚持，也会提出向男性领导者学习的口号。这就是今天的女性领导力的特质，不仅传承着固有的特质，还有谦虚的态度和清醒的认识。〔高娃等，2006（3）〕

4. 战略领导力的视角

有学者倡导战略领导力的视角，提出，从中国传统文化对于领导的定义来看，战略领导力大致可分为三个视角：一是从价值取向角度来界定领导内涵；二是从领导能力、领导功能角度来界定领导内涵；三是从领导者必备的素质、素养角度来界定领导内涵。现代领导学强调，领导不能离开被领导者，不能离开一定的组织或团队而存在。具有一定规模的组织一般都有三个层级，即战略领导层、运行层和团队层。而处于战略领导层的领导者，尤其是主要领导者，就是战略领导者。所以，战略领导人通常是指一个组织的领导班子成员，尤其是指高层次的主要领导者。广义上说，战略领导可以泛指一个组织或团队的领导成员。

作者还进一步阐述：战略领导力，主要是指与战略领导者职位权力与非职位权力相统一的领导力。英国著名领导学专家约翰·阿代尔曾说："战略领导人职责的根本特征是对整体负责，为整体行事。"这种能力概括地说，就是战略领导人应具备的为整体行事的能力；同时，它也常常泛指一般领导者的能力建设与开发中那些带有根本性、关键性的领导能力，这就涉及每一个领导者的领导力发展了。所以，战略领导力最本质的含义就是战略领导人（或每一个领导者）的核心领导力。战略具有三个最基本的要素，即战略是一种思想，一种计划，一种行动。战略的本质和起点是思想。法国著名战略家博弗尔就说过："战略就是思想方法。"战略的目标和终点是行动，否则思想就会成为空谈；思想与行动之间的桥梁，就是计划、方案，借助于计划、方案和战略实施的主体，即战略家、战略领导

中浦院

中国领导学研究（2006—2008）

者，使三者构成完整的有机整体。因此，从角色上说，战略家包括战略思想家、战略谋划家、战略实施与指挥家。三种角色可以集于一身，也可以分别由不同的领导者担任。战略领导者的战略思想创新、计划制订、指挥实施能力都属于战略领导力研究的范畴。战略领导力的内涵也同战略研究的价值取向密切相关。战略研究的主要价值取向是全局性、前瞻性、主动性和可行性，其相对应的战略领导力，就是整合力、预见力、创造力和执行力。〔奚洁人，2008—08—03〕

（二）领导力的研究路径

1.从微观进行研究

关于领导力的微观研究是深刻理解领导力的重要途径，有学者从微观分析入手，认为，领导人一般都具有一定的权力，比如说他们有权做决策，可能会影响一个组织的成功或者失败，也可能会影响别人的升迁与收入。同时，他又进一步指出：有些领导人在使用权力方面做得非常好，而有些人却在挥霍这些权力。通过微观分析领导力可以发现，其权力有以下五个来源，一是法定权力。你的权力是根据你在组织中的职位而拥有的，来源于正式或官方明确规定的赋予。这样法定的领导权力还可以引申出第二、三点，二是奖赏别人的权力，即有能力控制组织的金融、人力资源，可以对依赖这些资源的人施加影响，包括加薪、改变津贴限额、提供晋升机会、授予官衔、改变福利分配等，如果按照命令完成了任务，就会得到奖赏。三是强迫的权力。通过负面处罚或剥夺其权利来影响其他人。这种带有强制性的权力与奖赏性权力是一对相对的概念。没有遵守命令，没有按照命令来做，就可能会对其不利。传统上会过多地使用这样通过威慑来强迫别人服从的权力。四是专家的权力。某些影响别人和让别人服从的权力，来源于领导者某一个专业领域具有非常强的专业知识，具有专家的权威性。五是榜样的感召力。一个最清楚地知道应该做什么的人，往往最容易获得使其他人服从于榜样的力量，其做法让别人感到信任和尊重。于是被领导者就会愿意追随你。可以把这五种权力分为两大类。在这五种权力中，前三种是法定的权力，因为领导者处于某个职位才获得的权力，后两种则更多是因为领导者个人而并不是因为领导者处于某一个高位上而相信他和追随他。〔姜汝祥，2008（6）〕

有学者认为：当领导者使用法定的权力、奖赏以及强迫性权力时，它带给别人的都是一些短期性的变化。比如说为了完成上级布置的任务，被领导者可能会经历一些困难，由于领导者可能会对他进行一定的奖赏或威胁，所以即使有困难被领导者也会尽力完成这个任务。而后两种权力，即专业知识和榜样感召，则会是一个长期持续的影响。〔沃廷格，2007（5）〕

也有学者从微观分析领导者的三个重要权力，即法定赋予的权力、社会资源所赋予的权力和惩罚他人的权力，提出：领导者的这三个重要权力不可能产生出持久的影响力；领导力的关键在于一是要备有领导能力的人际关系（Relationship），二是要挖掘人的潜能（Equipping），三是要拥有积极的、正面的态度（Attitude），四是要打造个人领导能力（Leadership）。〔安·迪灵，2007（9）〕

也有学者进一步指出：领导力与中国传统领导学中的"谋略"、"技巧"等论述有显著的区别，真正体现了"以人为本"的价值理念，从人际关系的建立，团队的建设，员工的培训，到工作态度的端正，关注他人、激励他人、鼓励他人；扩大领导力的基础，就要提高领导者的本人的素质、品行和修养。〔朱迪斯·E.格拉塞尔，2007〕

还有学者从微观上分析了领导力的成因。传统理论认为可以将其理解为能区分在特定的工作岗位、组织环境和文化氛围中，领导者工作业绩和影响作用的，可以感觉和衡量的个体特质。换句话说，就是以各种直接和间接的形式，支撑领导者形成领导力的个体特质、观念、素质和能力。杨壮认为：个体领导力形成因素不是对领导活动产生的各种影响作用的区分，而是对作出各种领导活动的主体——领导者特定品性、素质和能力的区分。基于这一认识，可以将一般领导力形成因素的结构划分为三个层次：潜在领导观念，核心领导素养和关键领导能力。上述三个层次的特质因素是有机统一的潜在领导观念是领导力因素结构的"魂"，主要发挥基础性、推动性作用；核心领导素养是领导者的特殊素质要求，是领导力结

中浦院

中国领导学研究（2006—2008）

构的"神"，主要发挥支持性、控制性作用；关键领导能力是领导力因素结构的"形"，主要发挥过程性、生产性作用。三个层次的领导力形成因素彼此渗透相得益彰、形神兼备、浑然一体。三种特质因素交叉融合，促使领导力的表现形式更加具体生动、丰富多彩，构成了领导力有机统一的整体。〔杨壮，2006（15）〕

2. 从要素上进行研究

关于领导力的要素组合探究是理解领导力的一种系统化的论述。刘凯提出：领导力是在一定的管理环境中，管理者通过运用各种权力对组织的资源进行引导、执行、控制的综合能力。它是由权力或能力派生的能力体系，由众多的能力因子有机组合而成。领导力具体由以下四种权力因子或能力因子派生而来：特殊权力、职业权力、个人魅力、"组合"权力。因此，领导力是管理者运用传统权力、法定权力、个人魅力以及组合权力等各种权利（能力）因子组合后产生的综合能力。但是具备所有领导力因子的管理者毕竟是少数，大部分管理者都在不同程度上缺乏某种能力因子。因此作为管理者，可以根据具体的管理环境，认清在特定的环境中哪些方面的能力（权力）因子会发生作用，并据此针对自己的不足之处进行弥补或者做有针对性的准备；管理者可以尝试去参加领导力提升的培训课程，可以广泛听取员工意见供自己改进，可以任命一个助手型的人员辅助自己的工作，等等。所以，作为领导者，可以根据环境的不同，在不同的环境里学会运用不同的权力，产生不同的领导力效果，从而使管理工作有效开展。〔刘凯，2006（21）〕

有学者进一步认为，在领导力的要素组合中，领导力的强弱主要取决于三种要素：沟通力、激励力和影响力。笔者称之为领导力的三要素，提高领导力应着重提高这三方面的能力。〔蒂莫西·J. 克罗潘伯格，2006〕

也有学者从动机探讨的角度出发研究领导力的要素组合，认为：人们身上普遍存在三种动机，一是成就动机，即不断地追求更新、更好、更有效、更杰出，是不断地自我发展和追求成功的趋势。二是亲和动机，即时时刻刻都希望能与他人有一个温暖、温馨、舒服、友好的环境的心理倾向。三是权力动机（或称影响力动机），即领导他人的愿望和行为。领导

力表现为上述三者的动态组合化系统运用。〔缪军，2008（1）〕

有学者基于领导学中"特质决定命运"这一基础从领导特质这一要素出发研究领导力，认为可以将领导特质看成一条各维度色彩不同的光谱，将各维度的以各自维度的特性加以分析，从而在领导力的研究中探究一条新的分析框架。基于自然界中种类繁多的各类动物所展现出的不同的动物特性，可以将具有代表性的动物引入领导特质维度的分析，并在此基础上在领导特质的光谱中划分五种维度，并以具有代表性的动物命名探讨。〔吴涛，2007（6）〕

素质模型是要素研究的延伸。赵华在分析素质模型缺陷的基础上认为：很多领导力素质模型经过精心准备后，被引入组织满足特定的需求，具备了三个关键获益：明确性、一致性和互通性，用于建立新的组织能力，同时慢慢灌输了高绩效的理念。因此，一些组织长期以来都持有一种观点，认为只要有领导力素质结构模型，就足以帮助组织培养出适合组织的领导。但事实上，并不是有了一个素质模型就可以解决所有的问题。领导力素质模型还有一些很容易被忽视的重要缺陷。素质模型的流行其实很容易解释，至少有素质模型的优势很容易看到，但三个关键获益：明确性、一致性和互通性也有鲜明的局限性，使领导力很容易变得复杂化、空洞化、理念化。〔罗志敏，2008（4）〕

3. 内在动力研究

内在动力的研究路径聚焦于如何获取领导力的内在动力，具体而言又细化为如下几类方法。

有学者从获得追随者能力的角度探讨领导力的内在动力。戴维新认为：这种获得追随者能力的原因主要表现在如下三个方面：一是"跟我来"，即令人信服的远见卓识。身为领导者，有着超乎一般的远见卓识，其任务就是告诉追随者们应该朝哪个方向前进，应该选择哪一条路，在这条路的前方，有怎样的风险和利益……在必要的情况下，他还应该走在队伍的前面。在大家四顾茫然的关键时刻，一声"跟我来"，就像一支"强心针"，能使团队士气大振，并凝成一股强大的冲击力。二是"看我的"，即令人信服的表率作用。作为领导者，不仅要告诉追随者应该做什么，还

中浦院

中国领导学研究（2006—2008）

要告诉他们应该怎么做。这个做不完全是亲自做，而是教给部属行为原则。作为领导者，是一个原则的确立者、维护者和执行者。领导者要严格掌握原则。三是"一起干"，即令人信服的精神力量。领导者通过与追随者的沟通交流，将自己的人格魅力焕发出来，对他人产生潜移默化的吸引力和巨大的鼓舞力量，使人们产生这样的信念：跟着他干，没错。〔戴维新，2006（1）〕

也有学者提出在自然影响力的基础上探讨领导力的内在动力。张长生认为：一是要善于运用自然影响力来体现威信。二是善于用合作共赢的意识推进和谐，即注重自然影响力的培养。领导者特别是正职领导，应该以"博学而谦逊，果敢而不拔息，亲切而不媚俗，要有换位思考的心态"为目标，加强自身影响力的培养。一方面要通过悉心倾听，勤学好思，做到业务精、情况熟、办法多；另一方面要通过提高自身修养，培养自己的大局观。自然影响力往往滋生于下属的心中，看似柔弱却无坚不摧，因此还要用出主意、担责任来实施自然影响力，即毛主席说过的领导干部的作用就是"出好主意，用好人"。除了充分发挥下属的积极性外，要善于利用自己业务精、情况熟的优势，出好主意，引导下属按照自己的想法去做，以尽快达到规划目标。三要适时展示强势执行的决心。在执行制度和落实关键措施方面，要展示强势执行的决心，此时不惜使用权力的影响力，以达到"言必信，行必果，信守承诺"的效果。〔张长生，2006（13）〕

内在动力中的学习力建设是学习型社会建设中较为突出的关注对象。有学者从学习力的角度理解领导力。尚久悦首先探讨了学习力的重要价值，认为：每个人都会犯错，可是一百个犯错的人当中，有多少人会冷静地从错误中学到教训，而且不会再犯？能够从错误中学习的人真的很有福气，因为他一直在进步。反过来说，为自己辩护、怪到别人头上、抱怨经济不景气、找借口……就不可能进步，更得不到收获。长时间下来，两种心态就会造成截然不同的命运。一个领导人要先承认自己也会犯错，才能帮助别人进步。知识经济时代对领导者提出的最大挑战就是学习。因为，时代日新月异，领导者的创新力、判断力和执行力等一切能力，主要不再靠实践经验的积累。换句话说，依赖在实践中摸索、积累领导力的时代已经一去不复返。在知识爆炸、迅速更新的时代，领导力归根到底取决于学习力。领导的创新力、决策力、选择力、执行力等都取决于学习。创新能力的提高源自不断的学习，科学的决策来源于不断的学习，正确的选择来源于不断的学习。只有认识到领导角色的本质是学习，领导力的核心是学习力，才能从根本上提升领导力。同时，尚久悦进一步指出：领导力还体现为领导促进和指导组织学习的能力，领导力水平的高低决定了领导者对组织学习指导作用的大小，领导者最重要的责任就是要在组织中积极营造学习氛围，不断促进组织的成员学习。所有这一切都有赖于学习，有赖于在学习中不断完善领导角色，有赖于在学习中不断提高领导水平，有赖于在学习中不断引领组织向共同愿景前行。从一定意义上讲，学习力是把知识资源转化为知识资本，以获取和保持持续竞争优势的状态和过程。学习力是创新力和领导力的基础，只有不断提升学习力，才能不断提高创新力和领导力。同时，领导力是学习力、创新力的综合体现。在领导力的结构层次和要素中，最基础的部分是其中的学习理念、学习速度和学习能力，最核心的部分是其内在的创新意识、创新精神和创新能力。可以说，学习力是领导力之根，创新力是领导力之魂，领导力则是学习力和创新力的综合体现。反过来说，学习力不仅代表着一个人的文化知识基础，还代表着一个人的价值观，更是一个人诸种能力的集中体现。发现问题、分析问题、解决问题是领导干部履行职责的基本内容。学习力的内化层面决定着一个人发现问题、分析问题的水平，而学习力的外化层面则决定着一个人解决问题的能力。这一切，又决定了一个人影响力的大小。领导者的领导力展现过程，实质上也是学习力释放的过程。〔柯健，2007（4）〕

近年来，学界从不同的层面上赋予内在动力这一研究路径不同的着力点，相继出现了"绩效领导力"和"价值领导力"的概念。有学者提出，"绩效领导力"是从创造绩效的层面上，评价组织的领导在塑造、创造、发展和改善个人、团队和组织的绩效中所体现的能力和影响力。"价值领导力"是在创造价值的层面上，评价组织的领导在为员工、顾客及其他相关方创造利益、满足他们的需求方面所体现的能力和影响力。对组织的领导力来说，无论是创造绩效，还是创造价值，是同一个目标的两个方面，

二者是一致的、相辅相成的。〔张奇，2008（8）〕

二、 领导力研究涉及的主要问题

（一）领域中的领导力

关于教育领导力的研究是近年来领导学界研究较为活跃的领域，教育领导力是教育工作者重要的基本素质，对教育目标的实现具有重要的理论和现实意义。李方认为：教育是一项复杂的系统工程，是一个循序渐进的持续过程。在这样一个繁复而渐进的过程中，教育领导力发挥着至关重要的发动、引领、推进、调控、变革、创新、整合、督导作用。〔李方，2006（10）〕

我们必须清醒地认识到，越是强调教育领导力的强化，越要准确把握国家、国民、社会、社区的多样化需求，及由上述因素决定的教育功能的多样性，尤其是学校的特性、定位和发展；越是强调教育领导力的强化，越要讲究教育领导的智慧与管理的艺术，越要把握"过去"与"未来"、规律与创新、个性与全面的和谐关系。〔张爽，2007（9）〕

有学者在教育领导力的研究过程中更细化地提出了校长领导力，认为校长的领导力是按党的执政能力建设的要求，提高运用党的正确理论、路线、方针、政策和策略，依法治校的能力；是采取科学的领导制度和领导方式，动员和组织学校所有人办学的能力；是实现教育思想、教育机制和教学方式的创新，使之具有时代的先进性和科学性的能力；是取得扩大优质教育资源，建设一支优秀的教师队伍，打造培养高素质人才摇篮的能力；是全面推进素质教育和奠定学生终身发展基础的效果的能力。就校长领导力发挥的背景与必然性而言，国家的管理体制的变化为校长领导力的发挥提供了宏观背景，教育改革的需要使校长领导力的发挥成为必然，校长自身的发展是校长领导力获得的基础，优化的互动管理机制是校长领导力得以发挥的保障。一名好校长就是一所好学校。校长领导力可分为五个层次：第一层次是利用权力，第二层次是处理资源力，第三层次是巧用激励力，第四层次是注重发展力，第五层次是保持品格力。总之，校长是教育改革的核心角色，是教育的计划者、执行者及监督。他的作为直接影响教育改革的实效，因此，校长绝对要有身为学校教育责任者的自觉。面对历史千秋的教育神圣使命，唯有校长角色及领导力的充分发挥，才有学校面貌的改观；唯有校长秉持教育良知及道德勇气，才有国家教育水平的提升和国民素质的提高，才有国家和民族的未来和希望。〔李慧莲，2008（5）〕关景双认为：在关注校长的核心能力时，我们更要强调校长的教学领导力。校长拥有教学领导力是教师专业发展和课程改革背景下的必然取向之一。〔关景双，2006（11）〕

有学者提出了高等学校的领导力问题，认为：高等学校的领导力是学校各级领导干部或领导班子集体获得教职工和学生追随的能力，是学校领导者与师生员工之间为了学校育人目标而形成良性互动的合力。其主要包括以下几种能力：一是把握社会发展趋势谋划学校发展前景并实施的决策力；二是解决学校实际工作中复杂问题的执行力；三是调动各种力量的积极性，团结全校师生员工为实现学校可持续发展的凝聚力；四是获取、整合、优化利用各种信息与资源，统筹内外各种利益关系、各方面工作的学习力；五是进行变革勇于探索的创新力。高等学校领导力的实质就是领导者对师生员工的影响力，即能够激发师生员工接受既定目标然后共同努力实现这一目标的能力。〔董君武，2008（8）〕

方英范从现代管理理论的探讨出发，认为管理既要维持规范，也要促进创新，要拓展视野，重在谋略，只有努力寻找突破口，抓住机遇，才能实现学校跨越式发展。因此，领导力理论正被许多管理者关注，它倡导的是决策性变革和追求主动行为，不断用愿景激励员工。在教育改革的时代背景下，校长应当把"领导力"作为自己的核心能力，这样也许能更快地促进教师发展，促进学校发展。〔方英范，2007（24）〕

有学者在研究校长的道德领导、课程领导、教学领导等理论基础上，提出了校长的技术领导力的研究问题。即校长的技术领导力指的是校长作

中国领导学研究（2006—2008）

为学校的技术领导者应在学校建立一定的技术使用标准和问责制度，成功地促进技术在学校各个方面的使用。它涉及的问题主要包括如下几点：作为校长在推动技术使用方面是否值得满足；校长能否找出学校技术项目成功和失败的原因；校长能否领导制订学校的技术规划；校长是否能够解决那些不愿意在教学中使用技术的教师的心理障碍问题；在有效利用技术促进学校发展的过程中，校长需要关注自己作为教学领导与课程之间的关系，根据需要和已有条件对信息技术设施进行再分配，制定学校的技术规划，减轻自己和员工的技术恐惧；领会"面向学校管理者的技术标准"；鼓励学生主动建构和积极参与的学习以及寻求学校所在社区的支持等。西方学者的研究进一步表明，校长在领导学校使用技术时需要采用不同于以往的策略，要考虑学校的现状，学生学业成就与技术之间的关系，课堂上可以使用的技术，学校的技术目标，如何赢得社区的支持等一系列相关问题；在进行技术规划时，要考虑所有利益相关者的观点和利益，要从员工发展、财务管理、基础设施建设、教学评价、技术标准等多个角度周全地考虑技术规划带来的影响；校长要清楚自己作为技术领导者应该承担的责任：建立共享的愿景；成立管理委员会；提出技术规划的基本要求或框架；确定时间安排；在行动的过程中不断反思；在促进教师技术方面的专业发展方面，校长不但要鼓励，而且要通过自己的榜样起示范作用，当然最重要的是在学校形成利用技术提高教与学效率或效果的氛围；从学生学习的角度探讨在新的技术学习环境中，校长如何在课程规划和实施方面发挥自己的作用。在分析上述观点的基础上，有学者进一步认为：西方学者的研究深入探讨了校长的技术领导力的概念、涉及元素、实现方式和价值，综合上述研究结果，校长的技术领导力结构可以分为四个重要方面：技术相关决策、技术相关管理、技术相关服务和技术相关评价。校长的技术领导力是一个值得研究和探索的问题，对它的继续考察和分析，可以为今后学校发展的技术规划，校长的决策、管理、服务以及评价工作提供合理化建议，使学校培养的人才能够满足信息社会的需要，促进社会的发展。〔张玲，2008（2）〕

有学者从校长与教师的关系出发探讨教育领导力的问题，吴金瑜认为：教育领导力的关键在校长领导教师共同实现领导力。在新时代的学校发展中，校长要在先进教育思想指导下，根据学校实情，领导教师发挥他们的智慧，形成学校共同的教育愿景（这种愿景会随着教育与时代的发展而发展）。并在这个愿景的实现过程中，让教师成才，让每位教师形成领导力，让学校成为师生精神的家园。教师在学校愿景的形成与实现过程中，不是被动的接受者，而应是主动的创造者与实施者，将自己的教育理想主动纳入到学校愿景中去。同时，在这样的过程中，教师领导学生在校幸福地学习与生活，并由此而影响学生未来的幸福生活与学习。〔李方，2006（10）〕

有学者从校长领导力的研究中延伸出校长的信息化领导力问题，杨蓉认为：随着竞争的加剧，以教育信息化实现学校跨越式发展已经成为现代学校发展的必然选择，一所学校能否充分认识到普及信息技术教育的重要性和紧迫性，统筹规划，因地制宜地制定信息技术发展规划，切实利用信息化促进学校发展和课堂教学，都与校长的信息化领导力密切相关，因此建立校长信息化领导力评估指标体系具有现实意义。他在研究中提出采用因素法，并依据系统理论，确定了五个一级指标，包含校长应当具备的四个主要能力要素和校长内在的信息素养，以此来衡量校长的信息化领导力。〔陈晓萍，2007（11）〕

有学者将校长的课程领导力与课程改革的研究结合起来，唐盛昌认为：校长作为课程领导者是新一轮课程改革赋予的新使命，校长的课程领导力与课程改革的校本推进是有一定正相关的，校长在实践中提升课程领导力应结合自身的领导特质与学校实际，处理好以下几点内容，一是学生对课程丰富性要求与学校提供条件有限性的协调（从单一到多样），二是学校承载的升学压力与通过课程领导彰显个性的共生（从外在到内化），三是校长课程领导期望与教师专业能力发展的匹配（从个体到团体），四是校长的课程领导与各类领导角色之间的和谐从控制到协商），五是自己的领导权力、特质与课程开发的联系（从管理到领导）。从实践的视野考察校长的课程领导力涉及的内容来看，不同地区、不同类型的学校有着自身的学校课程领导环境，校长应基于自身的特点与学校的实际来提升课程

领导力，找到课程改革校本推进力产生的持续源泉。〔唐盛昌，2006（10）〕

有学者在教育领导力的研究中细化出教研组长的教学领导力问题，即随着新课程的不断推进，教师专业化发展需求的凸显，教师研究和探索的自主性和独立性被重视，教研组也无可回避地更加成为广泛探讨研究教学问题，展开卓有成效实践活动的重要阵地，教研组建设也被提到了学习型组织建设的高度，随之而来的是教研组作用的提升。教研组长角色功能的回归和拓展，从单纯的管理统筹型，拓展到引领研究型，进而发挥一个学校基础性教学领导（甚至课程领导）的作用，这个教学领导的作用集中体现在如下方面：一是改善和提高学生的学习成效；二是激活和培育教师的研究意识；建构对话、合作、反思、慎思的教研组文化。教学领导是一个比较复杂的复合角色，除了是一个教学高手或骨干，更应该具有良好的教学领导能力，这种领导力在一般的骨干教师身上也许也有，但那是在关注自我前提之下有限的无意识行为，教研组长的教学领导力发挥则是在关注同伴专业发展需求，以及学校教学发展基础上的主动自觉的意识和行为。因此，教学领导力是一种学科素养以及凝聚效应支撑下的专业感召力，主要包括学科研究与判断引领能力、人际沟通与协调能力和与之相匹配的某些特质（如敏锐、接纳、宽容、冒险等）。这种影响力和权威没有哪一个组织和个人能够简单赋予，它需要教研组长在一定文化环境下的自我磨练和建构。在新课程的推进中，在教学研究组织和方式日趋多元化的今天，教研组长的教学领导潜能亟待开发与培养，从而最大程度地发挥出他们的"学科领导"作用。这既对学校的培训内容和方式提出了新的要求，也对学校中的教学管理体制与机制的改进完善提出了某些方向。〔张世和，2007（8）〕

李志等人采用内容分析法，在对国内企业领导力研究的基本情况做全面概括的基础上，深入研究了相关文献的具体内容，分析了企业领导力的定义，概括出能力论、行为论、整体论三种观点，并在研究企业领导力的构成要素的基础上，将企业领导力的构成要素概括为能力、品格、行为三个方面九种不同的类型；归纳培养与开发企业领导力的方法，分别从行为、制度、战略、理念四个层面进行阐述。他们认为：国内自2000年开始对"企业领导力"进行学术研究，2002年以来企业领导力的研究越来越受到学术界和企业界的重视，研究成果数量逐年增多，研究状况呈现如下特点：一是高校科研人员和企业管理人员是企业领导力研究的主要力量，三分之二以上的成果都是由他们完成的，但不同职业的研究者从各自角度进行研究，相互之间的合作非常少。二是论文的作者和杂志的集中程度较低，绝大多数作者和杂志在此研究领域只是简单涉猎，深入性不够。三是绝大多数论文采用的是定性研究方法，而企业领导力的定量研究在过去两年中取得了一定的成绩，正逐步为研究者所重视。四是至今学术界对于企业领导力没有统一的定义，研究者中存在着能力论、行为论、整体论三种观点，归纳起来，可以从四个方面理解企业领导力的内涵。五是大多数学者认为科学决策的能力、激励他人的能力和团队合作精神是企业领导力的核心要素。企业领导力构成要素可以概括为能力、品格、行为三个方面九种不同的类型。六是企业领导力的培育没有一种固定的模式，我们可以从行为、制度、战略、理念四个层面找寻方法的规律性。因此，他们对企业领导力的研究提出如下建议：第一，高校科研人员和企业管理人员应该密切加强合作，创造更多具有实用价值的研究成果。第二，研究者要注意把定性研究和定量研究充分结合起来，加强企业领导力的实证研究。第三，研究者应加强企业领导力的理论探索，使研究更加深入。第四，研究者要注意企业领导力方面基本概念的界定，提高研究的可信度。第五，研究者要突破传统的研究范式，充分关注企业整体领导力的研究。第六，企业管理人员应当认识到领导力的培育需要结合企业实际进行，没有万能的方法。〔李志等，2006（6）〕

有学者提出了提升企业领导力的若干原则，其总结后认为：第一条原则是领导力高低决定一个人的成效水平；第二条原则是领导力最重要的衡量标准是影响力，不多也不少；第三条原则是领导力是一天一天培养的；第四个原则是任何人都可驾驶船只，但唯有领导者才能设定航线；第五条原则是当真正的领导人说话，大家都洗耳恭听；第六条原则是信任是领导力的根基；第七条原则是人们自然会跟随比他们更强有力的领导人；第八条原则是领导者从领导力的角度来评价每一件事情；第九条原则是你是什么人，就会吸引什么人；第十条原则是领导者在要求人们有所作为之前，先打动人们的心；第十一条原则是一名领导者的潜力，由最接近他的人决定；第十二条原则是只有有安全感的人，才会赋予力量给别人；第十三条原则是只有领导者才能提升领导者；第十四条原则是人们先接纳领导者，然后才接纳他的愿景；第十五条原则是领导者为他的团队制胜之路；第十六条原则是动势是领导者的最好朋友。〔李慧才，2007（2）〕

汪中求在企业领导力的研究中延伸出 CEO 的领导力问题，他阐述道：CEO 领导力究竟包含了哪些内容？在《经理人》采访十多位专家和 CEO 后，得出的结论不尽相同。金山软件 CEO 雷军强调三方面领导力：战略远见、执行力和凝聚团队力。北大纵横总裁王璞则认为：远见、诚信、创新和魅力是领导力的关键。而在摩托罗拉大学中国区校长阎晓珍看来，领导力需要具备五个方面：战略规划能力、领导魅力、魄力、执行力和约束力。在领导力的核心要素上，跨国公司与本土企业略有差别，跨国公司以约束力作为领导力的核心，强调规则；而本土企业则将凝聚团队和执行力放在首位。同时，"三分靠战略，七分靠执行"，凝聚团队的能力是核心正确的领导力，尤为关键的是细节行为决定成败。〔汪中求，2007（3）〕

刘丽娟从资本规模和企业价值的角度分析企业中 CEO 的领导力问题，她认为：西方学者普林斯有言"资本规模和企业价值是 CEO 发挥领导能力的前提，所以赚钱才是 CEO 是否称职的第一要素"。在企业领导力的建设过程中，只有当企业 CEO 们的财务风格与整体公司财务使命相匹配，公司的资源才能得到最佳应用，CEO 在根据外部市场结构、行业类型、企业内部组织结构进行有效的变革时，才能最终提升企业的市场价值，并使企业保持可持续增长，避免随着不同的市场周期产生意外波动。〔蔡建群，2008（3）〕

郄永忠则从王国维《人间词话》出发，认为：企业经营得好不好，在于企业中的当家人——CEO 的领导力。具体说来，其大致有三个层面的涵义，一是优秀企业家具有制定企业发展的战略维度和勇于承担风险的胆略；二是有魅力的企业家具有笼络人才，善于用人才的领导力；三是卓越的企业家最终将有塑造企业文化的领导力。近代国学大师王国维先生在

《人间词话》里谈到了治学经验，他说："古今之成大事业、大学问者，必经过三种之境界：'昨夜西风凋碧树。独上高楼，望尽天涯路。'此第一境也。'衣带渐宽终不悔，为伊消得人憔悴。'此第二境也。'众里寻他千百度，蓦然回首，那人却在，灯火阑珊处。'此第三境也。"从王国维先生的三境界联想到中国企业家所要实施的领导力，可以看出，在前面所述三个层面的领导力中，前二者是中国企业家的现实关怀，而一个企业要想做到"基业长青"的第三个境界就是王国维笔下的第三境界，也就是我们所说的终极关怀。但问题是，这三种能力是三种不同的甚至矛盾的能力。能将这三种能力集于一身的就是企业家，其整合机会、人才、人心的能力就是一个卓越的企业家能力，不过这已不是一般意义上的企业家能力，而是一种领导力。〔郄永忠，2006（6）〕

杨壮从印度上榜的优秀企业中展开对企业领导力的研究，他认为：一个优秀的企业固然在于有一个优秀的CEO，而一个优秀企业家的领导力在执行过程中的创新是最难能可贵的。优秀企业家在领导力方面所体现出来的共同特点可以归结为：决策层的高度重视、公司的优秀员工备受重视、合适的方案、合理地实施、对领导力水平进行衡量等。国外的一项基于实际企业的调研数据同时表明：只有魅力四射、高瞻远瞩、有着远大理想的领袖型CEO才能够建立基业长青的企业。因此，就企业领导力而言，一个领导者的影响力是建立在其心理状态、品格素质、价值体系和人生态度之上，通过工作和生活中的行为举止对周围的人产生作用，并且改变环境、文化、习惯和传统的影响。即便从权力的舞台上谢幕，领导者的影响力往往会在相对长的时间和空间内产生持续的影响。思想家、专家和具有高尚品质品格的领军人物，居其一就能够对下属产生影响力。在世界变得越来越扁平、中国经济在全球范围内迅速崛起的今天，通过思想创新、现代化知识不断的积累和卓越企业家品格培育和塑造，领导者一定能够对下属发挥出自己的影响力，以实现组织的最佳目标。〔杨壮，2006（16）〕

有学者在研究企业中女性领导力的过程中认为：在人们以往的思想观念里，女性容易在面临挑战时存在自我限制的想法，对于谋求更高的法定权缺乏信心和动力。有一位被访的女经理就认为，自己现在这一步已经是职业生涯的巅峰了，以后不会去寻求更高的职位。而有持续发展可能的女性领导者则更多地对事不对性别，会将更高法定权的取得作为解决问题的方法，勇于进行自己职业生涯的改变。对于一个企业的人性化管理来说，女性天生的温柔可以使人性化更加到位，而不会像不善于沟通的男性经理人那样忽略人与人交往的细节问题。然而人性化管理也有可能走向负面，一些女性领导者在处理问题尤其是人事问题上的优柔寡断，会使企业的前进遭受一些阻碍。对于已经具备强烈感性的女性管理者而言，也许提升自己看问题的理性态度，奖惩分明，公平合理，将温柔和煦的亲和力转化为适宜可行的制度执行更为重要。在这个行业，女性领导者有很多是从基层做起，由于超出一般的专长权而逐渐获得了领导的身份。这个时候，一些女性性格中保守、固定、不进取的部分如果占了上风，将严重地阻碍女性管理者职业生涯的持续发展，新的知识，新的技能，要掌握它得以影响下属，女性只有不断地学习，再学习。〔姜汝祥，2008（6）〕

还有一些学者在企业细分的基础上探讨了不同种类企业的领导力问题，如有提出了邮政企业的领导力问题，其分析了通过建立机制、赋予重任、异地交流、强化培训、营造条件、加强监督等手段，提升邮政企业领导力的经验。〔杨莹，2008（7）〕

有学者融合执行力研究进一步认为：领导就是决策，效率也来源于执行。卓越的领导力主要体现在三方面，一是领导的执行力要体现在正确的决策之中。二是领导力要体现在确保有效运行的措施和企业基本制度之中。三是领导力应该体现在固化于执行人身上的企业文化中。四是领导力要体现在确保有效运行的措施和企业基本规章制度中。具体而言其包括三大能力：驾驭市场的经营能力，借助专家的组织能力和引领企业文化的思想能力。〔郭劲丹，2008（5）〕

杜燕鹏认为，就电信企业的领导力而言，在电信业转型越来越呼唤执行力之时，领导力的提升将为强化执行力提供最坚实的后盾。同时为了适应未来的竞争环境，为了成功转型，电信企业需要培养更多的具有卓越领导力的经营者。只有这样，企业的执行力和领导力才会增强，转型战略才会得到贯彻和实现。〔杜燕鹏，2007（4）〕

有学者结合企业领导的实践提出，企业领导既是管理者又是领导者。作为管理者，他要运用合法的职权对地勘企业的运行及单位职工的工作过程进行计划、组织、指挥、协调和控制；作为领导者，他要运用自身的权力和影响力来引导和影响单位的发展和目标的实现。领导不同于管理，领导者亦不同于管理者。企业领导集管理者和领导者的角色于一体，应当具备综合的甚至在某些方面突出的"核心"能力，这是做好自身工作的前提。企业领导的领导力包括如下十二个方面，一是人格感召力，二是战略管理力，三是科学决策力，四是识人用人力，五是市场经营力，六是高效管控力，七是工作执行力，八是领导激励力，九是改革创新力，十是团结协调力，十一是文化凝聚力，十二是自我学习力。〔王崇梅，2006（7）〕

党政领导力的强弱是决定政府管理效率高低的关键，探讨具有完善整合力和回应力、具有高度责任感和为民服务精神的党政领导力，对于适应社会发展和满足公众需求具有极为重要的作用。有学者以新公共服务理论的视角，从行政领导力的内涵、服务型政府对行政领导力的要求、服务型政府行政领导力的评价标准、服务型政府行政领导力提升的对策等几方面对如何提升行政领导力做了初步探讨。他认为：传统的公共行政都是以政府和领导者为中心，对社会和公民进行管制和服务，一切社会事务和公民事务都由政府来掌舵和划桨，公民只能被动地接受政府提供的服务。新公共服务理论则认为，现代公共行政是以公民为中心的，政府及其领导者的一切行为都应以公民为中心来向社会提供服务，职能和角色的转变也赋予了行政领导力新的内涵，即回应力、整合力、责任与服务、以人为本等。提高政府行政领导力的几点策略如下，一是"两轮一轴驱动"式政府领导力提升策略，二是续接式政府领导力提升策略，三是自我参照规范式政府领导力提升策略。〔张爱军，2006（5）〕

刘峰以县委领导者的领导力为研究对象，认为：县委一把手走马上任，豪情在胸，重任在肩，工作千头万绪，究竟从何处入手来打开新局面呢？最重要的事情莫过于树立新型的领导观，提升新锐的领导力。提升简约化和自主化的领导力，提升平民化和人本化的领导力。〔刘峰，2006（20）〕

　　杨邦荣在研究军队政工干部领导力的基础上，提出：军队政治工作领导干部担负着领导本单位政治工作的重要职责，是部队完成各项任务的"一线指挥员"。他们的领导素质与领导能力，是有效开展工作、切实履行职责、实现部队建设目标的关键因素。军队政工领导干部的领导力主要靠三个途径产生，一靠领导者的人格感染；二靠领导者的素质辐射；三靠领导者的能力发挥。他认为：根据我军建设和军事斗争准备的特点与要求、军队政治工作的本质和内涵、政治工作领导干部的岗位性质和职责规范，可以将军队政治工作领导干部的个体领导力形成的层面归结为如下，一是潜在领导观念层面，二是核心领导素养层面，三是在关键领域能力层面，提升其领导力主要侧重于"一是政治领导力为核心的理念，二是提升非职权影响力作为重点，三是正视提升领导力的各种制约因素。"〔杨邦荣，2006（7）〕

　　有学者着重研究了工会领导干部的领导力问题，认为：工会领导干部是单位的中间力量，处在最接近上级领导的位置上，起着承上启下，连接左右的枢纽作用，工会的作用发挥得好，是高层联系基层的一座桥梁，发挥得不好，是横亘在高层与基层之间的一堵墙。提高工会干部领导力主要包括如下四方面的内容，一是要明确工会干部的职责和作用，二是要必备的几种能力，及执行力、沟通协调能力、不断进取的创新能力、管理能力、决策力。三是要具有崇高的职业操守，即乐业、敬业、精业、勤业、创业，具备良好的心理素质和良好的外在形象。四是保持一颗进取心。〔郭劲丹，2008（5）〕

　　王伟凯则以天津滨海新区为研究背景，提出了滨海新区建设需要新型的思维和领导力的观点，他认为：一是结构转型的大框架背景决定了新区建设不能沿用传统的思维模式和运用传统的领导力来进行操作，其领导力必须具备一定的时代特点。二是和谐社会构建的发展目标和科学发展观的指导思想决定了滨海新区建设的指导思路和发展路径。三是我国北方地区的社会发展状况决定了滨海新区建设中思维和领导力运用必须考虑区域特点。滨海新区是在全球经济联系更加密切的环境下进行开发建设的，所以就要求我们必须完善与之相吻合的思维模式和领导力模式，在推动其发展

的同时，将其建设成为我国人才、资金和高科技汇集的又一高地。〔王伟凯，2007（2）〕

（二）领导力的制约因素及变革对策

1. 制约领导力的主要因素

制约领导力的主要因素是领导力在实践中的关键问题，戴维新认为这些因素主要包括：一是道德失范。所谓道德失范，就是领导者的行为偏离了政治道德、社会道德准则的要求。道德失范主要表现为精神生活空虚颓废、物质生活追求奢华、社会交往庸俗违纪。二是权力滥用。所谓权力滥用，就是不能正确运用手中的权力，甚至利用手中权力做出违背社会大多数成员意志和利益的事情。权力滥用，是导致领导力降低甚至完全丧失的最主要因素之一。三是决策失误。决策事关领导活动的成败。决策失误主要表现在急躁冒进和因循守旧两方面。四是用人失察。用人失察是领导者失职的主要表现，因此，它必然会对领导力造成很强的制约。五是协调失衡。协调失衡是指领导系统的各种关系出现矛盾、冲突，不团结、不和谐。这里主要指人际关系，表现在：与上级关系不协调；与下级关系不协调；与同级关系不协调。六是思维僵化。这里所说的思维僵化，实质上是指思维方式的僵化。所谓思维方式的僵化，就是思维方式单一、封闭、静止。七是心理障碍。心理障碍包括心理失调和情绪失控两个方面。八是言行失体。所谓言行失体，就是言语行为主体的言谈与举止没有遵循一定的交际规则，不得体。九是眼界限制。一般说来，领导人越有远见，眼界越高，组织就越有潜能，正如人常说的"人无远虑，必有近忧"，眼界能增强一个领导者的能力。然而眼界跟正确思维方式一样，不是天生的。眼界是一种可以培养出来的本领，这种本领也可能被限制，眼界受到限制必然制约领导力的发挥。〔戴维新，2006（1）〕

有学者认为制约领导力的主要因素体现在：一是提着裤子找厕所——战略力软弱。提着裤子找厕所是一种典型的儿童行为，但在组织中却屡见不鲜。组织领导们疲于奔命、顾此失彼。在经过一番番磨砺后才醒悟"人

中国领导学研究（2006—2008）

无远虑，必有近忧"的先人教训。二是把人才"泡"成庸才——人才力软弱。人才是这个世界最有价值的资本，引才难，用才难，而把人才变成庸才似乎不怎么难。现在社会上流行一个泡字，泡吧，泡这，泡那。把人才泡成庸才，全在这一个泡字上的功夫。三是造神运动——文化力软弱。组织文化被喻为组织的灵魂。组织文化不是天生的，是组织的创业者们自己创造的。没有文化的组织是没有灵魂、没有生命的组织；缺乏文化力的领导不是真正的组织领导；文化力是组织领导力的灵魂。四是习惯邯郸学步——学习力软弱。学无止境，不进则退，而进的基础是学。现在的社会发展迅速，与竞争对手的竞争，可以说是谁学得快的竞争。不懂得学习重要的组织领导，是走向衰败的领导；不懂得如何学习，不能高效学习的领导者，其组织的发展将走入死胡同；只有打造高效学习型组织的领导，才能实现基业百年的梦想。五是官僚主义盛行——执行力软弱。"官本位"、"官僚主义"是国民传统文化中的糟粕，而一些组织领导却对此钟爱有加。他们将组织建成自己的小王国，被社会发展所淘汰的计划经济体制在这小王国内重新复活。将一个本来充满生机和活力的组织搞成机构设置政府化、经营管理行政化的"准官僚"组织。官僚主义是执行力的天敌，组织需要强势的执行力才能在市场竞争中立于不败之地。〔蔡建群，2008（3）〕

2. 领导力建设的对策及案例分析的启示

布瑞思安妮认为领导力建设的主要对策包括：一是要以身作则。以身作则可以使人在不知不觉中产生信任，人们通常只信任值得信任的人，并愿意在共同目标下共同进退。二是要指引前进的方向。方向确保各种利益相关人的欲求，体现组织的使命和价值观，并和组织愿景及策略相连。探索航向的精髓在于它激励斗志，鼓舞人心，让每个人朝着共同的方向和目标努力。三是要整合体系。如果说探索航向是"找路"，那么整合体系就是"铺路"。作为领导者，必须能看清组织的整个"生态系统"，清晰地知道目前所建立的流程、结构和体系是否支持更顺畅地产出结果。四是要授能自主。作为领导者，关键在是否创造了一个能发挥人的创造力、天资、能力和潜能的环境，使人们朝着既定的方向前进。没有合适的环境，就不能期待人有最佳的发挥，作出最大贡献。〔玛瑞丽·布瑞思安妮，路杰从制度建设的角度分析了领导力建设的相关对策：如何使团队目标深植人心，令员工自主地为目标达成承担责任、全情投入，并协同团队力量发挥创造力，都有赖于领导者本身的认同感、承诺度以及责任心种种，有赖于领导者对待员工和团队的方式，有赖于领导者在管理和领导层面的创新。总之，领导者个人以身作则，言行一致，是缩小执行差距的第一步。制度、制度的领导力、制度的竞争力当然很重要。但要澄清三个模糊认识。第一，制度是谁建立的？特别是，从人的领导力到制度的领导力的转变是怎么实现的？恐怕离不开领导人。第二，就算是制度健全了，制度的运行与执行（这当然是制度的重要方面、重要内容），也还是有一个领导人的问题。第三，在制度健全的情况下，领导人的影响力，当然不是在制度之上、之外，但它也不是在制度之下，而是在人之中，是与制度平行、对等的一种影响力。反过来说，制度在什么地方呢？人与人的相互制衡、分权制衡就是制度。通常认为，在制度健全的情况下，领导人处于制度之下。这个认识需要纠正。〔路杰，2006（8）〕张爱军则认为领导力建设的对策没有固定格式。关键靠各自的学习，感悟和实践。只要善于学习、善于发现问题、总结经验、即知即行、与时俱进，领导力就会增长起来，就会受益无穷、前途无限。〔张爱军，2006（5）〕

任德华从企业的领导力评估入手，分析了领导力建设的相关问题，他认为：就企业而言，领导力建设的战略选择可以有两种方式。第一种方式是根据企业现有的领导力确定企业的战略，比如企业要并购一家公司，从而实现向新业务进军的目标，这家公司的并购要求在三年能完成业务整合、公司流程再造、改善风险管理、推行领导变革、实现盈亏平衡等，否则企业将无利可图。同时要求5年内公司的业务在国内的市场上有一定的影响力，如业务比例占国内业务市场的20%等。这些对领导者提出了很高的要求。然后，比较公司的现存领导力，有符合并购要求的领导则实施该战略。若不能满足，修改远景目标。第二种方式是计划实现一个事先预定的战略目标，计划时要考虑不同选择方案所需要的领导数目、人员配置时间，以及人员组合方式。对在市场要求的时间框架内培养足够成熟的领导能力，如果这一目标不太现实，采用这一模式的公司可能会排除这种可能性。比如上述战略，公司可以在市场要求的时间框架内自我培养领导力，再实施并购方案。这两种方式都阐明了事先考虑领导力可以如何影响战略方向、路径，以及最终成果。但是，如果公司不及早培养领导力，在这两种情况下，公司的发展战略都会受到领导力短缺的限制。企业要避免陷入这一尴尬境地，就必须严密考虑其现有的领导人才库及公司拥有的领导人的类型，以及他们的能力组合、需要弥补之处并制定领导力建设规划。战略不会平白无故地成功，在仅仅赢得重大机遇和切实实现潜力之间，领导力的好坏会有天壤之别，高层经理们必须评估公司的领导力差距，寻找种种方式在短期、中期和长期内弥补差距。更理想的是，公司应该将领导力举措与战略制定融合在一起，并仔细根据领导情况委以合适的机会。〔任德华，2006（25）〕

孙振耀以惠普公司为案例进行分析，提出了领导力建设的相关启示，他认为：惠普公司通过动态领导力框架驾驭变革，不断地达成更高的目标。其动态领导力框架包括企业文化、目标战略、结构运营和员工能力四个要素，它们环环相扣、互相联动。在动态环境下，职业经理人应具有制定创新战略并有效执行的素质和水平，不要怕"先开枪、再瞄准"，只要运用目标管理法对执行过程进行管理，提高检查频率，不断调整并解决差异，就能达成目标。动态环境下的组织运营和结构规划，其关键是如何在职业经理人的工作责任和结果责任之间找到平衡点，强化"问责制"，加快决策响应速度，提高效率。企业文化是推动变革的驱动力，惠普公司一次次管理变革、驾驭变革，在每一次重大变革中都取得了成功，从一家年营业额不足 20 亿美元（1978 年）的电子仪表公司，成长为营业规模达到 917 亿美元的 IT 产业的领军企业，我们也因此从经验中总结出管理变革、驾驭变革的动态领导力框架。相对静态环境下的领导力而言，领导企业变革的领导力，被称为动态领导力。在静态环境中的领导力多数强调激发人或组织的热忱与潜力，维度比较单一。而惠普公司的动态领导力框架，涵盖多维，强调在动态的环境中，必须同时兼顾企业文化、目标战略、结构运营和员工能力这四个关键要素，掌握其彼此的互动关系，把它们看成四个紧密契合、互相联动的齿轮，相辅相成、缺一不可。例如，追求卓越和创新的企业文化会驱动职业经理人制定更高的目标，采取创新战略去达成，但这无可避免会带来风险及不确定性，所以组织结构及运营模式就必须强化问责制度，加快检查的速度，才能对差异采取及时的措施，而对人才、各层经理及员工，也必须提升沟通、学习、决策的速度等能力，并制定不同的奖励政策。在上述研究的基础上，他进一步将领导力建设的相关启示总结为：一是要建立追求卓越及创新的企业文化，创造一个让职业经理人愿意冒一定风险的环境，鼓励新想法，准许员工犯错，如同惠普法则中所举出的"新奇的想法并非就是坏想法，要尝试新的工作方式"。二是要发展不同的领导力，在静态环境中，领导力的主要来源是领导者过去积累的经验，俗话说"我过的桥，比你走的路还多"，通常做多于说。而在动态环境中，由于没有可供参考借鉴的基础，领导力的来源则变为领导者的高效沟通能力，能够快速说服别人接受新想法，并在不确定的环境中统一思想及整合各种专业职能的能力，也就是具有"登高一呼，万众响应"的能力。加强过程管理，运用目标管理法并提高定期检查的频率，及时发现现状与目标之间的差距，不断修正及调整，尽快找出解决差异的办法，才能保证达成目标，交出一份卓越的成绩单。与静态领导力相比，动态领导力更加强调权责和职责的一致性，也就是所谓的"问责制"。总结我们的经验，在动态环境下，企业在进行组织运营结构规划时，不能仅考虑专业分工，还要充分考虑每个职能部门被赋予的职责和权责是否大致相当，在组织结构设计上应尽量减少部门数量，将各个专业职能整合在同一部门内以加速决策的灵活性，让各部门在承担更多责任的同时，拥有更多的权力和资源调配能力。〔孙振耀，2007，（3）〕

有以 IBM 为案例进行分析的，认为 IBM 的成功给予领导力建设的启示是：一是共同参与，权责明晰。仍然停留在权力导向思维的企业认为，共同参与领导力开发意味着没有人负责或是对结果负责。IBM 摒弃了这一观点，制定了全面的、结果导向的方式。二是制定评价指标。明确了领导力开发的责任、优化流程后，就必须制定适当的指标帮助经理人员判断在领导力开发上的投入是否打了水漂。IBM 制定了可信度很高的指标，将

领导力开发的投入与建立产生卓越经营结果的能力相联系。〔安·迪灵，2007（9）〕

杨壮在比较了中国和外国著名企业的基础上，提出：一是要注重全球的趋势，不能完全把自己的精力放在企业内部。对整个趋势把握不了，不理解整个趋势的拐点，就做不出好的判断，就不能走在别人前面。二是要学习研究别人的经验教训。不仅仅要摸着石头过河，也要跟着别人过河。日本企业有很多的问题，但是日本人学别人学得很好。三是要关心全球军事、政治、经济的现实问题，才能把握住对企业非常重要的拐点问题，中国企业家要形成这样的领导力。四是决策有战略高度。五是要有对事物的长期关注。六是要有奉献精神。七是要有关注别人的精神。八是要有品格。九是要因地制宜，对于高层、中层和基层的领导者要采用不同的方法，根据人员素质的变化和环境的变化，根据人员的期待值的变化要有所变化。〔杨壮，2006（15）〕

有学者在研究企业内部关系的基础上，提出：企业内部应该建立在一种和谐的伙伴关系中，由上位者扮演"领导"的角色，建立起真诚的伙伴关系，带领所有员工朝向同一个目标迈进。另外，充分地授权予员工，也是身为领导者相当重要的工作。通过完全授权的方式，不仅可以训练员工处理问题时的应变能力，同时，在处理过程中也能将员工的创意、潜能激发出来。此外，授权的动作，也是一种基于对员工信赖的表现，这种做法会使员工感受到企业的尊重及重视，并有助于建立起企业内的信赖关系。在此基础上，他提出领导力建设的相关对策是：领导者管得越多，员工自然就丧失了创意发挥的机会，同时，领导者专制、强势的作风，势必导致员工心里产生负面情绪，进而影响工作品质。我们在谈到领导力的时候，常常把注意力集中在企业的最高领导层，当然，对任何一个企业来讲，最高领导人是最重要的，因为他的责任最重大，能够使用的资源也最多，可是这只是必要条件并不是充分条件。领导力不是仅局限于最高一层的领导，而且领导力和责任感有非常重要的关系。如果片面理解了领导力这一概念，就会出现主观上认为是正确的事情，而实际上却是错误的。看到什么赚钱就干什么，往往容易进入发展的误区，因为在别人手里赚钱，到自己手里没准儿就赔钱。在机遇面前，我们一定要睁大眼睛，多些思考，少些冲动。当为机遇来临而兴高采烈的时候，千万提醒自己：机遇的背后是否存在悄然而至的"遭遇"。领导力存在的合理性来源于领导活动的间接性。从领导活动展开的过程看，领导活动与组织目标的关系是间接的，而不是直接的。正是这一特性决定了领导目标的实现不是依靠领导者自身的身体力行去实现的，而是依靠群体成员的积极行动得以实现的。任何层次、任何群体中的领导活动必然是一种依靠动员和激励追随者实现组织目标的活动。那种只看重自身能力，事必躬亲的领导者，严格意义来说，并不是最优秀的领导者，甚至还可能是失败的领导者。赢得众多的追随者，是领导活动顺利展开、领导目标得以实现的根本保证。剧变中的市场竞争是残酷的，在此背景下，领导力最为突出的体现就是发挥企业家和经营者的创新和变革精神。为实现这一目标，领导者必须拥有卓越的情商，能够承受变革给我们内心带来的巨大冲突和痛苦，突破自己，突破环境的限制，主动迎接挑战，并且在冲突中保持专注的精神、积极的心态和坚定果敢的毅力。〔蔡建群，2008（3）〕

有学者从品牌研究出发，聚焦领导力实践中的相关对策，他们认为：从产品品牌实力和地位的关系来看，产品品牌实力是产品品牌地位的基础，在产品品牌建立初期，从差异性建设开始，尽量满足消费的需求，以形成满足其需求的体验，随着产品品牌实力的增强，产品品牌在一个小的环境里迅速增长。但是，要想持续提升产品品牌，就需要建设品牌的尊敬性和信息性，提高产品品牌地位，形成满足消费者更高需求层次的体验，必须制定产品品牌领导力建设的相关对策。在对上述问题进行探讨的基础上，他们进一步提出：产品品牌领导力建设的过程可分为4个主要阶段：差异性、适合性、尊敬性和信息性阶段。产品品牌领导力建设的过程是一个需要多学科共同进行的过程，其方法涉及市场学、心理学、设计艺术、企业管理、传播学等相关学科。基于体验的产品品牌领导力建设方法包括调查方法、建设方法和评估方法。品牌领导力的建设是通过品牌实力和品牌地位的成功建设而形成的。在品牌领导力的建设中，按照差异性、适合性、尊敬性和信息性的建设步骤，通过对消费者体验的多角度认识，逐渐

中国领导学研究（2006—2008）

摸索出适合自身产品品牌建设的方法，在一个区域内初步完成了某产品品牌领导力建设工作。品牌领导力的建设是多方面的，涉及设计、传播、推广、管理等各个方面，在初步建立了产品品牌领导力后，如何进一步发展和巩固产品品牌领导力，将是产品品牌领导力建设的重点和关键。〔张奇，2008（8）〕

三、领导力培训

随着经济全球化和文化多元化趋势的发展，领导力日益成为组织获得竞争优势的重要来源，领导力培训也越来越成为摆在领导学和人力资源管理研究者面前的一个重要课题。长期以来，课堂式的领导力培训方式一直占据着领导力开发的正统地位，但自20世纪80年代以来，随着研究人员对领导力开发方式的不断探索和拓展，目前这一局面已在逐渐改变，领导力开发的模式呈现出多元化的发展趋势。

（一）领导力培训之窘境

于洪生在分析目前领导力培训困境的基础上提出了加强领导力建设的相关对策。他认为，如同一则含有讽刺意味的"玩笑话"所传递的信息，一个没出过国的人给出过国的人传授国外经验；一个没当过领导的人给领导者讲领导科学和领导艺术。这听起来确实有点匪夷所思，但却是领导力培训中所遇到的比较普遍的现象。虽然如此，但培训的热度并未减退。理性对待领导力培训。很多参与培训的领导者在谈及培训收获时，首先关注的问题是有没有"效果"，是否管用。可以用"好听、解渴、管用"六个字来形象描述培训者对培训的要求。在学习渐成社会风气的形势下，许多党政机构和企业纷纷到外地"取经"，甚至不惜到国外去接受国外机构的"培训"。尽快学到能够用得上的知识和技能，这可能是领导者（受训者）的普遍心态。但领导力不可能来源于一两次培训，这需要领导者长期的积淀。对于领导者来说必须静下心来想一想，是否应该给予领导力培训项目以过高的期望。信息化时代的来临则为人们获取新知识提供了前所未有的便利，学习已经成为随时随地发生的事情。在这种新形势下，领导者要把培训的重点集中在思维转换、能力培养、技能训练等领域。培训不再是简单地由教师直接通过灌输的方式传授给学员，让学员被动地接受、理解和掌握，而是逐步通过让学员用体验、互动等方式去尝试个体难以解决的问题，以更有效地形成自己的生活经验和知识基础。因此，领导者的培训方式也要改进。培训的注意力应转移到参与性、互动性和体验性上来。在实践中运用所获得的理念和方法。领导力培训的目的在于产生行动而非知识，领导是一个领导者与追随者互动的过程，这两个方面决定了领导力培训的实效性，即培训不是为了脱离工作去学习，不能脱离下属去空谈领导。在实施领导行为、提升领导力的过程中，既可以更加深刻地认识到领导理论的作用，领会理论与实际相结合的奥秘，又可以有效地改进组织运行机制，与下属建设更加和谐的领导与被领导关系，从而达到提升个人领导力和组织绩效的双重效果。〔于洪生，2007（2）〕

（二）领导力培训之变革

加强国外领导力培训的相关研究对国内领导力培训的建设也具有重要的启示意义，翁文艳、房欲飞等人较为深入地研究了美国大学生领导力培训的状况，她们认为：为了应对 21 世纪瞬息万变的国际形势和技术进步的挑战，美国需要培养新一代的领导人，使他们能够在地区、国家和国际等各层次事务中推进积极的变革。同时，领导力本身的定义也在不断拓展，它被视为一种促进积极有效的社会变革的合作过程，被认为是任何人都需要而且能够养成的能力。面对这种现状，美国的一般大学与学院自觉地承担起培养新一代领导的责任，兴起了旨在培养学生领导能力的教育或简称领导力教育，它是一种以领导力为主题或专业，重在培养学生具有领导知识与技能的跨学科教育。它不仅与多类学科有关，如管理学、政治

中国领导学研究（2006—2008）

学、教育学、心理学等，而且其研究本身也是一个跨学科的领域。〔翁文艳、房欲飞，2007（2）〕

翁文艳等还介绍，1997年，据美国学者统计，全美国已有600多所院校实施领导力教育或培训计划，其范围涉及从短期的实习到全面的本科或者研究生教育，而且受教育人数或参加培训的人数正逐年增加，形成了21世纪美国高等教育发展中一个值得关注的新兴领域。一是从管理学角度揭示美国大学生领导力教育实践中的成功因素实践表明，美国的大学生领导力教育项目有以下几方面的共同特征：（1）较好地融入了所在大学的文化和管理框架。比如：领导力开发项目（或中心）的目标和所在大学的目标或使命之间有着紧密的联系；领导力教育的方式获得了所在大学的行政支持，例如：把领导力教育中的理论部分渗透到各相关学科的教学活动中。（2）项目大多都有一个共同的概念框架。比如：组织者都认为领导力是可教的，培养大学生的领导能力有助于改善当代的"领袖危机"；项目都有一个清晰的理论框架、知识结构、明确价值观以及基本观念；有一种综合协调式的教育策略，包括经验学习的机会（如服务式学习、户外挑战课程等）以及知识方面的发展；鼓励参与者在增进对领导理论和问题的了解的同时培养某种特定的技能，这些技能包括合作、批判思维、系统思维、文化敏感性等。（3）项目都具有某种保证其可持续发展的特征。比如：领导力教育项目有一个高层次的学术归属，一般不限于某一个系所，而是直接隶属于大学的教务部或学生部门，这就使得项目易于获得宏观层面的行政支持；在领导力教育项目实施的全过程，所在大学的教职工都认可该项目；有一个明确说明的评估计划，评价结果用于改善和加强该教育项目；项目最初的设计能增强所在大学的影响力，易于获得社会支持。二是从心理学角度概括美国大学生领导力教育中呈现出的领导力必备特征：美国的大学生领导力教育项目经过多年的实践，对以下一些领导能力进行了培养，同时也表明，这些领导能力也是胜任领导角色的必备特征。（1）自知的能力。许多大学的领导力教育都注重让参训者反思本人的领导风格和领导经验。作为一个领导者必须具有自知的能力，其核心是对自身领导风格和经验的认识。只有这样才能了解自己的优势，并能改进自己的不足。

（2）有效处理人际关系的能力。解决和管理冲突的能力、通过谈判得到合理解决途径的能力、授权他人的能力等是当前美国高校大学生领导力教育课程的重点，一个人要成为有效领导者，必须善于建立和维持与他人的关系。（3）灵活的适应能力。美国高校的大学生领导力教育注重多元文化的适应能力、团队合作能力、多视角分析问题的能力等，关注变革需要领导者敢于挑战而不是害怕新情境，需要领导者应对千奇百怪的任务，并成为跨学科的思考者。（4）创造性思考的能力。美国大学生领导教育或者把培养创造性思考的能力作为培养目标之一，或者在教育过程中注重培养学生的批判思维，领导力与批判思维能力存在密切关联。为了解决当前社会层出不穷的问题，领导者必须提供打破惯例的、实际有效的解决途径。（5）承诺服务的能力。美国的大学生领导力教育注重教学生进行需求评估，并注重通过面向社区或他人的公益服务来培养他们的服务意识。服务意识越来越被看做是领导的隐喻。变革型领导的动机来源于服务的需要和对个体需求的敏感能力。（6）把握公共政策的能力。美国大学生领导力教育注重培养学生了解公共政策和政策开发的能力，把握公共政策是任何类型的领导者的必备知识。领导者只有了解当前公共政策系统的本质，才能对有关的经济社会问题施加财政和项目方面的影响。三是从教育学角度挖掘美国大学生领导力教育的教学组织特色：（1）根据自身特点设立特色化的教育目标。各大学领导力教育项目的设立都密切结合了自身的使命或传统，形成了各有特色的培养目标。如圣·本笃学院和圣·约翰大学充分利用自身作为教会学校和单一性别院校的特色，在领导力教育项目的培养目标上突出公益情怀和性别视角。罗特格斯大学的"美国妇女和政治中心"充分利用自身作为全国性的女性与政治中心的优势，设立了"全国妇女领导力教育项目"，致力于女性领导力教育。（2）结合各自学科注重实践类课程设置。各大学的课程都把实践和服务环节置于重要地位。如加州拉文大学两个学期的领导教育课程中，专门有一个学期用于实践；罗特格斯大学让项目训练班的学生专门用一年的时间回母校开发项目并亲自运营；鲍尔州立大学领导项目的每个环节都有对社会活动、社团活动和社区服务之类的活动的时间要求。（3）因应各校条件注重多文化背景的创设。随着全球化进

中国领导学研究（2006—2008）

程的加快，越来越多的学校开始注重多元文化背景下的人际互动，并将这种背景引进领导力教育。如罗得岛州大学将考察诸如多元文化、融合、文明和社区参与之类的问题作为领导力教育的重要板块，鲍尔州立大学专门把"多文化和全球视角的领导"作为两个访问学者项目之一。（4）利用公共资源重视与社区的互动。许多高校的项目十分重视利用社区的公共资源或师资，并要求学生参与一定时间的社区服务，比如：南伊利诺斯大学的领导力教育项目不但重视聘用来自社区的师资，还要求学生至少参与 30 个小时的社区服务；鲍尔州立大学领导力教育第三年的重点便是在更大社区范围内的领导和服务等，这样，通过领导力教育项目实施，学校也在一定程度上密切了与社区的联系。（5）系统设计项目注重反馈环节的设计。各大学都十分重视领导力教育项目的成效，因此对项目的反馈环节有着专门的设计，如加州拉文大学对每门课程都设计了课程作业，通过作业及时地掌握学习情况。〔翁文艳、房欲飞，2007（2）〕

（三）领导力培训之途径

还有学者认为，在培养领导力过程中的各个条件都是相辅相成的。作为领导者首先要充满理想、热情和激情，用这种发自内心的热情和激情来支持自己的理想，这时你的使命感才会形成充满人气的凝聚力，才能带领自己的团队走向成功。这种使命感有三个目的：第一，激励你的员工；第二，凝聚一个团队；第三，使团队走向正确的方向。同时要注意在合适的场合，用适当的方式、清晰的语言来表达公司的远景目标和战略规划。这也关系到领导者个人的沟通能力、影响能力和表达能力。〔王云峰，2008（6）〕

文茂伟认为应把训练和培养领导干部系统思维作为借鉴西方案例教学法，培训干部领导力的重点。他提出：案例的记叙性、非结构性、综合性决定受训干部学习、研究案例的过程是形成系统思维的过程；案例教学中的互动讨论有利于受训干部系统思维的拓展、深化与完善；有效实施案例教学法的突破口在于开发一批高质量案例和聚集一批合格案例教师。突破干部培训案例教学师资瓶颈应以"聚集"社会资源为主，在"聚集"基础上再"培训"。"聚集"指聘任熟悉领导情境的人士担任教师，"培训"则是对他们进行从教学技能技巧提升到思维模式转变的全面训练。国内可"聚集"的资深专业人士资源较为丰富，但只有完成对他们的"培训"，才能真正实现"聚集"的目的。有效借鉴西方案例教学法具有改变传统思维方式的作用，正因为如此，其启动时面临带有悖论性质的困难，但思维方式是可以改变的。国内一些商学院对案例教学法的成功运用显示，学习者在教师引导下，逐步改变了单一、直线的思维习惯。〔文茂伟，2007（2）〕

就领导力培训的主要途径而言，戴维新提出：领导活动涉及社会生活的各个领域，具有全局性、复杂性和具体性的特点，因而领导力培训也就包括多方面的内容，主要应从以下几方面着手，一是提升控制力，即领导力的着力点；二是提升决策力，即领导力的重点；三是提升领人力，即领导力的标志；四是提升协调力，即领导力的基础；五是提升调适力，即领导力的保证；六是提升表达力，即领导力的体现；七是提升创新力，即领导力的动力；八是提升学习力，即领导力的核心。〔戴维新，2006（1）〕

有学者则以欧亚各国公务员教育培训为例对国外领导力培训趋势作了探讨，他认为：能力提升的目标导向、公共管理的培训理念、创新的培训方法、法治下的培训制度、科学的培训需求分析以及有效的财政保障，都对我国的领导力培训有一定借鉴意义。〔吴涛，2008（9）〕

也有学者指出，在新时期领导力培训的发展中，教练辅导和导师指导两种新途径已经引起了学界的关注，任真等人深入地研究了西方领导学界关于教练辅导和导师指导这两种途径在领导力培训中的理论与实践，他们认为：大量的理论和实践研究表明，教练辅导和导师指导在管理领域和人的发展领域里正在实现由边缘步入中心的转变。教练辅导和导师指导之所以逐渐从管理领域和人的发展领域的边缘走向中心，究其原因有以下三个方面：一是在经济全球化和文化多元化的竞争条件下，组织变革的压力使得单纯依靠传统层级式权力结构来实现组织目标已难以奏效。而教练辅导和导师指导作为新的领导力开发方式，为领导者在力度日益加大的组织变革中实现组织目标开辟了新的途径。二是与课堂授课式的传统培训方式相比，在工作环境中采用教练辅导和导师指导来学习新知识和新技能的方式，操作更加简便，成效更加突出，而成本却更加低廉。三是自身学习能力和领导力的提高越来越成为人们自我关注的焦点。教练辅导和导师指导在我国还是一种新鲜事物，但发展却非常迅速，近年来各种论坛、研讨会、网站和相关培训相继涌现，如何有效引导、促进和规范其在我国的运作是我们面临的一个新问题。〔任真，2006（7）〕

有学者以惠普公司的领导力培训为例，分析了"目标管理法"在领导力培训中的应用问题。他认为：注重下属领导力的培养，是职业经理人和企业家的主要区别之一。对于大多数企业家来说，只有他愿意并且做好全面准备，才会交出领导权职位。相比之下，职业经理人却需要时刻做好准备，随时完成工作交接。因此，对于优秀的企业和称职的职业经理人来说，接班人和领导力的培养，应该是日常工作中最重要的内容之一。在追求卓越和创新的高科技产业，领导者显然比追随者更符合企业长远利益。培养员工的领导力，在普通员工中发现并培养领导者，惠普实行多年的"目标管理法"是最有效的方法之一。在惠普公司，"目标管理"包括四个主要内容：第一，设定目标，目标的内容要兼顾结果与过程，这是根据岗位职责和公司整体目标，由主管经理和当事者一起讨论确定的。第二，当事者要自己动手，制订工作计划，其中最重要的内容，就是设计阶段性目标，提出达成阶段目标的策略和方法。在此过程中，主管者只是指导者和讨论对象，而不会越俎代庖。一个不能对终极目标进行阶段性分解、不能自己选择工作方法的员工，也就难以成长为合格的领导者。第三，定期进行"进展总结"，由主管经理、当事者和业务团队一起，分析现状预期与目标的差距，找到弥补差距、完成目标的具体措施。最后，在目标任务终止期，进行总体性的绩效评估，如果没有达成目标，要检讨原因；如果超出预期，或者达成了当初看上去难以完成的目标，则要分析成功的原因，并与团队分享经验。"目标管理"这种方法能够最大限度地激发合格领导人所必须的两项基本素质：第一，永远要有主动达成甚至超越目标的自我要求；第二，能够创造一个环境，促使团队成员追求卓越并积极寻找解决问题的方法与途径。按照"目标管理"方法，团队主管者需要足够的勇气，给员工尝试的机会，创新的机会，同时也要有承担错误、承受风险的勇气。只有这样，才能够培养出企业需要的领导者。通过"目标管理"培养领导力，已经得到了企业管理界的共识。但是，正所谓"知易行难"，在一个企业，特别是竞争激烈、商机稍纵即逝的高科技企业中，实行"目标管理"并不是一件容易的事情，它需要科学的方法，也需要一种对时机、风险、分寸的把握和判断的能力。〔郭劲丹，2008（5）〕

附：相关论、著索引

一、著作部分：

1. ［美］蒂莫西・J.克罗潘伯格（Timothy J. Kloppenborg）、［美］亚瑟・施里伯格（Arthur Shriberg）、［美］贾亚士里・范卡特拉门（Jayashree Venkatraman）著：《项目领导力》，机械工业出版社2006年版。

2. 严正著：《四维领导力：锻造中国管理者的卓越领导力》，机械工业出版社2007年版。

3. ［美］朱迪斯・E.格拉塞尔著：《领导力DNA》，东方出版社2007年版。

4. ［美］罗伯特・N.罗瑟尔（Robert N. Lussier）、［美］克里斯托夫・F.阿川（Christopher F. Achua）著：《领导力教程：理论、应用与技能培养》，清华大学出版社2008年版。

5. 朱乃肖著：《如何更有领导力和竞争力》，江西高校出版社2008年版。

二、论文部分：

1. 玛瑞丽・布瑞思安妮：《质量保障是领导力的重要部分》，《国家教育行政学院学报》，2006（1）。

2. 戴维新：《领导者如何提升自己的领导力》，《党政干部学刊》，2006（1）。

3. 高娃：《女性领导力特质》，《管理@人》，2006（3）。

4. 尚久悦：《以学习力打造领导力和创新力》，《黑龙江史志》，2006（3）。

5. 郑宗太：《〈资治通鉴〉中提升领导力方法的解读》，《内蒙古农业大学学报（社会科学版）》，2006（3）。

6. 张爱军：《论领导力》，《大连干部学刊》，2006（5）。

7. 郄永忠：《聚焦印度企业家的领导力》，《经济导刊》，2006（6）。

8. 李志：《国内企业领导力研究及相关建议》，《重庆工商大学学报（社会科学版）》，2006（6）。

9. 杨邦荣：《论政工领导干部的领导力》，《军队政工理论研究》，2006（7）。

10. 王崇梅：《论六赢领导力》，《商场现代化》，2006（7）。

11. 任真：《领导力开发的新途径——"教练辅导"与"导师指导"》，《外国经济与管理》，2006（7）。

12. 路杰：《重要的是领导力》，《决策》，2006（8）。

13. 唐盛昌：《提升课程领导力》，《北京教育（普教版）》，2006（10）。

14. 李方：《强化教育领导力》，《北京教育（普教版）》，2006（10）。

15. 关景双：《教学领导力不容忽视》，《上海教育》，2006（11）。

16. 张长生：《善威促和——提高领导力的重要条件》，《理论前沿》，2006（13）。

17. 杨壮：《领导力就是影响力，影响力就是品格——再论西点军校领导力培训》，《商务周刊》，2006（15）。

18. 杨壮：《权力、领导力和专业主义精神》，《商务周刊》，2006（16）。

19. 刘峰：《履新书记：提升新锐领导力》，《人民论坛》，2006（20）。

20. 任德华：《战略制定从领导力建设开始》，《商场现代化》，2006（25）。

21. 于洪生：《挑战领导力培训》，《决策》，2007（2）。

22. 翁文艳、房欲飞：《当代美国大学生领导力教育成功经验分析》，《中国青年政治学院学报》，2007（2）。

23. 文茂伟：《借鉴西方案例教学法培训干部领导力》，《教育探索》，2007（2）。

24. 李慧才：《变革领导力研究述评》，《首都经济贸易大学学报》，

2007（2）。

25.　王伟凯：《新型思维和领导力在滨海新区建设中的运用》，《天津大学学报（社会科学版）》，2007（2）。

26.　汪中求：《细节决定 CEO 领导力》，《经理人》，2007（3）。

27.　杜燕鹏：《借领导力补补钙》，《中国电信业》，2007（4）。

28.　房欲飞：《通识教育和大学生领导力教育——以美国大学为例》，《复旦教育论坛》，2007（4）。

29.　柯健：《人性化管理要求提升领导力》，《中国人力资源开发》，2007（4）。

30.　吴涛：《领导特质光谱中的五种维度》，《领导科学》，2007（6）。

31.　张世和：《论复合领导力》，《领导科学》，2007（8）。

32.　张爽：《校长领导力：背景、内涵及实践》，《中国教育学刊》，2007（9）。

33.　陈晓萍：《领导力迷信》，《管理 @ 人》，2007（11）。

34.　方英范：《提升"领导力"》，《教育》，2007（24）。

35.　缪军：《论"一把手"的领导力》，《学习与实践》，2008（1）。

36.　张玲：《校长领导力与和谐校园建设初探》，《江苏经贸职业技术学院学报》，2008（2）。

37.　蔡建群：《国外全球领导力研究前沿探析》，《外国经济与管理》，2008（3）。

38.　罗志敏：《制度创新：党政领导力提升的重要路径》，《学校党建与思想教育（下半月）》，2008（4）。

39.　李慧莲：《英国中小学校长领导力培训的实践及其启示》，《外国中小学教育》，2008（5）。

40.　郭劲丹：《领导力的影响变量、战略模型及变革策略》，《企业经济》，2008（5）。

41.　王云峰：《领导力理论溯源及创业领导研究方向》，《技术经济》，2008（6）。

42.　姜汝祥：《领导力两大原则》，《企业文化》，2008（6）。

中国领导学研究（2006—2008）

43. 杨莹：《领导力与领导风格解析》，《企业活力》，2008（7）。

44. 张奇：《中国企业领导力的缺失及提升浅析》，《现代企业教育》，2008（8）。

45. 董君武：《关注教学领导力，提高课堂教学目标的科学性》，《上海教育》，2008（8）。

46. 奚洁人：《战略、战略领导和战略领导力》，《文汇报》，2008—08—03。

47. 吴涛：《国外公务员教育培训的趋势研究》，《领导教育研究》，2008（9）。

第五章
领导决策与失误问责

　　领导决策涉及价值判断、理性逻辑、环境支持、效能反馈、决策心理、妥协平衡等多种因素。研究领导决策，必须研究影响领导决策的因素、领导决策的主体以及领导决策的结果与责任，这些构成领导决策研究的基本主题。近年来，关于领导决策的研究，在基本主题上没有发生变化，但在基本主题的侧重点上有一些新的趋向。比如，注重国家大政方针政策对于领导决策的影响，一些研究者讨论科学发展观、环境伦理对于地方政府决策的影响；注重危机情景下的领导决策研究，不少学者加强了对于领导非程序化决策的研究；注重大部制改革对于决策的影响，有学者分析政府组织结构变革与决策质量的关系；注重对决策失误、决策成本、决策绩效的研究，很多学者强化了对于领导决策问责的研究。这些新的趋向反映了我国大变迁时代投射于领导学学科上的影像。对于研究文献的梳理发现，国内领导决策的研究正呈现出一种新的趋势：在深化并吸收领导决策的基本理论的基础上，增强并细化了对于中国具体情境下的经验研究，旨在使基本理论能够应用于对现实经验的分析与解释中。进而言之，关于领导决策的研究，国内学界越来越倾向于本土化、时代性，越来越关注中国转型、发展与变革等环境（environment）和情势（situation）等影响决策的条件或动力。

一、影响领导决策的新维度：决策环境的视角

影响领导决策的因素很多，已有的研究表明，决策信息、决策程序、技术支持、专业人才以及决策环境等都是重要变量。从系统论的角度来看，决策环境尤为重要。这不仅因为，任何决策都在一定的环境中进行，这些环境由时间、空间、条件和因素构成；而且因为，决策的有效程度，也取决于其依存的环境。简单来说，环境可以理解为与决策问题相关联的所有周围世界。细分来看，既可以把决策环境分为组织外部环境、组织内部环境以及决策者的心理环境，也可以把决策环境分为政策环境、制度环境和情势环境。这些不同类型的环境间接或直接影响着领导对于有待决策的问题的看法与方案选择。2005—2008 的相关文献表明，科学发展观及其环境伦理、公共危机、政府大部制改革等是领导决策研究中的重点和热点。

（一）环境伦理与绿色决策

中国经济，在改革开放 30 多年之后，用年均 9.8% 的 GDP 增长速度，创造了"中国奇迹"。然而，在"中国奇迹"的背后隐藏着经济、资源与环境之间的矛盾。地区发展不平衡、资源过度消耗、环境污染、生态破坏等问题严重困扰着中国的可持续发展。要实现可持续发展，就必须解决这些问题，其关键在于，以科学发展观统领国家建设的全局，在各级领导干部中树立正确的政绩观，在决策过程中引入环境伦理观的价值取向，实现绿色决策。

环境伦理观有两个基本点：一是强调人类在追求健康而富有成果的生活权利时，也应当与自然保持一种和谐的关系；而不应凭借手中的技术和

中国领导学研究（2006—2008）

投资，采取耗竭资源、破坏生态和污染环境的方式去追求这种权利的实现；二是强调当代人在创造发展和追求消费的同时，应尊重后代人，不允许当代人一味片面地、自私地追求自己的发展和消费，而不顾后代人本应享有的同等生活、消费和发展机会。

长期以来，中国片面注重经济发展，忽略了经济发展与生态环境，人与自然、人与社会等各方面的平衡协调发展。各地领导干部的非绿色决策引发了许多环境问题。因此，实现可持续发展的关键在于各级领导干部的绿色意识和绿色决策能力，而正确的环境伦理观是树立绿色决策意识和培养决策能力的思想基础。具有可持续发展环境伦理观的各级领导干部会更注重资源、环境的价值，在决策中首先考虑资源和环境因素，考虑未来的可持续发展能力，即通过绿色决策实现可持续发展目标。〔和沁，2006（5）〕

正确决策是正确实施决策的前提，也是各项工作取得成功的前提。一些地区和部门在发展的认识上存在误区，如在环境保护问题上走的是"先发展，后治理"的路子，以至于环境恶化带来的负面影响频频出现；在人的发展问题上，把人视为手段而非目的的做法直接导致了人的主体地位的缺失，人的全面发展被边缘化的倾向等等。对于一个执政党来说，有什么样的发展观，就会有什么样的发展道路、发展模式和发展战略。中国共产党适时提出科学发展，凸显了党在新时期面对复杂问题的领导水平和执政水平。科学发展在一定意义上体现为可持续发展。它要求实现人与自然和谐，实现经济发展与人口、资源、环境相协调，坚持走生产发展、生活宽裕、生态良好的文明发展道路。因此，既考虑当前发展的需要，又考虑未来发展的需要，不以牺牲后人的利益为代价来满足当代人的需要。各级领导干部要树立正确的政绩观，坚持围绕适应新形势、肩负新使命、完成新任务、实现新进步这一时代要求，审时度势，科学规划，统筹解决当前建设与长远发展、全面建设与单项任务、中心工作与其他工作等关系，使各项建设协调发展，全面进步。落实科学发展观，就要坚决科学决策，要不断提高科学决策的水平，统筹解决好当前与长远、全面与重点、中心与边缘等关系，使各项工作相互促

进、相得益彰。〔胡献忠，2006（11）〕

（二）危机情境与非程序化决策

在国际局势变幻莫测、国内改革日趋深化的时代背景下，危机频发已经成为各国政府不可避免且必须应对的重大挑战。国内外发生的一系列公共安全危机事件，无论是天灾，还是人祸，都以巨大的力度和广度，冲击与影响着社会各阶层，危机决策越来越成为各国和各级政府谨慎而又积极对待的重大问题。〔陈秀梅、于亚博，2007（1）〕

决策根据形成方案的过程和组织方式的不同，可以分为程序化决策和非程序化决策两种。程序化决策是决策者在领导活动中重复出现的、例行的决策，主要依靠先前制定的标准进行。非程序化决策是对一种非重复性质、非结构性、异乎寻常的和没有限定的事件进行的决策。

危机情境中的领导决策是一种非程序化决策。它要求领导在有限的时间、资源、人力等约束条件下做出应对危机的具体措施，即在一旦出现预料之外的某种紧急情况，为了不错失良机，而打破常规，省去决策中的某些"繁文缛节"，以快速地作出应急决策。〔薛澜、张强、钟开斌，2003，第164页〕

危机情境下，领导决策的正确与否直接决定了对于危机威胁与损害的控制与否，减缓与否。

危机决策通常面临以下困境：（1）信息的有限性。主要表现为信息的不完全性，不及时性和不准确性。（2）决策环境的复杂多变。危机状态下，外界环境具有高度不确定性、随机性和未知性；内部环境也时刻处于变化之中；领导决策的心理环境更处于压力与紧张中，这些都会使决策偏离正确的方向。（3）决策步骤的非程序化及时间的紧迫性。危机情境中面临的问题结构特殊，无法按常规决策行事，同时，决策者也不可能有足够的时间对于方案进行反复论证，与常规决策相比，危机决策会显得仓促。（4）技术和资源支持稀缺。（5）专业人才匮乏。

要有效解决这些困境，以优化危机决策和提高领导决策水平，需要在以下几个方面作出努力：第一，完善信息系统建设，使危机决策信息准确、渠道畅通。第二，建立专门的危机指挥决策机构，提高危机决策的运行效率。第三，制订危机应急预案，使危机决策步入程序化轨道。第四，充分利用"外脑"，发挥智囊机构的作用，使危机决策规范化。第五，发挥领导者的非理性认知因素在危机决策中的作用，重视对于领导者的学习和培训，提高领导者的决策水平。〔陈秀梅、于亚博，2007（1）〕

危机中的领导决策虽然是一种非程序化决策，但与程序化决策一样，也受到官僚政治因素的影响。在格雷厄姆·阿利森的官僚政治模型中，不同的决策单位之间存在着激烈的竞争，最终决策方案的形成是官僚机构的不同部门之间讨价还价的结果。理性的人在同一决策问题上会有不同的看法，他们认为自己有义务从本领域的工作特点出发来看待问题，并指出哪些问题是重要的。官僚政治模式描述的是一种既非集权、又非理智化的决策过程。它基于一种多元的、权力分散的决策环境。有时某个决策单位的意见会成为主导意见，但通常情况下，不同决策单位追求的目标和方向不同，最终的决策结果取决于各成员的"地位权限"和"有效使用"这种权限的能力。在决策的具体执行过程中，由于最高决策者的控制能力相对削弱，各具体执行部门就表现出更大的自主性，倾向于在最终决策的基础上尽可能地维护本部门的利益，甚至适当变通，这就进一步损害了危机管理的整体理性。官僚机构不同部门之间的竞争和妥协造成的行动不协调，不符合最高决策者的意愿，具有巨大的危险性，因此需要受到严格的限制。〔荣正通、胡礼忠，2007（1）〕

危机情境要求领导者在决策活动中具备自由裁量权。危机局势要求在行动和资源分配上不能遵循惯例，应即刻作出决定。在高度冲突和变化不定的危机情境中，领导者观察事件的进展，界定问题的实质，及时作出反应，同时显示出学习、再学习的意愿，展示拥有智慧和活力的能力。危机情境下战略选择更多取决于一个组织的领导是什么样的领导，而不是取决于组织的结构安排。尽管适宜的组织结构是处理危机情景所需要的，但是有效的管理和高质量的领导能够使任何组织良好运作。换句话说，如果组织的负责人没有足够的管理技巧，缺乏领导力，最好的组织结构在危机情境下也不一定会有效的运作。事实上，复杂的组织结构往往会产生危机。因为组织结构中关于预警、预防、避免损失以及恢复的机制往往会成为危机以何种类型出现的重要因素。除非一个组织的领导人能够采取行动计划，明确预知潜伏的、缓慢演化的危机将会导致什么结果，否则他们不可能知道什么时刻危机开始衰减。在危机情境下，领导者会企图了解和调整自己以便能够返回到采取行动前的状态，即单循环学习状态，而不是双循环学习状态——考虑到事物的发展变化，了解如何防止一些关键性的事件加速蜕变成危机的过程。脆弱性评估、危机管理敏感性训练需要复杂的政策逻辑和合法的领导者，而不是管理和执行行动。〔亚历山大·库兹明、阿兰·加阿曼，2006（5）〕

（三）大部制改革与综合决策

大部制改革对于领导决策的影响是通过组织与结构的变革产生的。大部门体制的核心和目标是建立综合决策体制和机制，推进决策的科学化、民主化。所谓"大部制"，是指把政府相同及相近的职能进行整合，归入一个部门管理，其他相关部门协调配合；或者把职能相同及相近的机构归并成一个较大的部门。实行大部门体制，关键在于使部门的职能配置有机统一，做到责权一致，便于部门间协调配合和实行问责制。

领导决策要实现理想的决策效果，就必须建立以决策功能为中心的科学合理的领导体制，以及与之相协调的运行有效的执行系统。中国改革走过 30 年，面临的问题越来越复杂，对于领导决策体制、领导决策水平、领导决策绩效、领导决策监督的要求越来越高。大部制的改革就是要解决部门之间职责交叉、权责脱节、决策和执行效率不高、机构设置不合理、权力的监督制约机制不完善等问题，并通过机构整合与政府职能转变来提高综合决策的水平与质量。

综合决策的复杂程度和实施难度取决于它的实施范围。一个政策越综合，它的制定过程和实施过程就越复杂。因此，综合决策不仅需要范围广泛的部门和公众参与，也需要巨大的数据库支持。参与的含义是指：政府相关部门、有关政府官员、政策实施对象中的各利益群体的法人和有关专家等参加综合决策的全部过程。而数据库支持的含义是指：必须有一个信息系统作为综合决策过程的一部分，这个信息系统包括计算机软件系统和硬件系统，内容包括信息收集网络和信息处理系统。同时，必须建立一个有丰富经验的专家队伍的信息库。在综合决策过程中，专家队伍将发挥重要的作用，尤其在技术分析和信息处理方面，专家会发挥关键的作用。专家提供的技术和信息将影响到综合决策的决策可行性、决策的执行、监督和评估。

综合决策政策分析的核心是信息分析。综合决策信息分析的内容包括：第一，发展的趋势分析。第二，主要管理部门和社会群体中的政策和手段。第三，这些部门的政策和手段所产生的影响，以及各部门和社会群体的责任。第四，评估需要解决问题的发展趋势对于不同社会群体的重要性和相关意义。第五，对于各个管理部门的详细分析。在分析的过程中，必须计算每个部门的影响。另外，要研究各部门是如何对待发展中的相互关系的，每一个部门的目标是什么？他们如何达到这些目标？各部门的影响是什么？第六，进行跨部门分析，检验主要部门之间的关系，分析部门与部门之间的影响，在分析中应当注意到体制、法规和计划问题的一致性。第七，对于被各部门和各利益集团支配的资源的评估。在信息的收集过程中，信息的可靠性是至关重要的，错误的信息将导致错误的判断和错误的决策。第八，对于体制约束和社会约束因素的分析，包括政策、计划过程、体制的作用、立法、教育、公民意识、培训、技术、资金配置、发展过程的监督等。

综合决策的第二步是在决策分析的基础上建立行动框架。这个框架包括：第一，在各级政府、部门和有关利益群体的参与者之间进行综合决策问题的培训、教育和沟通。第二，制定保证综合决策顺利实施的法律、法规和准则。第三，建立推行综合决策政府机构，在国际上这个政府机构通常是由政府官员和专家学者组成的委员会，委员会的常设机构是秘书处。第四，建立推行综合决策的经济手段和市场政策，诸如税收政策、金融政策、投资政策、贸易政策，等等。在这里，对于所需要解决问题的经济、社会和环境影响评估的立法是最重要的。第五，建立综合决策的优先开发项目。第六，建立综合决策的规划体系和程序。第七，准备必要的人力资源和财政资源。第八，开展有关项目的技术革新和技术开发。

综合决策的第三步是对综合决策的实施过程进行评估。为了保证综合决策按照既定的目标实施，必须对综合决策的实施不断进行评估。在综合决策的实施过程中，评估包括监督、评价和报告三个部分。评估是最初的前展，它的目的是推动综合决策的进程，促使综合决策行动满足既定的目标，并不断修正目标，以满足变化的需要。评估必须是综合决策的一部分，它贯穿决策过程的始终，并寓于决策因素的每一个方面：目标、参与、沟通、决策体系中的角色的规定、规划、执行和效果。综合决策一旦进入实施阶段，可能会涉及社会的方方面面，不同层次，诸如个人、家庭、企业、部门、地区和国家，综合决策的目的就是要协调这些利益群体，推动他们共同去实现经济社会的发展和环境生态的保护，实现科学发展的目标。

对于综合决策来说，评估是不可缺少的部分。评估将保证决策沿着既定的目标前进，并不断回答下列问题：第一，所要解决的问题，以及它们之间的相互关系。据此，决策机构可以积极地有目标地决策和实施决策。第二，在综合决策的实施进程中，参与决策实施的人们可以不断提出设计和操作方案。在综合决策的评估中，下列过程和问题是最值得注意的：监督——怎么了？评价——预期目的和实际发生的是什么？分析——现在和将来应当发生的是什么？〔丁元竹，2008（3）〕

从根本上说，大部制改革，是一种权力结构的重组和再造。这种权力结构的重组和再造的目的在于，确保权力正确行使，让权力在阳光下运行，建立起决策权、执行权、监督权既相互制约又相互协调的权力结构和运行机制，保证人民赋予的权力始终用来为人民谋利益。因此，目前一些管理权限的决策、执行和监督集中在一个部门的状况，将被改革，以加强对权力的制衡，从而为廉政建设提供制度保障，而这必将对领导体制及领导的决策活动产生重要影响。〔许耀桐，2008（6）〕

二、领导决策的组织与制度创新

组织与制度创新对于领导决策的影响体现在结构层面。从实践发展来看，近两年，中国领导学必须把脉的现象主要有两类：一是决策主体的完善，主要是党外干部进入各级领导层，参与决策；二是民主决策在宏观与微观上的发展进程，主要是在国家层面上的制度完善以及在领导班子层面上的规则与程序上的健全。

（一）决策主体完善：党外干部参与

2006 年北京市公开选拔 16 个副局级领导干部岗位，有 10 个岗位明确要求参选者的政治身份是民主党派或者无党派。而此前北京市的 8 次副局级领导干部选拔中，最多一次只有 3 名党外干部入选。这次公开选拔的党外干部岗位，是依据干部结构和工作需要进行设置的。此次公开选拔的 10 个党外干部岗位都是"实力部门"，打破了此前外界关于党外干部只安排虚职的印象和猜想。除了工商联、高校、政协、科协等党外干部通常安排比较多的部门和机构之外，此次公开选拔涉及的部门还有科委、市政管理委员会、环保局、文物局、旅游局等，这些都是关系北京城市建设的核心政府部门，其工作内容也涵盖了城市发展的重点。北京市拓宽党外人士参政空间的积极之举，是在中国社会阶层发生重大变化的背景下作出的，也是为推动"建设成为具有空前广泛性和巨大包容性的统一战线"所做的政策努力。

党的十七大报告明确提出"选拔和推荐更多优秀党外干部担任领导职务"这一重要任务。加强同党外人士的合作共事，是党坚定不移的方针。

党外干部是国家干部队伍的重要组成部分。民主党派成员和无党派人士担任国家和政府领导职务，是实现中国共产党领导的多党合作的一项重要内容。全国人大常委会曾经在 2007 年 4 月 27 日和 6 月 29 日召开了十届二十七次常委会议和十届二十八次常委会议，分别任命万钢出任国家科技部部长、陈竺出任国家卫生部部长。这两个决定意义重大，结束了 35 年来没有民主党派成员担任国家正部长职领导职务的历史，结束了 29 年来没有无党派人士担任国家正部长职领导职务的历史。并且以此为标志，开创了选拔和推荐更多优秀党外干部担任领导职务的新局面。

党外干部跃入决策层是一个政治信号，标志着干部人事改革正出现一种新的趋向。随着市场经济的发展，价值观的多元化，一些优秀人才不一定加入了共产党的组织，但他们良好的政治素质和管理能力却是全社会的宝贵资源。争取他们参与到党的事业中来，让不是党员的人也能够进入核心领导层，既体现了执政党的宽阔胸襟，也表明是直面现实的理性选择。据统计，目前我国 4000 万知识分子中，有 1000 万人在非公经济领域工作，是新社会阶层的重要组成部分。虽然从整个社会来看，许多精英人才还是出自体制内部，但是不容否认的是，在一些市场竞争激烈的新兴行业，优秀人才对于社会财富的占有量以及在政治和文化等方面的影响力都日益加大。执政党出于政治合作的考虑进行有倾斜性的人事安排，有利于吸收民主党派的加盟，并且现阶段采取行政手段照顾党外人士是很有必要的。然而，对党外干部的安排不应仅仅依靠公开选拔一种渠道，要把对党外干部的培养和选拔进一步纳入全体干部队伍的建设中，使用渠道更加多元化。〔刘江、段博、黎昌政，2006（50）〕

在新世纪新阶段，民主党派是各自所联系的一部分社会主义劳动者、社会主义事业建设者和拥护社会主义爱国者的政治联盟，是接受中国共产党领导、同中国共产党通力合作的亲密友党，是进步性与广泛性相统一、致力于中国特色社会主义事业的参政党。中央充分肯定：中国各民主党派"是发展先进生产力、社会主义民主政治、社会主义先进文化和构建社会主义和谐社会的一支重要力量，也是实现祖国统一、民族振兴的一支重要力量"。因此，要不断改进和完善选拔任用方式，逐步形成有利于优秀党外干部脱颖而出的机制。

《中共中央关于进一步加强中国共产党领导的多党合作和政治协商制度建设的意见》明确规定：要保证民主党派成员和无党派人士在各级人大代表、人大常委会委员和人大专门委员会委员中占有适当比例，在各级人大领导班子成员中有适当数量。在全国和省级人大常委会中应有民主党派成员或无党派人士担任副秘书长（第 13 条第 1 款）。同时，明确规定：要保证民主党派成员和无党派人士等在各级政协中占有较大比例。其中，在换届时，政协委员不少于 60%，政协常委不少于 65%，政协副主席不少于 50%（此项要求不包括民族自治地方）。民主党派成员和无党派人士在政协各专门委员会负责人中应有适当数量，在委员中应占有适当比例。政协机关中要有一定数量的民主党派成员和无党派人士担任专职领导职务。其中在全国政协至少有 1 位专职副秘书长（第 14 条）。

统计数据显示，截至 2007 年 10 月，全国担任县、处级以上领导职务的党外人士达到了 3.1 万人，其中有 18 人在最高人民法院、最高人民检察院和国务院部委办、直属局担任领导职务。有 27 个省、自治区、直辖市，和 15 个副省级城市都配备了党外副省长、副主席或者副市长。另外还有 90% 以上的地、市、州、盟和 87% 的县、市、区、旗配有相应的党外副职。

党外干部进入决策层，正在形成一种规范化、有序化的态式，并按照一种制度化、法律化的方式进行。这有助于丰富和完善决策主体的结构，扩大并增强决策主体的社会基础。

（二）民主决策：宏观的国家建设与微观的集体决策

对于民主决策的研究，主要有两类文献，一类是在宏观的国家制度层面，从中国民主化进程的逻辑出发，研究民主决策；另一类是在微观的集体决策层面，从领导班子决策民主的角度，研究民主决策。从近两年的研究前，前一类主题主要集中在中国公共预算的民主化改革方面；后一类主题主要集中在完善和执行决策规则与破除决策的潜规则两个方面。

推进民主决策，必须要有相应的体系支撑。从党政班子的决策来看，民主决策体系主要指通过预定的程序、规则和方式，确保决策能广泛吸取各方意见、集中各方智慧、符合本地区实际、反映事物发展规律的制度设计和程序安排。民主决策体系包括决策制度、决策规则、决策程序和决策机构四个要素。决策制度是民主决策体系的核心内容，其制度形式主要有：调查研究制度、社情民意制度、重大事项社会公示和听证制度、专家咨询制度、民主集中制、决策失误责任追究制等。决策规则是民主决策体系的重要内容，是制度运作的相关规定和细则。规则通过对决策的范围、主体、原则、纪律、方式、方法等作出具体规定，使制度得到进一步细化，为制度的具体化、操作化提供有力的支持。作为要素的规则主要有：议事规则、表决规则、工作规则等。决策程序必须经过一系列相互衔接、环环相扣而又相互作用的环节和步骤。这些环节和步骤是民主决策体系不可少的节点，起着支点的作用，哪个关节被省略、简化或颠倒，都将造成程序要素的不完整和缺失，最终导致体系的功能受损。作为要素的程序至少有六个前后相继的环节和步骤：发现问题、确定目标，深入调研、形成预案，咨询论证、综合评估，集体研究、会议决定，组织动员、决策实施，监督反馈、修正完善。决策机构是民主决策体系的载体，制度、规则、程序的要素都要依托这个载体才能运作，机构起着重要的支撑作用。作为要素的机构主要有：决断的机构，如各级地方党委、政府的领导班子；决策辅助机构，如调研机构、咨询机构、论证评估机构等。

改革和完善民主决策体系，推进决策的科学化和民主化，涉及以下几个方面：第一，建立健全信息收集机制。第二，建立决策方案咨询论证机制，包括建立专家咨询论证制度；实行决策方案社会公示制度和听证制度；建立多种方案的比较制度。第三，建立健全决策方案讨论确定制度。包括明确决策方案的议事范围；规范决策方案讨论确定的规则；改进决策的表决方式；建立讨论确定情况记录备案制度。第四，建立健全决策纠错改正制度。一方面要引进人大、政协的决策评价机制；另一方面要引入公众评价机制，必须以群众是否满意为评价决策成效的根本标准。第五，建立健全决策监督和责任追究机制。改革和完善民主决策体系，还需要从其

中国领导学研究（2006—2008）

他影响因素入手，比如，改进干部考察评价、选拔、教育培训方式，切实提高党政领导的民主素质和民主意识。〔中共福建省委组织部课题组，2006（3）〕

领导决策活动中的一项重要内容是对财政资金的决策。目前，中国财政决策民主存在的缺陷主要表现在两个方面：一方面是行政领导对职能部门的不适当干扰；另一方面是财政部门自身行为的问题。从理论上讲，财政部门自身无法决定各部门的预算，具有决定权的是人民代表大会。实际上，财政部门对财政资金的使用具有较大的自由裁量权，主要原因是行政权力制约机制的缺失。在这种情况下，财政部门可以根据自身的偏好来决定财政支出的优先程度甚至资金数量。财政决策的民主化程度不够是我国行政权力膨胀的体现之一，财政决策民主化程度的提高也有赖于立法机构对行政权力的制约和监督。要提高财政决策的民主化水平，首先，要在观念上作出转变，将人大从被动监督政府预算的角色，转换为主动的财政决策者的地位，以体现人民主权的最高原则。因此，要纵深发展人大财经委员会的审批职权，细化审批政府支出项目资金需求的层次，并控制国库资金，从而获得类似于国外议会中拨款委员会的职能。其次，要完善法律法规，在宪法层次上，相对清晰地界定人大在财政预算决算中的具体职权及具体运行规则，增加和修正有关部门条文；然后，根据相应的宪法条款修正目前的人大组织法和预算法，解决目前财政决策中存在的种种不合理现象，如人大会议时间短、没有会议辩论以及人大对财政的信息获取权力，等等。再次，要使人大正常发挥财政决策的作用，人大机构和运行机制还需要进一步改革，实行人大会期的常年制。这可以使人大可以有相对充分的时间来审议政府的预算草案，对不符合要求的预算草案可以要求政府修改，或者由人大自行编制。最后，在监督方面，人大一是要求财政部门向人大提供全部预算、预算调整和决算资料，要按部门预算的口径，直接监督财政资金的使用状况，做好对部门预算和决算的监督，要对财政决策执行的全过程实行监督，特别是要加强对预备费的使用进行监督；二是建立人大专门的审计部门，或者将目前的审计部门从行政部门转为人大直属，以加强对财政决策的执行情况的监督。就目前而言，尤其重要的是改革预算外资金和制度外资金的管理制度，对于乱收费、乱摊派、乱罚款要坚决清理整顿。使合理的收费项目制度化、公开化和透明化，交具有税收性质的收费、基金和附加费尽快改成税，尽一切可能逐步消灭预算外资金和制度外资金，从而让所有的财政决策都由人大来进行。公共预算民主化改革的具体内容应包括两个方面：一是在人大系统内部，建立预算审议专家咨询机构，由具有丰富经验的预算管理专家和学者协助人大代表审查政府预算；二是尝试推行预算报告的结构化审议与分部门表决制度，全面提升政府预算的规范化和法制化水平。目前人大代表对预算的审查，采用的是总体表决的模式，这容易导致预算审议流于形式。在市场经济国家，较多的是采用结构性预算审议。我们现在实行的部门预算改革，已经具备了本部门表决的技术前提。因而，我国预算改革要实行人大代表听证会层面上对预算报告修正案的分部门表决制度，就某一项预算支出加以专门审议，逐项表决通过。沿着从整体审议到结构审议，分部门表决的预算管理路径进行改革，中国财政决策的民主化水平将得到实质性的提高。〔晏金平，2006（7）〕

三、领导决策：行为、绩效与问责

在领导决策活动中，存在着各种机会主义行为，对于机会主义行为进行分析，有利于预防和监督领导活动。同时，对于领导决策的绩效进行评估，也有利于推进领导决策问责制度。近两年的研究文献呈现出了这方面研究兴趣，尤其是关于领导决策绩效评估的研究，虽然是一个较前沿的领域，但正在形成研究引力，越来越多的文章正聚焦于此。

（一）机会主义行为与议程隐蔽

在地方行政领导决策中，存在着大量的机会主义行为。这种机会主义行为的突出例证是各地的政绩工程。其学理化含义是，当事人利用现行委托代理机制的缺陷，以牺牲委托人的利益为代价，营造政治资本，达到晋升的目的；简言之，它是公共行政权力代理人遴选中的逆向选择问题。按照公共选择理论的观点，政治市场中的官僚与经济市场中的交易者没有什么不同，都是理性人，是效用最大化者，其在行政组织中的表现不是为了最大限度地实现公共利益，而是为了最大限度地获取权力、声望、安全以及收入。作为个体的官僚总是会利用其对机关事务的垄断来最大限度地增加个人利益，官僚很少考虑为公众和政治首长服务，而只关心个人的晋升。在当前中国的权力体制下，对于地方各级行政领导而言，权力的委托代理关系的源头虽然来自公众和人大，但却只具有形式意义，实际的委托代理关系发生在上下级之间。由于上下级之间存在信息不对称的障碍，因此，难以对于下级机会主义的决策进行有效监督。与此同时，向上级寻租的腐败加剧和助长了机会主义的盛行。在这种情况下，被任用者是否真正具有能力、实绩已不重要，重要的是其在形式上是否符合表面上已建立起来的功绩制原则，即有政绩工程或一大堆能显示其"政绩"的数字。在这种情况下，决策的机会主义将愈演愈烈。〔刘寿明，2006（3）〕

在政府决策活动中，由于自身原因或外部环境作用，政府有意对公共问题不反应，公共问题因此被排除在决策议程之外，政府议程越来越脱离公共领域，更多地表现出"隐蔽"性。对于隐蔽议程的理性认识有：（1）议程构建是决策的重要前提，而议程分为公共议程和隐蔽议程；（2）权力流失在政府之外，或者流失在政府周围；（3）为了减少资源或者政治权威的重新配置，强大的私人利益左右或阻碍重大决策；（4）当局设法忽视一个问题，或者有人成功地阻碍了当局提出一个议题；（5）在公共政策中存在密谋或操纵；（6）制度的封闭性为隐蔽议程提供了体制基础；（7）隐蔽议程受到社会和政府主要领导人的控制。

从微观层面分析，隐蔽议程产生的原因主要有：第一，政府组织自身的自利性。政府在形式上是社会公共利益的代表，不具有自利性，但在现实中，政府追求自身利益，主要表现为追求部门规模的最大化、财政支出的最大化。第二，强势利益集团对政策议程的操纵。第三，政府官员与利益集团对于议题的共谋和操纵，这导致"公共政策的非公共化"。第四，制度的封闭性和"内输入"的决策模式。由于社会结构分化程度较低，社会利益的表达与综合并非由各种社会结构来承担，而是由政治系统内部的领导与官员代替人民进行利益的综合与表达。因此，政府决策主要表现为权力精英之间的政治妥协，而不是社会互动的多元妥协。这被称为决策过程中利益表达与利益整合的"内输入"。内输入的决策方案最终经由政府向社会输出，公众成为被动的接受者。由于政府同时承担社会利益整合与表达的角色，并且在缺少体制约束与公众监督的情况下，其自身利益的存在，使政府难以在决策中保持中立者的角色，从而产生隐蔽议程的问题。"公共利益部门化，部门利益个人化，个人利益商品化"就是这类问题的外显。有鉴于这些情况，应加强对于决策者的伦理道德建设；实现决策过程中的程序正义；提高社会组织化程度；构建完善的利益表达机制，提供开放的利益表达渠道；实行信息公开，消除非对称信息对政策制定过程的影响。〔连承龙，2006（10）〕

（二）决策的绩效与评估

如何对于决策的绩效进行评估，是领导决策研究中的一个新课题。从搜集的研究文献来看，在这一领域还没有形成系统的概念体系与分析框架，但是，由于政府绩效评估是一个新兴的研究领域，因此，将绩效评估与领导决策相联系进行研究，正逐渐形成一个热点。这方面的研究涉及：领导决策成本、决策能力测评、干部综合考核评价等。

决策成本困境与消解。对政府各项成本进行有效管理，使决策成本合理化，是建设节约型政府的重要组成部分。中国决策成本居高不下的原因主要有：第一，决策系统建设滞后，决策人员素质不高，决策能力低下，官僚作风盛行等增加了决策失败的风险；第二，党政部门权责不清，产生了摩擦成本，使决策的质量和效果大打折扣；第三，政府职能越位，增加了决策负担；第四，中央与地方，地方与地方等各级政府之间的博弈困境，使决策成本不断上升。

公共部门领导决策的目标就是寻求资源的优化利用和实现社会和政府的利益最大化，而在决策过程中过多的政府博弈行为在一定程度上阻碍了这种目标的实现，这将增加对于资源利用的效率。因此，降低决策成本，应从以下几个方面入手，首先，加强系统建设，实现决策成本的合理化，主要包括提高领导的决策水平；按"谁决策，谁负责；谁失误，谁承担"的原则，落实责任追究制；加强信息化建设，在各部门之间引入信息共享制度，避免信息系统的重复建设，减少虚假信息，保证决策质量。其次，明确党政决策职责，消除决策摩擦损失。再次，转变政府职能，整合外部资源，发挥市场和社会的作用，减轻政府的决策负担。最后，控制决策博弈行为，实现政府间的资源优化。一方面要规范中央与地方关系，减少上下级政府部门间的决策消耗；另一方面，要实现横向政府部门间的互动，创造政府合作效益。〔张劲松、姚鹏，2007（1）〕

领导决策能力在一定程度上可以归结为领与导的能力，前者是指领导者必须高屋建瓴、提纲挈领地指出工作的重点以及行动的方向，后者是指领导者必须及时、有效地指出行动中存在的偏差以及发生的错误，并能够适时引导。对于领导决策能力的测评以及提升途径的研究不仅有利于提高领导自身的决策能力，而且有利于通过提高领导决策能力来对其下属以及整体产生扩散影响。

领导决策能力的测评指标包括：思维力、行动力、反馈力。思维力体现为领导对问题症结的识别能力、方案对否的判断能力、把握全局的建设能力。行动力是指领导其思维转化为实施方案而付诸行动的能力，具体体现为领导能否将其思维向下属有效灌输或说服并得到员工的广泛认同与支持；领导是否具备方案被确认为完全正确之后能够力排众议、持之以恒地贯彻实施的行动魄力与胆识；领导是否具备迅速将方案付诸实施的雷厉风行的行动风格等。反馈力是指领导在实施了方案出现偏差、遭受挫折、行动受阻时所作出合适反应的能力。体现为，领导能否适时跟进决策方案的进度与效果，洞悉可能产生的偏差和已出现的问题，提出解决方案并迅速采取补救措施，防微杜渐以防止恶果的进一步扩散；领导能否在决策方案受到严重阻碍时，能够迅速及时地实施风险防范对策，以避免连锁反应的发生。同时，当决策方案不再适应新形势的具体发展情况时，领导是否能够自我否定、自我批评，迅速终止该方案，而不是一意孤行，顽固维护个人权威等。

领导决策能力测评要遵循三个原理。第一，过程测评原理。领导决策能力是决策目标达成的有利保障之一，但决策的最终绩效是决策方案与外界环境综合作用的结果，因此，对于决策绩效的测评，不仅应注重结果，更要注重过程。所谓过程性原理是指领导决策能力体现在决策的全过程中，领导决策前的思维力、行动力、反馈力等全过程因素都应该作为领导决策能力测评的参考指标体系。过程性测评原理有利于避免根据决策效果以判断领导决策能力强弱这一以偏赅全评价方法的不足，尤其是在进行领导决策能力的相对有效性评价时，过程性原理更为合理。第二，滞后性原理。领导决策效果的显现相对于决策过程来说通常具有一定的滞后性，与此相应，对于领导决策能力的客观、公正测评，其时点选择非常关键。领导决策能力的滞后性原理有利于领导者从长远角度、长效利益出发来作出实际决策，否则可能导致领导者急功近利、片面追求短期利益等不合理决策行为的发生。现实中，部分领导的"政治做秀行为"，如以浪费资源和环境、牺牲生态效益为代价追求 GDP 增长率、不符合当地现状而盲目作出种种所谓的"经济"作物的决策等，一方面是由于领导者的狭隘思想引起的，另一方面更在于对于领导的测评的短期行为促使了领导决策的短期化。第三，差异化原理。领导作为群体决策的"核心人物"，其决策风格与决策方式往往各具特色，差异较大。除此之外，领导本身所拥有或要求其必须具备的技能同样存在差别。因此，对于领导决策能力指标的考虑需要兼顾考虑定性指标与定量指标、刚性指标与柔性指标的结合，从而体现出针对不同行业、岗位、风格等领导能力测评的差异性。〔申来津、梅莉，2006（1）〕

以什么样的标准评价领导班子和干部队伍，对于干部的思想和工作具有重要的导向作用。为引导各级领导干部树立正确的权力观、政绩观，形成正确的用人导向，党的十六届四中全会从提高党的执政能力建设的高度，明确提出"抓紧制定体现科学发展观和正确政绩观要求的干部实绩

中浦院

中国领导学研究（2006—2008）

考核评价标准"。新时期贯穿干部综合考核评价办法的思想主线是科学发展观。新的综合考评办法，坚持以德才素质评价为中心，立足选准用好干部，主要采取了民主测评、民意调查、实绩分析、个别谈话和综合评价五个基本环节。主要包括五个方面：第一，完善民主测评办法。针对以往民主测评存在的测评内容比较笼统、参加测评人员准备不足、测评结果运用不充分等问题，采取了分类设计和规范测评内容，提前发放评价要点和民主测评表，运用计算机技术对测评结果进行数据分析并形成简洁直观的线性分析图等方式，进一步提高民主测评的效果。第二，引入民意调查方法，让广大群众参与到领导干部选拔任用和考核的过程中。比如，采取问卷调查以及入户调查、网上调查等方法，较好地体现群众的参与性和代表性。第三，实行部门评价与群众检验相结合，开展实绩分析。实绩分析是干部综合考评的一个重点，也是突出的难点。如在内容设计上，坚持树立和落实科学发展观，紧扣物质文明建设、政治文明建设、精神文明建设、和谐社会建设和党的建设几个方面，提炼出核心指标，并根据不同区域的发展格局，设置了地方特色指标。在实绩分析操作方法上，将有关职能部门能够提供的、可以量化的指标，由统计部门归口综合统计分析，提出比较规范的评价意见。将难以量化的有关内容，整合到民意调查中进行，通过群众满意度来检验。在实绩分析结果运用上，既重统计数据，又重群众评价；既重增长速度，又重发展质量；既重当前成果，又重主观努力和客观条件；既重纵向比较，又适当进行横向比较。第四，增强个别谈话这种传统考评方式的针对性和深入程度，进一步提高个别谈话质量。明确要求在民主测评、民意调查、实绩分析的基础上，有针对性地进行个别谈话。根据不同类型的谈话，分类设计谈话提纲、规范谈话内容。采取考察组与拟提拔考察对象进行集体面谈，通过互动式交谈，了解考察对象的适应职位能力、思想作风状况和发展潜力等情况。第五，充分运用各个环节考察成果，强化综合评价。对民主测评、民意调查、实绩分析、个别谈话等不同环节的考评结果进行综合梳理，并与纪检监察部门的意见、巡视组巡视、参加民主生活会等方面反映的意见，以及平时掌握的其他情况相互补充印证。改进领导干部考核评价工作，较好地体现了坚持和落实科学发观的正确方向，提高了干部考察工作的有效性和准确性，扩大了干部工作中的民主，加强了对领导班子和领导干部的监督和约束。

（三）决策失误与领导问责

世界银行估计，我国"七五"到"九五"期间，投资决策失误造成的资金浪费及经济损失大约在 4000—5000 亿元。全国人大常委会委员长吴邦国也曾指出，我们国家最大的浪费莫过于战略决策的失误。决策失误造成的损失远比一件贪污受贿大案要案造成的损失和危害大得多。中国人民大学公共管理学院的毛昭晖教授说，从国际的视角看，我国的决策失误率达到 30%，西方发达国家却只有 5% 左右。

决策失误的类型：（1）政策决策失误；（2）项目决策失误；（3）规划决策失误；（4）个人决策失误。决策失误通常无人埋单，这既有认识上的原因，也有制度方面的原因。理念上的误区是，为官只要清廉，不贪不占就是好官，即使决策失误造成巨大的决策浪费，也往往不会被追究责任，提拔晋升不受影响；制度上的问题是，许多决策是集体研究决定的，即使造成决策浪费也往往无法追究个体的责任。要防范决策浪费，重要的是建立严厉的决策失误问责制，包括建立决策失误审计制、决策失误追究制、决策失误赔偿制、决策失误辞职制。〔蔡恩泽，2007（3）〕

据国家审计署 2005 年 6 月向全国人大常委会提交的 10 家中央企业原领导干部任期经济责任的审计报告所提供的数据来看，审计查出的企业转移挪用、贪污受贿等涉嫌经济犯罪金额 16 亿元，但由于决策失误、管理不善所造成的经济损失却高达 145 亿元。这意味着有些领导人大笔一挥所造成的决策失误比贪污腐败更可怕。要有效堵住决策失误所造成的"黑洞"，需要从法治、监督等方面制定配套措施。第一，要加强人大对政府财政预算的审查。目前，各级人大对同级政府财政预算审查的机制和程序是有的，但审查往往是粗线条的，还没有细化到某些工程要花多少钱，这钱花得值不值、多不多、是不是有效等。第二，要加强民主监督，实行政府财政公开。需要建立一种机制，政府每搞一个项目，每花一分钱，都必须通过一定的民主程序进行公示，接受群众监督，让广大群众对政府工程有说"不"的机会。这也有助于防止地方政府举债兴修"政绩工程"、"窗口工程"、"面子工程"。第三，要限制一把手的用钱权。第四，要依法问责。只有建立一种疏而不漏的问责法网，才能对那些糟蹋国家财产和人民血汗钱的滥用权力者产生足够的威慑作用，有效遏制拍脑袋、拍胸脯、拍屁股走人的决策浪费。

决策失误的责任追究需要一套问责制度来保障。问责的主体包括个人和集体。个人包括重大决策过程中所有的参与者；集体主要包括党委政府领导班子。应予追究责任的违规行为主要包括违反程序的责任、违反规则特别是不按规定的标准和条件任意操作的责任、隐瞒或歪曲事实真相的责任、滥用权力的责任等。实行多方位的决策监督。加强上级党委、政府的监督，上级党委、政府对下级的重大决策。加强领导班子内部的监督，加强人大、政协的监督，加强群众的监督。通过决策建议公开、决策过程公开、决策结果公开，接受群众监督，群众有意见可以向本地党委、政府反映，也可以直接向上级党委、政府反映，形成有效的群众监督。建立决策失误责任追究制度。要从制度上界定决策失误、执行失误与失误主体之间的对应关系，细化责任认定。要从制度上明确决策失误者所应承担的责任和处罚标准。要明确如何启动和由谁来实施决策失误责任追究制，决策失误责任追究制度的启动应按干部管理权限来规范，一旦决定启动，建议由上级纪检或监察和审计部门牵头调查，必要时聘请有关专家参与调查，调查结束时调查组要形成调查报告和处罚建议，交由有干部管理权限的领导机关按照有关规定处理。〔中共福建省委组织部课题组，2006（3）〕

决策失误惩处机制的构建。行政领导者的责任涉及多方面内容，主要由政治、工作、法律三个层面构成。政治责任即领导责任，是指行政领导者因违反特定的政治义务或没有做好分内之事而导致的政治上的否定性后果，以及所应受到的谴责与制裁，这种政治上的否定性后果意味着其丧失了行使权力的资格；工作责任是指行政领导者自己的岗位责任，即行政领导者担任某一职务所应承担的义务和应负的责任；法律责任是行政领导者在行政管理活动中因违反法律法规所应承担的法律后果或应负的责任。决策失误责任是决策主体在决策活动中没有履行或没有很好地履行决策义务造成工作失误给国家和人民带来严重损失所应受到的谴责与制裁。根据领导责任的构成，决策失误责任包括四个层次：一是政治责任，二是工作责任，三是法律责任，四是道德责任。根据责任的性质和轻重不同，按照《中国共产党纪律处罚条例》、《党政领导干部辞职暂行规定》和《党政领导干部选拔任用工作条例》，严肃追究决策失误者的责任，可以从四个方面进行：一是给予党纪处分；二是实施行政处罚；三是责令经济赔偿；四是追究法律责任。〔肖坤洗，2006（4）〕

集体领导的决策失误与责任追究。集体领导的优点是群策群力，决策相对科学，但不足之处是，分工不明确，责任不具体。集体决策一旦出现工作失误，成员可以推卸责任。实践中容易出现两种倾向：一种是出了问题把责任推给正副书记，委员们落得轻松，无关痛痒；一种是以集体讨论决定为由，责任均摊，"板子"落不下来，以致不了了之。因此，要注意分清决策形成与决策实践中的界限。决策形成的责任是第一责任，而决策的实施与执行则是党委集体领导的责任再分配。决策形成中的功过与决策实施中的功过不能混淆。必须按照党委统一的集体领导下的首长分工负责制使之得以区分。决策正确，执行有误，责任在于分工组织该项决策实施的有关首长；决策有误，并已见诸行动，应由集体负责，但每个成员所要承担的分量，正副书记重于其他委员。决策虽然有误，但分工负责的首长在执行中使失误压到最低。有了过失，就要处理。或教育，或批评，或处分。特别是在干部选拔任用上，更要把权力和责任一致起来。谁考察谁担当，谁举荐谁负责。切实防止因用人不当而给经济建设和社会发展造成不必要的损失和不良影响。〔丁晓宇，2007（1）〕

决策失误会给国家和人民带来巨大浪费并导致政府威信的降低。决策失误由诸多因素造成。首先，决策信息不完全。表现为决策信息收集不充分；决策信息选择困难；决策信息运用不充分。其次，决策者自身能力的限制。政府决策者的能力如何，其主观能动性发挥得怎样，是决定决策效能的关键所在。目前中国政府决策者的能力距科学决策的要求相差很远。主要受三个方面的限制，分别是知识有限，预见能力有限，设计能力有限。再次，政府及其工作人员的自利性。政府私利的存在使政府在确定各项政策目标时，往往不适当地过分考虑某些小集团利益，其政策往往被赋予了一种"商品"属性，破坏了政府政策的严肃性和公平性。复次，缺乏对决策过程的监督。缺乏监督主要因为，决策权和监督权不分；社会监督缺乏；决策过程的法律监督缺乏。最后，决策失误追究机制不健全。主要表现为：（1）政府决策失误的责任人难以明确。有些政府决策形式上是通过民主的方式进行的，实际上却是个别领导的个人决策，因而即使决策失误也很难确定是领导责任还是整个领导集体的责任。此外，某些地方的党政不分，以党代政的现象也导致决策即使出现了失误，责任人也很难明确的尴尬境地，往往以"交学费"为托辞不了了之。（2）决策失误追究的成本过高。政府决策失误的责任追究要花费大量的人力、物力和财力。即使查清决策失误的责任者，但决策失误造成的巨大经济损失要决策者个人"埋单"也不太现实。（3）缺乏相应的责任追究制度。造成决策失误不断增多的一个重要原因是当前我国的政府决策失误责任追究机制不健全，我国目前还没有具体的制度来规范和明确政府决策失误的相关责任人的责任，决策失误追究做不到有法可依；此外，我国并无专门的决策失误追究机构对决策失误者按照法律程序进行追究并依法处理。

控制政府领导决策失误应从以下几方面入手：第一，提高决策者的能力和素质。第二，建立对决策失误的衡量标准。这些衡量标准包括：一是从国家利益、人民利益和个人利益三方面出发来建立衡量的标准。政府决策要顾全国家利益、集体利益和个人利益。二是建立政府决策的成本衡量标准。决策不能只注重效益忽视成本，不仅要追求效益，也要注重效率。只有兼顾效率与效益，才能减少政府决策的成本。三是建立独立性较强的决策失误评估机构。专门性的评估机构必须与咨询机构分设，并保持独立性。决策失误评估机构不应由政府出面组织建立，应由社会群体或非政府部门组织，并将其置于人大的监督之下，保证评估过程不受政府权威的干涉。第三，建立规范长效的听证、论证制度。决策的论证制度是决策方案形成以后的一个重要环节，这个环节可以独立存在，也可以与其他环节结合在一起。如在决策方案的设计阶段，论证可以成为最后形成决策方案的形式。决策的论证形式一般有专家论证、社会论证和领导论证。健全的民主化科学化决策机制应包括这三种论证形式，并使之制度化、规范化。此外，进行论证时，不应仅仅局限于可行性分析，不可行论证也同样重要。第四，建立多元参与决策模式。为减少和避免由于决策失误而导致的损失，必须要调动社会各方参与管理的积极性，发挥他们在民主决策、民主管理、民主监督中的作用。应加强公民政策参与；专家参与决策；民主党派和政协参与决策。第五，建立政府决策失误责任追究制度。包括：（1）完善决策失误的责任认定机制。要健全纠错改正机制，加强对决策权力的制约和控制，明确决策系统与其他系统的权力和责任，决策职能、执行职能和监督职能应相对分离，建立决策失误的论证责任制、评估责任制、领导责任制。（2）完善责任追究的法律机制。健全政府决策失误责任追究机制，在法律法规中对决策失误的领导应承担何种程度的政治责任、经济责任、行政责任和法律责任以及处理程序作出明确的规定。使责任追究有法可依，执法必严。（3）对决策失误者进行责任追究机制。完善责任追究机制，健全处罚体系，形成党纪、政纪、法律处罚等不同等级。根据决策失误导致损失的程度和应负责任的大小，追究相应的责任。这包括：从道德层面进行谴责，针对客观原因或主观过错造成失误但程度轻微的决策者实施的一种软约束；承担经济责任，对因决策失误造成经济损失的，可以根据决策者的过错程度要求其承担相应的赔偿责任；承担行政和政治责任，参照公务员制度的相关规定，承担行政责任的形式有：警告、记过、记大过、降级、撤职和开除；承担刑事责任，对因决策失误造成严重经济损失或者社会影响极其恶劣的，还必须从刑法的角度加以制裁。第六，加强决策过程的监督。对决策失误的控制需要在监督权与决策权分离的前提下进行，对政府决策的监督是决策目标得以实现的有力保证，也是决策公平正义的重要保障，对政府的决策过程中进行全方位、多层次的监督，还要把对决策失误的追究结果通过内部通报或新闻媒介等形式向社会公开，避免追究流于形式。所以，需要将决策权与监督权分离；加强群众等社团组织的监督；增强舆论监督的能力；加强法律监督。〔张洁、梁作强，2007（3）〕

附：相关论、著索引

一、论文部分：

1. 和沁：《党政领导干部环境伦理观的树立》，《中共云南省委党校学报》，2006（5）。

2. 胡献忠：《科学发展观对科学决策的新要求》，《领导科学》，2006（11）。

3. 陈秀梅、于亚博：《公共危机中的政府决策困境与化解思路》，《云南行政学院学报》，2007（1）。

4. 荣正通、胡礼忠：《国际危机管理的"有限理性"》，《国际论坛》，2007（1）。

5. 亚历山大·库兹明、阿兰·加阿曼：《作为危机的政策咨询：一个危机管理的政治学新定义》，《经济社会体制比较》，2006（5）。

6. 丁元竹：《"大部制"理论和技术的三步走》，《市长参考》，2008（3）。

7. 许耀桐：《大部制：再造政府权力结构的契机》，《改革内参》，2008（6）。

8. 刘江、段博、黎昌政：《党外干部跃入决策层》，《瞭望》，2006（50）。

9. 中共福建省委组织部课题组：《改革和完善民主决策机制问题的调查》，《党建研究》，2006（3）。

10. 晏金平：《论公共预算决策民主化改革》，《金融经济》，2006（7）。

11. 刘寿明：《地方行政领导决策中的机会主义行为探析——以政绩工程为例》，《中山大学学报论坛》，2006（3）。

12. 连承龙：《公共政策制定中隐蔽议程问题的原因及对策分析》，《辽宁行政学院学报》，2006（10）。

13. 张劲松、姚鹏：《论政府决策制定中的成本困境和消解》，《决策参考》，2007（1）。

14. 申来津、梅莉：《领导决策能力的测评及提升途径》，《理论观察》，2006（1）。

15. 蔡恩泽：《决策浪费：谁来埋单？》，《党政干部学刊》，2007（3）。

16. 肖坤洗：《关于建立决策失误责任追究制的探讨》，《湘潭师范学院学报（社会科学版）》，2006（4）。

17. 丁晓宇：《集体领导的难点与对策思考》，《党政干部论坛》，2007（1）。

18. 张洁、梁作强：《论政府公共决策失误的诱因及控制》，《全国商情：经济理论研究》，2007（3）。

19. 陈松：《试论基层政府决策机制的完善》，《黑龙江社会科学》，2005（2）。

20. 代秀艳：《新时期我国公共部门决策的模式选择与对策建议》，《决策探索》，2005（2）。

21. 夏义堃：《非对称信息环境下政府决策行为分析》，《武汉大学学报（哲学社会科学版）》，2005（6）。

22. 朱西沙、谷仍桂：《县级领导决策短期化倾向透析》，《湖南省社会主义学院学报》，2006（1）。

23. 卢岳华：《行政决策视角中的政府改革和行政能力建设》，《行政与法》，2006（1）。

24. 刘勋发：《如何确保决策科学化民主化》，《领导科学》，2006（1）。

25. 郑卫国：《影响领导科学决策的五大因素》，《科学决策》，2006（1）。

26. 徐海英：《提高领导班子科学决策水平的辩证思考》，《湖南省社会主义学院学报》，2006（2）。

27. 蓝光喜、魏佐国：《民主决策：新世纪条件下的战略选择》，《陕西省经济管理干部学院学报》，2006（3）。

28. 黄福权：《谈中层领导科学决策艺术》，《辽宁教育行政学院学报》，2006（4）。

29. 王建伟：《党委书记提高贯彻落实科学发展观能力的几个着力点》，《军队政工理论研究》，2006（5）。

30. 叶贵炎：《论公共危机中领导决策的基本原则》，《行政论坛》，

中国领导学研究（2006—2008）

2006（6）。

31．姚静：《战略决策：现代领导的核心竞争力》，《重庆邮电学院学报》，2006（6）。

32．张志斌：《实施科学的领导决策》，《政工学刊》，2006（9）。

33．杭其平：《提高集体领导质量须防止的几个问题》，《领导科学》，2006（11）。

34．中国科学院"科技领导力研究"课题组：《领导决断力研究》，《领导科学》，2006（13）。

35．刘漪：《系统性制度软约束下的决策》，《社会科学家》，2007（1）。

36．王新海：《提高领导干部科学决策能力的辩证思考》，《领导科学》，2007（1）。

37．赵生政：《行政领导决策中的心理效应与作用分析》，《社科纵横》，2007（2）。

38．傅小随：《行政决策与执行分开：多种可选方式背后的制度约束与价值浮动》，《中国行政管理》，2007（4）。

39．谢柯凌：《地方政府绩效测评与决策程序关系考察》，《领导科学》，2007（4）。

第六章
危机领导研究

　　突如其来的危机事件常常打乱领导者的既定战略规划和正常建设步伐，所以现代社会的领导者必须把危机领导纳入自己的关注视野，掌握危机领导的规律和方法。作为领导学研究对象，学术界也越来越有必要将危机领导纳入领导学研究的重要领域。国内外的情况都表明，当下形势的发展迫切要求各级领导提高危机领导能力，要求学术界提高危机领导的研究水平，而学术界也顺势而动形成了一批研究成果。这里主要介绍近三年来国内学者对危机领导中带有共性的问题所作的学术性的研究，而不涉及对具体危机问题的研究，比如对金融危机、经济危机、环境危机、生态危机或教育危机、信任危机的研究。从危机领导的角度对这些具体问题的研究文献汗牛充栋，非本文所能驾驭。本文拟从危机领导理论、危机领导制度、危机领导行为等三个方面概述近年来有关危机领导方面的研究成果。

一、危机领导的学理研究

领导学在我国属于新兴学科，危机领导又是领导学的一个分支研究领域，而危机领导研究则是迫于实践发展需要兴起的一个热点研究领域。危机领导理论的建构在我国还处于初级阶段。一个学科的起步阶段总是首先需要推出一系列的专业术语和概念作为专业思考的符号，因此，有必要对危机领导理论的基本概念的孕育、辩证和内涵的丰富过程进行一番梳理。

（一）危机领导的概念辨析

姜敏香探讨了国家安全战略的概念，认为中国中央政府应制定权威性的、前瞻性的国家安全战略，认真分析危机可能出现的诱因，在政治、经济、文化、军事、外交、环境、道德等领域全面主动地出击，消除各种危机隐患，确保社会政治经济的稳定健康发展。〔姜敏香，2006（2）〕

邱美荣总结了 2006 年 6 月在由同济大学亚太研究中心和上海交通大学国家战略研究中心联合举办的"危机管理与应急机制"国际学术研讨会上中美专家就有关危机、危机管理等概念所作的研讨，发现就"危机"、"危机管理"、"后果管理"等术语的界定而言，中美学者的意见不尽相同。就"危机"来说，有的中国学者强调这个词在中国文化中有"危险与机遇并存"的含义，而与会的美国学者则认为，"危机"是"突然发生的事件，或者是对美国，包括对其领土、公民、军事力量、财产或者关键的国家利益等构成的一种威胁性局势。这种局势的迅速发展会产生一种具有外交、经济或者军事重要性的情境，需要考虑投入美国的军队或者其他资源以实现美国的国家目标"。就"危机管理"的界定而言，与会的美国学者认为它主要是对法律的一种执行和反应，即对联邦法律的执行，包括"采取措施发现、获取和规划如何使用必要的资源，以预料、预防和（或者）消除一种威胁或恐怖主义行动"。〔邱美荣，2006（6）〕

陈秀梅探讨了有关危机演化的命题，认为危机的演化通常要经历潜伏、发展、爆发、恢复和消失5个阶段。在初始的潜伏阶段，系统整体结构良好，处于有序状态，只是存在着引发危机的可能性。进入发展阶段后，有了发生危机的苗头，还不至于发生危机，这个阶段也是出现危机的前兆阶段。发展阶段后，危机突然爆发，系统陷入无序的混乱状态，即使人们采取了应对手段，其结果未必能立刻见效，要经历一个过程，应对危机才开始见成效，但这时系统仍处于危机状态。当危机处于恢复阶段，系统出现了新的有序状态，危机消失，系统由危机时的"危态"转入平时的"常态"。系统经过一次演化后，可能不再是原系统，意味着新系统产生。〔陈秀梅，2007（1）〕

刘霞探讨了一个新的概念：公共危机治理，想以之弥补公共危机管理这一概念的先天缺陷。刘霞认为，自SARS风波和"9·11"事件之后，理论界和政府部门都认识到，公共危机是要加以科学地应对的，但是迄今人们所提的都是公共危机的管理，其管理主体是政府单方面的、单向度的、半封闭式的管理。这一管理的思维所存在的缺憾，在很大程度上直接影响了公共危机理论研究的取向和理论体系的构建，也影响了我国公共危机应对的组织体系建设与政策选择。必须构建一种不同的概念框架，即公共危机治理的概念框架，理论上引导公共危机问题的研究取向，实践中指导塑造一个具有广泛包容性的柔性的公共危机治理系统，包括进一步完善我国现有应急管理的组织体系和制度架构，这是理论与实践发展的必然要求，也是日臻复杂的公共危机应对的前瞻性需求。〔刘霞，2007（5）〕

郭际提出了危机管理团队的概念。他认为，随着经济的快速发展，危机的危害性和发生频率不断加快，单凭高层管理者对危机进行诊断有较大的局限性，需要构建一个危机管理团队（crisis management team，CMT）来共同做好危机领导工作。〔郭际，2007（7）〕

美国《外交事务》2007年3—4月号刊登了乔治·华盛顿大学何汉理

教授所写的《对中国的再思考》，针对中国最大的危机是否是经济危机、大规模的群体事件不可避免、中国的精英政治不稳固、中国的银行将崩溃、中国太依赖国际金融、中国的民族主义正在上升、中国的崛起将会导致军事冲突等问题发表了自己的看法，作者认为这些常见的看法有言过其实之处，但也指出有些危机在一定条件下确实有发生的可能性。文章注意到常有人说中国正走在一条极其危险的道路上：它的经济依赖国外资金，它以自己特有的方式选举领导层，并且它的扩军威胁了世界。但作者认为中国这个泱泱大国所面临的危机远比世人意识到的更严重。中国最大的危机并非经济，中国最严重的危机是生态方面的，尤其是环境问题以及易遭传染病袭击方面。同时作者认为，中国的经济问题也很严重，因为中国已经高速发展了 30 年，而没有一个国家可以游离于正常的经济周期之外。〔何汉理（Harry Har-ding），2007（8）〕

马宝成也认为，中国的生态危机和社会公共危机事件的频发，给全社会造成了一定程度的不稳定。细究危机的起源，除了一般意义上的人类偏执于理性的自负而对自然无尽掠夺导致了自然报复外，还有中国特有的历史条件和当下经济高速发展所引发的一系列生态失衡、资源紧缺、贫富分化等复杂原因。〔马宝成，2006（6）〕

（二）危机领导理论的模式建构

李瑞昌认为，"人类在应对灾害的过程中，不仅关于灾害的观念发生了重要变化，而且应对灾害的行动战略也进行了大幅度的调整。""灾害和灾难给人类造成了巨大损失，同时，也激发了人类高昂的斗志，对灾害和灾难的斗争不仅展现了人类的智慧，而且改变了人类的观念和行为。"而人类的危机领导思想的总体脉络经历了一个从临时应急到事先防范的转变，由此产生了不同的危机领导思想。"现已形成减灾范式、应急管理范式、灾害风险管理范式和国土安全范式。"危机领导理论中的减灾范式集中关注自然灾害及其对人类造成的损失，因此，对于自然灾害的防范成为这一理论关注的热点。在这一理论框架下形成了防灾减灾的"3R 危机领导理论"，即 RESIST\REDUCE\RESCUE（抗灾/减灾/救灾）。同样是在这一理论范式下，一些理论研究者将灾害的构成要素分为"致灾因子、承灾体和孕灾环境"等几种，其中致灾因子又可以分为自然致灾因子和认为致灾因子。〔李瑞昌，2007，第 27、30 页〕

危机领导理论中的应急管理范式揭示了现代政府的领导者在危机领导思想上的一个转变。因为"防灾、减灾是一个长期的工程，需要比较大的人力和物力，而往往又难以直接看到效果"，因而"在选举政治和任期有限的逻辑驱动下，政府官员更注重短期的政绩和能获得民众赞誉的行为"，"灾害发生后，通过有效应对减少灾害所造成的财产损失和人员伤亡，迅速恢复正常工作、生活秩序更容易获得公众的赞誉，有利于未来的执政。因此，各国加强了突发公共事件应对和处置机构的建设。"李瑞昌认为，美国联邦应急管理署的成立、各国人防机构的职能向民防机构的转变，以及我国政府强调的"一案三制"（应急预案、应急机制、应急法制、应急体制）建设，都是这种危机领导思想新变的产物。〔李瑞昌，2007，第 31页〕

国土安全范式是最新的一种危机领导理论范式。它的出现受到了风险社会理论、不确定社会和后现代社会理论的影响，尤其是美国"9·11"事件后，该理论加速成型。这一理论范式突出强调现代社会的风险更多源自人类活动本身导致的人造风险，工业化的发展和人类大规模建筑活动导致自然和生态破坏严重，诱发了自然灾害的频频发生，自然灾害发生的概率和破坏性都大大提升。整个社会作为承灾体的脆弱性越来越明显。在这一危机领导理论下，脆弱性和恢复力成为灾害综合管理研究或者说是危机领导所重点关注的对象。这一理论还认为，"灾害发生前存在着潜在的致灾因子，人类面对致灾因子时具有一定的脆弱性，脆弱性越高意味着风险越大，可能造成的灾害损失也越大，而恢复力大小决定了实际的灾情。"〔李瑞昌，2007，第 37 页〕

风险社会分析模式是另一种分析危机的理论模式。风险社会是近些年来西方社会科学界比较流行的一种理论。因其对现代性的深刻批判，风险社会正在逐渐超越经济语义成为公共话语。张海波认为，基于风险社会的全球性，全球治理将成为公共危机治理的根本之道。全球治理的核心在于治理主体的扩展，但这并不意味着政府可以退出危机处理或者降低自己的责任，而是恰恰相反，要更加关注公共危机的处理，公共危机治理将和教育、医疗等公共事务一样，成为政府的日常工作。〔张海波，2006（2）〕

李瑞昌认为，危机领导理论中的灾害风险管理范式首先出现在西方发达国家。它的产生得益于金融领域的风险管理的启示。"风险管理一直是金融领域的重要管理方式，在20世纪末进入公共危机管理领域，并迅速取代了灾害学。危机管理和灾害风险管理这两个概念是有区别的，就关注重点来分析，前者更关注致灾因子和灾害事件本身，后者更关注承灾体的脆弱性和风险因素。灾害风险管理范式强调风险是不可能消除的，必须把风险管理措施纳入各种发展规划和突发公共事件的应急体系建设中。〔李瑞昌，2007，第33—34页〕

廖晓明和王萱认为，在风险社会中，危机随时可能爆发，这就要求公共部门建构有效的危机预警组织系统。目前我国公共部门危机预警组织系统存在不少漏洞，难以有效地预防各种危机。因此，我们提出，将分类管理机制与层级管理机制结合，建构一种权责明确、组织严密、信息畅通的网络状的危机预警组织系统。这种组织系统以地方政府操作为主，强调多方协作，能增强危机预警部门信息聚合的能力以及提高我国公共部门的危机预警能力。〔廖晓明等，2006（4）〕

薛澜认为，全过程的应急管理工作应当包括突发事件的事前、事发、事中、事后的整个管理过程，然而，其管理对象从本质上讲还是"突发事件"本身。为了从最基础的层面实现应急管理工作"关口前移"，就需要从"事件"管理往前进一步延伸到对"风险"的管理。由于危机同时兼顾了"风险"与"事件"的特性，因此危机管理应当被贯穿到风险管理和应急管理并重的整个过程中去。同时，成功的应急管理工作不能仅限于动员整个社会资源有效地应对"事件"和"风险"，而是要站在"治理"的战略高度，整合多方力量，从公共治理结构等更基础的层面改善和确保整个社会在常规和非常规状态下的稳定运行。因此，未来国家的应急管理工作应当在完善全过程应急管理的基础上，充分提升风险管理工作的战略高

度，促使朝着风险、应急与危机管理并重的整合式公共安全治理模式进行转变。〔薛澜，2008（6）〕

史培军将巨灾作为现代社会面临的一种巨大的风险，提出应加强应对巨灾的能力建设。首先是要加强应对巨灾的机构建设。国家决策层应考虑设置一个相对稳定的、高层次的组织架构，实行特殊的编制和特殊的领导与组织结构，使其真正有能力处置巨灾。其次要加大应对巨灾的资源储备。在国家已建立救灾物资储备库的基础上，各级政府应加强备灾能力的建设，特别是应对巨灾的物资和装备。最后，要促进应对巨灾的科技进步，加强应对巨灾的国际合作。应结合国情积极借鉴国外的先进经验，完善我国巨灾应对的政策体系、技术体系、社会动员体系等。

针对现代社会巨灾不断爆发的情况，史培军认为，应着眼全球巨灾风险发生的可能性增加，加快建立巨灾风险防范体系、全面提高国家和全社会的抗风险能力，加快完成减灾战略的转变。首先，在已有的部门或行业减灾工作基础上，形成中央和地方各级政府的综合减灾体系，整合减灾资源，防范各类灾害，做好灾害发展各个阶段的减灾工作。其次，全面构建灾害风险的转移机制，大力倡导开展灾害保险、再保险，利用各种金融手段，提高巨灾风险的转移能力。再次，加强社区和区域综合减灾工作，在国家综合减灾框架下，高度关注高风险地区的综合减灾工作，全面提高高风险地区巨灾风险综合防范能力。最后，在突出应急能力建设的同时，高度关注备灾能力和灾后恢复与重建能力的提高，使减灾与区域可持续发展相结合，协调发展与减灾间的矛盾，全面提高包括政府、企业、社会与公众的减灾能力。

全面实施各项综合减灾规划。全面实施国家"十一五"综合减灾规划、国家突发公共事件应急体系建设规划；实施大型企业综合风险防范工程；在涉及减灾的各个行业和部门全面实施减灾专项工程规划的基础上，选择大都市连片区、重要农业生产基地、重要基础工业生产基地，制定和实施巨灾风险防范规划。〔史培军，2008（8）〕

二、 危机领导制度的研究

（一）危机领导机制

危机立法是建设危机领导机制的保障。姜敏香认为，从立法的角度看，目前我国公共应急立法滞后，无法适应危机管理法制化、规范化、制度化的要求。实践证明，没有完善的公共危机管理的法制，就没有高效的突发事件的政府管理；完善的危机管理法制是政府危机管理系统中最重要的支撑，也是我国社会主义法律体系的重要组成部分。经过 20 多年的法制建设，我国危机管理的法制已经有一定的基础，但是从整体上来看，法律法规体系尚不健全。首先，我国宪法没有关于危机状态和紧急状态的具体规定，政府的紧急管理权也没有在宪法中得到明确的授权；其次，现有的危机管理条款分散在《中华人民共和国防洪法》、《中华人民共和国地震法》、《中华人民共和国安全生产法》等部门法中，部门管理色彩浓厚，在突发性事件的应对上协调不力；第三，现有的应对危机的相关法律法规中还有不少漏洞和空白点，特别是应急预案的编制、责任追究的条款缺失。〔姜敏香，2006（2）〕

徐磊从我国政府危机管理体系构建的角度提出我国应该建立和完善国家危机管理的法律法规体系。首先应制定统一的"紧急状态法"。我国宪法已对紧急状态制度做出了原则性规定，但对于在何种情况下，如何行使紧急状态权力，法律尚未做出明确规定。尽快制定一部紧急状态法，作为我国危机管理的纲领性法律文件和制度框架，对于提高我国政府危机管理水平具有重要的意义。其次，应当在紧急状态法的基础上，制定和完善有关危机管理的专门法律法规，以保证政府危机管理权的合法行使，避免肆意侵犯公众权利。〔徐磊，2007（6）〕

在对危机领导机制的探讨中，"一案三制"这一概念被屡屡提及。所谓"一案三制"，指危机管理和危机领导中的应急预案、应急机制、应急法制和应急体制。闪淳昌以权威专家的身份谈及"一案三制"建设时说："近年来，各地、各部门、各单位在制定、修订应急预案，建立健全应急体制、机制和法制方面做了大量有成效的工作。这次抗击低温雨雪冰冻灾害的伟大胜利表明，自 2003 年抗击非典以来，我国以'一案三制'为主要内容的应急管理体系建设取得了长足的进展，政府应对公共危机能力和水平得到了很大提高。"〔闪淳昌，2008（5）〕

关于应急预案体系建设，闪淳昌提出：（1）应急预案必须进社区、进厂矿、进学校、进农村。要在全国形成"横向到边、纵向到底"的预案体系。（2）必须做好风险分析工作。风险通常系指面临伤害或损失的可能性。现代社会风险具有不利性、不确定性和复杂性的三维特征。风险分析是预防为主，关口前移的基础。应当依据《中华人民共和国突发事件应对法》切实加强风险评估，建立起各级政府、企事业单位乃至全社会的全面风险管理体系，建立重大突发事件风险评估体系和隐患排查体系。（3）必须做好应急资源的普查和整合。各地、各部门、各单位要结合实际对各类应急资源，包括人力、财力、物力等情况进行普查，摸清家底，建立人力资源、财力保障、物资保障、基本生活保障、医疗卫生保障、交通运输保障、治安维护、人员防护、通信保障、公共设施、科技支撑等数据库和调用（协调）方案。（4）必须增强应急预案的操作性。明确回答突发事件事前、事发、事中、事后，谁来做？怎样做？做什么？何时做？用什么资源做。让基层同志看得懂、记得住、管用。要着力加强各有关预案之间的有效衔接，及时修订、完善应急预案，提高应急预案的实战性。（5）必须建立健全应急预案和应急能力的科学评价体系。不断提高应急预案的针对性、操作性、实用性、科学性、完整性和经济性。（6）必须加强应急预案的培训和演练。演练是最好的培训，演练要与提高实战能力有机结合，与普及应急知识、提高全民应急能力有机结合。〔闪淳昌，2008（5）〕

刘铁民认为，应急预案是针对可能的突发公共事件，为保证迅速、有序、有效地开展应急与救援行动、降低人员伤亡和经济损失而预先制订的有关计划或方案。它是在辨识和评估潜在的重大危险、事件类型、发生的可能性及发生过程、事件后果及影响严重程度的基础上，对应急机构与职责、人员、技术、装备、设施（备）、物资、救援行动及其指挥与协调等方面预先做出的具体安排，它明确了在突发公共事件发生之前、发生过程中以及刚刚结束之后，谁负责做什么，何时做，以及相应的策略和资源准备等。编制应急预案是我国"一案三制"应急体系建设工作中的重要内容，也是突发公共事件应急准备工作的基础，《中华人民共和国防洪法》、《中华人民共和国抗震减灾法》、《中华人民共和国安全生产法》、《中华人民共和国消防法》、《中华人民共和国传染病防治法》等法律法规中均有明确规定。对于应急预案，中国安全生产科学研究院院长刘铁民教授认为，由于我国应急体系建设工作起步时间较短，在应急预案编制过程中也出现了一些问题，主要表现在：一些预案格式、内容雷同，脱离本部门实际；预案文档冗长，多则可达数百页，查询使用困难；不同层次、类型预案之间连接融合性不够，缺乏标准化交互程序；预案过于注重文本文件形式，而忽视培训、演练等预案管理内容；一些预案科技水平较低，先进技术方法应用不够。这些差距与问题在今后预案编制工作中应引起注意。

刘铁民特别强调，编制应急预案应假定事件肯定发生。应急预案的重点是应急响应的指挥协调。而应急指挥的核心是控制。应急预案应覆盖应急准备、初级响应、扩大应急和应急恢复全过程。而且，预案只写能做到的。未来建设目标和规划内容不应列在应急预案中。最后，要强调预案的培训、宣传和演练。刘铁民教授介绍，在美国国家应急预案编制指南的前言中提出"没有经过培训和演练的任何预案文件只是束之高阁的一纸空文"；"预案不仅是让人看，更重要的是要在实践活动中切实应用"。〔刘铁民，2008〕

有学者从中央政府层级的高度来思考危机处理机构的设置。姜敏香认为，从危机管理组织机构和危机管理职能的建设看，中央政府缺少具有决策、会商、协调功能的常设性的危机处理机构；在地方政府层面上，没有根据各地的具体情况，因地制宜地设立相关的常设性的危机管理机构，并且以法律或者法规的形式明确它们的职责、权限、运作程序。目前我国危机管理职能由不同的政府部门承担，相互之间的整体联动机制不健全，危机管理的资源无法有效整合，在综合性的危机面前合力较差，整体上没有形成相互协调、分工合作的格局。——中央政府应设立具有决策、指挥、协调功能的综合性危机管理机构，主要负责制定危机管理的战略、政策和规划；进行危机信息管理；进行危机风险的评估；对公众进行危机管理的教育和培训；在危机来临时，收集信息、制定决策、统一指挥、协调行动。地方政府也应因地制宜建立常设性的危机管理机构，最好设在各地方政府的办公厅局中，由地方行政首长负责，赋予这个机构法定的职权、职责、职能，配备相应的人员、经费与编制。这是做好危机管理的组织保证。〔姜敏香，2006（2）〕

徐磊从反思我国危机领导的现状出发，提出我国亟须建立一个高层次的危机管理中心，以保证在危机状态下能够高效地协调各个职能部门的协作。在实际运作方面，要在中央政府建立常设性危机管理的领导、指挥和协调机构。该机构应是危机事件可能发生的领域内的专家智囊团，应定期就某一领域中当年或者更长时间内可能产生的危机进行预警分析和风险评估，并据此制定危机管理的战略、政策和规划；危机发生时，它应当转为国务院处理有关紧急事务的具体指挥和协调机构，针对已经发生的突发性危机事件权威地分配各种国家资源，并在危机信息的发布、灾害的预防和受灾区的重建方面发挥协调有关部门的核心作用。〔徐磊，2007（6）〕

刘鹏也认为，我国应建立一个合理的危机中枢指挥系统，具体包括参谋系统和决策中枢机构。中枢指挥系统是否高效运作将决定危机预警工作能否有效开展。在国家面临重大危机的威胁时，危机中枢指挥系统将全面负责整个危机预警、应急、救治工作，它不仅是政府应对危机战略的制定者，同时也是危机预警的核心决策者和指挥者。指挥系统应建立在发达的情报系统基础上。为此，应建立专门的公共危机政府情报部门，收集和分析与国家各类公共危机问题相关的信息，同时还有一些其他的情报部门从事专项的危机信息处理工作。〔刘鹏，2007（7）〕

此外，徐红曼特别强调了在我国快速赶超工业化的时期，我国必须加强工业城市公共安全体系的建设。作者认为，近年来我国工业城市公共危机事件频繁发生，呈现出高频次、大规模，危机后果的严重性和持续性等特征，使我国工业城市进入公共危机的高发期。工业城市在获取经济利益的同时，也面临着高风险，工业城市公共安全已成为政府的一道难题。所以必须在工业城市构建良好的政、企、社区多元参与系统：政府承担领导、监督、指导工作，企业、社区承担支持工作。〔徐红曼，2007（12）〕

张红梅认为，在建设危机领导机制时必须重视公众的参与，必须把公众纳入危机管理体系中来。张红梅说，公众参与公众危机管理，既有助于提高社会自我救助能力，也有助于解决危机管理中的政府失效性问题，并确保公共危机管理的公共利益取向。当前我国公共危机管理中的公众参与还处于较低的层面。为推进公众积极参与公共危机管理，必须建立和完善相关法律制度，培育和发展非政府组织，建立政府、媒体与公众合作的应急机制以及完善的危机教育机制。〔张红梅，2007（6）〕

刘玉雁注意到，我国政府的公共危机管理机制中，防范恐怖危机的机制尚未完善，而有效地防范和打击恐怖主义是当今世界各国政府必须面对的艰难课题。受多种因素的影响，我国政府的恐怖危机管理机制尚处于构建时期，在反对恐怖主义的工作中还有很多安全漏洞，因此借鉴西方国家的反恐经验，完善我国政府的反恐防控体系已成为当务之急。〔刘玉雁，2007（6）〕

（二）危机预警系统

近年来，很多学者纷纷从危机预警机制建设上面研究危机的预防和早期处置。张小明认为，公共危机预警机制是公共危机管理过程的重要组成部分，它主要由预警信息搜集子系统、预警信息分析和评估子系统、危机预测子系统、危机预警指标子系统、危机警报子系统、危机预控对策子系统等六个子系统构成。在建立与完善科学、合理的公共危机分级预警机制的基础上，可以构建相对严密的公共危机预警四级指标体系。〔张小明，2006（7）〕

廖晓明认为，在风险社会中，危机随时可能爆发，这就要求公共部门建构有效的危机预警组织系统。目前我国公共部门危机预警组织系统存在不少漏洞，难以有效地预防各种危机。因此，有必要将分类管理机制与层级管理机制结合，建构一种权责明确、组织严密、信息畅通的网络状的危机预警组织系统。这种组织系统以地方政府操作为主，强调多方协作，能增强危机预警部门信息聚合的能力，提高我国公共部门的危机预警能力。〔廖晓明，2006（4）〕

黄顺康认为，根据公共危机预警所需要的快速性、准确性和公开性特征，建立危机预警机制的目的应体现为对危机信息的及时搜集和发现以及发布两个方面。建立危机预警的关键是建立包括危机预警综合信息系统、气象、地震、海洋灾害预警系统和经济危机预警系统在内的高效信息系统。此外，还应建立社会心理预警机制，以及完备的信息搜集、信息管理和信息发布制度。〔黄顺康，2006（6）〕

计雷和池宏在他们合著的《突发事件应急管理》一书中提到了应急系统存在三种不同的模式：一是"综合性应急管理系统＋各专业应急处理系统"模式。即：由政府设立一个综合性应急职能机构，像美国的联邦应急管理局和韩国的中央灾害对策部那样的常设性机构，直接领导和协调各部门的应急工作；各专业应急系统负责现场应急处理事宜。二是"应急指挥系统（常设）＋各专业应急处理系统"，即政府常设一个灾害应急处理领导小组，由政府主要领导或分管领导任组长，相关单位负责人为成员，统一领导应急救助和突发灾害处理工作，下设办公室，负责日常工作，平时与各部门及应急事件顾问团（可以由各行业专家兼职）保持密切联系，收集信息，研究制定预案；一旦灾害发生，迅速与相关部门的专业应急处理机构共同拿出可供领导小组讨论的参考意见。还可在灾害发生时，设立应急指挥中心，与办公室合署办公，但指挥长应由政府领导担任。现在广州、上海的城市应急中心大体属于这种模式。三是"应急指挥系统＋综合性应急管理系统＋各专业应急处理系统"模式。这一模式由前两种模式结合起来，形成不管选择何种模式，都要以快捷反应、高效运作为目标。日本就采用这一模式。〔计雷、池宏，2006，第40—41页〕

三、危机领导行为的研究

（一）危机领导的战略策略

陈秀梅探讨了危机决策时应该遵循的策略，认为在危机状态下，突发意外事件以及不确定前景造成了高度的紧张和压力，为使组织在危机中得以生存，并将危机所造成的损失限制在最低限度内，决策者必须在相当有限的时间里作出重要决策和反应。危机决策要求领导者在有限的时间、资源、人力等约束条件下完成应对危机的具体措施，即在一旦出现预料之外的某种紧急情况下，为了不错失良机，而打破常规，省去决策中的某些繁文缛节，以最快的速度作出应急决策。〔陈秀梅，2007（1）〕

闪淳昌提出应急管理的六条工作原则："以人为本，减少危害；居安思危，预防为主；统一领导，分级负责；依法规范，加强管理；快速反应，协同应对；依靠科技，提高素质。"闪淳昌还说："在公共安全工作上至少要把握以下五点：一是以人的生命健康为本，千方百计减少伤亡和危害；二是广大职工和人民群众既是我们保护的主体，也是搞好安全工作依靠的主体；三是依靠科学，依靠民主，依靠法制；四是加强培训教育，提高人的综合素质（忧患意识＋安全知识＋自救互救技能）；五是在应急救援的全过程中一定要坚持救人第一，并防止次生事故，注意救人的人的安全。我们必须牢记胡锦涛总书记的谆谆教导，'人的生命是最宝贵的'。做到为了人、保护人、依靠人、尊重人、提高人、组织人。"〔闪淳昌，2008（5）〕

胡百精认为，领导者必须将危机管理当做一个契约修复的过程。人类文明的发展是一个契约化的过程：人与物契约的订立和人与人契约的订立。人与物的契约着眼于人与自然之间的和谐秩序；人与人的契约着眼于

人与人之间合理的自我组织方式。循此路径，危机即是对契约的威胁或者破坏。人与物契约的破坏表现为各类自然灾难，人与人契约的破坏表现为各类人为危机。循此路径，危机管理实质上是各种契约修复行为的总和。〔胡百精，2006（3）〕

程美东认为，必须把提高领导者应对突发事件的能力作为领导干部队伍建设的重要内容。突发事件的实质，是非程序化的决策问题。一个优秀的领导者在遇到突发事件时绝不能拘泥于陈规陋习似的程序，对突发事件的应对情况如何，可以从根本上看出一个领导者的基本素质，因为仓促之间形成的处理决策往往是一个人先天和后天素养的条件反射。在突发事件的应对和决策中，随机性和机动权变往往不可避免。但是，这并不意味着在突发事件的应对与决策中，可以为所欲为，任意行事。突发事件的处理，也必须要遵循一定的原则和程序，只不过这些原则和程序不能按照正常情境下的方式来进行，它的要求是非常规性、紧急性、果断性，它在很大的程度上反映了决策者们的本能似的反应能力。这种本能不完全是先天的素质，更多的是后天的训练积累的结果。〔程美东，2008—04—08〕

游昌乔多年来专注于企业危机领导的研究和资讯服务，他提出了主要针对企业的"危机公关5S原则"，即承担责任原则、真诚沟通原则、速度第一原则、系统运行原则、权威证实原则，他认为，危机发生后，公众会关心两方面的问题：一方面是利益的问题，利益是公众关注的焦点，因此无论谁是谁非，企业应该承担责任。即使受害者在事故发生中有一定责任，企业也不应首先追究其责任，否则会各执己见，加深矛盾，引起公众的反感，不利于问题的解决。另一方面是感情问题，公众很在意企业是否在意自己的感受，因此企业应该站在受害者的立场上表示同情和安慰，并通过新闻媒介向公众致歉，解决深层次的心理、情感关系问题，从而赢得公众的理解和信任。他还认为，危机发生后，领导者必须当机立断，快速反应，果决行动，与媒体和公众进行沟通，从而迅速控制事态，否则会扩大突发危机的范围，甚至可能失去对全局的控制。危机发生后，能否首先控制住事态，使其不扩大、不升级、不蔓延，是处理危机的关键。〔游昌乔，2006，第4—12页〕

翁礼华提出，在危机领导中除了要扑灭危机，还可以有意识地利用危机来激发人的活力。人的活力在于危机，所以人总是在烦恼中度过他的一生。有一个例子，叫做鲶鱼反应。据说有一个外国船长专事运输活鱼，但每次到码头交货时都发现鱼的死亡率很高，在请教了别人之后，船长把鱼界老虎——鲶鱼放进鱼箱做实验。结果是这些鱼看到鲶鱼都很紧张，怕被鲶鱼咬死，为了活命只好不断地躲避，死亡率反而大大降低。人也是如此。〔翁礼华，2008〕

（二）危机领导的实践操作

近年来，很多学者都从信息公开、新闻发布和议程设置的角度来阐述信息的透明化在危机管理中的重要性。胡百精认为，危机一旦爆发，组织的核心利益相关者、次核心利益相关者、边缘利益相关者、大众媒体和一般公众皆按照自己的主观框架接触、采集危机信息，形成认知并作出判断。这种框架是人们解读危机的心理基模，并据此明确自己的态度和行为，而非轻易受到组织的影响、操纵和支配；利益相关者特别是大众媒体对危机的框架化认知，不可能完美无缺地复制危机原貌，而是一个再现（representation）和再造（reproduce）过程。人们言之凿凿地议论危机，实质上只是个人对拾起的危机碎片的表达。所有身陷危机的组织都应该认清这一点：即使你再委屈，你也必须接受一个事实——真相不是不重要，而是有多少人在关注这场危机，便有多少个被确认的真相。危机舆论环境是一个流变的、多元的意义系统，事实信息和意见信息交错一体，不断演绎出新的故事和情境。人们在无意识中联合行动，寻找不确定中的确定，等待混乱后的秩序。由此，提供确定性，重归常态秩序便成为组织在危机管理中最大的机会，同时也是最大的挑战。因此，领导者有必要在危机管理中使用议题管理的方法来控制危机处理过程中的信息传播。议题管理可以区分为前置管理、中间管理和后置管理。前置管理即在危机爆发前监测、分析组织可能遭遇的风险议题，为之于未有，治之于未危；中间管理即在危机爆发后确认、评估各类业已显现的议题，并排定其重要性等级，集中力量渐次突破，化不利为有利；后置管理即在事态平息后，传播全新议题，再造组织形象，重返主流话语空间。三类议题管理皆指向一个目标：引导和控制危机舆论，创造有利的危机管理环境。〔胡百精，2006（3）〕

　　陈秀梅从危机决策信息的有限性的角度对危机领导的难度进行了研究，认为危机决策信息的有限性主要表现在三个方面：首先，信息不完全。危机发生后，很多信息是随着事态的发展而演变的，由于时间的紧迫性，决策者不可能在非常有限的时间内掌握和控制所有的事态发展信息。其次，信息不及时。由于信息的采集和传递是需要一个过程的，而且，信息要从事发现场传输到指挥决策机构，中间还得经历好几个组织的中介运作，因此，最高决策者对信息的掌握和控制就会有滞后。另外，提取、加工进而得到有用的信息，必然是要花费一定的时间的，这在一定程度上也占用了决策者用于决策的思考时间。最后，信息不准确。常规决策作为一个过程，具有一系列相对固定的程序，整个过程就是一个信息输入输出的过程。但在危机情势下，信息的反馈和处理过程极容易失真，其正确性和有效性很难得以保证。不仅如此，由于监督系统群龙无首，没有形成强有力的监督网络，因而危机事件发生后，各种谣言和小道消息也容易在社会流传。〔陈秀梅，2007（1）〕

　　向玉琼认为，在危机状态下，各国政府经常通过政策制定与执行来进行危机控制与管理。议程设置作为政策制定的第一个阶段，对政策的出台具有重大影响，而在此阶段经常出现的"不决定"或"不决策"现象，往往导致危机处理政策的延误。危机问题能否进入政策议程，成为政府应该解决的问题，对于危机控制政策的出台至关重要。〔向玉琼，2007（4）〕

　　刘鹏认为，在危机领导中要加强政府管理部门与公众的信息沟通，形成公共危机预警机制网络。危机事件的突发性决定危机发生前，很可能不是一个部门可单独预测的，需要来自不同部门、机构的联合与协调努力。所以，我国应建立以多元化、立体化和网络化为主的预警机制来发挥作用。通过公共危机预警机制的建设，保证各部门间的联系顺畅，保证各部门协同作战，建立起纵向垂直协调管理和横向相互交流、信息资源和各种社会资源充分共享，从而覆盖全国的危机预警网络。危机预警网络可大大

提升我国政府危机预警能力，包括危机信息的收集、危机的监测和预控等工作。〔刘鹏，2007（7）〕

李德平认为，信息公开在危机管理的各环节都起着至关重要的作用，提升危机管理中信息的公开性和透明度，不仅有利于政府防治危机，而且便于稳定民心，全民动员，群防群控，缩短危机周期，最终战胜危机。信息公开有利于保障公民的知情权，激发公众的参与热情。信息公开有利于防止谣言的传播，克服公众的恐慌心理。信息公开有利于塑造政府的良好形象，提升政府公信力。作者也注意到了目前我国地方政府危机领导过程中在信息公开工作方面存在如下一些问题：一是我国公务员中有一部分人的民主法制观念淡薄，"官本位"思想在头脑中根深蒂固，将许多应当向公众公开的信息定为"内部文件"、"内部资料"、"内部情报"，严重阻碍了危机信息的公开；二是由于危机信息保密对掩盖管理过失和决策失误以及保留特权等有着强大的激励效果，危机信息的公开受到公共部门及其工作人员本能与非本能的抵制和阻碍。在危机开始爆发的初期，多数官员担心公开信息会令危机的辐射范围扩大，一旦处理不慎，就有可能会造成更大的社会恐慌和混乱；三是思想上并没有形成危机信息公开是政府义务的概念，漠视公众的知情权，对自身的职责没能很好地理解，他们往往以"公共服务中的服务提供者"为主导地位，对于很多应该公开的政府信息不在意或刻意隐瞒。另外，由于《保密法》已经滞后于信息公开发展的趋势，许多条款需要补充和完善，因此也妨碍了危机信息的合理公开。〔李德平，2007（5）〕

周光凡从信息公开的角度分析了做好突发事件应急管理工作的原则，认为必须针对上述四类不同的突发事件，按照不同的方法来应对。对于自然灾害，自然灾害发生后，人们对次生灾难十分担心，这时候要监测谣言，防止虚假信息依附真实信息而流传。对于事故灾难，领导者必须注意不能掩盖事故灾难的信息，因为事故不是丑闻，掩盖才是丑闻。对于公共卫生事件，因为病毒来势凶猛，因此谎言就是地域。对于社会安全事件，处理社会安全类突发事件时尤其要注意将新闻发布工作和事件处理工作看得同等重要，必须同步进行，因为自然灾害和事故灾难发生后，一般不会重复发生，人们对其后果和影响面有大概的估计和认识，远离灾害现场的人不会感到太大的不安和恐慌。但是社会安全事件往往由于它是人为蓄意制造的，因此很可能会再次发生类似灾难，因此有更大的不可控制性，公众特别需要这方面的动态信息，以了解事件发展的最新趋势，对自己未来生活有何影响。〔周光凡，2008〕

寇丽平认为，危机公关已经成为政府处置危机的重要组成部分。在电子生态环境下，随着媒体直接影响力的加大、媒体引申能力的增强和信息质量的下降，危机信息的传播更加多样、更为迅速。政府危机公关不仅是政府对电子生态环境的适应，也是树立政府良好形象、维护社会稳定、实现可持续发展的重要保障。〔寇丽平，2007（1）〕

赵春盛认为，我国现阶段的突发事件处置与公共危机管理实践存在若干误区，一是浪费公共危机应对资源；二是忽视突发事件"第一在场者"的处置权限；三是把公共危机管理等同于应急处置，等到有事后才启动应急机制，而忽视了危机的预警机制的建设。〔赵春盛，2007（3）〕

蔡志强提出了在危机领导中以人为本的实践原则。作者认为，在社会管理的基本理念中，人的生存和安全等基础性需要是政府治理和防范危机的底线标准，也是衡量政府责任与治理能力的客观尺度。"以人为本"不仅确立了社会主义和谐社会基本价值理念，同时也确立了社会治理制度安排和政策选择的新准则。以人为本一是要把对个体生命价值的尊重与保护摆在首位。二是对个体合法权益和利益诉求的维护和保证。在尊重人的权利和生命价值的同时，政策的制定和实施要充分考虑到个体权益和利益诉求，不仅个人的发展权利能够得到有效维护，同时政府有责任为社会成员提供发展所需的公共产品。在危机治理中，对人的价值的尊重与维护包括几个方面的内容：一是个体生命财产安全不受侵犯，并且在危机治理中生命价值远远大于任何物质财富的价值。二是个体对所处危机情境有知情权，即个体有权知道可能招致的生命威胁和财产损失，政府应及时提供相应的已经获悉的信息。三是个体对于他人的生命财产、国家的利益和公共利益同样负有维护和不损害的责任。四是危机治理中的个体价值是通过个体的实际参与来实现的，这种行为不仅提供了社会治理得以维续的根本动力，也构成了危机治理的道德基础。作者还认为，人们是否愿意参与危机治理，直接与其价值能否实现和利益能否得到保障有关。基于危机可能造成人们利益受损的现实，人们参与危机治理的行为几乎一开始就具有持续的动力基础。因此，政府和社会在实施危机治理的过程中，需要把维护生命财产安全作为危机治理的第一目标。危机治理应当服务于政府与社会的利益实现与保障，特别是要服务于紧急状态下的公共利益与个体利益的维护与保障。不同的利益群体为了保护或争取各自的利益，必然谋求政治表达和政治保障方式。这些诉求渠道的畅通与否，直接影响人们对政府能力和危机的认知。因此，危机治理中要处理好国家、集体、个人三者间的利益关系。忽视个体实际利益而片面强调公共利益，或者过分强调个体利益而忽视公共利益，都会导致权力行使的偏差和社会参与热情的锐减。我国现有的政府危机治理体系中，由于社会普遍存在的对危机理解的不到位，加之现有绩效考核体系的影响，导致一些地方政府违背人本理念，将掩盖事实真相作为危机控制的一种方法加以采用。这种违背治理基本理念的危机控制方式，只能加剧危机并销蚀人们对政府的信任。〔蔡志强，2007（5）〕

附：相关论、著索引

一、著作部分：

1. 游昌乔著：《危机公关：中国危机公关典型案例回放及点评》，北京大学出版社 2006 年版。

2. 计雷、池宏著：《突发事件应急管理》，高等教育出版社 2006 年版。

3. 李瑞昌著：《公共安全建设范式的成长》，载李瑞昌主编：《危机、安全与公共治理》，上海人民出版社 2007 年版。

4. 翁礼华著：《感悟领导》，中国财政经济出版社 2008 年版。

5. 周光凡著：《领导者的媒体驾驭能力》，清华大学出版社 2008 年版。

6. 刘铁民著：《突发公共事件应急预案编制与管理》，载《中国应急管理》编辑部编：《领导干部预防和处置突发公共事件实用指南与案例分析》，国家行政学院出版社 2008 年版。

二、论文部分：

1. 张海波：《风险社会与公共危机》，《江海学刊》，2006（2）。

2. 姜敏香：《政府危机管理体系存在的问题及对策》，《理论学刊》，2006（23）。

3. 胡百精：《危机状态下的议题管理》，《国际新闻界》，2006（3）。

4. 廖晓明：《论我国公共部门危机预警组织系统的建构》，《江汉论坛》，2006（4）。

5. 马宝成：《社会公共危机管理与政府责任》，《中国图书评论》，2006（6）。

6. 黄顺康：《公共危机预警机制研究》，《西南师范大学学报》（人文社会科学版），2006（6）。

7. 邱美荣：《"危机管理与应急机制"国际学术研讨会综述》，《国外社会科学》，2006（6）。

8. 张小明：《公共危机预警机制设计与指标体系构建》，《中国行政管理》，2006（7）。

9. 陈秀梅：《公共危机中的政府决策困境与化解思路》，《云南行政学院学报》，2007（1）。

10. 寇丽平：《电子生态环境下的政府危机公关》，《中国人民公安大学学报》（社会科学版），2007（1）。

11. 赵春盛：《我国现阶段的突发事件与公共危机管理》，《云南行政学院学报》，2007（3）。

12. 向玉琼：《危机状态下公共政策"不决定"分析》，《云南社会科学》，2007（4）。

13. 刘霞：《公共危机治理：一种不同的概念框架》，《新视野》，2007（5）。

14. 李德平：《政府危机管理中的信息公开问题》，《江西社会科学》，2007（5）。

15. 蔡志强：《以人为本危机治理范式的核心理念》，《中共中央党校学报》，2007（5）。

16. 徐磊：《我国政府危机管理中存在的问题及对策》，《理论前沿》，2007（6）。

17. 张红梅：《协同应对：公共危机管理中的公众参与》，《长白学刊》，2007（6）。

18. 刘玉雁：《我国政府防范恐怖危机管理机制的缺失与构建》，《东北师大学报》（哲学社会科学版），2007（6）。

19. 刘鹏：《发达国家公共危机预警机制及其对我国的启示》，《经济纵横》，2007（7）。

20. 郭际：《高层领导者危机诊断失误及其克服——危机管理团队（CMT）的建构》，《科学学与科学技术管理》，2007（7）。

21. 何汉理（Harry Har-ding）：《对中国可能出现的危机的再思考》，《国外理论动态》，2007（8）。

22. 徐红曼：《工业城市"多元参与"公共危机管理机制的建构》，《学术交流》，2007（12）。

23. 程美东：《防范和应对突发事件危害》，《瞭望新闻周刊》，2008—04—08。

24. 闪淳昌：《构建中国特色的应急管理体系》，《中国浦东干部学院学报》，2008（5）。

25. 薛澜：《风险治理：完善与提升国家公共安全管理的基石》，《江苏社会科学》，2008（6）。

26. 史培军：《建立巨灾风险防范体系刻不容缓》，《求是》，2008（8）。

第七章
女性领导研究

    随着女性受教育程度的提高与女性主体意识的发展，女性在社会各领域、各行业发挥着越来越重要的作用。自 20 世纪初叶以来，女性不仅开始进入职场，走上领导岗位，而且一些卓越的女性甚至开始担任国家领导人或大型公司的最高领导者，在企业、政治领域创造了辉煌的职业成就。与此同时，女性领导这一特殊的群体也逐渐进入理论研究者的视野。人们开始从性别视角研究女性领导者的特征、行为、言语、奋斗历程，倾听来自女性的声音，关注女性领导特质、风格、工作环境、成长路径和障碍。毫无疑问，在领导研究领域，性别作为一个重要因素已凸显出其重要性。总体来讲，近年来我国学界对女性领导问题的研究主要集中在女性领导力、女性领导风格、女性领导教育与培训以及我国女性参政议政等问题的探讨上。

一、 女性领导力研究

　　领导力是一个内涵丰富而又充满新意的概念，不同的研究视角和研究领域有不同的解释，因此，和对领导一词纷繁多样的认识一样，学界并没有对此概念做出严格统一的界定。简单来讲，领导力就是影响他人的能力，即激励别人实现目标，把愿景转化为现实的能力。领导力背后是否存在着性别力量，是否存在男女领导能力的差异，这一问题正为越来越多学者和实践者所关注。大多数研究认为差异是存在的，但是关于男女两性领导力的差异本质上只是特征的差异。对比男女的智力水平，在能力上男性与女性的差别本质是能力的特征，而不在于能力的程度，因此，领导者性别的差异会使其具有不同特长的能力结构，而不是能力的高低之差。

　　相对于领导和领导力的研究，女性领导和领导力的研究近年来虽然得到了学者尤其是女性学者的关注，不过仍然处在起步阶段，主要集中在女性领导力的构成要素、领导素质等方面，对于女性领导力进行深入的理论探究和实证研究尚显欠缺。

（一）女性领导力与领导素质

1. 女性领导力内涵

　　目前学界并没有对于女性领导力是什么给予明确的概念解释，而是主要侧重于女性领导力的构成要素的研究上。童兆颖认为女性领导力包括五个方面的基本要素：一是核心专业技术能力。二是敏锐性。三是进取心。进取心是积极进取的原动力，有进取心就有危机意识。四是组织力。女性的思考相对比较细腻，在组织力方面具有得天独厚的优势。五是创造环境的能力。女性比男性更能够与部属分享权力，甚至能够舍得牺牲个人的一

中国领导学研究（2006—2008）

些利益，这对于创造一个良好的工作环境是十分重要的。〔童兆颖，2004（20）〕

也有调查认为，开拓创新能力是新的时代背景下女性领导力的重要方面。创新能力指在工作中打破常规，紧跟时代步伐，更新观念，大胆改革，用新的理念和方式方法研究情况、解决问题的能力。〔福建省漳州市妇联，2007—2—8〕

对于这一问题的认识，中科院的调查研究从另一方面强调了创新能力的重要性。中科院在"关于在女性成才内在素质障碍和成才意识方面的调查"中发现，有50.6%的人认为难以成才是因为缺乏多向思维方式；48.1%的人认为是创新意识不强；44.9%的人认为是安于现状；42.5%的人认为是把握全局的能力不强；32.5%的人认为对挫折承受能力差；36.5%的人认为是兴趣不广泛；36.5%的人认为是身体欠佳；还有21.7%的人认为是组织能力不强；调查证明创新能力是影响和阻碍女性领导干部继续成长的主要因素。〔任小飞，第21页，2007〕

2. 女性领导素质

在对女性领导力的探讨中，另一个与之相关的概念是女性领导素质。女性领导良好的素质结构是其发挥领导作用的基础。女性领导作为重要的人力资源，在国家和社会发展中发挥着重要作用。由于社会历史传统的影响，社会对女性领导有着比男性更高的要求，尤其是随着当今社会竞争的日趋激烈，女性领导干部面临着新的更严格的挑战。女性领导要具备什么样的素质结构才能更好地发挥领导力，实现组织目标，不仅是女性领导在实践中面临的问题，同时也是学者关注的焦点。

对女性领导素质，学者从不同角度进行了概括和总结。有的提出，新的社会环境对女性领导的衡量标准不再仅仅是勤勤恳恳、任劳任怨、具有牺牲精神，而是更加注重其对社会政治和经济生活的参与程度，更加注重其是否具有创新意识、成就意识、竞争意识。社会变革的大潮要求女性领导以新的视角审视自身的地位和作用，站在更高的起点上寻求自身的发展。〔关颖，2005（22）〕

有的认为，女性领导首先要有较高的政治素质，其次要有合理的知识结构，有良好的心理素质和高超的领导技能素质，包括：敏锐超前的思维能力、果断正确的决断能力、协调组织指挥能力、创造能力、公共关系能力和表达能力等。多数学者强调，从政女性应该增强自身的从政意识、自我意识、竞争意识、进取意识和多重角色意识。〔任小飞，2007〕

归结起来，学界认为女性领导应该具备如下几个方面的素质：

（1）思想政治方面

在人的各项素质中，思想政治素质是最重要的素质，思想政治素质的培养为其他素质的培养提供动力，对其他素质的培养起着根本性的导向作用。有学者指出，参政女性必须树立正确的人生观、价值观、参政观。〔陶璐霞、程雄，2005（5）〕也有学者指出，女性领导要获得事业成功首先要注重提高政治素养、道德素养显然得到学者的一致认同。〔任小飞，2007〕

（2）文化知识方面

科学技术的进步及其在各个领域的广泛应用，对女性领导干部的知识和能力提出了更高的要求。新的形势对女性领导来说，机会与挑战并存，实现自身更大价值的最重要条件便是知识化，女性领导干部必须有能力在自己的一生中抓住和利用各种机会，去更新、深化和进一步充实最初获得的知识，使自己适应不断变革的世界。〔关颖，2005（22）〕万事学为先。非学无以博识，非学无以广才，非学无以立志，非学无以执政。只有具备广博知识，才能正确地认识自己、认识社会、管理社会，从而成为一名充满智慧的管理者和领导者。所以，女性领导干部应该勤勉好学，乐于读书，博学多识，用先进的理论和知识武装头脑。要学会培养理性思考能力和实际操作能力。一方面，要懂得知识水平与工作经验是相辅相成的，另一方面，也要懂得深入实践、总结经验。〔杨红，2007（1）〕而郭宇、季辉认为知识经济、信息时代的到来，广大女性特别是女性领导者要从各自实际出发，努力学习，具备博大精深的知识结构，成为掌握业务知识与领导知识的通才。〔郭宇、季辉，2008（4）〕也有论者指出学习是进步的永恒话题。用知识武装自己，武装自己的组织。知识的及时更新、充实，不

仅让原本自信的女性领导者在职场更加游刃有余，也为构建学习型组织奠定了基础。〔王廉宇，2007（9）〕

（3）心理素养方面

有学者认为在市场经济条件下，面对激烈的社会竞争，所有人都站在同样的起跑线上，女性领导已无法依赖性别上的差异来博取同情，而必须按照社会发展的需要调整自己的心态，确立独立的价值观，增强在社会生产和社会生活中的主动性、能动性和独立性，提高心理承受能力、社会适应能力和自我控制能力，塑造健康的人格。〔关颖，2005（22）〕另外也有学者强调自信的心理素质，指出女性领导不仅需要有适当的资历和经验，还应该具备发自内在的自信、肯定的自我表述、卓越的沟通方法和良好、熟练的个人推销方法。〔王春梅，2005（5）〕也有学者认为女性领导要敢于充分向社会表现和展示自己的实力和才华。〔孙宏，2008（1）〕

（4）技能方面

信息社会的技术更新异常迅速，计算机、互联网以及各类前沿科学和新兴科学的发展对领导人才的素质有更新更高的要求，当前无论是政府机构还是企事业单位，利用现代科学技术进行现代化管理已成为重要的管理手段。因此，有学者认为女性领导要在社会发展中更好地发挥自身的优势，必须有目的、有针对性地掌握相关技能。〔关颖，2005（22）〕

此外，一些学者认为，独特的魅力与修养是女性领导成功的重要方面，一个缺乏礼仪修养的女性领导者，即便能力再强，人们对她的印象也会大打折扣，其威信和影响力难免会受到一定的负面影响。因此，女性领导要以特有的优势与他人交往，尤其要注重礼仪修养。这是女性领导取得事业成功不可缺少的条件，也是有别于男性提升自身人格魅力的一个着力点。〔关颖，2007（1）〕也有学者认为果断的决策能力和精湛的指挥协调能力是女性领导者必备的素质。女性领导者应积极投身于实践，参与具体实践活动，丰富自己的实践经验。在学习、实践的基础上，发挥女性感觉细腻、观察细微、反应灵敏的优势，对事物以战略的眼光作出科学的决策，并通过灵活、高效的组织、协调，达到人力、物力、财力各要素的合

理匹配和各岗位人员的责权统一，顺利实现领导者的决策目标，提高决策效率。〔王廉宇，2007（9）〕

（二）提升女性领导力的途径

据调查，在我国企业中，女性经理占 42.1%，与男性经理的数量相差并不大，而在总经理层中，女性只占到了 16.6%。在政府管理领域，虽然女性参政的比例有了大幅提高，不过女性在高层任职的数量依然很少。由此证明，女性在领导力的提升上还有很大的空间。那么现代女性如何突破职业发展的瓶颈提升领导力，如何成为一个卓越的领导者？对此，近年来学界也有所关注。

童兆颖认为提升女性领导力的成功范式是刚柔并举。她认为，近年来在管理学界有一种说法，女性化的领导模式是未来的发展趋势。事实表明，权威型、命令型的男性领导模式即将为人性化、情感型的领导模式所取代。而女性由于具有感情细腻的心理特点并善于把这一优势融入管理之中，融合了男女两性的气质，形成了女性独特的管理风格。事实上，在成功女性的身上，既有女性的温柔、细腻、富于情感的一面，又有男性的刚强、果断、意志坚定的一面。〔童兆颖，2004（20）〕

何冰洁认为应该直面女性缺点，正视两性差异（如生理差异、思维方式差异、成长方式差异、沟通方式差异），使现代女性能跨越自己，突破自己，冲出男权的藩篱，从而有效锻造女性卓越的领导管理能力，争取最大程度的领导空间。她以自己多年的企业领导阅历，结合所处行业特点认为，一是要利用"传统"的现代管理方法改造自己；二是要借助现代的智能工具武装自己。前者是战术，后者是战略，双管齐下全面提升女性综合领导力。此外，信息化可以使女性领导及时应答与处理各种有效信息，具备驾驭信息资讯的应用能力，在男权社会树立技术权威。信息化的结果直接使女性从日常繁琐的事务中脱身出来，可以有更多的时间用于重要事情的酝酿与思考，各项计划制定与活动日程安排也能更充裕，使女性管理者更具理性与全局性。〔何冰洁，2005（11）〕

王廉宇认为女性提升女性领导力要学会如何使用权力，即要正确合理地运用个人权力。男性领导者的特点是善于运用地位权力（即职位权力），而女性领导者则更偏爱个人权力（即个人影响力）。在组织行为理论里，领导者权力是由法定权、奖励权、惩罚权、专长权和个人魅力影响权共同构成的。女性领导者和男性领导者在这五项权力的使用方面存在一定的差异。五种权力又因产生的影响力性质不同分为权力性影响力（如奖励权、惩罚权等）和非权力性影响力（专长权、个人魅力影响权等）。为此，对于女性领导者而言，要充分发挥非权力性影响力来影响下属，尤其是专长权，女性领导者应该发挥专长权，使自己拥有过人的技术来树立权威，以"智"取胜，在专业领域靠非凡的成就来塑造形象，避免过分依靠权力性影响力，做一名魅力型领导是女性领导力提升的途径之一。〔王廉宇，2007（9）〕

回顾近年来关于女性领导力研究的文献不难发现，这是一个新近受到关注的领域，学者们的研究还处于起步阶段，对于女性领导力还没有科学的概念界定，对于女性领导力进行深入的理论探究和实证研究尚显欠缺。

二、女性领导风格研究

对女性领导风格的研究起源于领导活动中对性别差异的探索以及对不同领导风格的日益强化。尤其是在企业管理领域，20世纪90年代后期，由于信息技术的快速发展以及全球化趋势的影响，企业经营环境发生了剧烈的变化，为了寻求对策，研究人员和领导实践者作出了积极的探索。有人根据领导的情景理论提出变更领导风格是一种应付企业环境变化的良好措施，这一认识随之也引起企业环境下对女性领导风格的探索。

（一）女性领导风格上的两种不同观点

男女两性领导风格是否有显著的差异？这种差异在多大程度上影响到

领导效能？哪一种领导风格更适应当今快速发展的社会？对于这些问题的回答，我国学界基本上有两种。

一是持肯定的态度，认为两性领导风格有显著差异，并且女性领导风格可能更加有效。女性具有独特的领导特质和风格，主张由女性实践新的领导类型。女性具有独有的能力，如合作、关怀、有教养和魅力，这些特质符合领导发展的一些要求，可以成为有效领导的重要因素，从而给女性领导带来许多男性无法比拟的优势。这一理论目前正在领导培训项目、政治领域、媒体及日常生活中开始为人们熟知。

有学者采用实证的方法探讨男女两性管理者在个性特征、领导风格方面是否存在差异以及它们之间的相关关系。研究结果表明：在男性化特征上，男性表现得更为明显，但在女性化特征上，男女管理者并不存在显著的差异；在领导风格方面，男性更注重以任务为导向，但在以关心为导向方面，两性管理者不存在显著差异；男性化特征与以任务为导向的领导风格存在正相关关系，而女性化特征与以关心为导向的领导风格存在正相关关系。〔梁巧转等，2006（3）〕

二是持否定态度，认为领导风格本身并不存在男女之分，现代社会中女性领导者已趋向"中性化"。未来的女性领导人正日益呈现出积极、开朗、激情、富有活力的新形象。在女性领导身上，融合了男女两性的气质，形成了女性独特的管理风格。事实上，在成功女性的身上，既有女性的温柔、细腻、富于情感的一面，又有男性的刚强、果断、意志坚定的一面。〔童兆颖，2004（20）〕也有学者认为，女性领导要充分吸收男性的优长"为我所用"，使女性领导既具有中国女性的特色和优势，又具有一般女性所不具备的领导风范和领导魄力，形成自己独具特色的领导风格，即（1）敬业勤业，富有牺牲的领导风范；（2）刚柔相济，恩威并用的领导方式；（3）自尊自强，有胆有识的魄力。〔汪琦，1999（1）〕

总之，对于这一问题，学界依然没有形成统一的认识。多数持肯定观点以及持否定观点的学者，都以相关的数据和实证研究为依据来说明自己的观点。而两性领导风格是否有差异，这种差异是否影响领导力的发挥等

中国领导学研究（2006—2008）

问题仍需要进一步研究。

（二）女性领导的特质研究

女性领导的个性特质是研究女性领导风格的基础和前提。支持两性领导风格差异论的学者一般较为关注女性独有的个性、性别优势及对领导活动有效性的影响。他们认为，迄今关于女性的性别特征及与男性性别特征的差异已有丰富深入的研究，大量研究证明男女两性的差异是存在的，并且认为女性的一些性别特征有利于女性领导力的发挥。比如有学者认为女性在语言表达、知觉速度、感情体验、艺术和音乐鉴别力、精细运动技能等方面一般都优于男性，因此，女性领导也有着有别于男性的天然优势。〔任小飞，2007〕也有学者认为女性有其独特的性别优势：（1）从生理上看，女性有很强的生命力；（2）善于言辞，沟通能力强，有丰富的情感以及对他人情感的感知力；（3）女性在管理中的优势：精力旺盛、敬业精神强、办事果断、有智慧、善于思考问题、敢于承担风险、待人接物讲究分寸、为人随和；（4）善于向男性学习。〔罗慧兰，2005（9）〕有学者认为女性领导的协调能力比较好，更注重体察员工的心理需求。并且女性做事认真细心、稳定性强。女性管理者的韧性较强，在逆境中表现坚强。同时女性善于沟通，容易说服别人，处事细腻，决策慎重，企业不容易出现大起大落的情况。〔马诗惠，2005（4）〕

也有学者从个性和动机来研究两性的领导风格的差异，研究结果证实女性领导者更为自信，思维敏捷流畅，待人热情，关注他人，善于交往沟通。〔宇长春，2006（2）〕有学者认为，女性领导风格的特征为开放、信任、持续教育、同情与理解、鼓励参与、强化他人的自我价值、促使他人乐于工作。〔刘良忠，2004（11）〕还有论者认为女性领导风格的特征有：工作准备充分、授权清晰、讲究沟通与对话、较少与团队成员强势争夺利益、更容易理解下属的心理、更容易形成团队精神。〔肖可，2003（3）〕李博威等人认为女性领导者的领导风格特点在于善做思想工作，体谅部下同事，关心职工疾苦，工作安排周到细致、井井有条，办事干净爽快、有始

有终，遇到困难坚韧不拔、锲而不舍、柔中有刚、镇定自如，等等。〔李博威等，2000，第87页〕

此外，何海怀对温州中小企业女性管理者的品质特征和管理技能进行了调查研究分析，认为女性管理者最重要的五项品质特征是思路敏捷、领导才能、敬业精神、团队精神、适应能力。〔何海怀，2007（502）〕另有学者对企业、政府和高校三种组织中具有代表性的几位女性领导者进行访谈，几位受访者均表示"亲和力"和"情感因素"是她们最大的优势，这也许是她们最得天独厚的地方，女性那种独有的"母性"之爱定会融化每一颗冰冻的心。〔刘桂花，2005，第43页〕余艳清认为女性的美好特质更加符合新型领导的要求，如：独特的母性魅力、特有的亲和力、简约领导能力、较强的沟通能力。〔余艳清，2007（3）〕

（三）女性领导与柔性管理

柔性管理（Soft Management）是指依据组织的共同价值观和文化、精神氛围进行的人格化管理，柔性管理是当今知识经济与全球化背景下，相对于传统的"刚性管理"而提出的一种新的管理理念。其特点主要表现为：（1）柔性化管理不依靠外力，而是依靠人性解放、权利平等，从内心深处来激发每个员工的内在潜力、主动性和创造精神；（2）柔性化管理坚持以人为本，注重感情投资，推行民主管理，强调人际关系和谐；（3）柔性化管理重在引导员工个人目标和组织目标相一致，营造健康积极向上的工作环境，使员工真正做到心情舒畅、不遗余力地为企业不断创造新的优良业绩等。〔廖志德，2000（531）〕

随着时代的变化，人们逐渐认识到，领导要想取得效果必须更加注重人性化的领导方式。一些学者认为，女性领导特质恰好契合了柔性管理的要求。亨利—明茨伯格在《关于管理的十个冥想》中曾提到："组织需要培育，需要照顾和关爱，需要持续稳定的关怀。关爱是一种更女性化的管理方式，虽然我看到很多优秀的男性CEO正在逐步采用这种方式。但是，女性还是有优势。"管理大师杜拉克也曾预见："时代的转变，正好符合女性的特质。"总之，对于女性领导风格持肯定论的学者认为，女性打破传统的商业羁绊，挑战男性在传统社会中的主导地位，这一趋势已成为经济发展和社会进步的重要标志。

近年来，我国学界对这一问题也有相同的认识。童兆颖认为现代组织需要女性化的柔性管理。在即将进入 21 世纪的时候，人类迎来了管理的第二次革命——柔性管理。它以"人性化"为标志，强调跳跃和变化、速度和反应、灵敏和弹性，它注重平等和尊重、创造和直觉、主动和企业精神、远见和价值控制，它依据信息共享、虚拟整合、竞争性合作、差异性互补、虚拟实践社团等，实现知识由隐到显的转化，创造竞争优势。而女性恰恰就具备柔性管理的全部要求。因为她们在管理中更能够体现出"和谐、融洽、协作、灵活、敏捷、韧性"等柔性特征。女性的温柔、善解人意、协调沟通的本性与关爱人、体贴人的工作作风同现代管理科学理论以人为本的思想高度一致，能够有效地增强团队的亲和力和凝聚力。〔童兆颖，2004（20）〕还有学者认为，女性的领导风格主要体现在以下六个方面：关爱、理解、沟通、协调、合作、激励。这是与柔性管理相一致的。〔刘良忠，2004（11）〕

学者王廉宇也认为女性领导力中闪烁柔性化管理之光：（1）女性领导者更倾向于民主决策，推行民主管理，而较少地采用独断的行为方式。女性领导者较强的亲和力又不失民主原则，给每位追随者提供同样参与自己组织管理的机会，给每位员工打造平等的晋升平台，营造了组织民主和谐的工作气氛，这无疑打好了成功组织的第一仗。（2）细节决定成败，既注重细节而又顾全大局的女性领导者，擅长将公司内的财物等事项梳理得井井有条，而在宏观上，又会发挥女性敏锐的观察力和对事物的判断力，对组织未来整体发展趋势进行科学的驾驭，这在组织的战略层面上体现得淋漓尽致，战略上的出奇制胜让她们拥有了在同行当中更加骄人的资本。（3）较男性领导者而言，女性领导者更关注群体和关系而不是目标与策略，有了女性领导者，组织中的沟通不再是件头疼的事，办公室也不仅是为了完成工作而建立的场所，员工间的交流更多的是朋友间交心的沟通，他们会为了让自己的大家庭变得更温馨而发自内心地去认真完成。〔王廉宇，2007（9）〕另有台湾学者陈穆莹认为女性领导特质在领导职位上的发挥表现为人性化的领导和全方位的思考。她认为人性化的领导主要体现在女性领导容易放下身段，以协商讨论的方式取得所有人的同意；女性愿意以倾听谅解的方式，设身处地地为他人着想。而全方位的思考则主要体现在女性领导身兼职业妇女和家庭妇女双重角色，在进行决策时，不但能以职场专业领导者的角度思考，更能同时变更角色从完全相反的方向进行多重角度的思考。〔陈穆莹，2002（11）〕

华南师范大学的曾艳对广州市某普通中学女校长的领导方式进行了研究，研究的结果表明，女校长所采用的领导方式不同于从文献中所归纳出的男性领导者的领导方式，并将女校长领导方式的特点总结为以下八点：（1）合作式决策；（2）为学校发展营造"联结"网；（3）善于放权，授予下属权力；（4）注重培养教师；（5）善于分析性倾听；（6）及时与教师、领导班子分享信息；（7）善于学习，并将新的观念带给教师；（8）追求学校教育和学校管理上的特色。〔曾艳，2004〕

不过，也有学者认为，虽然女性领导者似乎更倾向于采用参与型或民主型的领导方式，而较少采用独断型或指导型的领导方式。如女性领导鼓励员工的参与，与下属共享权力和相关信息，并努力提高下属的自我价值。她们通过包容进行领导，并依赖她们的领袖魅力、专业知识、人际交往技能来影响他人。但是，这一结论是有其限定条件的，在男性掌管的工作环境中，女性领导者更为民主的倾向性减弱了，此时的群体规范和男性领导者角色的刻板印象大大超过了个人偏好，因此女性领导者不得不放弃展现其女性特征的民主型领导方式，而宁愿采用更为专制型的领导方式。〔刘建军，2005，第179页〕

三、我国女性参政议政问题研究

妇女参政议政是指妇女群体参与国家政治生活和管理社会公共事务的

中浦院

中国领导学研究（2006—2008）

资格或权利，妇女参政议政是一个国家民主政治的重要体现，是一个国家文明进步的重要标志。党和国家高度重视女性领导的发展，为女性参政、女性领导的选拔和培养供了良好的社会环境及法律保障。近年来我国女性参政议政的情况有了很大的发展，女性参政议政的比例增加，参政议政意识增强，女性领导的人才结构有了很大改善，自身素质有了很大提高。目前在国家一级，包括在党中央、全国人大、国务院和全国政协，女性高层领导人员有 8 位。中央国家机关的女部长、女副部长，各省区市的女省长、女副省长等，合计有 230 多位女性省部级高层领导。中央国家一级的 8 位女性和中央国家机关以及地方的省部级女官员，数量之多、素质之好，是历史上最好的时期。

但就目前状况来看，我国女性在参政议政上仍然存在许多不容忽视的问题，这些问题除了历史传统、社会环境、社会制度等客观因素的影响所致外，还有女性自身的种种原因。许多学者都对此进行了分析和探究，并提出了提高女性参政议政水平的建议和对策。

（一）我国女性参政议政中存在的问题

1. 女性参政议政不够积极主动，权力参与比例偏低

第二期中国妇女社会地位抽样调查显示，在地方一级人大代表选举中，女性参选比例为 73.4%，低于男性 4.2 个百分点；女性认真投票的比率为 73.9%，低于男性 2.7 个百分点；女性为完成任务而投票的比例为 26.1%，高出男性 5.8 个百分点；主动给社区单位提建议的女性为 31.3%，低于男性 37.4 个百分点；科级以上干部主动给社区提建议的女性为 17.5%，低于男性 65 个百分点；参加各类行业组织的人数中女性占 36.6%，低于男性 26.8 个百分点。（中华全国妇女联合会文件（2000）20 号）有学者认为，这些数据表明，妇女对社会政治的关注程度和参与程度普遍比男性要低。〔乐贵兰，2008〕在权力参与方面，学者认为我国还有较大的差距，我国妇女参政总数偏少。1995 年，联合国第四次世界妇女大会形成的《行动纲领》规定，各国妇女参政比例要达到 30%。但是第二期中国

妇女社会地位抽样调查显示，在全国 1178 个村委会样本中，有 24.1% 的村委会没有女干部，党支部中没有女委员的高达 57.6%；高层权力领域女性人数则更少，统计第一至九届全国人大和政协女代表、女委员和女常委以及第八至十五届中央委员会女委员人数与比例，始终在 20% 左右徘徊。〔乐贵兰，2008〕目前，我国共有 7 位女性担任党和国家领导职务，国务院 29 个部门中有正、副女部长 14 人，在 10 位国务委员中，有两位女性，占 20%。在国家核心领导层的女性更是凤毛麟角。在国际社会妇女参政的排名，1994 年我国排在第 12 位，2002 年下降为第 29 位。1995 年，我国妇女参政的国际排名是 12 位，目前已经降至 29 位。〔陈晓云，2007（7）〕

有学者对这种"玻璃天花板"现象进行研究，指出组织中存在着压制中层职位的女性继续晋升高级职位的种种无形障碍，比如组织障碍、人际障碍和个人障碍。这些看不见但却真实存在的或可以感觉到的障碍阻碍了妇女的职业选择和职业晋升。玻璃天花板现象给女性带来了很多困扰，使女性在证明自己，争取获得更多的发展机遇的同时不得不付出比男性更多的努力，性别就像一层透明但看不见的玻璃天花板一样成为女性领导者发展的障碍。〔任小飞，2007，第 30 页〕

2. 女性参与决策受到一定的制约，女性领导在数量和结构上不合理

近年来女性在领导队伍中的比例不断增加，但其中也存在着很多问题。首先，从层次上看，大多数女性领导还处于较低的职务层次上，进入决策层的女性领导比例过低，担任重要领导职务的女性较少。其次，从职别上看，当前我国女性干部的任职情况仍然存在"三多三少"现象，即：副职多，正职少；虚职多，实职少；低层多，高层少。再次，从年龄上看，女领导干部老化现象仍明显存在，在充分肯定处于最佳时期女领导干部比例在逐步增加的同时，还应清醒地认识，女领导队伍特别是中高层女干部队伍后继乏人现象仍然存在。〔常燕军，2006，第 24 页〕

3. 女性参政的竞争力不强，女性领导自身素质仍有待于提升

随着我国政治体制改革的推进，自上而下的任免制正逐步转向上下结合的竞争上岗和公开招考的选举制，由于一些女性缺乏参政的思想训练和实践锻炼，参政所具备的心理和文化素质、工作经验和组织协调能力等在

中国领导学研究（2006—2008）

整体上劣于男性，这就使得妇女因参政竞争力较弱而丧失机会或被淘汰。岳金霞对世界各国政坛女性领导人的同质要素作了一个总结，其中提到：女性领导人呈现年轻化趋势，普遍具有高学历。〔岳金霞，2007（19）〕这当然也在一定程度上反映了我国政坛女性领导人的一种趋势，但在目前情况下，大多数女性领导由于心理素质有所欠缺，创新能力比较缺乏，致使参政议政的竞争能力较弱。〔任小飞，2007〕

张万英在对女性领导干部的人格特征进行分析后认为，现任女性领导干部的人格中存在的缺陷是：有时做事原则性不强，较敏感和感情用事，过于服从传统、保守、谦逊顺从，人格层次的心理健康状况一般。其次，女性领导干部中较重要的人格因素，如有恒性、恃强性、独立性和实验性在被测者中却低于全国正常女性的常模，这种结果表明对她们必须加强前述人格素质的锤炼。另一方面也说明了她们仍受传统思想的束缚和困扰，仍保留着某些传统弱型女性的人格特点，这个问题值得引起深思。〔张万英，2007〕还有学者认为，由于性别特征，女性在领导能力方面存在不足：在思维方面感性有余理性不足；在决策判断上优柔有余果断不足；在组织管理上细腻有余放手不足；在开拓创新上平稳有余主动不足。〔文素芳等，2006（5）〕

（二）影响我国女性参政议政发展的原因分析

1. 传统观念和社会偏见的影响

中国社会经历了几千年的传统文化，重男轻女、男尊女卑的思想根深蒂固，它渗透到社会生活的方方面面，影响着人们的道德观、审美观，内化成了一种心理定式和潜在意识，使得社会对女性的认识始终处于一个片面的认识：女性的社会角色应该是"贤妻良母"，应该是服务、照顾家庭的传统角色；社会始终对女性存在一种女性素质差、能力差的偏见，认为女性无法担当领导角色。有学者认为，这些传统观念使得社会对女性参政议政缺乏支持，使得女性的活动范围很有限，严重缩小了她们发展和成长的范围，影响到女性对自我认知和职业发展的追求。〔陶璐霞、程雄，

2005（5）〕

2. 职业角色与家庭规范的冲突

有学者认为，我国传统社会强调女性承担照顾家庭的责任，而在现代化社会中，社会要求女性参与创造生产，要求她们扮演自主自强的社会角色。处在这个社会转型时期的女性领导更是要承受这样的角色冲突，在家庭中扮演贤妻良母，在工作中要自强不息，在男性领域中奋斗生存，这样不断地转变角色，要承受更多的压力。当女性承担了社会职责后，就不可避免地产生女性职业角色特征和家庭规范的冲突。女性职业角色与生活角色之间的跨度很大，社会对女性的评价是一把两面尺，既有传统观念的要求，又有现代观念的要求。双重角色要求女性在事业中成为现代人，在家庭生活中规范自己的言行，做贤妻良母，这无疑为女性干部顺利地扮演好角色，为她们积极投身到参政议政中去制造了很多客观障碍。〔王郁芳等，2006（1）〕

有学者从女性承担的家务劳动方面研究女性领导面临的障碍。在实际生活中，女性领导常常因为家庭负担过重，影响其在事业上的发展。不管在城镇还是在农村，女性都是承担每天家务劳动的主力，而男性承担家务劳动的时间远低于女性。这表明女性领导在发展事业的同时受到承担繁重家务的制约，而在家务中消耗的时间和精力抑制着女性领导事业向高层进一步发展。〔任小飞，2007，第28页〕

王郁芳、刘建民认为目前女性领导干部角色冲突的主要表现是：其一，角色人格与真实人格冲突。当个体的真实人格与角色人格存在很大差异时，常常引起内心冲突。其二，角色间冲突。当一个人身兼数种社会角色，而不同的角色对个体有不同的期望和要求，有时互相矛盾，难以协调统一，而出现心理冲突。其三，新旧角色冲突。主要指当角色改变时而产生的心理冲突。〔王郁芳、刘建民，2006（1）〕

3. 媒体对女性参政议政认识的偏差

媒体对女性参政议政的影响主要体现在对女性领导刻板化的塑造。有学者认为这种塑造不但影响了女性领导对自我的认知，也误导了公众对女性领导的认知，更加大了社会对女性领导的偏见，给女性领导的发展带来多方面的阻碍。〔秦晓红，2007（8）〕而媒体对女性领导干部有限的"表达"，对女性领导工作能力和政绩的"忽略"，进一步强化了女性领导干部是陪衬的印象。〔陈晓云，2007（7）〕

　　在当下的媒介文化传播中，媒体对女性形象表现刻板化，尤其是对女性领导形象塑造存在着种种偏差，且明显呈现出性别歧视倾向。这种形象宣传对女性参政议政带来很大的负面影响：（1）潜在影响了女性参政的自我认知。传媒把女性的角色定位在家庭主妇和贤内助上，严重限制了女性的参政意识、进取精神。而"贤妻良母"、"相夫教子"的道德规范约束，使许多女性领导既要扮演自主自强的社会角色，同时又要扮演温顺重情的家庭角色，这种职业角色与社会角色的冲突，使得很多女性主动放弃职业上的追求，最终仍"回归"传统社会为女性设计的轨道之中。（2）影响公众对女性参政的正确认知。一般公众对妇女参政的评价和态度主要受女领导干部的公众形象影响，且这种印象主要是通过大众传媒如新闻报道、影视作品等来获得。媒体对女性领导的误读，进一步强化了传统文化中对女性参政的认识，影响大众的心理，误导对女性参政的认同。〔秦晓红，2007（8）〕

　　4. 组织中固有的心理契约

　　一些研究人员从组织心理与价值观的角度进行分析，指出组织中存在的性别价值观和固有的心理契约也是影响女性参政议政的重要因素。其主要表现为：选择同性化倾向；缺乏认同和支持，缺乏组织中男性对女性领导的支持。同性化指的是人们更愿意与同性或观点相似的人工作、交流的趋势。如果团队中的高层被某一特定性别的人控制，那么他们在谈及提升的时候，或多或少都会倾向于与自己背景相似的人。她还从成员之间的认同和支持角度，鞭辟入里地指出，组织是一个社会化的群体，成员的认同和互相帮助对组织中个人的发展和整个组织的进步都是至关重要的。而在现行的组织中，传统的对男性的性别期待使得组织把更多的资源和更多的奖赏都留给男性。事实上，当男性和女性面临着同样任务的时候，由于缺乏相应的资源、组织的歧视和男性的孤立，女性接受挑战、适应新环境、承担责任、顺应逆境就会变得更加艰难。同时，女性领导较少参与非正式的人际网络，因此失去了提供信息和支持的关键来源。加之社会对女性的过时认识更加导致了组织内对女性的领导行为和效率评价偏颇的形势，从而形成了组织中压制中层职位的女性继续晋升高级职位的种种无形障碍。〔孙宏，2008（1）〕

5. 相关政策法规制度体系不健全

有学者认为，虽然建国以后，国家和政府很重视女性领导，并出台了一些相关政策给以支持和保障。但至今为止，我国仍然没有一个专门的机构来负责女性领导的培养、发展。女性领导相关法律法规的不健全使得女性领导发展无"法"可依，无"章"可循。政府在女性领导发展的机制构建中存在着错位和缺位。培养和选拔女性领导干部的制度还不完善：对女性领导的培养和使用缺乏长远规划；培养和选拔女性领导的工作不力；培养和选拔女性领导的法律和法规不完善，监督乏力。〔任小飞，2007〕她还认为，目前我国干部人事制度存在弊端，培养选拔女性领导干部的机制缺乏科学性：缺乏一套行之有效的，公开、公平、择优的机制和科学的评判标准，在实际操作中，不能全面考核女性领导执政的能力。主要表现在：现有的培养选拔女性领导干部力度不够，政策不够细化，软件较多，硬件较少，缺乏可操作性、连续性和稳定性；干部选拔时留给女性的门口窄，培养不够，女性领导干部成长空间比较狭小。〔任小飞，2007〕

6. 女性自身素质缺乏

大多数学者普遍认为，目前，我国广大女性参政意识薄弱，对政治缺乏关注；参与社会事务的积极性不高；组织化程度也低于男性。传统的文化模式和旧观念深深影响到女性对自身的估量，并沉淀为女性的一种深层的自卑心理意识，这正是女性领导干部成长的最大心理障碍。〔孙宏，2008（1）〕

此外，女性在心理素质上也存在一定的不足。学者的研究认为，女性有许多不同于男性的性格特点，比如敏感、细腻等。如何发挥其优势，避免劣势是个十分重要的问题，但目前不少女性领导未能认识到这方面的问题，工作琐碎、啰唆、过于情绪化，使得性格特点成为工作中的弱点，而且这种弱点会影响社会对女性干部的客观评价，也影响着社会对她们参政能力的进一步肯定。〔陶璐霞等，2005（5）〕此外，女性往往会在工作中易出现心理误区。从女性领导干部的心理角度看，主要存在以下几种心理误区：（1）焦虑心理。焦虑是女性领导干部最常见、最普遍的一种情绪反应，主要表现为恐惧、不安、忧心忡忡等。（2）依赖心理。现实中，我们不难发现，有些女性领导干部干工作总是不够积极主动，习惯于"遇见矛盾绕道走"，对下属或上级有着较强的依赖性，丧失了领导的决策和组织属性。（3）自负心理。过强的自负会时常导致其过于关注自己的意见在工作中占了多大比重，自己的权威是否得到了维护，而不是决策最终的结果是否达到了预期的效果，处处强调以自我为中心，固执偏激。（4）厌倦心理。女性领导干部面临的压力倘若不能得到有效缓解，长期处于负压和负重的状态之下，极易产生厌倦心理，对工作和生活的热情和兴趣明显降低。这些常见的心理误区，会对女性领导干部的身心造成较大的伤害。〔韦颖红，2006（20）〕

（三）促进女性参政议政的途径和方法

1. 培养良好的舆论环境

构建先进的性别文化，通过宣传，使人们摒弃一切旧的传统观念，牢固树立马克思主义妇女人才价值观，使全社会包括妇女本身提高对女性社会价值的认识，促进男女两性健康和谐的共同发展，从而为女性参政营造良好的社会氛围；优化传媒环境，加强对媒体的引导和监管，制定有关传媒的法律，建立传媒性别歧视的审查制度，将性别意识纳入传媒管理的政策领域。〔孙宏，2008（1）〕女性领导也应该与媒体多多接触，发挥传媒积极作用，打造良好的公众形象。〔秦晓红，2007（8）〕切实转变领导的观念。在社会发展过程中要充分考虑、尊重女性领导的权利，从事实上消除男女不平等；转变领导的思想观念，让领导重视女性领导的发展工作和领导政绩，通过宣传和教育大力提高领导干部的思想认识；注重提高女性自身的意识；提高男性公务员的认识，充分尊重女性领导。〔任小飞，2007〕

2. 建立健全女性领导发展的法律保障机制，完善干部人事管理机制

体制机制建设是促进女性参政议政的重要保证。有学者认为，要健全有利于女性参政的公共政策，完善相关的法律法规，提高法律的可操作性和刚性；建立男女平等竞争的就业机制，消除就业中的性别歧视问题；建立女性生育的社会补偿制度，增强女性竞争优势。〔任小飞，2007〕也有学者从健全培养选拔女性领导的保障政策方面提出了意见和建议。认为要了解女性领导的困难，研究女性领导的特殊需求，解决实际困难，创造条件帮助女性领导干部成长，从政策上保证女性领导干部的可持续发展。〔孙宏，2008（1）〕此外，如何发挥妇女组织的作用也是学者们关注的焦点，认为要积极发挥妇联的积极作用，制定协同家庭和职业关系的后勤保障政策，更好地解决女性领导的后顾之忧。〔任小飞，2007〕她还认为要拓宽女性领导的任职领域，提升她们的任职层次。具体可采用以下措施：压担子锻炼女性干部的能力；留出正职来培养女性干部；促进女性干部轮岗挂职。〔任小飞，2007〕

3. 形成促进女性领导发展的监督机制

加强内部监督，抑制行政行为和权力运用的随意性，促进女性领导发展工作的顺利进行；利用社会监督；加强舆论监督，允许各个新闻媒体从不同的视角对女性领导进行报道和评论；开辟救济监督，保护女性领导自身权益。〔任小飞，2007〕

4. 加强对女性领导干部的教育培训

提升她们的文化素质和领导能力，尤其要提高女性领导的自身意识。建立负责女性领导发展工作的专门机构，专门负责女性领导的教育培训，培养女性后备干部。〔任小飞，2007〕完善教育培训机制，对女性进行早期参政引导；提高女性领导自身素质，除了使知识和视野跟上国内外发展的形势外，还要养成过硬的心理素质，树立积极的人生观、价值观，打破传统观念对自身的束缚。〔孙宏，2008（1）〕

5. 加强自我修养，完善心理素质

针对女性领导干部如何提高工作能力，提出了几点看法：（1）加强理论修养的自觉性。（2）要注重形成自身的人格魅力和领导风格。了解自身

的优势，最大限度地发挥女性优势。（3）要重于修身，功名利禄求取有度。（4）要善于议事谋局。在实际工作中，学会在思考中解决新问题、新情况，注意协调各方面关系，还要不断学习，丰富知识，提高自身的创新能力。（5）要具有良好的心理素质，加强自我控制能力锻炼。在复杂的形势和艰巨的任务面前，领导干部要做好工作，打开局面，取得成功，除了要具有良好的政治业务素质和工作能力外，还必须具有良好的心理素质。〔蒋可，2007（6）〕

除此之外，文素芳、廖湘凤还提出女干部提升领导能力还要广阅博览，以渊博的知识铸就自信；积极投身实际工作，以丰富的工作经验提升实践能力。努力培养工作激情，以高涨的工作热情激发创新动力；大胆克服情绪缺陷，以良好的心理素质提升控制能力。〔文素芳、廖湘凤，2006（5）〕针对女性领导的心理问题，有学者提出女性领导要提高自身的应对能力和调试能力：养成良好的心理特征，提高应对角色冲突的能力；学会必要的心理保健，提高缓解角色冲突的能力。〔王郁芳等，2006（1）〕要改进认知方式，坦然面对压力；要准确定位，做好角色转换；要加强自身学习，提高个人能力；要搞好交流沟通，改善工作生活环境。〔韦颖红，2006（1）〕

针对基层领导和新任领导，有学者提出通过基层女性领导职业生涯规划来提高政治参与度的若干建议：（1）基层女性领导要重视提高自己的知识水平。（2）尽早开始职业生涯的规划与管理。（3）在工作中，基层女性领导需要积极搜集相关的信息，提升自己，充分利用各种升迁机会。（4）在职业生涯过程中，基层女性领导还应该注意向政策决策核心层靠近，提高女性领导的政治参与度。（5）增加职业发展后劲，处理好职业归宿和政治参与。〔瞿超凡，2008（1）〕

有学者认为，作为县乡女性领导干部，应具备的角色修炼是：（1）要有坚定的信念，不畏困难。（2）要重视学习，用先进的理论和知识武装头脑，学会培养理性思考能力和实际操作能力。（3）要保持冷静的心态。作为女性领导干部，必须具备坚定的信念和顽强的意志，树立决策者的自信和魄力。（4）不回避问题和矛盾。（5）必须经受磨炼。要以实际行动改变社会对女性的种种偏见。总之，女性领导干部要自觉加强角色修炼，始终做到学为先、干为本、和为贵、严为上、廉为要，不辜负党的重托、人民的希望，不断增强素质，永葆先进性。〔杨红，2007（1）〕

董利宣针对新任女性领导如何树立威信提出了几点建议：（1）重视第一次亮相。第一印象对新任女领导今后能否给部属和群众留下深刻的好印象很关键、很重要。所以，新任女领导必须重视第一次公开亮相，利用这次机会展现自己厚实的文化素养和较高的领导水平，为树立威信奠定良好基础。（2）保持工作的连续性，深入细致地搞好调查研究。找准突破口，打响第一炮。首先要从解决群众最关心最迫切需要解决而长期又没有得到解决的实际问题入手。（3）与异性领导交往要保持一定距离。能否处理好各方面的人际关系也是新任女领导能否树立威信的决定因素之一。要注意自己的一举一动，处处显得稳重大方。工作上的事情要尽量在上班时间解决，避免和异性领导在业余时间接触过多。〔董利宣，2006（8）〕

综观近年来的研究成果，我国女性参政议政存在的问题及其原因分析、相关建议，众多学者基于实际问题，从社会、文化、制度、女性自身等多个角度出发，探讨了这一问题，并提出了自己的看法和建议。还有一些深为女性领导者的学者，从自身实践角度提出了一些问题或相关建议。这些问题的提出和相关建议给我们研究政治领域女性领导问题提供了很多有益的思路，但也存在着一些缺憾：对女性领导问题研究缺乏理论支撑和实证研究，对政治领域女性领导发展的规律缺乏相关研究。

四、女性领导教育与培训

女性领导的教育与培训是近几年来领导学研究的热点。由于女性在各行业的出色表现令人刮目相看，各个领域涌现出大批女性精英。但面对竞争激烈的竞争环境，没有"女性优先"，只有能力优先。女性领导者需要持续不断地学习，通过教育与培训等途径达到领导能力、领导水平、领导艺术等方面的提升。综合近几年关于女性领导教育与培训的研究成果发

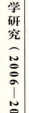

现，主要的研究内容包括以下几个方面。

（一）女性领导教育与培训的重要性

育人是用人的基础，教育培训是造就和选用高素质女性领导人才的基础性工作。〔胡桂华，2005，第 48 页〕在新的历史时期，新的形势和任务对领导干部提出了新的更高的标准和要求。女性领导干部作为女性群体的精英和干部队伍的重要组成部分，也面临着新的任务和挑战。她们的素质如何，直接影响和制约着我国干部队伍整体形象的塑造和整体素质的提高。而有针对性地进行培训，则是提高女性领导干部素质的重要途径和必要保证。〔关颖，2005（22）〕任小飞也认为要通过对女性领导的教育培训来增强女性领导的现代公共管理知识，提高女性领导的领导能力，培养一支高素质和专业性强的领导队伍。〔任小飞，2007〕

常燕军认为许多国家认识到教育和培训是改善女性参与公共决策状况，帮助女性进入较高权力层里的有效方式。为此，一些国家的政府和非政府组织加强了对女性进行领导技能和自尊意识方面的培训，并在课程设置上考虑到了女性的实际问题，提供夜班和周末班。如喀麦隆、科特迪瓦和几内亚等在竞选期间对女候选人进行培训。墨西哥发起了针对全国级女性公务员的培训。乌拉圭和智利也为女性领导人设立了领导技能培训。由于领导者对性别问题的正确认识也是影响女性领导培养选拔的重要因素之一，有些国家开展了针对领导人的性别问题培训，如新加坡和意大利将性别观点纳入了公共行政官员的培训方案。〔常燕军，2006〕

（二）女性领导教育与培训的现状与问题

姜洁、李明旭通过对西部地区女性领导发展的现状进行调查发现，女性领导在培训中得到了工作所需的新知识。尽管女性领导大专及大专以上学历达到一定客观的比例，但与在工作中所需的知识和技能相比，还显不足，她们更多的是通过在职培训来获得所需知识。71.2% 的女性领导参加过政治理论培训，50%的人参加过岗位职责、规章、制度方面的培训，34.6%的被调查者进行过工作所需特殊知识技能的培训，31.8%的女性领导接受过管理知识与技能的培训等。在培训强度上，35.7%的女性领导一年有一次培训机会，24.7%的人一年有两次以上的机会。〔姜洁、李明旭，2007（4）〕

虽然女性领导教育与培训工作在实践中取得了一定的成效，对于促进女性领导人才的发展起到了积极作用，不过目前仍存在一些问题。胡桂华认为，目前对教育培养工作的重要性缺乏足够的认识，教育培养工作不到位，影响了女性领导人才教育培养的质量。具体来说有：一是重使用轻培养，对女性领导人才的经常性教育少，培养措施少，对教育培养工作缺乏计划性和针对性，用人时出现"临时点将"现象；二是重计划轻落实，只满足于教育培养计划的制订，没有落实，工作不到位；三是重形式轻效果，对教育培养工作研究和管理不够。教育培养形式比较单一，只局限于少数几种手段。缺乏必要的实验、锻炼、案例教学、情景教学、技能训练、"互动式"等其他科学的培训手段；培训过程中忽视素质锤炼和能力提高的教育环节，更不重视心理训练。无视女性领导人才的年龄、心理特征，造成培训低效；四是重当前轻长远，缺乏战略性考虑。培训目标不明晰，培训内容不统一，缺乏长远规划和科学设置，没有权威性的统编教材。对培训需求的调研不广泛、不及时，造成培训内容滞后，一般性、常识性的理论多，结合岗位实际的能力培训少，缺少培训特色，没有提供对性别敏感问题的培训；培训整体上还处在比较松散、自发的状态。培训机构分散多头，培训标准缺乏统一，培训效率低。对参加培训及培训成果的考核、质量的评价等，在制度上还缺乏刚性，还没有真正把培训作为管理制度的一个重要组成部分。〔胡桂华，2005，第37页〕

（三）女性领导教育与培训的内容和方式

1.女性领导教育与培训的内容

在培训内容上，除了基本理论、党的方针政策等必需的内容外，针对女性领导干部的特殊性，应突出"新"、"博"、"雅"、"实"，以促进女性领导干部整体素质的提高。"新"，即在课程设置上不断更新，帮助女性领导干部了解改革开放和社会主义建设中最新的理论问题和现实问题，促其树立新观念、强化创新意识。"博"，即适应知识经济、信息时代发展的需要，博采各类信息，开阔视野。有资料表明，现在的女性领导干部的学历和求知欲望与男性领导干部相比并不逊色，因此培训的目的不仅是为了学习知识，而且重点是为了提高学习力。"雅"，即在培训中突出女性特点。应从女性的特点出发，培养女性领导干部符合时代特征的高雅的气质、得体的仪表、良好的心态、各种场合的应对能力，以及如何履行事业、家庭等各种角色职能等。"实"，即要使培训内容具体化、可操作化，包括现代化手段的运用、分析解决现实问题的实际演练等，要做到使女干部学有所获，能够学以致用。女性领导干部有必要有针对性地学习一些可操作的技能、技巧以及科学的社会工作方法、调研方法，为解决工作中的现实问题打好基础。〔关颖，2005（22）〕

此外，另有学者在 90 多人次的座谈和访谈的基础上提出的培训内容包括：（1）实用技术的培训。（2）管理和领导艺术的培训。（3）维权和法律知识的培训。（4）缓解双重角色压力进行心理调适的培训。培训要包括两个互相关联的方面，一是女性领导如何进行心理调适，如何处理夫妻关系、婆媳关系、家长与孩子的关系，学会艺术地安排生活。二是对男性领导进行培训，改变男性领导对于女性参政的态度，营造女性参政的社会环境。〔李慧英，2003（4）〕

此外，常燕军还认为要建立女性人才的理论培训基地，从中央到地方各级党委和政府成立"女干部培训中心"。对女干部进行政治理论教育和领导素质的培养，提高女干部的政治思想素质、判断形势的能力、驾驭市场经济的能力、应对复杂局面的能力、依法执政的能力和总揽全局的能力。选择一些有培养前途的女干部输送到各级党校和各类高等院校进行培训，进行现代科学文化和管理知识培训，根据各级各类女干部的特点，分级分类培训，学习经济、法律、管理、WTO 等领域的新知识，更新女干部的知识结构，支持她们参加学历教育。组织女干部参加跨省市、跨地

区、跨行业的挂职学习和出国出境培训，提高业务工作能力。〔常燕军，2006，第41—42页〕

胡桂华认为教育培训的内容应该从女性领导人才队伍的状况和改革发展的实际需要出发，实施分类指导，进一步加强教育内容的时代性、现实性、针对性。适应当前政府职能转变和市场经济发展对领导人才在总揽全局的能力、宏观决策的能力、驾驭复杂局面处理复杂矛盾的能力、科学管理的能力、依法行政的能力和专业化行政管理的能力等的要求、着力在更新知识上下工夫，重点抓好理论素养、思维能力，以及知识经济、现代行政和领导管理、依法行政、计算机应用、外语等新理论、新技术和新方法的培训，不断优化女性领导人才队伍的知识结构，以解决实际问题和提高能力素质作为培养教育的出发点和落脚点。〔胡桂华，2005〕

在对女性领导的教育培训中，尤其要注重提高女性自身的意识，女性领导认识的提高有利于女性领导发展工作的积极性、主动性得到进一步的提高，可以促进女性领导的发展的改善。〔任小飞，2007〕

2. 女性领导教育与培训的方式

在新的历史条件下，女性领导干部要应对新的挑战、学习新的知识，在培训方式上也要有与之相适应的新思路。其一，提倡研究性学习。就当今的女性领导干部而言，一般都具有较高的文化素养、丰富的实践经验和较扎实的理论基础。但由于平时工作繁忙，很难有机会对现实中的问题进行理论上的研究和探索，而各种方式的领导干部培训也往往需要相对集中的时间和精力。因此，女性领导干部的培训方式应以研究为主，在研究中学习。在进行专题研讨、专题调研的基础上，要鼓励女性领导干部把研究性学习的成果以论文、研究报告等形式公开发表，以女性领导干部独特的视角和自身的实践经验，促进领导科学的理论创新和对经济社会发展中现实问题的深入研究。其二，互动式教学。组织培训者要帮助女性领导干部系统地学习理论，进行理性思维训练；女性领导干部也要以自身的实践经验为培训者提供现实依据，并及时反馈学习收获，与培训者实现优势互补。同时，女性领导干部在互动式教学中，也可以彼此之间进行交流、沟通，互相促进，共同提高。其三，远程教育。与面授教育相比，远程教育的优势在于它可以突破时空的限制，为更多的人提供更多的学习机会，扩大教学规模，提高教学质量，降低教学成本。因此，可以利用远程教育的形式，使更多的女性领导干部参与培训，使她们在工作的同时始终保持充足的学习动力和主动探索的精神，把通过培训、学习提高自身素质作为经常性的自觉行动。当然，这种培训方式需要特定的组织、相应的技术、必要的教育资源和环境以及对可行性的进一步深入研究。〔关颖，2005（22）〕

李慧英认为应将案例分析和可操作性作为培训的主要方法。培训的方式方法可以多样，如长期班与短期班相结合、参与式讨论与讲授相结合、请进来与走出去相结合、培训与考察相结合。培训方法要避免只讲原则和理论的传统讲课倾向，要注重采用案例教学方法，使培训具体生动、具有操作性。特别是对基层女性领导，更要注意深入浅出、通俗易懂、结合实际、学以致用。开办各种形式的女性管理人才讲座和培训班、研究班、进修班，针对女性管理人才的需求和状况以及社会的需要设置课程。〔李慧英，2003（4）〕

常燕军认为要建立女性人才的专门实践锻炼基地。干部的领导能力需要在实践中锻炼提高，把各级妇联、团委建设成为聚集各类优秀女性人才和培养输送优秀女干部的重要基地。把实践锻炼基地定在基层，使基层成为培养选拔女性领导的重要基地。结合干部的轮岗交流，给女干部换位子、压担子，将表现优秀的女干部放到重要岗位，将有发展潜力的女干部选派到基层挂职锻炼。〔常燕军，2006，第41—42页〕

胡桂华认为在培训的方式上，把短期培训与学位研修结合起来，做到接受学习与研究性学习相结合、理论学习与岗位实习相衔接、校内学习与实地参观考察相补充，出国前外语强化培训在国内，专业课学习和考察实习在国外，回国后鼓励学员利用业余时间继续学习，以提高培训质量和效率。〔胡桂华，2005，第49页〕

（四）女性领导教育与培训的机制

女性领导人才的教育培训机制是指女性领导人才教育培训系统活动主

体、各要素之间的相互联系、相互作用的关系及其运转方式。完善的教育培训机制是提高女性领导人才人力资本投资效益的基础。〔胡桂华，2005，第48页〕

胡桂华认为要从四方面完善教育培训机制。一是建立以市场需求为导向的培养机制，同时，提倡女性领导人才培养要面向市场。不仅是面向国内市场，还要大胆地利用国外市场，把国外培训与国内培训结合起来，有计划地组织女性领导人才到国外高等院校、企业进行培训，身临其境地学习、借鉴国外的先进的经济、科技知识和成功的管理经验。二是要形成终身教育的培养机制。要建立全过程、多方位的女性领导人才教育培训模式。职业生涯发展的全过程培训，包括初任培训、任职培训、转岗培训、在职培训、离岗培训等。三是要强化培训激励约束机制。除继续实行组织按计划调训与干部自主参训相结合制度、考试检查制度等一些好的制度外，更为重要的是要建立严格学习培训的考核、认证和评价机制，重视建立女性领导人才学习档案，把她们的培训经历、学习表现和成果作为选拔任用的重要依据，建立培训与使用相结合的激励导向机制，使培训工作与选拔挂钩，增强培训工作的吸引力，变"要我学"为"我要学"。同时，要抓紧制定各级各类女性领导人才参加岗位培训的时间、层次、要求，逐步建立健全就职培训、晋职培训、转岗培训、知识更新等培训制度，并使其规范化、法制化。四是培育市场化的培训机制。整合社会资源，努力形成符合市场经济发展需要的培训架构，实现多渠道、大开放、社会化的女性领导人才培养教育模式。五是形成实践锻炼机制。一方面要不断拓宽锻炼舞台，有计划地把女性领导人才放到一些关键岗位、艰苦环境中去锻炼，加强多岗位和复杂环境锻炼；另一方面，采用定期轮换、交流等形式丰富女性领导人才的实践内容，通过建立、健全各项制度使女性领导人才的锻炼培养形成制度化、长期化、规范化，根据实际需求，有计划、有步骤地进行。〔胡桂华，2005，第48—50页〕

孙宏认为应对女性进行早期参政引导。例如：大学招生要消除专业方面的性别歧视，使女孩有机会进入被男孩垄断的传统专业学习。在女学生中发展党员，教育女孩了解国家政治制度，引导她们对政治产生兴趣等。

同时，要对领导人进行性别问题培训。在党政领导干部、有关部门、执法人员中开展性别意识的宣传培训，把社会性别意识纳入各种学校的培训课程，使各级领导树立男女平等的国策意识，提高对培养选拔女性领导意义的认识。增强她们的性别敏感度，使之逐步形成在立法、制定政策和执法过程中，从性别差异角度分析对女性发展造成影响的自觉意识。在决策之前进行性别分析，使出台的法律、政策、方案减少对女性的负面影响。〔孙宏，2008（1）〕

女性领导教育与培训问题在领导学的研究领域内得到了一定的关注，但是目前研究文章中有理论深度和实际应用价值的研究文章比较少。有关女性领导教育与培训问题的研究还需要更多的专家学者和实际工作者的进一步关注和参与。一方面，要加大对女性领导教育与培训问题的实际研究力度，投入更多的精力和人力到教育培训的现实问题和困境等实际研究中；另一方面，也要注重理论研究，关于女性领导教育与培训的方向、目标、思路和战略等方面还需进一步深入研究，还应该在借鉴和学习国外先进地区做法的基础上，结合中国女性领导教育与培训的实际情况，做出具有前瞻性和战略指导性的研究。

附：相关论著索引

一、著作部分：

1. 李博威等：《领导与社交礼仪》，中国经济出版社 2000 年版。

2. 刘建军：《领导学原理：科学与艺术（第 2 版）》，复旦大学出版社 2005 年版。

3. 北京市妇女儿童工作委员会等编：《平等 和谐 发展：继续'95 共谋发展妇女论坛论文集》，中国社会科学出版社 2006 年版。

4. 约翰·加德纳：《论领导力》，中信出版社 2007 年版。

二、论文部分：

1. 汪琦：《谈女性领导的领导特色》，《中华女子学院学报》，1999（1）。

2. 陶淑艳：《女性领导：养成自己的领导风格》，《领导科学》，1999（1）。

3. 廖志德：《柔性领导》，载中国台北《能力杂志》，2000（531）。

4. 聂志毅：《女性管理者特质浅析》，《经济师》，2002（1）。

5. 陈穆莹：《女性教育局长的领导特质》，百度网，学校组织变革和领导课程参考材料，2002（11）。

6. 肖可：《中国女性领导的生存状态：关于职业女性的调查报告》，《中国共商时报》，2003（3）。

7. 李慧英：《女性领导能力培训需求调查与分析》，《中国妇运》，2003（4）。

8. 刘良忠：《女性"软领导"风格浅谈》，《人才开发》，2004（11）。

9. 童兆颖：《女性领导力与柔性化管理》，《领导科学》，2004（20）。

10. 曾艳：《女校长的领导方式探究——对广州市某普通中学女校长的个案研究》，华南师范大学硕士论文，2004。

11. 胡桂华：《我国党政机关女性领导人才开发对策研究》，大连理工大学硕士学位论文，2005。

12. 刘桂花：《女性领导的领导魅力和领导风格》，四川大学硕士论文，2005。

13. 马诗惠：《女性领导的风格和特点》，《中国科技信息》，2005（4）。

14. 陶璐霞、程雄：《对我国女性参政问题的分析与思考》，《领导科学》，2005（5）。

15. 王春梅：《CEO 助推女性领导培养》，《管理@人》，2005（5）。

16. 徐改：《女性与领导——西方职业女性研究简述》，《浙江纺织服装职业技术学院学报》，2005（6）。

17. 罗慧兰：《女性性别优势与管理风格》，《Women of China》，2005（9）。

18. 何冰洁：《女性如何跨越障碍提升领导力——以智造就"半边天"》，《电子商务》，2005（11）。

19. 关颖：《新时期女性领导干部培训断想》，《领导科学》，2005（22）。

20. 宇长春：《基于个性和动机模式的两性领导风格差异的实证分析》，《首都经济贸易大学学报》，2006（2）。

21. 常燕军：《我国党政机关女性领导培养选拔对策分析》，大连理工大学硕士学位论文，2006。

22. 高娃、王春梅：《女性领导力特质》，《管理@人》，2006（3）。

23. 高娃：《领导力背后的性别力量》，《管理@人》，2006（3）。

24. 王郁芳、刘建民：《论女性领导干部的角色冲突与调适》，《萍乡高等专科学校学报》，2006（1）。

25. 梁巧转等：《社会性别特征与领导风格性别差异实证研究》，《妇女研究论丛》，2006（3）。

26. 文素芳、廖湘凤：《女干部提升领导能力的方法》，《领导科学》，2006（5）。

27. 姜洁：《西部地区女性领导发展状况研究》，四川大学硕士学位论文，2006。

28. 常燕军：《我国党政机关女性领导培养选拔对策分析》，大连理工大学硕士学位论文，2006。

29. 董利宣：《新任女领导树立威信的几个关键问题》，《领导科学》，2006（8）。

30. 林雯娟：《解读性别政治下女性领导发展困境》，《重庆社会科学》，2006（12）

31. 张鸣：《媒介语境中的女性参政》，《福建论坛（人文社会科学版）》，2006（12）。

32. 韦颖红：《女性领导常见心理误区及其调适》，《领导科学》，2006（20）。

33. 杨红：《县乡女性领导干部应具备的角色修炼》，《理论学习》，2007（1）。

34. 何海怀：《温州中小企业女性管理者的品质特征和管理技能分析》，《商场现代化》，2007（502）。

35. 余艳清：《领导活动发展新趋势与女性领导特质优势》，《重庆行政》，2007（3）。

36. 任小飞：《中国现代女性领导发展状况研究》，四川师范大学硕士学位论文，2007。

37. 张万英：《浅析当今女性领导干部的人格特征状况》，《四川精神卫生》，2007（2）。

38. 许一：《女性领导理论述评》，《当代经济管理》，2007（4）。

39. 姜洁、李明旭：《西部地区女性领导发展的现状调查与问题分析》，《四川理工学院学报（社会科学版）》，2007（4）。

40. 王廉宇：《浅议柔性化管理与女性领导力的提升》，《科技情报开发与经济》，2007（19）。

41. 王启：《浅谈柔性管理与刚性管理》，《中国青年科技（理论版）》，2007（7）。

42. 王廉宇：《浅议柔性化管理与女性领导力的提升》，《科技情报开发与经济》，2007（9）。

43. 姜洁、李明旭：《西部地区女性领导发展的现状调查与问题分析》，《四川理工学院院报（社会科学版）》，2007（4）。

44. 蒋可：《女性领导干部如何提升工作能力》，《中国培训》，2007（6）。

45. 陈晓云：《"天花板现象"与女性领导胜任力的保障、培育与开发》，《行政与法》，2007（7）。

46. 秦晓红：《论女性领导媒介形象的偏差塑造对女性参政的影响》，《求索》，2007（8）。

47. 岳金霞：《当今世界政坛女性领导人概观》，《领导科学》，2007（19）。

48. 瞿超凡：《基于政治参与的基层女性领导职业生涯分析——以山东省 CW 县为例》，《理论与改革》，2008（1）。

49. 孙宏：《女性领导发展中的困境与突破》，《宁波党校学报》，2008（1）。

50. 乐贵兰：《提高我国妇女参政议政水平》，荆州市沙市党校信息网。

第八章
信息化时代的
领导创新研究

    信息化的大发展将时间和空间挤压成扁平化，领导对象从现实世界进入虚拟世界，领导组织从垂直进入水平状态，领导指令从日常语言到网络语言，领导内容从主要对生产要素的领导到对知识要素的领导，这对领导方式提出了前所未有的更高要求。在这种领导环境的变化中，一个组织的兴衰成败在更大程度上取决于领导者能否具有审时度势、举重若轻、应付自如的素质，而这种素质的核心在于创新，领导创新是信息化时代领导学的研究者和实践者无法回避，也不应该回避的关键问题。因此，理清学界近年来对这一问题的关注，首先是要从领导创新的信息化动因、领导创新的时代特征等方面分析信息化这一领导创新的时代背景，其次从流程优化、新政绩观与绩效领导、媒体应对、网络舆情与 E 领导、组织文化与人本领导的创新等方面探究信息化时代领导创新的主要内容，最后，在实践层面上运用最多的电子政务进展中进一步聚焦领导创新。

一、信息化时代：领导创新的时代背景

　　信息化时代的发展以信息网络化为先导，主要是基于信息资源共享的观念建立起来的。有一种新的经济形态在 20 世纪最后 25 年里浮现出来，人们称之为信息化的、全球的与网络化的经济，以标明其基本的、独特的特征，并强调特征之间的交织连接。从信息化时代与领导创新的辩证关系而言，信息化时代催生了领导创新的深入发展，而领导创新则成就了这样一个日新月异的时代。因此，信息化时代这一领导创新的时代背景备受近年来学界的关注，主要观点如下。

（一）领导创新的信息化动因

　　有学者通过分析美国新经济的发展认为，新经济浪潮的出现，是因为信息科技革命为它提供了不可或缺的物质基础，这也是领导创新的动力之泉。正是经济的知识信息基础、全球性的触角、以网络为基础的组织形式，以及信息科技革命之间的历史扣连，才催生了这个崭新而独特的经济系统。信息网络技术的迅速发展以及互联网的日益扩大，实现了信息的跨国界快速而自由的流动，这使信息或知识的共享性和快速传递性特点得以充分发挥，互联网正在成为推动世界经济发展的新动力。知识经济的迅猛发展正在使世界经济格局面临重大调整，它会从根本上决定 21 世纪国际社会的政治经济新秩序的基本框架。一个不能通过网络实现电子信息交换（Electronic Data Interchange，缩写为 EDI）的领导者，绝不可能成为世界经济政治的积极参与者，领导者引领创新的信息化时代已经来临。〔徐湘江，2006〕

　　也有学者从产业链的角度展开分析，从领导创新所面对的状况而言，认为 21 世纪发达国家在全球产业链中的位置仍然会以控制信息产业的上游产业为主。与此同时，发达国家的资本市场对未来财富流向的决定能力将达到登峰造极的地步。目前，美国已经拥有 3/4 以上的互联网资源，由于起步较早，率先发展"信息高速公路"，实施"数字地球"战略，它已经抢占了信息时代国际竞争的制高点，并凭借业已形成的经济、军事、政治与文化等领域的竞争优势，正在经济全球化的过程中扮演着主要角色。与此同时，世界各国政府已经充分认识到信息化程度的高低已成为一个国家是否具有国际竞争能力的重要标志之一，等待就意味着坐失 21 世纪国际竞争的机会。为此，各国政府纷纷出面，竭尽全力倡导信息化、网络化。正是在这一时代的大潮中，如何让领导者在信息化时代实现领导创新，需尽快提上领导学者和领导学科的日程。〔丁贵明等，2006〕

还有学者结合我国的实际情况，认为信息化时代发展的本身即为领导创新的刺激性因素。在我国，网络经济从 20 世纪 90 年代中期出现到现在，已经走过了两个发展阶段，即第一阶段：网络经济在信息技术（IT）产业中孕育并走出 IT；第二阶段：网络经济在 IT 与社会的结合部或夹层中快速分离。目前已经进入第三阶段，即互联网走上了社会中心地位，网络经济开始与传统经济相融合。网络经济与传统经济之间的横向整合、纵向梳理正以前所未有的速度进行。网络经济正在成为虚拟与现实结合、传统与现代结合、技术与商业结合的经济，它将逐渐蜕变成为一种以强大的信息制造业、软件业和信息服务业为基础的实物经济。将发展网络经济，大力推进国民经济和社会信息化上升为国家整体战略的高度，不仅是中国直面知识经济的一次契机，也是改造传统产业，用信息化带动工业化，实现跨越式发展的一次历史契机。互联网的迅速发展为我国在未来 10 年内，成为世界信息产业强国，并为初步进入信息社会提供了千载难逢的历史机遇。而这一历史机遇也是领导者进行并深入领导创新的机遇。〔冯向东等，2006〕

还有学者从国家战略的角度进行阐释，即 20 世纪中叶以来，发达国家和许多发展中国家都纷纷利用信息技术这一先进技术来推动本国的经济和社会发展，并将推动信息技术应用作为国家发展战略，大大加强其国家的综合领导力。从 20 世纪 90 年代初期开始，信息技术以人类历史上前所未有的高速度持续发展，以它独具的渗透性、倍增性和创新性点燃了一场全球范围内的信息革命，这是人类发展史上继农业革命和工业革命后的第三次产业革命。特别是 90 年代末期，随着国际互联网的成熟及广泛应用，把计算机技术革命、通讯技术革命和数字化革命的成果联系并汇集起来，使信息的全球性传递和即时共享真正成为可能，从而在世界范围内出现了从工业社会到信息社会转型的大趋势。领导创新是国家创新战略对于领导者的基本要求，是建设创新型国家在领导学领域的具体化。〔郑卫国等，2007〕

（二）领导创新的时代特征

有学者认为，从信息化时代领导创新的特征而言，其突出的特征即是互联网的出现彻底改变了领导者获取、处理与利用信息的方式和效率，正在使整个世界发生着人类有史以来最为迅速、广泛、深刻的变化。当我们审视世界的时候，会惊讶地发现，在人类千百年来赖以生存的原子形态的物理世界之外，又出现了一个崭新的对人类生存越来越重要的二进制数字形态的信息世界。〔严启刚，2007〕

也有学者论述认为这一突出特征即是信息成为领导者最重要的战略资源。信息是知识，知识是经过加工的信息，是信息的高级形态。科学和技术都是从属于某种知识体系的，但信息不仅具有科学技术（知识）的高级形态，还包括诸如信号、资料、消息、符号等一些初级形态。这些初级形态的信息虽然没有成为某种知识，但是仍然是一种可以被利用的资源。在信息化时代领导创新的过程中，信息的生产加工与处理成为创造财富的基础，信息产业成为主导产业，提供知识和信息服务成为社会和经济的主导行业之一。〔王宇航，2008〕

还有学者认为这一背景特征集中体现于信息资源的共享之上，即信息社会不同于农业社会和工业社会的一个重大差别就是人类赖以生存的资源不同。农业社会和工业社会的生产要素以物质和能源为基础，并且它们因为稀有而只能为少数人利用，具有私有性和独占性；而信息社会的生产要素以信息和知识为基础，信息资源不仅极其丰富，而且可以同时为许多主体所占有、共享，信息的作用和价值可以随接受者的不同而不同，信息可以多次使用，信息在使用中不仅不会损耗，而且可以增值，使用的人越多，价值越高，并且可以在使用过程中产生新的信息，即信息具有共享性、再生性和倍增性。随着生产力的发展，信息和网络技术的普及，知识和信息正在成为未来社会的主导资源，其作用将越来越大。互联网不仅从根本上改变了工业时代信息流、物流、资本流之间的关系和原来的流动特征，而且由于信息疆界的全球化、网络化、自由化，使信息本身获得了前所未有的权力。信息势能大小所形成的权力、利益差别使互联网将具有财富的重新分配和权利秩序的重新确定功能。〔王洪忠，2008〕

也有学者在分析这一背景特征时侧重于对知识这一信息化时代领导创新的特殊因素进行分析，他认为知识是信息的高级形态，信息社会也是一个以知识为核心的社会。随着信息革命的发展，就领导创新而言，知识的权力正在代替财富的权力，成为主宰世界的力量，知识经济将成为以信息产业为主要支柱，以智力资源为首要依托的可持续发展经济。知识和信息生产代替劳动生产力成为效率的标准，"智力资本"已成为企业最重要的资源，知识工作者将成为社会主流和主体创新力量。实现由工业化经济结构向知识化经济结构的转变，大力发展知识经济，已成为促进经济向更高层次迈进的重要途径。针对这一社会大趋势，各个国家都将面临一场空前的知识经济挑战，领导创新能否成功很大程度上取决于可否在信息化时代面对知识积极采取相应的措施，以确保自己在全球市场中的地位。〔薄贵利，2008〕

还有学者认为，这一背景的重要特征在于政府治理方式的重大变化。他论述道，自从人类有组织的生产活动出现以来，领导就出现了，但是，在过去相当漫长的时间内，领导仅仅是作为一种实践活动来看待的。随着大工业的发展，领导逐渐成了一门科学。工业经济时代的领导学理论和实践关注对有形资产的监督和分配问题，而在信息社会将主要研究怎样以信息资源获取价值的问题。〔邹崇祖，2008〕

也有学者提出，建设"生产发展、生活宽裕、乡风文明、村容整治、管理民主"的社会主义新农村，涉及农村经济建设、政治建设、文化建设、社会建设和党的建设等各个领域，实际上内涵了农村生产力发展、农民生活水平提高、农村基础设施改善、农村社会事业发展、农村基层民主政治建设继续推进这五大目标。这就决定了社会主义新农村建设是一项长期的任务，不是朝夕之功，不能一蹴而就，而是在农村发展、农民增收基础上水到渠成的结果。因此不能搞一股风和任何形式主义，应该围绕总体要求，突出重点、以点带面、分步实施。在这一纷繁、浩大的系统工程中，现代领导思维的创新应当给予必要的关注，可将领导思维的创新应用于社会主义新农村建设中的战略规划、土地政策、发展模式、农民福祉、基层党建五个方面，从而更加深入地探讨领导如何应对社会主义新农村建设中的热点、难点及相关的对策。〔吴涛，2008（11）〕

二、 信息化时代领导创新的主要内容

领导创新是创新活动在领导理论以及实践中的应用，是将新的思维、方式引入领导活动中，革新原有的领导关系和情境，创造新的领导方法和途径，塑造新的领导者与被领导者，从而提高领导活动的绩效，更好地实现领导活动的预期目标，包括领导观念创新、领导关系创新、领导方式创新等多个方面的内容。近年来，我们可以从流程优化、新政绩观与绩效领导、媒体应对、网络舆情与 E 领导、组织文化与人本领导的创新等方面梳理学界关注的焦点。

（一）通过信息化实现流程优化

有学者指出，信息化时代领导创新的内容主要在流程优化方面。组织流程优化与信息技术是互为条件、相辅相成的，事实上，从领导创新的角度而言，组织流程优化理论的产生在一定程度上源于信息技术应用效果不尽如人意，促使人们寻找发挥其效用的途径，信息技术是企业流程优化的诱因。企业流程优化离不开信息技术的支持，信息技术效能的充分发挥有赖于管理模式和业务流程的优化。一方面，随着各国市场的开放，信息化管理手段的应用，金字塔式的"科层制"使行政组织管理层次重叠、冗员多、成本高、浪费大、应变反应速度迟缓，并且随着组织规模的日益扩大，延长了信息沟通的渠道，增加了信息的传递时间，这可能导致延误时机和决策过程失误。由于指挥线路过长，上下级关系不确定，也会造成管理上的真空地带，导致"有人无事管，有事无人管"。对此，在领导创新的过程中应建立面向公众需要和流程主导的扁平化组织形式，缩短信息传递的路线，加速信息的传递速度和快速响应时间。〔刘刚，2006（2）〕

也有学者进一步论述道，就信息化时代的领导创新而言，组织业务流程优化离不开信息化的强力支持。业务流程优化，是对组织业务处理的核心过程，从根本上进行重新思考和彻底的重新设计。在对这些业务过程进行重新设计时，不可能离开信息技术在其中的作用。在信息时代，领导创新的发展，离不开信息化的支持。为了应对信息时代的社会变迁以及政府治理的变化需要，信息技术与政府管理相互结合、相互作用，产生了一个个全新的概念：如电子政务、电子商务、电子党务等。20世纪90年代，随着互联网技术的发展及其在政府管理中的应用，在领导创新的过程中，利用网络等信息与通讯技术连接政府各单位以及各资料库，通过对各系统进一步整合，建立电子化、数字化以及网络化的政府信息系统，为社会提供信息和其他服务。应对信息技术和信息社会的挑战，世界各国均致力于借助信息技术提高政府的服务效率与施政质量，通过构建电子政务来提高国家竞争力。各国政府在领导创新的实践过程中都确立了建立高效高服务品质的政府的目标。〔王书平，2006（4）〕

也有学者结合我国领导创新的实践指出，服务行政的特征极为明显。从一定程度上说，信息化时代领导创新的特点在于其突出的服务型，即透过电子媒体创新政府的服务。领导创新期望达到这样一种理想的服务状态：公民不必走进政府机关即可获取丰富的信息；公民只需在单一机关办事，任何问题皆可随问随答，所办事情立等可取；若公民申办事项涉及多个机关，则可在一处办理、全程服务；公民无须进入政府机关，即可经过电脑连线申办；政府服务将朝"单一窗口"、"跨机关"、"24 小时"、"自动式"服务的方向发展。电子政务要求政府创新其服务的方式，使政府服务更为快捷、方便、畅通、直接，更为公平，具有更高的附加值。〔丁云初，2006（5）〕

有学者则着重从"任务职能型"组织运作模式向"工作流程型"组织运作模式转变的角度分析其内容的变化。就信息化时代的领导创新而言，组织业务流程优化的任务之一就是审视现存的组织业务流程，根据组织业务流程的性质、目的和活动要求，通过重新排列管理职责和管理过程，改变"铁路警察各管一段"的任务职能分工模式，突破组织壁垒，建立"无缝隙"式的一体化工作流程模式。为此，流程优化强调将分散于各部门的职务与职责进行重新组合，从有利于领导创新的目标出发，对一些不必要的管理环节予以取消，对多余的部门及重叠的"流程"予以合并，达到行政业务流程整合、功能优化和增值之效果。〔吴和平，2006（5）〕

有学者则从对象的转变进行阐述，即由对上级领导负责转向对服务对象负责。优化后的组织业务流程应当以快捷有效地最终解决问题为行动目的，而不是传统职能分工业务流程下对局部任务完成的关注以及根据局部业务事项的解决结果对上级负责，这就是人们常说的组织服务的"顾客导向"，它体现了组织业务流程优化的根本宗旨。为了实现这一宗旨，在行政组织业务流程优化的过程中，一方面强调对一线的人员进行充分授权；另一方面要强化人员的使命感和自我控制意识，提高行政人员独立解决问题的自主性与责任心。同时，要积极推进政务公开，扩大公民参与，增强行政组织对社会需求的感知与回应能力。〔刘杰，2006（5）〕

还有学者聚焦于充分利用信息技术实现工作流程的自动化这一领导创新的独特内容。即从领导创新的内容来看，实现工作流程的再设计并流程优化就是对现有工作流程进行调研、分析和诊断，重新构建新的业务流程。其内容包括如下环节：分析现有工作流程中存在的问题并进行诊断，根据分析诊断的结果对流程进行简化或重组，缩短业务流程的链条；改变

中浦院

中国领导学研究（2006—2008）

信息传输方式，利用网络信息促进重组后的业务流程自动化与网络化；实现自动化、网络化工作流程在整个行政体系内部的整合以及与社会信息系统的相互连接，最终实现为社会公众提供随时随地的"一站"、"单一窗口"式便捷服务的目的。〔王志和，2006（5）〕

（二）新政绩观与绩效领导

有学者认为新绩效观是领导创新中必须树立的领导观，其本质是马克思主义政绩观，求真务实是马克思主义政绩观的本质要求，用权于民、情系于民、谋利于民是马克思主义政绩观的根本目的，树立科学发展观是马克思主义政绩观的重要前提，实践、群众、历史是马克思主义政绩观的检验标准。全面准确地把握正确政绩观的内涵，求真务实是灵魂、正确认识和把握我国社会主义初级阶段的基本国情是核心、尊重规律、狠抓落实是行动准则，必须要把实现人民群众的利益作为追求政绩的根本目的，要把实现经济社会的可持续发展作为创造政绩的重要内容，要把重实干、求实效作为实现政绩的重要途径，要把党和人民的需求作为评价政绩的重要尺度。〔杨民，2006（5）〕

也有学者认为科学把握政绩观必须辩证地看待全面发展与重点发展、最优决策与次优决策、历史评价与现实评价、群众认可与领导认可的关系，必须以科学发展观作指导，分析出解决创造政绩中出现的认识上的误区和工作上的偏差，树立正确的政绩观的重点是要求各级干部坚持以经济建设为中心大力发展社会生产力；树立正确的政绩观关键是要求各级干部必须求真务实；树立正确的政绩观核心是要求干部坚持以人为本，尤其是高层领导者必须着力解决好什么是政绩的问题、靠什么树立政绩的问题、怎样评价政绩的问题。〔吴军，2006（5）〕

有学者指出，任何领导，作为领导主客体的人总具有社会、人际关系的相关性，都存在着由关系协调使双方目标趋向一致的协调空间，在行政领导活动中更是如此。人自由而充分的发展是领导的共同理想，是绩效领导的终极目的，也是信息化时代领导创新的题中之义。〔周林，2006（6）〕

还有学者阐述认为，信息化时代的领导创新与传统行政体制的"效率优先"不同，突出的绩效领导强化了人的发展与政府生产力提高同等重要的公共行政的基本价值取向，提出了"质量优位"，因而它将对相关的行政理念变革产生深刻的影响。首先，它强调"以人为本"。突出绩效作为一种"全面品质领导"，它重物、重竞争、重结果，但它更重视组织内部人、团体等关系和谐与合作的坦诚，重视"人、财、物"的协调与整体效应。它的要义在于将公共产品生产和检验的品质领导技术扩大、扩展、泛化为整个行政组织的领导；将绩效的标准相应地由纯粹的产出、质量、成本、时间等硬性指标转变为产出、质量成本、时间与公务员发展和满意度等软性指标的结合，并且顺应后工业时代和信息社会的来临，人们自主意识和自治意识增强的趋势，它更加突出后果。其次，它强调鼓励政府通过公私组织之间、公共组织之间的充分竞争，利用市场检验、合同出租、内部市场等手段，从而根据实际的绩效水平来选择理想的公共服务提供者。再次，从领导创新的角度而言，它也要求政府部门面向公众，积极观察、寻求、体验公共服务使用者的要求和期望，视公众为顾客，在领导活动中与其进行良好地沟通与合作，从而通过提供各个公共服务机构绩效方面的信息、引导公众对公共产品和服务做出正确的判断，通过扩大公众在多个竞争的服务生产者如政府、第三部门等之间的选择度，引导公众做出满意最大化的选择，并主动接受公民的申诉和服务质量监督。这也就是说，作为一种"质量优位"的领导模式，信息化时代的领导创新不仅关注着政府内部人的发展，而且也就在政府外部的公众进行了广泛的价值关怀。〔谭文明，2008（6）〕

还有学者从体制创新的角度就这一问题展开探讨，即突出绩效在于反对机构的僵化，讲究效率、讲究政府对公民和公务员回应性的增强。这样，在政府体制上，顾客取向和质量优位意味着与传统的决裂，意味着新的游戏规则，是一场领导上的革命。从信息化时代领导创新的内容来看，第一，绩效领导对传统的科层制提出了严峻的挑战，传统的层级行政领导模式是按照与工业上一致的官僚制标准建立。这种官僚制以政府对公共产品及服务为基础，强调权力集中和规则驱动；这样不仅降低政府工作人员解决问题的主动性和实际操作的"灵活性"，而且也使得"作为服务对象"的居民越来越从政府活动中异化出来。因而，这一模式的一旦建立，将对其形成极大冲击，一方面，在充分理清政府的职能和领导职能的基础上，这一模式要求重新对具体行政活动中的政府角色进行定位，主张还权于公民、还权于社会；另一方面，这一模式实现了政府由重过程投入向重结果产出的转移，充分尊重组织中人的因素，主张尽快地由规则驱动转向任务驱动，以保留社会和公民自主活动的空间。〔龙志强，2006（6）〕

也有学者在上述基础上进一步分析认为，从信息化时代领导创新的角度来看，突出绩效带给行政体制创新的最大变化在于行政性分权。因为突出绩效一方面通过建立工作要求、结果及产出方面的各种符合人性的具体指标来配置资源，主要是拨款和人员配置，通过设计具体的程序和测量方法来灵活地监测和评估独立单位的工作，努力终止以前上级对下级事无巨细的直接干预，实现政府内部分权；另一方面，在向公众负责原则的指导下，以人为本的绩效领导模式也促使政府通过建立公民自主自我服务与民营、政府服务相结合的，多中心的公共事务领导体系，实现政府向市场和社会的放权。除此以外，与政府体制创新和政府权力下放相对应，维系公共组织的层级关系的控制方式也在发生着变化，建立于充分考虑上级领导权威和基层工作人员责任权力统一基础上的、以绩效目标为导向、以绩效为契约或绩效承诺书为载体的领导结构将焕发出无限生机。〔侯曙光，2006（9）〕

也有学者则聚焦突出绩效与人事领导之间的关系展开分析，他认为突出绩效最根本的就是要按行政组织绩效要求，不断适时创新人事领导的制度规范，培育起一种具有科学性、先进性和开放性的人事领导变革模式。即通过领导示范和宣传教育，将"做正确的事和正确地做事"的思想内化到官员的观念和实际行动中去，使下属在目标和信念上达成理解和共识；通过团队与学习型组织的构建，发展下属相互学习，团队合作的精神和共同承担责任的意识；实施更加公平和富有弹性的组织激励措施，保障团队和成员的贡献和报酬平衡；建立广泛的参与制度，领导要与成员进行惯常性的沟通，听取其意见和建议。〔陈民，2006（10）〕

还有学者则以第三部门的发展为例进行了分析，即在信息化时代领导创新的过程中，人们在寻求公共部门突出绩效的同时，也将注意力扩展到社会治理的众多领域，特别是第三部门，寻求体制外部效率，即尽可能通过鼓励和促进"第三部门"的发展，以多种多样的组织形式生产和提供各种公共物品与服务，使之与政府组织共同承担公共领导的责任，来促进政府绩效的提高。市民社会和民间组织的发展建立的"第三部门"与政府一起共同承担领导公共事务，政府由于自身的自利性原因决定了它无法在公共物品的提供上达到帕累托最优，公共物品全部由政府组织或公营部门提供、生产、管制，并非是唯一或最有效途径。第三部门的发展体现了公民的个人责任以及个人对自己决定承担后果上升为社会选择过程的主要法则的社会需求。"第三部门"的发展不仅可以降低行政成本，节省纳税人的开支，而且体现了在行政改革中公民的参与和社会的认同，顺应了信息化时代领导创新的潮流。〔周林，2006（11）〕

（三）媒体应对

　　有学者认为，媒体应对是信息化时代领导创新必须面对的严峻课题，对领导而言，媒体应对以危机公关传播理论出现的，如按阶段分析理论，可以将危机传播分为潜在期、突发期、蔓延期和解决阶段。媒体正是通过在这4个阶段的介入，对危机处理起到了相应的作用，比如发现危机征兆的预警作用、引导公众情绪的作用等。但是，由于中西方政治体制上的差异，中西媒体与政府的关系存在着结构性的差异，在媒体对于政府危机的作用也明显不同。西方的危机公关传播理论在中国地方政府有着不适应性。因此，必须着力寻找媒体的本质意义，来探讨领导者在媒体应对时应有何作为。〔王林，2006（18）〕

　　也有学者认为，就领导者而言，应对媒体时一方面应当艺术运用公共关系学的原理、方法，协调好公共危机管理的内部环境，形成合力，降低政府的"交易成本"；另一方面，应当充分借助非政府组织和社会团体等角色来完善媒体应对体系，通过发挥非政府组织在传递信息、整合社会力量、关注社会弱势群体等方面的作用，疏导和控制大众在非常态管理下的社会心理，最终使得政府在非政府组织和其他社会力量的共同作用下，确保媒体危机的顺利解决。〔姜小刚，2006（12）〕

也有学者将媒体应对应用于企业领域，通过对肯德基"苏丹红"事件、上海宜家儿童椅事件、东芝笔记本电池事件等典型案例分析，分析了知名企业在危机的征兆、爆发、蔓延、衰退四个阶段中的不同媒体策略运用，探讨了大众传媒的介入对于企业危机事件发展、解决中的直接作用，从而探讨领导者应对媒体的创新之道。〔龙志强，2008（6）〕

有学者深刻地提出，领导者必须深刻地认识到，随着公共危机事件的频繁发生，尤其是媒体的介入对公共危机的影响越来越大，从中央到地方政府都必须重视领导者应当如何处理与媒体的关系。必须强调领导者作为媒体应对的主导力量，如何完善政府主导的新闻改革，发挥媒体的正面导向作用。〔姜小刚，2008（3）〕

有学者从领导学的角度分析提出了其对于领导者而言是一把锋利的双刃剑，媒体在一场危机公关中，无论是成功和失败，都发挥着不可替代的作用，甚至企业有时会出现"成也媒体败也媒体"的微妙现象。媒体有时成了危机爆发的途径，但有时候它却又是消除危机的重要武器。因此，不得不说媒体是一把典型的双刃剑，利用得好，可以击退危机的侵袭；利用得不好，则会伤害自身，使自己陷入更为严重的危机之中。〔谭文明，2008（4）〕

有学者则进一步分析了领导者应对媒体时所必须把握的重要原则，一是媒体作为危机事件是以第三方的角度来看待问题的，所以媒体没有义务按照企业的理解和希望去确定报道的角度或重点；二是媒体可能因为不准确的语言描述而背离了企业所想表达的内容，因此，给企业留下了危机的隐患；三是媒体报道的及时性。也正是由于媒体报道及时性，需要第一时间把报道发出去，所以，造成媒体对报道的事实，缺乏足够的时间调查，从而为报道的失真埋下了隐患。〔刘之杰，2008（2）〕

也有学者从媒体领导者自身的角度提出领导者应建立媒体突发事件应急机制的思维原则，一是宏观观察与微观审视，宏观观察是把突发事件放在广阔的范围上分析、思考、判断，从整体上、大局上认识事件的性质；微观审视则侧重对事件局部、重点作分析，以从事件个性上了解事件的特点、影响。把两者结合起来，对事件的分析判断才有广度和深度。二是平面思维和立体思维：平面思维的范围限于一个层次，通过对事件的横向对比、一个方面的比较，认识一个层面事件的异同。立体思维是多层面多侧面的思维方式，能够从不同方面认识事件。三是顺向思维与逆向思维：前者是按照事件的发展脉络去认识事物，理清事件在时间上的联系，比较事件在前后阶段上的变化；逆向思维则与此相反，从事件的反面观察思考，往往会出新意。比如对 SARS 带来人们卫生习惯的增强等"好处"的报道体现的就是逆向思维。四是动态思维和关联思维：前者根据事件的发展变化不断调整认识的角度和取向的思维方式，侧重从运动中把握事件的性质；后者则从事件的内部联系、外部联系、同一事件不同方面的联系、不同事件彼此间的联系中了解事件。这两者结合，有利于把握事件的变化特点和发展趋势。〔罗红红，2007（12）〕

还有学者则提出领导者进行媒体应对，启动应急机制进行突发事件报道应该处理好的几个关系。一是快速反应与准确判断的关系。在各种媒体竞争空前激烈的背景下，时效竞争是第一要素。媒体对突发事件应准确分析判断，顾全大局、严格纪律。应从对党、对人民、对社会负责的角度，判断事件性质、影响。应谨慎选择报道时机、口径、范围规模，做到有计划有针对性地从正面组织报道，起到稳定人心、稳定社会的作用。二是全面报道与有取有舍的关系。对突发事件，媒体应力求真实、全面报道事件的起因、过程、结果。对于新闻的五个 W、一个 H（how）应予以全面真实客观揭示。但是，这并不意味着报道的事无巨细，不计负面影响。全面报道突发事件原貌，也应坚持报道的法律尺度和法律道德约束，不超越报道权力的极限。在处理好报道与隐私权保护的问题方面，就尤其应注意。三是客观真实与以人为本的关系。新闻的生命在于真实，对突发事件的原原本本的实录与直播，追求现场感、真实性是我们的责任，但追求客观真实并不是忽视人的价值、生命与尊严，追求"热点"、"焦点"更不应忽视广大受众的心理承受力。灾难性事件是常见的突发事件的一部分，在报道

中尤其是要审慎处理好各种权利平衡。〔王方，2007（7）〕

（四）网络舆情与 E 领导

有学者指出，网络是继广播、报纸杂志、电视电影之后的又一新兴媒体，网络以其自身有别于传统媒体的特殊优势，目前正处于一个青出于蓝而胜于蓝的阶段。所谓舆情，根据美国报业巨子、舆情学奠基人——沃尔特·李普曼在其著作《舆情学》中写到的，"舆情基本上就是对一些事实从道义上加以解释和经过整理的一种看法"。网络舆情是互联网发展到一定阶段的产物，即是通过互联网表达和传播的，公众对自己关心或与自身利益紧密相关的各种公共事物所持有的多种情绪、态度和意见交错的总和。它具有自由性、互动性、即时性、隐匿性、情绪化、非理性、个性化和群体性等特点。〔宋慧，2008（11）〕

有学者则分析了网络舆情与传统舆情的不同点，他认为，网络的特性决定了网络舆情会极大地有别于传统意义上的社会舆情。当网络发展到今天，许多社会公众甚至于是学者惊叹于网络的无穷影响力，认为网络势必逐步替代传统媒体，网络舆情也将随着网络的"无孔不入"而成为社会主流舆情。其实这种观点是有偏颇的，网络的确有其独到的优势，发展势头也确实是非常迅猛，但网络舆情将永远有别于传统媒体产生的舆情。原因在于网络媒体在技术上存在局限性，其无法离开传统技术力量的支持，网络媒体缺乏信息筛选和甄别功能，没有严谨的制作和传递过程，发布者所受约束有限、更无权威性可言，因此导致网络信息鱼龙混杂，过"泛"、过"滥"，可信度不高；再者，网络媒体从产生伊始就没有离开过传统媒体而独立存在过，而且从发展趋势来看也无法彻底摆脱传统媒体。〔郭琪，2008（23）〕

有学者把网络舆情的产生、形成、发展、消亡过程做如下归纳：首先一定是现实社会中的某一热点问题或是某一现象引发网民的关注，在网络上出现网民的初步关注，之后借助网络的传播和放大作用，有更加多的网民利用各种网络传播方式（论坛、博客、播客、各类即时网络通讯工具）对该信息进行加工传递，逐渐形成一种或者数种观点鲜明的舆论观点，与此同时，网络的声音开始对现实社会产生影响力，引发现实社会的共鸣，网上网下产生互动导致网络舆情高潮的到来，而一旦热点转移或消失（包括行政介入、引导或干预），"虚拟社会"将马上关注下一个热点问题。〔王红，2008（23）〕

有学者认为，E 时代的领导者可以充分利用网络舆情，帮助塑造良好的领导者形象网络是领导者对外展示的一个良好平台，也为公共管理双方提供了便利的沟通渠道。善于开展舆论宣传、善于自我"包装"、能对外展示良好形象的领导者对内可以产生强大的凝聚力和吸引力，对外则可以产生强大的向心力和感召力。网络通过其自身强大的舆论宣传作用，完全有能力对领导者的形象产生直接的作用，尤其是对网民而言，通过网络了解领导者出台相关政策的初衷，可以知晓公共管理具体行为的推进情况，甚至于可以通过网络进行监督领导者的行政管理行为。在这样一种良好的互动情况下形成的网络舆情对领导者的评价可以改变其主观认识。〔罗明军，2008（24）〕

有学者认为，E 时代的领导者可以充分利用网络舆情营造良性领导环境。网民的世界又被称做"虚拟社会"，在"虚拟社会"里没有严格的等级制度，没有明确的管理者和被管理者，虚拟角色之间基本处于平等的地位，唯一不同的可能是网络号召力各有千秋而已。作为一个相对独立于现实社会之外的网络"虚拟社会"却拥有对现实社会的极大反作用力，网络通过大量网民发出较为共同的声音，即形成舆情的方式表达对现实社会的观点，这种网络舆论环境的客观存在是现实社会管理者不容忽视的外界因素之一。E 时代优秀的领导者，必定能借力于一个良性互动的网络环境，不但在现实社会中要争取大多数公众的支持，在网络"虚拟社会"中也要取得尽可能多的支撑。事实上，网络的声音可能存在过于极端的问题，但是基本上能更真实地表达社会大众的声音，无法获得网民赞同的政策在现实社会中也很难真正得到贯彻落实。〔吴和平，2006（5）〕

有学者认为，掌握网络舆情可以有益于 E 时代的领导者开展危机管理。即社会危机根源既有不可预测的自然性灾害，也有社会政治等原因造

中国领导学研究（2006—2008）

成的人为事件，而且随着社会的发展和社会结构的日益紧密，公共危机产生的几率以及对公共管理秩序所产生的危害性越来越大。危机事件从根本上说是对政府管理能力的否定性事件，危机发生是对政府应对能力的考验，无法预见危机、错误的判断以及不合理的决策处置能导致危机升级，相反，就能缓解矛盾、逐步化解危机。E 时代的领导者正确收集分析网络舆情可以及时预判危机，合理地引导舆论可以化解矛盾。如 2008 年岁末年初低温冰冻气候袭击了我国南部的大部分省市，胡锦涛总书记、温家宝总理身赴灾区一线，亲自参与抢险救灾的图片和文字经过我们主流网络媒体的刊载，立刻引起网民的共鸣，网上一片"叫好声"。在此事件中领导者没有因为自然灾害造成大量的人力物力损失而"失分"，一心为民的形象因此深入人心，党和国家领导人亲民、爱民的形象得以树立，一场因自然灾害引发的社会危机不但被弱化，通过适当的网络舆情引导之后，反而成为凝聚人心抗击天灾的形象工程。〔王志和，2006（5）〕

也有学者分析了网络舆情把握不当，很可能会降低 E 时代领导者的诚信。即作为公共管理者的政府出于政治或者其他方面的因素，为了便于公开管理或者弥补管理缺失会对信息进行有选择的公开，社会公众对信息的掌握是严重不完整的。网络的出现使领导者在管理信息的披露和发布方面的主动权受到极大冲击。网络作为一种信息传递渠道已经完全摆脱了传统对信息传递方式、时限以及传播范围的诸多限制，领导者如果不能清醒地认识到这一点，仍旧采用封闭或者有选择的发布信息的方式，那么当社会公众通过网络得知事件真相之后会极大地降低对政府的信任程度。〔谭文明，2008（6）〕

有学者认为，E 时代的领导者必须认真面对网络舆情会割裂公共管理双方增添社会不安定因素这一严峻的挑战。他认为，网络舆情不同于传统媒体舆情，网民普遍存在"求新"、"求异"甚至是"叛逆"的心理特征，如果得不到正确引导，而政府在某些方面又不能采取正确的应对方法，则很有可能造成公共管理双方的敌视和对立，增添社会不安定因素。以公安道路交通管理部门执法情况为例，每当年关岁末，正是酒后驾车违法行为的高发期，公安交通管理部门往往会组织针对性较强的道路执法行动，通过加大抽查和处罚力度，遏制酒后驾车这一严重危害人民群众生命财产安全的违法行为。此举出发点显然是为了维护正常的社会秩序，然而网络舆情却未必如此，众多汽车论坛便有网民发帖称："年底到了，'JC'（对警察的网络称呼）又出来'抢米'（抢钱）了，肯定是年终奖发不出了！"而且往往会有许多网友进行跟帖表示相同观点，在这种舆论导向下几乎没人会意识到酒后驾车的社会危害性，舆论矛头直指道路安全管理者——交通警察。可见如果缺乏必要的沟通，社会管理者的许多行为目的会被网民误解，从而造成不良的宣传效果，继而对管理行为的有效实施产生反作用力，影响管理效果。〔龙志强，2006（6）〕

（五）组织文化与人本领导的创新

有学者认为在信息化时代，对于领导创新而言，信息技术在组织文化的形成、深化、发展、改变的过程中具有重大的作用。按照组织文化结构的基本假设，那就可以把组织文化解构成以下五个层面。

人类与自然的关系。在组织层次上，重要的成员把企业与环境之间的关系问题；现实和真相的本质。明确什么是真的和假的、什么是"客观事实"、真相最终是怎样决定的，是"揭示的"还是"发现的"等方面语言上和行为上的原则；基本的时间和空间概念；人性的本质。人类活动的本质。基于上述客观事物、环境、人性的假设，什么是人类要做的"正确"事情：是积极主动，消极被动；人际关系的本质。因此，总体而言没有一个所谓的绝对意义上的最佳的组织文化的模式，只有适应不同组织的有效模式。因此，可以从这五个层次来定位不同的组织文化，并进行不断的推进、改变和承袭。以前这项工作信息的收集、整理和分析要更多的依赖人工劳动，现在则可以依靠 IT 技术，在信息化时代领导创新的过程中可以大大降低对信息的获取、解析和反应的限制，把人从枯燥的劳动中解放出来。〔商尚，2008（12）〕

也有学者认为就领导创新而言，组织文化通过学习获得，具有更大潜力的 IT 技术，是更好的学习工具和方式，全社会的广泛的新技术学习往

中浦院 中国领导学研究（2006—2008）

往不是一个组织的特长，而是来自社会的新成员的特长。把信息技术作为辅助组织文化传承的工具，可以让组织更好地适应 IT 发展的大环境；同时，将组织长久以来的文化传递给新的成员，可以借助 IT 技术作为一种辅助，新老成员都要学会 IT 技术进行学习的手段，并创造新的策略，最后结果以编码形式包含在组织的影像图中，并在组织实际工作中反映出来，在组织的生存发展中传承下来这种学习的精神作为组织文化的一部分。〔刘公权，2006（12）〕

也有学者认为如何创新组织文化离不开对行政价值的探讨，行政价值作为政府行政对行政体系和行政行为存在的理想状态的稳定信念，是整个行政系统的灵魂。从领导创新的角度而言，行政价值体现了对行政行为的认同。决定了行政功能及其内在的构造。效率在行政价值体系中占据着重要地位，是衡量行政决策科学性、公共服务有效性、行政行为合理性的关键指标。传统的公共行政学把效率和经济作为公共行政的两个基本原则，经济特别是效率无可置疑地成为公共行政的出发点和终极目标。传统政府制定的经济政策过分强调经济和效率，而忽略了利益分配上的"社会公平"。政府在经济建设上虽然取得了巨大成就，但却导致了利益分配上的极不平衡，使城乡之间的经济水平出现了惊人的差距。一部分利益获得者与较少受惠者贫富悬殊巨大，严重地阻碍了社会进一步的协调发展。而这种群体经济收入上的巨大差距又往往决定了其子女受教育程度的高低，特别是进入信息与知识社会后，在电子政务的施行中，突出表现为人们在拥有信息技术及对信息的获取与运用能力上的差别急剧拉大；在领导创新的过程中极易出现信息弱势群体和新的社会不公平现象。公共行政不仅应当以经济、有效的方式为社会提供高质量的服务，更应强调把"社会公平"作为公共行政所追求的目标。公共行政的核心在于社会公平，在于促进公民社会所拥有的、以社会公平为核心的基本价值。效率必须以公平的社会服务为前提，以正义的社会贡献为代价。因此，否定传统行政片面追求效率、经济，而忽视社会公平这一首要价值的理论体系，将为全社会，尤其是为社会的最少受益者提供公平的公共服务。"社会公平"价值全面运用到当代公共行政的理论与实践中，从而明确了官员们有责任和义务为最少受益者获得公共服务所应进行的各种努力。在当前信息化时代领导创新的过程中，除了要提高效率外，更应当从战略高度上重视数字鸿沟和社会的不公平性，还应着手解决不同地区和不同群体之间的"数字隔离"问题，加强对弱势群体的信息服务。借鉴印度政府专门为低收入者开发廉价、易用电脑的做法，鼓励相关 IT 企业开发适合弱势群体应用的信息产品，已成为弱势群体"数字脱贫"的迫切要求。〔王林，2006（18）〕

还有学者在研究这一问题时提出了公众服务的问题。社会契约论认为，政府是公民让渡自己的权利，通过订立契约而成立的，因此，政府应代表民意，为公民提供保护和服务。而呈金字塔式的管理体制过于强调领导权威，自成一体，雇员只向上级负责，整个政府组织"政府中心论"和"官本位"意识浓厚，服务意识淡薄。当前，由管理型向管理服务型政府转变是各国政府致力于政府职能建设的发展方向，在信息化时代的领导创新中，政府职能的一个最重要的方面就是为公众服务。政治上受托于公民、财政上取之于纳税人的政府，有义务和责任遵循"顾客至上"的原则，为民众提供优质服务，这也正是政府设立的目的之所在。因而，领导者可以通过电子政务、电子商务等信息化手段的运用实施打破传统金字塔式的组织结构，重新设计政府组织向扁平化方向发展，以"顾客"需求为导向，全心全意为民众提供全方位和"一站到底式"的优质服务。这样，公民便能通过网络自觉地了解政府的资源及行动信息，不必再经过各级代表的利益综合，就能把自己的需求直接送达相关政府部门，为政府制定公共服务政策提供依据。政府虽会面临繁重的公民需求，却又必须对公民或群体的要求做快捷的回应，并切实提供各种服务。否则，政府的合法性会遇到危机，官僚制必将遭到极大的挑战。〔宋慧，2006（21）〕

还有学者则结合实践认为，在公共部门中，在领导创新的过程中，责任只能也只应有楷模的价值，领导立足于为公众服务，公众是有限理性的，社会亦是不完善的，如果以一种看似完善的理论来对现状进行彻底改革只会导致更多的灾难；强调责任，注重后果，渐进改革，才能实现一切有序发展。在信息化时代，责任政府理念尤为重要。社会与公民借助于互联网，自身力量得到增强，与领导的信息不对称性削弱，公共权力下移，直接民主兴起。公众对领导的行为有足够的了解，若领导对公众需求的反映过于迟缓甚至无反应时，则社会力量将会形成合法性挑战，通过公民的政治参与，实现政府的替代，其责任感会决定领导的受公众满意度。〔张武刚，2007（6）〕

也有学者从信息化时代参与民主理念的角度进一步展开论述，他认为在信息时代，网络改变了传统的民主参与观念，为人们获得各种政治信息提供了方便，也为人们直接表达自己的政治意愿提供了可能，从而为代议制向"电子民主"的推行提供了可操作性的解决方案。基于网络互联互动的特征，电子政务在公民与政府之间架起了反馈平台。政府利用网络平台公开发布政务信息和实行网上政府采购，提高了政务透明度，增加了民众对政府行政的了解和信任，从而促进了政府的廉政建设，提高了政府的社会威信。同时，公众通过对方便、快捷、低廉的在线选举、在线民意调查、在线立法与听证、候选人与选民在线交流以及在线政治意愿表述等"电子民主"活动的参与，可以直接向政府部门表达个人的观点、立场和愿望。这种参与、交流、及时反馈的网络民主形式，在公民与政府之间形成了良性的互动机制，准确地反映了公众需求，推动了领导创新的不断改进和发展，从而使公民政治民主参与的意识越来越强。〔杨美方，2006（25）〕

有学者则聚焦于创新理念的本身，即从宏观上来看，信息化时代的领导创新在管理国家，应付知识经济的挑战时，首先，领导应树立创新观念，为社会提供创新的有利环境，通过政策、法规等推动社会创新。其次，信息化技术应着重于制度创新，电子政务治理应通过税收来实现强制性制度创新，以推动社会各方利益的拓展。再次，管理手段的创新是关键。电子政府由官僚制剧变而来，知识经济又日新月异，电子政府在变动中进行管理，因而创新不可忽视。如何既保持政府的稳定，又提高雇员的积极性；既推动经济的发展，又满足社会大众多样化需求，管理手段上的创新将成为解决问题的希望寄托。〔王方，2007（7）〕

也有学者则结合"学习型政府"的理念就这一问题进行分析，他认为在信息化的发展过程中，要想领导创新，必须加强学习，不断增强对行政环境变化的适应能力。领导者要不断加深对自身的理解，进行自我超越，转变根深蒂固的并影响其行政行为的观念，塑造政府形象，组织团队学习，使其迅速成长并发挥整体作用。建立"学习型政府"应与电子政务的发展紧密结合，探索利用互联网改善学习的方式与效果，使政府公共管理和公共服务的新知识、新内容通过互联网得到更快、更广的传播与共享。还应形成良好的学习机制，培养领导者的学习自觉性，从而使领导创新的水平提升到一个新的层次。〔刘之杰，2008（3）〕

也有学者从知识共享的方面探讨这一领域的内容。在信息化时代领导创新的内容中，由于知识创新已经发展成为一种日益复杂的社会协作行为，知识型组织中的知识创新不再是组织成员的知识创新，而是组织的知识创新。西方学者将知识区分为不易清晰表达的隐性知识和易于表达或"编码"的显性知识。在此基础上将知识创新解释为一系列知识转换的过程。其中，知识转换分为四种不同的模式：群化，即由隐性知识转换为隐性知识；外化，即由隐性知识转换为显性知识；综合化，即由显性知识转换为显性知识；内化，即由显性知识转换为隐性知识。由此可见，组织的知识创新是一个组织成员共享知识的过程，通过群化、外化和综合化使分散在组织内、外的隐性知识转换为可供组织共享的显性知识，然后通过内化使其转换为组织成员的内在的隐性知识和素质。因此，创建知识共享的组织文化是信息化时代领导创新的重要内容。〔姜小刚，2008（3）〕

还有学者从协同发展的角度探讨认为，在信息化时代的领导创新中，创建知识共享的组织文化的目的在于使不同主体要素通过差异整合得到协同发展。知识社会是一个高度分工又高度协作的社会，组织文化的最高境界是建构一种共生和协同发展的组织文化，其主要理念是实现人与人、人与组织、人与社会和自然的协同发展。显然，只有在协同发展的文化氛围中，知识型组织才能成为一个可持续发展的社会协同系统。构建共生和协同发展的组织文化的主要途径是合作和对话。在组织内部，仅靠内部市场配置权利和责任是不够的，还必须建构协同合作的文化环境。在即将来临的知识社会中，大多数知识工作者以组织成员的角色运用他们的知识。因此，领导者要为同时生活在两种文化中做准备：一种是知识工作者的文

中国领导学研究（2006—2008）

化，其特质是强调表达与构思；另一种是领导者的文化，其特质是强调团队与效用。创建共生协同的组织文化的目的之一就是要使双方通过合作和对话认识这两种文化的互补性：知识工作者的世界如果没有领导者参与，就会各自为政，结果一事无成；领导者的世界如果没有知识工作者参与，就会成为人浮于事的官僚集合。从组织共同体的角度来看，文化界的对话是建构共生和协同的组织文化的关键。不同文化背景的雇员（知识工作者）、领导者、投资者、顾客、相关企业和公众，只有通过充分对话方能认同共生和协同发展的文化理念。创新、共享和协同发展作为一种文化组合，一旦成为组织成员自觉的价值取向，将为知识型组织提供无形的精神内聚力。通过这种精神内聚力的建构，组织成员将围绕一种动态的目标在共享知识、协同作业的基础上开展学习和创新，并将知识型组织建设成具有自组织能力的社会协同系统。随着上述组织文化重建的深入展开，将为知识型组织创建一个以创新、共享和协同发展为共同理念的文化氛围和环境。在这个环境中，知识可以在内部市场和组织共同体中高效率地流动，并实现其最大效用，因此，在信息化时代的领导创新中，知识型组织将发展成为一种介于他组织系统和自组织系统之间的高效率社会协同系统。〔谭文明，2008（4）〕

　　有学者将人本领导归结为信息化时代领导创新的重要内容，他们认为20世纪90年代以来，信息化浪潮席卷全球，从工业经济到信息经济，从工业社会到信息社会，在这个动态演进过程中，信息化逐步上升为推动世界经济和社会全面发展的关键因素，成为组织进步的标志。在这样的环境中，领导创新内容的一个重要特征就是人本领导，即信息化组织的领导是以人为中心，通过调动人力资源的信息潜能，最大限度地开发和利用信息资源，以推进组织信息化的进程。传统工业社会的发展，主要靠资金的投入；信息社会的发展，靠的是信息、知识和创造性，而这三者的获得，只能生成于"人"之中。在信息社会中，信息化组织将人称为"信息人"，即能够运用现代信息技术，对信息资源进行创造性的开发利用，使信息增值，从而带动组织经济效益提高的人才。因此，人本领导已经成为领导创新的发展方向，实现人本领导是信息化时代领导创新的必经之路。〔周林，也有学者则进一步论述人本领导对领导创新的重要性大体表现在以下几方面：一是人本领导是促进信息化组织形式转变的重要环节。实现组织信息化，要求组织的形式有利于信息的输入、输出、控制及分配。这样，传统的金字塔式的组织结构便无法适应组织信息化的需要。在这种旧的结构下，权力信息从金字塔的顶端有秩序地流向底部，等级分明，领导层次多，造成信息沟通时间过长、信息传递失真，很难适应日新月异的信息技术和社会环境的变化。同时，员工随着收入的增加、生活水平的提高，更加关注自己的尊严、地位和自由，对这种缺乏人情味的官僚式制度越来越反感。因此，传统的纵向等级结构开始衰落，一种横向网络组织结构逐渐形成。信息技术是网络式组织结构的最大诱因。这种结构由许多组织单元组成，各单元之间运用信息通信技术，通过人本领导形成共同的价值观念，从而形成有机的网络化结构。各组织单元充分有效地运营将使组织具有极强的环境适应能力，可以满足组织提高竞争实力、实现信息化的需要。二是人本领导是信息化组织转变运作领导方式的需要。随着组织所处外部环境和内部组织形式的变化，运作领导方式也将随之变化。传统领导强调努力工作，现代领导则强调聪明工作。组织逐步认识到知识信息和人才是组织的关键资源，无论是精益生产、敏捷制造、并行工程还是虚拟组织等新的领导方式，都要求在组织整个空间以及产品服务的整个寿命中，统一利用组织所拥有的各种资源，简化流程，优化组织实体，以人为中心，实行人与领导相互结合，将"人本"领导摆在了极为重要的位置。三是人本领导是建立学习型组织的关键。组织信息化的一个特点是"学习制度化"，即信息化组织应该成为处处弥漫着学习气氛的学习型组织。在信息社会，学习是无限的，是最根本的可再生资源，持续学习是组织持续发展的精神基础。学习型组织通过组织成员的持续学习而建立，使组织拥有一个共同远景目标，朝着共同的目标前进。在组织中，领导的重点是发挥员工的创造力，要按照员工的特长将其放在最适宜发挥创造智慧的专业工作岗位。这正是信息化时代领导创新的精髓。〔龙志强，2008（6）〕

也有学者将这种人本领导突出在人力资源的开发之上，即在信息化时代的领导创新，很重要的一个方面在于尤其注重人力资源的开发。知识经济已经到来，它要求以知识和信息作为增值的主体和对象，以人才作为知识与信息的载体，能够在不断的教育、培训中提高人力资源的能力，增加人力资本积累，提高组织竞争力。产业优势与产品价值的决定因素在于每一个工作者的经验、知识与知觉。谁能先掌握运用知识与组织生产过程的方法，谁就是赢家。科技的长足进步，使得自动化生产愈来愈普及，机器设备产生的价值愈来愈低。此外，信息网络的普及，除了能汇总整理大量资料，将其转换为有价值的信息，还能将世界各地所发生的任何事件经由网络的连续而迅速传播。这就使得人类必须不断面对新知识的冲击。人力必须与知识结合方能成为生产力，新思想、新理念等都是组织最宝贵的财富，未来组织的最大资源是无形的智慧。因此，新知识和智力开发成为组织选拔和培训员工的重要内容，"人的脑子"成为组织最大的资产。要想实现领导创新，就必须建立其内部的终身教育体系，使员工不断更新自己的知识，提高信息意识，增强信息技术的应用能力，真正把组织建成"干到老、学到老"的学习型组织。〔杨美方，2008（7）〕

　　也有学者从组织柔性的角度结合这一问题进行论述，认为，信息化要求组织的人本领导具有充分的柔性，以适应不断变化的环境。组织柔性可以分解为人员柔性、结构柔性和组织间柔性。人员柔性是人具有学习、感知和适应的能力，是组织所有有形资源中最具柔性的资源。在科学领导时代早期，通过任务标准化和高度重复化来简化工作任务、提高效率的方式越来越不适应经营环境的需要，一个柔性的工作队伍与具有柔性的设备一样，可以应付随机现象，有效代替专业分工、重复性和陈旧性。追求人员柔性使工作范围由窄变宽，也使职能部门的界限变得模糊，更多的是以面对某一项目的小组形式工作，上下级关系淡化，每个人都参与决策的制订，出现问题时一起协商解决。结构柔性是横向的网络组织结构比层次结构更具有柔性。一个具有结构资源柔性的组织可以取代其他组织形式，如组织柔性能取代业务处理过程专门化、任务专业化、重复性等，同时，还可以减缓陈旧性，提高决策合理性，减少在传统结构中存在的多界面。组织间关系柔性是各组织之间、组织与外界结构之间的关系应具有柔性。组织应致力于简化组织间信息的传递过程，确保信息的真实、可靠。当今世界已进入了一个网络化经济时代，新的经济特征呼唤新的领导模式，敏捷制造和虚拟组织的出现，使领导科学进入了"第五代领导"——信息化领导时代。信息化时代的领导创新要求组织的各部门之间、组织与外部环境之间能保持信道畅通，信息传递准确、及时，信息能够被充分共享，有效利用。〔张武刚，2008（10）〕

    还有学者在分析信息化时代领导创新的内容时进一步阐述道，信息化的组织中，等级关系逐渐淡化，快速激烈的竞争将迫使组织越来越趋于民主化。在团队式工作中，人的自我价值在于创造而不在于权力、在于工作而不在于等级。人们对级别、地位的看法将会发生根本变化，知识和能力将构成组织新的价值基础，对级别、地位的竞争也随之淡化。组织的核心不再以职权为主要考察对象，而转向人际关系能力和善于把握方向的能力。人员的报酬将不再依据职位的高低，而是根据能力和贡献来评判。激励的目的便是使人力资源各尽其用，发挥特长与潜能，人人都能在自己的专业和道路上不断实现自我价值，不断取得他应得到的经济的、社会的和自我需求的满足。信息化是组织全方位的领导变革活动，涉及组织的领导观念、领导思想、领导方法以及组织文化的相应改变，但同时，领导上的变革又会促进组织信息化的成功建设。任何一个组织都有其自身的文化，它为组织的生存发展提供不可或缺的价值导向、凝聚、约束、激励、协调和辐射等功能。信息文化意味着信息的开放、共享、吸收和交流，它是开放式的富有进取精神的文化，注重员工信息素质的培养和提高及其创造性和潜力的充分发挥，不仅要求组织在其内部建立开放的领导环境，使其能够顺利地实现横向和纵向的沟通与交流，而且要求在一定程序上能够愉快地与外部服务对象共享信息，善于吸收外界先进的技术、观念和知识，处理好自身与环境之间的关系。就信息化时代的领导创新而言，这种提倡信息自由流动、实现成员间平等沟通与协商、鼓励学习和创新、鼓励与外界广泛交流的信息文化，使人本领导建立在开放的信息平台上，从而能更加科学、有效地发挥信息和人力资源在组织领导中的作用，促进组织竞争力的提高。〔刘保国，2008（23）〕

有学者认为，信息化下的人本领导，还必须推行民主领导，让员工参与领导，调动职工积极性。民主领导权力是社会主义制度下劳动者的根本权利。民主领导的基本形式是职工代表大会，职工代表大会的主要任务是组织职工参与组织重大事项的决策；组织领导委员会是领导成员集体讨论研究生产经营的重大问题；基层民主领导是普通员工参与基层事务的领导，通过提合理化建议形式激发员工为组织献计献策。〔陈民，2008（11）〕

还有学者深入分析认为，就这一问题，还必须关注建立价值共享，公平竞争的氛围。应在组织的所有层次上建立价值共享、公平竞争的竞争环境。要重视人才，尊重每个人，树立良好的职业道德，创造良好的人际关系，将员工的活动统一到组织的方针、目标方向上，以此为基础，在组织各层次上建立价值共享、公平公正观念。采用招标选聘、竞选录用和考核等激励方式，打破层次界限，使有真才实学和开拓创新精神的人才脱颖而出。所以，人才竞争的核心就是激励各层次员工以激情去挑战组织目标，使组织中有一技之长，尽职尽责的人才都有施展才华的舞台，充分发挥信息化时代领导创新的积极作用。〔郭琪，2008（23）〕

也有学者结合信息化时代学习环境的改变指出，终身学习在员工对所从事的工作提出越来越多要求的同时，工作也向员工提出了越来越高的要求。即使一个员工的工作结构终身保持固定，但他面对的工作任务和工作要求却是在不断变化的，这就要求组织对教育和培训进行更多的投资，让员工不断进入新的学习领域。建立在基本职业和专业技能基础之上的终身学习，日益显示出其意义和价值，这就要求员工自觉地投入到终身学习过程之中，特别是信息化时代领导创新的引领作用。〔李江，2008（23）〕

还有学者则从组织结构的视角展开分析，即分散型结构这种小型的、灵活的、自治组织，使得组织与外界的交流更加公开和便利，从而使经营更为灵活，更容易接近服务对象。在这种分散型结构之下，决策过程获得了解决问题的最大权限，其效果也更为直接。更有意义的是，简明的决策层级确保了获取更快捷更有效信息和做出更有效决策的渠道。行为驱动思想是这一未来导向型协作结构的又一特征：灵活的协作结构将取代刻板的合作结构，计划型结构将取代部门型结构，正式和非正式的网络将促进信息反馈。信息化时代领导创新的重要作用即体现在使文化和体制的开放确保组织充满活力。〔罗明军，2008（24）〕

　　还有学者则回归对于信息化时代领导创新中沟通的关注，他们认为员工的工作行为已经发生改变；单调的、机械式重复的工作方式已经让位给要求更高的、整体性更强的工作任务，这不仅要求员工尽其所能地工作，而且对工作的责任感提出了更高的要求。与此同时，组织的分界线正在被逐步打破，在领导创新过程中必须认识到被誉为组织"神经系统"的信息网络将越来越显示出其重要性。〔方守红，2008（30）〕

三、领导实践创新——电子政务的前沿进展

　　电子政务建设是引领政府管理体制变革的创新工程，也是近年来学界就信息化时代领导创新这一领域最为关注的实践性热点。随着信息技术的不断进步和信息技术在政府部门应用的不断深入，"以电子政务求发展"成为了一个全球性趋势，并将其列入国家级重要事项。在全球倡导的"五大信息高速公路"建设中，电子政务位居首位。从1993年戈尔在"国家竞争力评论"中，首次提出要"实现政府信息化，重组美国政府"以来，电子政务在各国相继展开，许多国家都实施了一系列基础工程，普遍都接受了以"客户为中心"的政府理念，大力发展了电子政务，成效十分显著。电子政务不断从初级阶段向高级阶段发展。但由于信息化程度、基础设施、人力资源、技术能力等方面存在差异，各国家着手实施电子政务的起始时间不同，全球电子政务发展水平存在着不平衡性。

（一）美国

　　有学者以美国电子政务的发展为例研究信息化时代领导创新的途径与

历程，提出其具有代表性的政府再造的特点。他经过分析比较后认为，在实施电子政务的发达国家之中，美国是起步较早、发展最为迅速的国家，目前已进入扩建和推广实施阶段。其电子政务起源于政务改革，着眼于政府改造。自 20 世纪 80 年代起，美国就不断受到预算赤字的拖累，由前副总统戈尔领导的全国绩效评估委员会通过对行政过程与效率、行政措施与政府服务的品质进行充分探讨，提出了《创造成本更少运转更好的政府》及《运用信息技术改造政府》两份报告，试图借助先进的信息网络技术克服美国政府在管理和提供服务方面存在的弊端。其中前者试图通过信息技术的运用，让政府得到民众的信赖；后者是利用信息技术来革新政府，提出电子政府的概念，实质则是启动信息化时代领导创新的浪潮，以提升政府的生产力和效率。〔符玉，2007（20）〕

也有学者对上述内容进行了实证分析，他认为 1993 年克林顿政府在建立"国家绩效评估委员会"时，提出应用先进的信息网络技术克服美国政府在管理和提供服务方面所存在的弊端，构建"电子政府"成为政府改革和引领信息化时代领导创新的一个重要方向。1994 年 12 月，美国"政府信息技术服务小组"提出《政府信息技术服务的远景》，强调利用信息技术协助政府与客户间的互动，以提供效率更高、更便于使用的服务，提供更多取得政府服务的机会与渠道。1995 年 5 月，克林顿签署《文牍精简法》，要求各部门呈交的表格必须使用电子方式，规定到 2003 年 10 月全部使用电子文件，同时考虑风险、成本与收益，酌情使用电子签名。1996年，美国政府发动"重塑政府计划"，提出要让联邦机构最迟在 2003 年全部实现上网，使美国民众能够充分获得联邦政府掌握的各种信息。1997 年，美国制定了一个名为"走近美国"的计划，该计划要求从 1997 年到 2000年，政府在信息技术应用方面完成 120 余项任务，到 21 世纪初政府对每个美国公民的服务都实现电子化。1998 年，美国通过了一项《文书工作消失法》，要求美国政府在 5 年内实现无纸化工作，联邦政府所有工作和服务将以信息网络为基础。2000 年 9 月，美国政府开通"第一政府"网站www.firstgov.gov，加速政府对公民需要的反馈，减少中间工作环节，并能在同一个政府网站站点内完成竞标合同和向政府申请贷款的业务。美国政府的网上交易也已经展开，在全国范围内实现了网上购买政府债券、网上缴纳税款等，奠定了信息化时代领导创新的主客观基础。〔刘刚，2007（25）〕

　　有学者则在分析这一途径及历程中指出，在信息化时代的领导创新中，美国突出的表现是其电子政务建设是由美国联邦政府统一发起和组织的。联邦政府设有一个专门的组织机构——政府技术推动小组。政府技术推动小组负责全国的政府信息化管理指导工作，包括技术推进、法规政策建议、管理投资、改善服务、业绩评估等。美国政府还建立了信息主管制度，联邦政府的首席信息官兼任国家预算管理局第一副局长，政府各部门、各州政府也同时设立首席信息官。近年来，美国电子政务建设主要建立以需求为导向的电子政府作为其目标。目前，美国的政府网站建设已经较为完善。美国联邦政府一级机构已全部上网，州一级政府也全部上网，几乎所有县市也已经建有自己的站点。白宫网站就是最典型的例子，它实际上是所有美国政府站点的中心站点，链接了美国政府所有已上网的官方站点。美国政府在 2000 年 3 月全面评估了其在电子政务方面所取得的进展，并在此基础上确定了美国电子政务发展的目标和任务。例如，早在 2001 年 1 月美国就发表了联邦政府 37 个部、局电子政务进展情况的调查报告，共涉及 1371 个联邦政府电子政务项目。其中，为居民服务的占 36%；为企业服务的占 20%；为政府雇员服务的占 22%；而为其他政府部门服务的则占 22%。居民已经可以在网上申请护照。〔杨美方，2006（25）〕

　　还有学者则从更加宏观的角度对这一现象进行了解读，他们认为，就美国的实践而言，在信息化时代的领导创新中可以看出知识领导是 20 世纪 90 年代以来伴随信息技术蓬勃发展而出现的网络经济时代的新兴领导理论，其主要内容是在组织中建立一个优化的知识系统，让组织中的信息与知识，通过获得、创造、分享、整合、记录、存取、更新、创新等过程，不断地回馈到知识系统内，从而在企业组织中成为领导与应用的智慧成本，有助于企业做出正确的决策，以适应市场的变迁。知识领导的思想结合互联网建立入口网站、资料库以及应用电脑软件系统等工具，成为企业积累知识的财富、创造更多竞争力的新世纪利器。对信息和知识的领导正在取代对生产的领导，并成为领导的重点，且领导的核心是使知识直接转化为现实生产力。知识领导只有让知识与创新、领导、组织相结合，知识才会成为生产力。学会领导知识经济的智力财产和如何尽快把信息转化为知识，将是我们面对的最大挑战之一。可以预见，在以产品品种和个性化需求为指标的信息化社会里，工业社会和后工业社会的生产和领导方式必将在以信息产业为核心的知识产业影响下发生革命性变革。自近代以来，每一次技术革命都引起了政府治理方式的变化。新的信息技术革命也正影响与改变着政府本身。在信息社会中，由于信息已成为最重要的战略资源，加之不断发展的信息技术在政府领导中的广泛应用，信息和网络系统将成为未来政府的神经系统，政府治理的过程也将成为信息处理过程。目前的政府组织和领导体系是工业时代的产物，因此，就领导创新的途径和历程而言，必须通过电子化、网络化的过程，对政府内部结构、运作流程进行再造，最终达到适应信息社会新政府治理模式的建立。〔周州，2007（15）〕

（二）欧洲

有学者从英国的实例将这一途径及历程的特征概括为直接公共服务。他经过分析认为，在 20 世纪 90 年代末，为实现信息化时代的领导创新，在信息化的推动下，英国政府公共服务领域掀起了一股改革的浪潮。1994 年英国进行了"政府信息服务"试验；1995 年，英国议会科学技术办公室提出了《电子政务研究报告》，1996 年 11 月公布了"直接公共服务"计划，提出"新形态的公共服务"观念以满足未来社会的需求。并在"绿皮书"中提出政府以电子形式向社会大众提供服务，要缩短政府与民众的距离，给予民众更多的与政府往来的通道。为此，英国政府先后发布了《政府现代化白皮书》、《21 世纪政府电子服务》、《电子政务协同框架》等政策规划，并提出了到 2008 年在英国全面实现政府电子服务的目标。2000 年 3 月 30 日，英国首相布莱尔在"信息时代特别内阁会议"上提出，把英国全面实施电子政务的时间从 2008 年提前到 2005 年。2000 年 9 月英国政府推出了"英国在线计划"，目标是要把英国改造为世界第一的使用互联网的国家。英国政府电子政务的主要目标包括：2005 年全部政府服务项目都必须在网上提供；2001 年 3 月 90% 的非昂贵商品和服务必须采用电子采购的方式完成；2002 年，中央政府的全部采购任务均需通过网上招标完成；医疗方面到 2004 年病人将可在网上查阅个人病历，在网上获得医药处方；2005 年所有的病人都可以从国家健康服务中心获得电子咨询服务；国税局于 2000 年 4 月在网上开通自我评估应税额的服务。〔李舒，2007（19）〕

也有学者则指出在为实现信息化时代领导创新的高效性，以电子政务的建设为例，英国使用了赫赫有名的"电子特使"、著名的电子政务专家阿历克斯·艾伦来指导政府各机构实施电子政务。艾伦领导着一个由 35 名代表有关部门和机构的高级官员组成的小组，这个小组的成员称自己是"信息时代的政府勇士"。英国政府还责成各部门制定自己的电子政务策略，并与有能力提供技术的公司建立伙伴关系。英国政府要求其领导人熟练掌握计算机操作和因特网的基本技能，并为此针对政府各部门人员的具体需要展开全面及时的培训。而实施电子政务后备力量的储备则通过教育体系进行长期培养来完成。〔符玉，2007（20）〕

还有学者则详细梳理了领导创新的过程中，英国电子政府建设遵循的七个原则：一是多选择性。除了传统的以文书、面对面地接受政府服务外，电子化传送政府服务的新方式，给予政府的大多数顾客更多的选择机会。二是强调信任。政府在收集与公众自身或商业有关的信息时，也必须遵守资料保护的法律与相关程序，以确保信息收集过程的正当性、信息内容的正确性与准确性，尽量维护资料的安全，并准许公众能够取得有关自身的资料或修正错误的内容。三是可取得性。除了通过信息技术联结政府各部门外，建立电子化的单一窗口，以全天候 24 小时与快速服务、增加外语服务等方式，尽可能地提供民众取得政府服务的渠道，以实现公众利用政府的"可取得性"与"容易操作"两个重要特点。四是提高效率。必须通过信息技术增加行政效率并快速回应公众的需求，利用信息技术消除

中浦院

中国领导学研究（2006—2008）

政府各部门与机构间的界线并进行政府组织的简化与整合工作，使公众不再对各部门间的界线感到困惑，针对政府例行的处理程序加以自动化与流程简化，以减少人工处理造成的问题，并减少纸张的浪费。五是合理化。提供政府部门与机构间共享资源或组织功能重组的机会，以减少政府支出，并简化系统。六是信息公开。除了部分受到法律规范不得公开的资料（包括国家安全、商业机密或个人隐私有关的资料）外，其他的政府信息，应该尽量以电子化形式并经过系统地处理之后公开，让公众能够更容易获取所需信息。七是电子安全。为了不让电子资料被他人不正当地截取与操纵，保障电子交易过程的程序，政府必须采取相关的安全机制，以维护电子环境中的安全与可靠性。例如，由政府或具公信力的第三者，建立个人身份与组织的认证制度，采取加密措施等。〔刘刚，2007（25）〕

还有学者在总结这一途径与历程的成绩时指出，据英国国家统计局报告，英国的成年网民中，有18%的人使用政府机构网站获取服务或官方文件等信息。政府网站总数达1000多个，每星期访问请求超过2000万。目前已经有40%的政府服务可以通过互联网提供给公众。政府已责成每一个部门和机构制订自己的电子政务策略，并与有能力提供这些技术的公司建立伙伴关系。另外，英国早在2001年1月就启动政府网关，该网关把公民网站、商业部门网站与政府的办公室系统等安全地连接在一起，提供全年365天和全天候24小时的"无缝"服务。美国商业研究机构德勤研究公司对美国、英国、加拿大、澳大利亚和新西兰等国的250个政府机构进行调查，发现英国已有60%的政府机构已经开通或正在建设，其他国家这一比例最高的为53%。无疑，这一系列的数字说明信息化时代领导创新的成绩是显著的。〔王志和，2008（5）〕

也有学者以法国的实践为例，认为法国是电子政务发展相对较晚的国家，其主要原因是，担心因特网的发展会对法国传统文化造成冲击。然而从1997年开始法国已逐渐接受互联网。1997年法国制定了"为法兰西进入信息社会而准备"的国家计划，着手建设网上政务的工作，其中一个重要的内容就是利用信息技术使公共服务电子化，特别是政府部门利用互联网为公众提供服务。目前，法国在互联网上大约有 60 多个政府机构站点，已经上网的政府部门包括教育、电信、环境等部门。比较具有特色的是，法国政府建有一个政府各部门站点的索引站点，该站点提供了按名称、职能等检索方式，来查找政府机构的功能。法国比较著名的政府站点，有爱丽舍宫站点和总理站点等。在这两个最高政府首脑站点中，用户可以通过电子邮件和总统联系，还可以了解政府内阁成员的个人情况、政府年度工作报告等内容。为了加快政府信息化的步伐，为实现信息化时代的领导创新，法国围绕电子政务与电子商务建设，主要制定了以下一些措施：一是行政管理部门开放政府信息，通过网络为社会提供各种窗口式服务；二是为了使农村及偏僻地区使用互联网，国家和地方政府增设一些公共端点，帮助信息产品进入家庭；三是增加网上教育的内容，鼓励学校等机构更多地应用网络；四是推动网络政务的国际合作，提高政府在国际社会中的竞争力等。〔丁云初，2008（15）〕

也有学者综合研究了瑞典的情况，归纳了"三个第一，一个三赢"。三个第一就是服务第一，标准第一，共享第一。一个三赢就是政府、企业和中介组织三方赢利。（1）服务第一。瑞典政府把为企业和公民服务作为电子政务的第一目标，在建设电子政务之初就提出了必须使公民能在任何时间和地点获得政府提供的所有信息及服务。（2）标准第一。瑞典电子政务由司法部统一负责，在设计网站时，提出了"一站式"服务，"统一式"管理，"协议式"信息共享。（3）共享第一。瑞典政府要求政府网上发布的信息必须具备完整性、权威性和准确性；要求做到公民只需向一个部门提供个人信息后再不必向其他部门提供；要求做到公民通过电子签名就可以在网上同政府、企业、银行和保险公司等部门办理相关业务。瑞典在信息化时代领导创新的实践，有一个很重要的经验就是实现了"三赢"，由司法部负责总体设计，企业负责承建，中间组织负责运营、维护和管理。之所以这样做是因为：企业在承建过程中对政府业务流程不熟悉，而政府对企业的技术路径也不清楚，作为中间组织可以作为二者的中间媒介。瑞典电子政务建设给我们的启示是：三赢；政出一门，标准统一，信息规范；司法部起到了强有力的协调作用，打破了部门间的硬约束。〔商尚，

中国领导学研究（2006—2008）

（三）其他具有代表性的国家

有学者通过分析新西兰领导创新的实践来分析其路径与历程，他们阐述道，为推动信息化时代领导创新的发展，新西兰政府在 2000 年 5 月制定了一个使新西兰在 2004 年成为世界上电子政务最为领先的国家之一的计划，并使互联网成为获取政府信息，接受政府提供的服务及完成事务处理的主要手段。其电子政务计划由三个阶段构成。第一阶段：至 2001 年 6 月重点抓好发展战略的制定电子政务框架的建设，标准规范的制定以及相关政策的研究和制定。第二阶段：至 2002 年 1 月完成一些与电子政务有关的关键项目。第三阶段：至 2002 年 6 月实现国家信息基础设施保护方案；完成向用户提供政府信息和服务的一体化方案；完成认证系统的建设，等等。这三个阶段的措施有力地促使了领导创新顺利进行。〔于明，2008（32）〕

还有学者将研究目光转向日本，他们梳理其相关的路径及历程后阐述道，日本的电子政务方案始于 1993 年 10 月制定的《行政信息推进共同事项行动计划》。在 2000 年制定的 IT 国家战略中，提出了"E-Japan"的构想，计划在五年之内成为世界最先进的 IT 国家之一。2001 年，日本政府又提出了《宫员 2002 年度 IT 重点计划的实施方针》，以加速建设高水平的信息通信网络，全面走向高度信息化的社会，其核心是全力打造一个电子政府。为了加速政府信息化、电子化的进程，日本政府于 2000 年 3 月正式启动"电子政务工程"，这项电子政务工程的主要内容是通过因特网等网络系统办理各种申请、申报、审批等手续，实施政府网上采购计划，该工程预计于 2003 年以前全面投入实际使用，同时，日本政府直接在网上办理申报税金、递交有价证券报告、核电站建设、出口产品审批等政府各部门的 3000 多项业务，政府网上采购计划也将全面实现。按照该项工程的计划，日本在 2005 年以前就让政府各部门的主要业务全部通过互联网进行，这标志着日本将全面进入办公电子化、无纸化的时代。与此同时，为了保证电子政务的可靠性和安全性，日本政府于 2000 年 3 月向国会提出了《电子签名与认证法案》，从而使电子签名具有同本人签字、盖章同等的法律效力。2001 年对政府机构进行了大幅度精简，撤销合并了功能交叉重复的部门，将一府二十二省厅削减为十二省厅，为电子政务的顺利实施创造了客观条件。2002 年阶段性地开发了五个网：安全网，用于防止灾害和犯罪；安心网，用于提供健康医疗和福利服务；便利网，用于提供生活和交通服务；活力网，用于促进教育和产业发展；舒适网，用于改善自然环境、生活环境和文化环境。通过五个网，拓宽了政府便民服务的潜力，开展了有声有色的服务。2003 年全面实现了政府办公无纸化和业务电子化。通过实施电子政务，重组政府业务流程，修改相关法律，简化行政手续，减轻了民众和企业的负担，取得了良好的效果。日本电子政务发展的经验归纳起来是五化：行政信息电子化，申请手续电子化，政府采购电子化，政府办公无纸化，国家收支管理电子化。从信息化时代领导创新的路径来看，日本的电子政务工程主要有五个方面的基础建设：一是政府机关内部因特网以及情报信息化的基础作业；二是综合行政网络的相互连接；三是申请、发出手续的在线化；四是地区情报信息基础作业；五是居民户口管理网络系统的建设。根据发展规划，日本将在 2005 年完成全国光缆新干线的建设，普及宽带网。〔王洪忠等，2008〕

还有学者举出了韩国的案例进行分析，即韩国政府为实现信息化时代的领导创新，根据《促进信息化基本法》，韩国政府在 1996 年拟订了共同利用行政信息、电子文件系统、公共政府服务等 10 个 "信息化基本计划"。从 1998 年起，中央政府着力于统一中央行政机关之间、中央和地方政府之间的不同行政文件系统，制定了标准化格式。目前这项工作已接近完成。截至 2001 年 5 月，韩国 37 万政府公务员中的大多数拥有电子邮箱。2001 年，韩国政府为了提升国家竞争力，促进社会经济的发展，决定加速推进电子政务的进程。2001 年 2 月，韩国国会讨论、通过了《关于实现电子政府和促进行政业务电子化的法律》。这项法律在 2001 年 7 月开始正式实施。到 2002 年统一各行政机关之间、中央政府和地方政府之间的电子文件系统，从而使各部门、各级政府可以共同利用行政资料，更有

效地带动信息化时代领导创新的进一步发展。〔郑卫国，2007〕

附：相关论、著索引

一、著作部分：

1. 徐湘江著：《领导创新》，吉林文史出版社 2006 年版。

2. 丁贵明、崔大鹏著：《21 世纪企业战略管理创新》，学苑出版社 2006 年版。

3. 冯向东、周洪元主编：《创新源于实践》，华中科技大学出版社 2006 年版。

4. 郑卫国、张武刚著：《有效领导与现代领导创新论》，四川人民出版社 2007 年版。

5. 严啟刚主编：《传承·创新》，四川大学出版社 2007 年版。

6. 王宇航主编：《科学发展　实践创新》，浙江大学出版社 2008 年版。

7. 王洪忠、陈学星著：《创新能力培养》，中国海洋大学出版社 2008 年版。

8. 薄贵利主编：《政府管理创新前沿问题研究》，人民出版社 2008 年版。

9. 邹崇祖著：《现代技术创新论》，东南大学出版社 2008 年版。

二、论文部分：

1. 刘刚：《领导创新新论》，《信息学报》，2006（2）。

2. 王书平：《浅论领导创新能力的培养》，《之江评论》，2006（4）。

3. 丁云初：《知识创新思想及实践》，《江西信息化》，2006（5）。

4. 吴和平：《探究领导干部能力评估的机制创新》，《信息与科技》，2006（5）。

5. 刘杰：《创新理论初探》，《人文世界》，2006（5）。

6. 王志和：《创新决策过程中的团队领导》，《技术与社会》，2006（5）。

7. 杨民：《创新能力的培养与实践》，《国民素养》，2006（5）。

8. 吴军：《领导思维与时代发展》，《转型领导论坛文集》，2006（5）。

9. 周林：《领导创新的视野》，《管理现代化》，2006（6）。

10.　谭文明：《领导干部信息创新能力初探》，《新期望》，2008（6）。

11.　龙志强：《浅议新时期领导模式创新》，《技术进步与评论》，2006（6）。

12.　侯曙光：《领导理念创新展望》，《科技前沿》，2006（9）。

13.　陈民：《创新团队及其领导问题探析》，《南方资产》，2006（10）。

14.　严颜：《创新能力的辩证之维》，《转型领导论坛文集》，2006（11）。

15.　周林：《创新型领导的新表现》，《湛江之窗》，2006（11）。

16.　姜小刚：《技术进步与领导发展》，《新理论评述》，2006（12）。

17.　周林：《领导创新：思维与时代发展》，《社会理论发展与实践》，2006（12）。

18.　刘公权：《创新领导思维：服务领导发展》，《南江发展论坛》，2006（12）。

19.　王林：《领导创新：回顾与展望》，《社科理论》，2006（18）。

20.　宋慧：《领导创新与领导激励理念》，《新理论》，2006（21）。

21.　杨美方：《信息社会视野下的领导发展》，《科技与文化》，2006（25）。

22.　张武刚：《领导创新与文化发展》，《软实力》，2007（6）。

23.　王方：《国情对领导创新的时代要求》，《人才开发》，2007（7）。

24.　罗红红：《领导创新催生知识经济》，《东部发展展望》，2007（12）。

25.　周州：《人文视野下的创新与领导》，《新兴理论与实践》，2007（15）。

26.　李舒：《论创新浪潮》，《科技管理》，2007（19）。

27.　符玉：《浅议创新视野下的领导行为》，《北方研究》，2007（20）。

28.　刘刚：《信息化浪潮与领导实践》，《决策科学研究》，2007（25）。

29.　刘之杰：《论信息技术与领导创新》，《网络与技术》，2008（2）。

30.　岑文革：《试论创新领导方式》，《涪江学报》，2008（3）。

31.　姜小刚：《领导作风和领导能力建设的改革与创新》，《信息技术学刊》，2008（3）。

32.　谭文明：《领导创新视野下的社会改革》，《领导变革与社会发展

中浦院

中国领导学研究
（2006—2008）

论坛文集》，2008（4）。

33. 王志和：《电子政务的理论与发展》，《电子政务评论》，2008（5）。

34. 周林：《领导创新的路径初探》，《网络与技术》，2008（6）。

35. 龙志强：《互联网时代的领导创新》，《北方研究》，2008（6）。

36. 杨美方：《领导创新的实践与经验》，《技术与评论》，2008（7）。

37. 张武刚：《新时代与领导者变革》，《新兴理论与实践》，2008（10）。

38. 宋慧：《创新领导、团队氛围与知识共享》，《新兴理论与实践》，2008（11）。

39. 陈民：《创新理论、创新领导与创新思维》，《南方资产》，2008（11）。

40. 吴涛：《现代领导思维的创新在社会主义新农村建设中的应用研究》，《现代人文：中国思想、中国学术》，2008（11）。

41. 商尚：《新时期领导发展面面观》，《学术文化》，2008（12）。

42. 丁云初：《信息技术与领导变革》，《科技前沿》，2008（15）。

43. 商尚：《国外组织建设与领导创新》，《决策科学研究》，2008（19）。

44. 郭琪：《领导创新与科学发展》，《转型领导论坛文集》，2008（23）。

45. 李江：《浅议领导团队创新》，《新期望》，2008（23）。

46. 刘保国：《国外社会转型中的领导创新》，《社科理论》，2008（23）。

47. 王红：《领导创新与技术创新的关系——社会组织的案例研究》，《学术文化》，2008（23）。

48. 罗明军：《领导者创新与领导思维创新研究》，《技术与社会》，2008（24）。

49. 方守红：《创新能力 推进时代发展》，《人才开发》，2008（30）。

50. 于明：《组织再造、领导变革与领导者创新》，《科技与文化》，2008（32）。

第九章
领导心理与领导测评

　　近三年学界对领导心理与测评的关注和研究大致集中在三个方面：一是关于领导者心理测评有效性的研究。随着改革开放的不断深入，领导者面临的工作压力愈加增大，心理素质在领导者综合评价中的重要性也愈加显现。在各类机构和组织领导者选拔任用过程中，心理素质已逐渐成为领导者素质评价的重要内容。领导测评在公开选拔和绩效考核中发挥了重要作用。这方面的研究与实践主要反映在领导测评的真实性、有效性和科学性等方面。出现了一些测评理论与技术的基础性研究，其间有多部介绍领导测评技术与方法的专著出版。这些基础研究对于推动国内领导测量与评价的持续发展具有重要价值。二是领导者心理健康的研究。心理健康是良好心理素质的基础和前提，许多研究者或实践者都将心理健康看做是领导者心理素质的重要乃至核心内容。除了强调心理健康对于领导者的特殊意义之外，这方面研究的一个突出进步是开始关注和探索领导干部心理健康的教育和干预。三是领导者的胜任特征研究。胜任特征的研究与实践不仅仅指向领导者的选拔与评价，也是领导者培训、考核与发展的重要内容。这方面的研究主要集中在企业领导者和管理者的胜任特征模型的构建与评价，学校领导和党政领导的胜任特征问题也有涉及，一些机构和部门越来越重视领导者的胜任特征的构成和应用。

一、关于领导测评有效性研究

领导测评的有效性研究在重视方法和工具的同时，也将测评内容的有效性作为提高预测效度的重要方面。领导者心理素质的界定与评价成为党政领导干部选拔任用的重要环节。

（一）领导者心理素质研究

无论是理论研究还是工作实践，都十分重视领导者的心理素质问题，因为这既关系到对领导本质的认识，也关系到领导者的成长与培养。心理素质是一个具有中国特色的研究和实践术语，尽管传统特质理论讨论了领导者的人格基础，个性特征也是心理素质的重要组成部分。但是特质理论的研究还不能代替对心理素质的探讨。到目前为止，国内还没有见到关于领导者心理素质的完整定义，对这一问题的认识和讨论还是局限在心理素质对于领导行为和领导者本人的重要性和必要性上。多数人认为要把对干部心理素质的考察作为选拔任用干部的重要依据，然而，领导者心理素质的内涵是心理素质测评与培养的前提，因此，有必要对这一问题作出认真梳理和科学认识，认清领导者心理素质的真正内涵。

1. 领导心理素质的界定

李文新认为，领导者的心理素质是认识和把握自我的能力，它包括人的认识、情结、情感、意志、气质和性格等个性心理特征。〔李文新，2006（10）〕杨柏荣则提出，考查领导干部的心理素质，应着眼于基层领导干部平常在工作生活中表露出的思想、言行及个性特征。包括情绪是否稳定，人际关系是否协调，行为是否得当，是否与其工作岗位和所处环境中的角色和谐统一。〔杨柏荣，2006（15）〕

中国领导学研究（2006—2008）

2. 心理素质的重要意义

心理素质对于领导干部履行岗位职责和健康成长的影响是巨大的。2006 年中央颁布的《干部教育培训工作条例（试行）》要求干部教育培训工作要全面发展新理念，并将提高干部的健康素质作为领导干部全面发展的一项重要内容。强调除了要具有良好的政治业务素质和科学文化素质之外，还必须具有良好的身体素质和心理素质，具备健康的生活方式，这是胜任本职工作的基本要求。〔中共中央组织部干部教育局，2006〕

许燕认为，不良心理状态对工作或事业的负面影响是多重的，且后果严重，特别是身为关键岗位上的领导干部。他们的每一个决策失误所产生的危害是巨大的，他们每一个错误言行所产生的影响是广泛的，有时不仅是工作问题而是政治问题，不仅损害自己名誉，更损害广大人民群众的利益。〔许燕，2008（8）〕

李延英在介绍四川省委组织部将心理测试项目纳入干部考核中的做法时提到，全面掌握干部的心理素质情况，不仅能更好地做到人职匹配，充分发挥每个人的特长，而且在搭建领导班子时，可以综合考虑班子成员在性格和心理素质上的互补。更重要的是，此举将在干部中产生导向作用。一个称职的领导干部，不但要在德能勤绩廉方面过硬，而且还要在对待名利得失、承受工作压力、应对困难挫折方面过得了关。特别是处于主要领导岗位和关键岗位的同志，更要具备坚强的意志品质、开阔的心胸等良好心理素质，提高驾驭全局、推进工作、面对各种压力、困难和考验面前自我调适的能力。〔李延英，2006（4）〕

3. 心理素质的增强

一些研究者认为，领导者心理素质的增强，首先是领导干部本人应注意加强心理素质的磨练和调试。李连魁给出了自己的建议：正确估价自己，保持平和心态；不断学习，充实头脑；摆脱心理障碍；在合作中竞争，在竞争中合作；具备社会支持理念，建立有效的社会支撑系统；面对危机，学会"释放恐慌"。〔李连魁，2006（4）〕这些方法对领导干部来说具有一定的针对性和代表性。

此外，组织部门也应该在增强领导者心理素质中发挥重要作用。《干部教育培训工作条例（试行）》将健康素质纳入干部教育培训的内容体系，就是要充分发挥干部教育培训机构在培养领导干部心理素质方面的重要作用。杨花伟也认为，对组织部门来说，要"把干部选拔任用工作提高到一个新水平"，就必须高度重视干部的心理素质问题，切实发挥组织部门独特的作用。他提出组织部门对于领导干部的心理健康问题要加强疏导、完善服务、善于倾听、营造氛围，从用人导向上为干部减轻压力、保持良好心理状态创造条件。〔杨花伟，2008（13）〕

值得注意的是，关于领导者心理素质的探讨和研究多由领导实践领域的相关人员来进行，比如从事组织工作的干部或地方党政领导干部。领导学或心理学专业研究人员很少涉足这一领域，这可能与该问题的实践性有关。但这种情况不利于问题的理论归纳和深入研究，需要引起领导学研究者的关注。此外，一些研究者或实践者将心理素质等同于心理健康，或者将心理素质扩大化，把能力或价值观等心理特征也纳入心理素质的范畴。合理界定领导者心理素质的内涵对于评价和增强领导者的心理素质无疑具有重要影响。这方面的研究还有待深入和加强。

（二）领导测评在干部选拔与考核中的应用

鉴于领导测评在领导干部公开选拔和绩效考核中发挥着重要作用，领导测评的有效性问题日益得到人们的关注和重视。测评有效性的研究与实践均取得了一定的进展，主要反映在两个方面。一是领导综合考核中民主测评的真实性和有效性研究；二是干部选拔中的领导测评问题。

1. 测评的真实性和有效性

2006年7月中央组织部颁布了《体现科学发展观的地方党政领导班子和领导干部综合考核评价实行办法》。该办法将民主测评列为领导干部综合考核评价的重要环节。党的十七大报告中特别强调，要增强民主测评的科学性和真实性。作为领导综合评价的一个重要方面，民主测评的真实性和有效性程度直接影响领导测评的结果。一些研究者和实践者针对当前民主测评的内容、方法和程序等问题进行了深入思考。

研究者普遍认为，除了完善相关工作制度和程序之外，民主测评中技术性问题也是提高测评真实性的重要保障。当前民主测评的主要技术问题是测评内容太抽象和笼统。刘福奎认为，测评的内容不具体，标准难以把握。德、能、勤、绩的优秀良好、称职、基本称职难以准确界定，综合评价时凭主观、凭印象、凭好恶的余地较大。〔刘福奎，2007（3）〕杨树峰提出，民主测评表中设置的各项测评内容过于抽象，评价要点不清晰，标准不统一，特别是将可以量化的指标与无法量化的指标相互混淆，难以全面准确反映领导干部履行职责情况和德才表现等。〔杨树峰，2008（12）〕以上这些问题在当前推行民主测评程序中较为普遍。

钟重明、朱霞提出，测评内容应由"同"变"异"组成，增强民主测评的针对性。各类干部职位不同、职责各异，若用同一个标准去评价，就难以保证评价结果的客观、公正。测评内容的设计应建立在科学的职位分类和规范的岗位职责基础上，做到因岗、因人而异，体现共性、个性要求。〔钟重明、朱霞，2007（6）〕

杨树峰则认为，应当对民主测评表的项目进行细化，在"德、能、勤、绩、廉"五个类别下，提供具体而明确的评价内容和评价要点，以提高参加测评人员对测评内容的准确把握。〔杨树峰，2008（12）〕刘福奎强调，应进一步规范测评程序，加强对测评结果的管理。十分有必要建立健全一套比较科学的、符合干部工作需要的测评和谈话的程序，并将各个时期对某个后备干部的有关情况存档保存，将各个时期民主测评的得票和谈话推荐情况记录在案，以利适时调阅。〔刘福奎，2007（3）〕

2. 领导干部公开选拔中的测评

领导干部公开选拔的发展与创新为提高领导测评的科学化水平作出了积极贡献。近年来，"面试直播"、"竞争性评价"等新的词汇成为公开选拔领导干部的关键词。领导测评的科学化问题得到了人们前所未有的关注。领导干部公开选拔自从 20 世纪 80 年代中期开始以来，测评的内容、方法和程序已日趋成熟。中组部领导干部考试与测评中心建成了全国领导干部公开选拔与竞争上岗考试通用题库，制定颁布了《党政领导干部公开选拔与竞争上岗考试大纲》，〔赵洪俊，2006，第 2 页〕各级党政机构已将此项工作逐渐常态化，选拔性测评的基本模式已经形成。但是仍旧还有很多问题影响和限制了领导测评科学性和有效性的进一步提高。为此，一些地方的党政机构和测评机构围绕提高选拔性测评的科学化程度，作出了一些有益的研究和探索。

（1）公开选拔及其测评的主要模式

刘丁蓉和黄巍还将领导干部公开选拔的实践分为试验探索阶段（1980—1987年）、改进推广阶段（1988—1998年）和制度推行阶段（1999年至今）等三个主要发展阶段，认为随着《党政领导干部选拔任用工作条例》的颁布实施，公开选拔领导干部的制度框架已在全国范围内基本形成。〔刘丁蓉、黄巍，2007（2）〕

胡祖岩分析了现行公选模式的主要模式。提出从公选的对象来看，有公开选拔领导和后备干部之分；从公选的职位来看，有明确职位公选和虚拟职位公选之分；从公选的组织形式来看，有独立公选和联合公选之分；从公选的参与范围来看，有无限范围和有限范围之分。不同的分类各有自己的特点。并且归纳出联合公选、分类公选、任职资格考试与分类有限公选以及公推竞选等四种公选创新模式。〔胡祖岩，2006（6）〕

在回顾和总结领导干部公开选拔制度发展历史的基础上，艾理生等人分析归纳了领导干部公开选拔的基本模式。第一种模式是吉林省的"一推双考"模式，即各级党组织和广大群众推荐，考试与考察相结合的模式，是我国应用最早，也是普及面最广的一种公选模式。它的主要作法和程序包括拟定公选职位、推荐报名、资格审查、定期笔试、结构化面试答辩和组织考察。艾理生认为，"一推二考"公选模式的推行，在我国领导干部公选制度的发展上具有特殊的意义，对选拔任用领导干部起到了重要的推动作用，初步形成了公开选拔领导干部的制度结构模式，为公选领导干部制度的形成奠定了重要基础。第二种模式是四川广安的"5+3"模式。"5"即在考试环节采取基础知识测试以及视听传达、案例分析、竞职演讲和现场问答等能力测试；"3"即在考察环节，主要对前三年实绩进行考核、开展民主测评及线性分析、座谈推荐及考察组综合评价等。第三种是江苏的"公推公选"模式，包括报名和资格审查、两轮民主推荐、实地调研、演

中浦院

中国领导学研究（2006—2008）

讲答辩、民意测验、组织考查、常委会差额推荐、全委会投票表决等程序，没有采用面试前惯用的笔试环节。第四种是四川的"8+3"模式。这种模式将测评干部的关口增加到了 11 项，包括基础知识测试、无领导小组讨论、案例分析、模拟演讲、视听传达、现场问答、心理素质测试、培训结业测试等 8 个测试内容以及民主推荐与测评、线性分析、组织全面考察 3 个环节，使得选拔性测评的内容和方法更加系统和丰富。〔艾理生，2007（1）〕可以看出，选拔性领导测评越来越重视领导干部综合素质的测评，开始引进无领导小组讨论、结构化面试、心理素质测试等一些现代人才测评手段，增强了选拔性测评的科学性。

（2）选拔性测评中存在的问题

除了公选职务、选拔比例、参评资格、工作成本、组织程序等一些制度性问题之外，有人对选拔性测评中存在的技术问题进行了分析和研究。

第一，笔试内容不合理。朱水成认为，目前公开选拔领导干部的笔试，主要采用普通公务员招考的模式，由公共科目和专业科目组成。这种考试模式存在的主要弊端是过于偏重对应试者知识面的测试，对领导者应该具备的综合素质方面知识的测试不够。此外，考试内容的职位针对性不强，笔试内容大多趋同，无法体现职位的差异性。〔朱水成，2007（2）〕艾理生认为笔试考题的机遇性比较强，使得不少实践经验丰富、领导才能优秀、有发展潜力的干部难以进入下一个竞选环节。〔艾理生，2007（1）〕在笔试的内容结构上，有的偏重理论知识，有的强调实践经验，而没有找到二者之间的最佳契合点，难以把那些既具有较高理论水平和发展潜力，又具有丰富实践经验和工作能力的干部选拔出来。〔刘丁蓉、黄巍，2007（2）〕

第二，面试过程不完备。一是面试时间短，难以考核一个人的实际水平。〔朱水成，2007（2）〕二是面试手段过于单一，难以全面掌握应试者的综合素质。〔艾理生，2007（1）〕三是面试的内容结构不科学，应试者的逻辑思维能力、语言表达能力、应变能力、业务能力、个人气质等多方面素质应具有合理的权重，如何分配这些权重使之更能全面地测评应试者的综合素质还有待深入研究。四是面试专家缺乏专业培训，难以达到考官

队伍的高素质和专业化的要求，从而在一定程度上影响面试结果的科学性。〔刘丁蓉、黄巍，2007（2）〕

第三，考试设计需改进。牛伟宏认为，目前的"公选"考试在考什么、怎么考的问题上还缺乏清晰的理论依据和统一、规范、科学的标准。科学规范的考试内容是保证整个公开选拔工作成功的关键。推进和实现选拔手段的科学化，重点是要创新考试的内容和方法。在确定合格标准的程序上，有的采取逐轮淘汰的办法，有的采取比例合分制的办法。笔试和面试成绩的权重也存在很大差别，由于笔试、面试成绩客观性强，容易定量，各地普遍根据笔、面试的分数高低来确定考察对象。〔牛伟宏，2006（16）〕

（3）选拔性测评的创新研究

为进一步提高领导测评的科学化程度，许多研究者和实践者围绕测评技术的运用提出了自己的见解。艾理生强调，要合理构建测评要素的结构化格局，增强面试的科学性。公选评价领导干部既不同于一般公务员的选拔，也不同于专业技术人员的选用，面试方式的改革应倾向于三个方向：一是突出日常工作能力的测评。日常工作能力如何是彰显考生是否具备公选岗位基本素质的前提，同时也是以后开展各项工作的基础。建议采用公文筐测验、视听传达、案例分析、无领导小组讨论等方式。二是突出战略决策能力的测评。领导的职能主要体现在战略决策和组织协调两个方面，其中首要的是战略决策。建议采用实地调研、发表竞职演说、演讲答辩、案例分析、无领导小组讨论等测评方式。三是突出调控复杂局面能力的测评。领导干部能力水平的高低常常取决于他是否能轻松应对复杂的工作局面，能否最大限度地调用手中的各项资源解决面临的问题和矛盾。领导干部公开选拔实质上是以考生的"领导管理能力"为核心的选拔。这种能力的测评方式主要有情景模拟演讲、角色扮演、管理游戏、案例分析、公文筐测验等。〔艾理生，2007（1）〕

李海红、黄坚学、袁登华也建议可以考虑采用的简化评价中心方法，对目标岗位关注的核心评价维度进行评价。在设计人员选拔整体方案的时候可以考虑把评价中心流程作为人才选拔和考核的最后一个阶段。这样既

中国领导学研究（2006—2008）

能节约人员选拔的成本，又可以保证在不同的层次上把握应聘者的关键特质。〔李海红、黄坚学、袁登华，2006（10）〕

刘丁蓉和黄巍提出，弱化笔试成绩的权重，提高面试过程中对综合能力和领导能力的测评。可以着重考察应试者对于模拟突发事件的现场应对，各种文件、材料、请示、汇报的及时处理以及与主要领导的沟通协调能力。要对面试考官实行资格认定，面试考官应具有较为扎实的专业知识和较高的理论水平，一般应有几年从事人事管理或人才测评的工作经历，对面试考官应坚持先培训，取得资格后再上岗的办法，确保考官队伍的高素质。〔刘丁蓉、黄巍，2007（2）〕

张成认为，构建、选用规范适用的试题结构和题型，是提高公开选拔科学性的核心和关键。要在做好职级、岗位分析的基础上，科学把握新形势对领导干部基本素质和岗位能力的要求，全面体现干部选任标准，确定考试的主要内容和重点方向，提高考试的信度和效度。笔试要按体现层次性和梯度性，在适当兼顾知识面的同时，重点突出实践性、综合性和理论深度，特别要突出能力素质测试。面试要侧重测试专业素质和解决实际问题能力，要注意借鉴和采用无领导小组讨论、心理测试、作品量表测评等现代人才测评技术和手段，认真研究和运用干部思想素质、知识素质、能力素质、心理素质的先进测评技术。〔张成，2007（1）〕

彭勇和关集双提出，增强公选考试的科学性，提高选拔任用质量。一是建立考试测评专门机构，提高考试的规范化水平。二是在考试中更多地引入现代科技手段。面试中要注意借鉴和采用结构化试题、演讲答辩、无领导小组讨论、文件筐作业、情景模拟、心理测试等中西评价技术。〔彭勇、关集双，2006（12）〕

（三）领导者测评的基础研究

在领导测评实践活动开展的同时，领导者测量与评价的基础研究也在进行。几本关于方法论方面的专著相继出版。郑日昌主编的《领导素质测评》是一本迄今为止国内最为系统和全面的领导测评工具书。该书是《领导教育学大系》中的一本，内容涉及领导素质概论、职务分析与胜任特征、领导素质测评的指标设计、素质测评常用资料的收集、领导素质测评心理测量学基础以及领导者品德素质测评、自我监控能力测评、领导人格测评、沟通素质测评、创新与应变素质测评、决策素质测评、领导风格与情商测评、心理健康测评、履历分析技术、面试测评技术、评价中心技术和领导绩效考评等内容，涵盖了领导素质测评的各种领域、技术和方法。〔郑日昌，2008〕

胡冶研、许晓平主编的《管理人员能力素质测评》是国家行政学院开展的中国、欧盟公共管理部门能力建设合作项目——"管理人员测评"的成果之一。该书的主要内容也是基于评价技术与方法的，但重点聚焦在管理能力和素质上。其中的一个重要领域是中西方国家公务员核心能力的框架与测评要素。作者将普通能力与核心能力（Core Competency）作了区分，认为核心能力应该是对组织发展与创造绩效最有价值、在时间和岗位具有不可替代性的一种能力体系，具有典型的岗位特征、价值特征和组织文化特征〔胡冶研、许晓平，2007，第3—4页〕。这样看来，所谓的"核心能力"不过是胜任特征的另一个称谓。作者重点介绍了美国、澳大利亚、英国等国家高级公务员的核心能力，以及能力框架体系的设计方法和基本思路。此外，该书也较为全面地论述了能力测评的主要技术和方法。〔胡冶研、许晓平，2007〕

中组部领导干部考试与测评中心主任赵洪俊主编的《中国领导人才能力测评技术参考手册》也是一本较为重要的领导测评论著。该书主要是为国内大规模开展的领导干部公开选拔与竞争上岗提供技术支持，也是中国—澳大利亚领导人才评价合作项目的成果之一。该书除了介绍能力评价的主要技术与方法之外，也对领导人才能力框架及其测评要素进行了研究和论述。最为重要的是，在该书的最后部分，作者对我国领导人才测评事业的发展做了认真的分析和展望，提出了推进领导人才测评制度化、规范化和科学化的基本设想，提出将健全制度、完善标准、创新方法、规范程序、建立机构和提升能力作为推动我国领导测评事业健康发展的重要内容。〔赵洪俊，2006〕

二、领导者心理健康研究

领导干部的心理健康问题日益受到各级组织部门和研究者的重视，许多研究者都认为领导干部的心理健康素质具有重要意义，它是实现人的全面发展和构建和谐社会的重要内容；是选拔任用干部的一项重要依据，是对各级领导干部提出的现实要求。〔吕臣，2007（3）〕也有人认为提高领导干部心理健康水平和心理调适能力是提高干部个体执政能力的需要；是提高干部队伍德才素质的需要；是引导社会心态向健康方向发展的需要。〔林泉，2006（10）〕许多学者围绕领导干部心理健康的问题、原因和对策展开了各自的探讨。研究者采用调查法、访谈法和理论分析法对领导干部心理健康的现状进行了研究，并对目前存在的心理健康问题进行了归类，分析了领导干部产生心理健康问题的主要原因和影响因素，在此基础上对如何有效干预领导干部的心理健康提出了对策和建议。

（一）领导者心理健康状况的测查

和过去 20 年的领导心理健康研究相比，近三年的研究大多集中在党校干部人群，少部分研究关注到军队离退休干部和地震灾区干部，被试者范围有所扩大；在所采用的研究工具方面，仍集中在症状自评量表（SCL—90）、MMPI—2、卡特尔 16 种人格因素测验（16PF），以及一些自编心理健康问卷上。因此，样本量和测评工具仍然是近三年领导心理健康研究的局限之处。

对领导心理的测查研究大多得到一致的结果，即领导干部的心理健康状况总体上好于普通人群，但是也存在一定程度的心理健康问题，需要引起注意。例如，杨敏对北京市朝阳区的 795 名处级领导干部的心理健康状况进行了问卷调查，并对其中 20 多位处级干部进行了面对面的访谈。结果表明，朝阳区处级领导干部在敌意、人际敏感和特质焦虑这三个消极的自我评价和认知维度上，与全国常模相比没有显著异常，而在幸福感、自我接受和适宜感这三个积极维度上，得分均显著高于全国常模。这说明，朝阳区处级干部队伍的心理健康状况总体是好的。同时，调研结果也反映出几个不容忽视的问题。朝阳区干部的焦虑感分值高出全国常模 25%，而且呈现出明显的年龄段特点，小于 30 岁和 36—40 之间的干部显著高于其他年龄组干部。另外，抑郁感和躯体化趋向分值也高于全国常模。〔杨敏，2006（4）〕

徐青华对采用症状自评量表（SCL—90）对 1110 名军队离退休老干部的心理健康水平进行了测评。结果发现，军队离退休老干部心理健康状况总体较好，明显好于军人常模，但也存在一些心理健康问题，尤其以强迫症状、躯体化、敌对、抑郁等症状较为突出；此外，不同年龄段和不同文化程度人员心理健康水平有差异。〔徐青华，2007（1）〕

汤爱萍采用自编问卷对 280 名来自党政部门和企业机关的各类领导干部进行了问卷调查，结果发现，人际关系、职务责任、上级主管是领导干部最主要的三类压力源；在压力适应方面，49.1% 的被试者报告能够应对和适应各种压力；而另外 50.9% 的被试者则感觉到焦虑和身心疲惫。值得一提的是，尽管被试者约 50% 的人自我报告和评价情绪调控良好，但多数人运用调控的方式不够科学，长期使用压抑、迁怒、冷漠等消极方式，对身心健康损害极大。〔汤爱萍，2006（1）〕

何江军和张庆林采用症状自评量表（SCL—90），对 582 名重庆市行政领导的心理健康状况进行了抽样调查。结果发现：（1）大多数领导在心理健康 9 个因子的得分上都显著低于全国成人常模，但领导的心理健康问题是不容乐观的。总体上 9.3% 的领导心理处于亚健康状态，整体上精神病性因子得分显著高于全国常模。（2）不同职务领导的心理健康状况不一致。在区县（市）党政领导班子成员、区县（市）人大政协领导班子成员，以及区县（市）直部门乡镇党政主要负责人这三类人群中，第三类领导的心理健康状况相对严重，其中 11% 心理处于亚健康状态，而且躯体

化症状也显著高于全国成人常模。〔何江军、张庆林，2008（11）〕

赵世明和郑日昌运用 MMPI—2、16PF 和自编的《领导者心理健康量表》等测量工具对 401 名领导干部被试样本进行多方法、多视角测查分析，发现领导干部人群的总体心理健康状况好于其他正常人群，20%—30% 的被试者存在一种以上的心理健康异常问题，少数人存在较为严重的心理与精神疾病，多表现为心理生理异常，所占比例在 6% 左右。这表明，领导干部人群的总体心理健康状况良好，且具有积极健康的人格基础。〔赵世明、郑日昌，2008（3）〕

韩阳选用症状自评量表（SCL—90），对大连市 175 名市管干部进行了心理健康测试。结果发现：（1）总体心理健康状况。从总体看，大连市市管干部心理健康水平较好。但仍有 19.3% 的人存在不同程度的心理健康问题，其中问题较为严重者占 1.2%。其中最为明显的四类问题是：睡眠饮食障碍、强迫、躯体化以及抑郁。（2）心理健康的差异比较。男性心理健康水平显著低于女性，主要表现在强迫性、人际敏感、抑郁等方面；年龄和心理健康水平成正比，40 岁以下的市管干部心理健康水平最低，主要表现在人际敏感和恐怖两个纬度；学历差异：不同学历水平市管干部的心理健康水平没有明显差异，但在人际敏感维度上，存在学历越高问题越严重的倾向。〔韩阳，2007（8）〕

霍团英采用症状自评量表（SCL—90）和卡特尔 16 种人格因素测验（16PF）对 213 名领导干部作了测评。结果发现：（1）党政干部心理健康总体情况。党政干部在 SCL—90 各因子得分上均显著低于全国常模，说明党政干部心理健康状况总体上明显好于普通人群，但有 22.4% 的党政干部存在轻度的心理健康问题，极个别党政干部存在严重心理健康问题。（2）影响党政干部心理健康的基本统计因素分析。影响心理健康的因素很多，本研究选取了性别、年龄、文化程度、婚姻状况等基本统计因素加以分析。党政干部心理健康状况不存在显著的性别差异。35—46 岁年龄组党政干部心理健康状况较好于其他两组（46 岁以上组和 35 岁以下组），表现为两头得分高、中间低的状况。说明 35—46 岁党政干部处于心理健康的最佳状态，情绪稳定，工作、生活质量均较好。本科文化程度的党政干部心理健康状况好于其他文化程度的党政干部。相对于不同行政级别，副处级的党政干部心理健康状况较好。〔霍团英，2008（2）〕

但是也有个别研究得到了不一致的结果，即领导干部的心理健康水平反而低于正常人群。例如，周爱保等人运用 SCL—90 和应付方式问卷对甘肃省的 951 名领导干部进行了调查。结果发现：（1）在 SCL—90 的抑郁、焦虑、敌对、恐怖、偏执、强迫症这几个维度上，领导干部的得分均高于全国常模，且差异具有统计学显著性。这表明领导干部的心理健康水平相对较低；（2）领导干部的心理健康水平与应付方式之间有显著相关，具体来说，不成熟型和混合型（自责、幻想、退避、合理化）的应付方式与多个心理健康各因子显著正相关，成熟型（解决问题）的应付方式与多个心理健康因子显著负相关。这说明成熟积极的应对方式有助于领导干部心理健康和谐的发展。〔周爱保、金戈、赵鑫，2008（6）〕

（二）领导者心理健康的主要问题

许多研究分析了目前领导干部所存在的主要问题，分类不尽相同，但所指有重合。吕臣把领导干部心理健康存在的问题概括成五个方面：一是精神紧张，心情抑郁或忧虑，遇事心慌，不安稳，不踏实，失眠多梦；二是情绪急躁，多表现为工作方法简单，语言生硬，火气大、易怒；三是挫折感、失落感较强，心理上比较自卑或失衡；四是心情憋闷，情绪低落，态度消极，对工作缺乏积极性、主动性和创造性；五是注意力和记忆力下降，精神和工作状态不佳。〔吕臣，2007（3）〕

沈泉涌认为干部中存在的五类心理健康问题：一是工作倦怠，主要表现为情绪衰竭和得过且过；二是心理焦虑，主要表现为由"能力恐慌"导致的情绪不稳定，对外在评价过于敏感；三是心态失衡，主要表现为眼红心态、"扳本"心态和投机心态；四是自设藩篱，主要表现为自我封闭、患得患失和以邻为壑；五是自我放纵。〔沈泉涌，2006（6）〕

郭爱玲和高化把当代领导心理的常见问题归结为八大类：一是权力滥用，表现为越位侵权、权力独揽和以权谋私；二是道德失范行为，表现为政治上丧失理想信念，生活上追求享乐，交往上讲求庸俗；三是心理失衡，表现为虚荣心理、狭隘心理、嫉妒心理、压抑心理、比价心理和委屈心理；四是能力低下缺乏胜任领导工作的基本能力，表现为观念性技能较差、技术性技能欠缺、人性技能不够；五是见识不广缺乏文化知识、专业知识、管理知识和工作实践；六是压力过大，表现为隐私权受侵犯、遭受别人攻击、工作负荷过重、工作竞争激烈、人际网络复杂、工作角色不清；七是意志薄弱，表现为目标不明、举棋不定、患得患失、随波逐流、缺乏自制；八是情感脆弱，表现为心态消极、丧失信心、不够执著、缺乏热情、情绪不稳。〔郭爱玲、高化，2006（6）〕

韩菁菁认为领导干部的心理健康主要存在三类问题：一是心理压力大；二是心理失衡，主要表现为欲望失衡、理想与现实失衡；三是心理疲劳，主要表现为身体劳累、工作厌倦和各种心理疾病。〔韩菁菁，2008（1）〕

肖莉和冯健分析了领导干部的心理压力源，认为主要存在七类压力源：领导岗位责任的压力、工作时间上的紧迫感、工作能力要求提高、职位晋升和评优评先带来的自尊压力、工作上人际关系平衡的压力、家庭中亲情难顾的压力，以及物欲和情欲的压力。〔肖莉、冯健，2008（2）〕

（三）领导者心理健康问题产生的原因

领导者群体存在的心理健康问题各有不同，引发这些心理问题的原因也有很多种。不同的研究者从各种层面分析了领导者产生心理健康问题的原因及其影响因素，在此基础上提出了更有针对性的解决方案。

大多数研究者采用理论分析的方法，对领导干部心理健康问题产生的原因进行了剖析，认为存在社会、职业、家庭和个人等方面的原因。例如王亚群通过理论剖析，将其总结为社会、职务和个人三个层面上的原因。社会层面的原因包括社会竞争加剧、人际关系复杂、工作压力增大、不确定因素增多；职务层面的原因包括领导角色的特殊要求、领导事务的繁忙琐碎、领导位置的矛盾痛苦；个人层面的原因包括童年负面经历有影响、自我人格特质不健全、支持系统力度太孱弱。〔王亚群，2007（4）〕

林泉则从个体压力、职业压力、组织文化压力和社会压力这四个方面分析了领导干部产生心理健康问题的原因。个体压力来自于自身确定的工作目标过高、职业选择困惑；职业压力来自于长期超负荷工作、付出与获得不成正比、职场的过度竞争、工作不顺利；组织文化压力来自于"官本位"的价值观盛行、缺乏科学完善的选人用人机制和相应的激励机制、欠缺心理疏导和心理调试；社会压力来自于各种体制改革、舆论传媒、贫富悬殊、群众期待、腐败诱惑等。〔林泉，2006（10）〕

沈泉涌把干部心理健康问题归结成五个原因：一是繁重而艰巨的工作任务造成心理紧张；二是竞争压力过大致使心理扭曲；三是心理诉求表达渠道不畅导致抑郁；四是不良政治生态环境带来的心理压力；五是复杂多变的社会环境诱发心理失衡。〔沈泉涌，2006（6）〕

潘虹玮认为，领导干部心理健康出现问题的原因主要有职业环境、人际关系、家庭环境、人格特质方面的因素。〔潘虹玮，2006（8）〕

朱斯琴对转型期领导者的心理压力进行了分析，认为造成领导者心理健康问题的原因主要有五类：一是角色的冲突；二是紧张的人际关系；三是不良的个性特征；四是消极的情绪；五是心理失意和挫折。〔朱斯琴，2006（2）〕

韩菁菁认为，影响领导干部心理健康的因素主要有四类。首先是个人特质，主要包括人格特质、认知失调以及错误应对。其次是社会文化因素，主要特点提倡集体主义，忽视领导干部的个人需求；不注重心理健康；对心理医生存在抵触。再次是职业环境因素，主要特点是工作负荷过大和角色冲突。最后是组织文化因素，反映为不良的政治生态环境、缺乏科学完善的选人用人机制和激励机制、思想政治教育欠缺心理疏导和心理调试。〔韩菁菁，2008（1）〕

还有一些研究者采用实证方法，对引发领导心理健康问题的原因进行了探究。例如杜爱华采用自编问卷对在市委党校学习的县处级干部进修班、中青年干部进修班及科局级270多名学员进行了调查，结果发现在回答"影响领导干部精神心理状态最主要的因素"时，首选"干部的选拔任用机制"所占比率最高，其次是"领导干部的工资待遇"。〔杜爱华，

中国领导学研究（2006—2008）

2007（8）〕

汤爱萍则采用自编问卷对 280 名来自党政部门和企业机关的各类领导干部进行了问卷调查，经过分析发现，凡是能够良好应对和适应各种压力的领导者，具有工作在机关、学历层次高、担任副职等特征；而自我感觉焦虑和疲惫等现象的领导者大多来自基层、企业以及少数民族地区。此外，家庭因素、人际关系因素、上级主管因素与压力适应状况也存在显著相关。〔汤爱萍，2006（1）〕

杨敏对朝阳区处级领导干部的访谈发现，干部心理健康问题的原因是高发展高风险带来的新问题新矛盾。接受访谈的干部半数以上认为最强、最频繁的压力来自形势发展，80% 的干部认为自己当前的工作是超负荷的。〔杨敏，2006（4）〕

总结上述研究可以发现，大多数研究者都把引发干部心理健康问题的原因指向个体和环境这两个内外因素上，而且领导干部所面临的外部环境是更为主要的原因。例如干部的选拔任用机制〔杜爱华，2007（8）〕和快速变化的形势〔杨敏，2006（4）〕。王登峰更是明确指出，当前对党政干部绩效考核的不确定性，是党政干部所面临压力的巨大来源。〔王登峰，2006（6）〕基于这种分析，究竟该如何有效提升领导者的心理健康水平，这个问题引起了众多研究者的进一步思考。

（四）领导者心理健康干预的对策分析

研究者对如何解决领导干部面临的心理健康问题，保持和提高领导心理健康水平提出了许多方法。吕臣提出，一要坚持抓好领导干部思想政治建设；二要为领导干部读书学习、丰富知识创造条件；三要坚持和完善领导干部谈心制度；四要关心领导干部身体健康；五要领导干部加强自身的学习和修养，善于学习，勤于实践，精于思考。〔吕臣，2007（3）〕

沈泉涌对干部心理健康问题提出了六个解决方法，一是要在思想认识上对干部心理健康维护问题有足够的重视；二是要把对心理素质的考察作为使用干部的重要依据；三是要从用人导向上为干部创造减轻压力、保持良好心态的环境；四是要注意从心理健康方面关心爱护干部；五是要注意帮助交流干部解决实际困难；六是要引导干部不断加强自身修养和调适。〔沈泉涌，2006（6）〕

王登峰认为，党政干部要解决当前面临的压力，可以从两方面入手：一是理性应对绩效考核，全面提升自身素质，追求"德才兼备"，对自我设定合理的期望；二是培养有利的个性，例如外向乐观，诚实守信，严谨克制，民主而不专断，宽和而不过分接近。〔王登峰，2006（6）〕

杨敏对如何改进领导干部心理健康提出了一些建议，包括建立"一把手"谈话制度，开设音乐欣赏课和心理健康讲座，以及完善素质测评系统。〔杨敏，2006（4）〕

郭爱玲和高化指出了七种途径，帮助当代领导干部进行心理调适。一是加强理论修养，提升思想政治素质；二是不断改善心智，提升业务素质；三是加强自我认识，不断修正行为；四是了解领导心理，调整领导方式；五是加大感情投入，维护人际关系；六是解除心理枷锁，增强人格魅力；七是减轻工作压力，保持身心健康。〔郭爱玲、高化，2006（6）〕

肖莉和冯健认为调适领导干部的心理压力可以从领导干部自身和领导干部的外部环境两个方面着手。一方面，对领导干部自身来说，乐观的人生态度是导向；完整的自我概念是关键；及时的认知调整是根本；正确的行为调节与认知改变相配合；良好的社会心理支持系统是保障。另一方面，在改善领导干部工作的外部环境方面，有关组织部门可以做好如下工作：第一，完善干部谈话制度，加强上下级之间的沟通，特别强化在干部提拔任用、岗位调整、矛盾集中、事故责任等特殊时期的心理疏导工作。第二，关心干部的身体健康，完善干部定期体检制度和定期休假制度。第三，关心干部的心理保健，在机制上将干部心理保健工作纳入党建工作体系，在组织上建立干部心理保健专业机构，由心理保健专业人员负责对广大干部进行心理保健知识的普及；及时对有心理健康问题的干部进行心理咨询和心理疏导。第四，深化干部人事制度改革，努力形成公开、公平、公正的用人环境，真正使优秀人才脱颖而出，人尽其才、才尽其用，从用人导向上为干部创造减轻压抑、保持良好心态的条件。〔肖莉、冯健，

中国领导学研究（2006—2008）

2008（2）〕

马晓琴对如何建立党政干部心理素质优化导向机制进行了思考，认为可以从三个方面着手开展工作，一是正本清源，干部选拔任用中增加心理素质测试；二是常规考评，完善年度考核，增加心理素质指标；三是关怀调适，加强各级组织的有效关注。具体而言，各级组织对党政领导干部心理健康的关怀可以从以下几方面着手：（1）组织部门选拔任用干部时，注意改进谈话方式方法，拓宽谈话内容，提醒干部工作中可能会遇到的困难压力，做好心理准备。（2）把心理健康知识教育作为干部培训的一项重要内容，如在党校开设心理健康专题讲座、日常干部培训中请心理专家对干部容易出现的心理健康问题有针对性地进行疏导等，使党政干部能正确认识自身的心理特点，掌握解决自己心理健康问题的方法和技巧，学会自我心理调适，增强心理承受能力。（3）对少数确有心理障碍甚至有心理疾患的干部，要以满腔的热情，真诚坦率、耐心细致地进行心理沟通，答疑解惑，帮助他们及时摆脱心理阴影。（4）通过强化领导干部的心理考核，为党政干部建立心理档案，让他们在适合自己的岗位上发挥专长，培养一批个性鲜明、深受公众喜欢的干部队伍。〔马晓琴，2006（4）〕

潘虹玮认为要做好领导干部的心理保健，应当从领导干部个体和组织两个层面进行分析。对领导干部个体而言，一是要学会控制自己的情绪；二是要学会应对挫折，提升内在的祥和感；三是要学会快乐原则和快乐比较。就组织而言，首先，要在思想上高度重视对干部心理健康保健工作；其次，要在机制上将干部心理健康保健工作纳入党建工作体系；再次，在组织上建立干部队伍心理健康保健专业机构。〔潘虹玮，2006（8）〕

朱斯琴认为转型期领导者调适自己的心理压力可以采取四种措施：一是树立正确的人生观、价值观和坚定的理想信念；二是创造良好的人际环境；三是培养稳定乐观的情绪；四是正确对待挫折。〔朱斯琴，2006（2）〕

汤爱萍认为，要维护心理健康，领导干部应该努力提倡和注意的方面有：（1）坚持健康的生活方式；（2）构建积极、客观的认知结构；（3）及时排除各种负面情绪和不健康心理，增强自我调控能力；（4）努力提高挫折耐受力；（5）科学选择心理维护方法。〔汤爱萍，2006（1）〕

何江军和张庆林认为，提高领导者心理健康水平要注意采取三种具体措施。首先，各级组织人事部门对干部进行挑选和考核时，要注意了解和掌握干部的心理素质，把干部的心理健康和自我调适能力作为衡量干部综合能力的一个重要方面。其次，注意平时对干部适时地进行心理辅导。最后，健康的心理状态与各级领导自身的努力分不开，要牢固树立正确的权力观、人生观、利益观，不断提高在各种压力、困难和考验面前自我调适的能力。遇到工作和生活应激事件，要有意识地注意自我调适，放下架子，多与家人和周围同事交流，或者寻求心理专业人员帮助，不能讳疾忌医。〔何江军、张庆林，2008（11）〕

韩菁菁从个体和组织两个层面分析了如何维护领导者的心理健康。对个体而言，一是要释放压力，控制情绪；二是要正确的自我认知，避免心理失衡；三是要破除因循守旧，提升自我激励。对组织而言，首先重视干部心理健康，切实体现关心爱护；其次是要完善干部管理方式，创造良好政治环境；最后是要拓宽维护渠道，加大研究力度。〔韩菁菁，2008（1）〕

赵世明对领导干部心理健康的干预和保障机制进行了探讨，在客观分析领导干部心理健康状况的基础上，提出了在教育培训中开展心理健康教育、在组织机构中建立心理援助系统、在常规工作中实施心理危机预警的领导干部心理健康综合干预和保障机制。〔赵世明，2008（4）〕

郑卫国从领导干部心理自助和组织关怀两个层面对地震后领导干部的心理调适进行了分析。对灾区领导干部自身而言，首先，领导干部要在抗震救灾和灾后重建中加强学习，锤炼自己的意志和品质，不断提高在压力、困难和考验面前自我调适的能力。其次，领导干部应当勇敢投身于抗震救灾和灾后重建的实践，在实践中锻炼自己的心理素质，增强心理承受能力，保持心态平衡。再次，领导干部要善于倾诉，学会自己减轻压力。从组织关怀层面而言，一方面，要拓宽领导干部心理宣泄渠道，例如设立专门的心理咨询机构、配备专业咨询人员、设立心理咨询专线，尤其要完善领导干部灾后谈心制度。另一方面，要建立领导干部心理关爱机制。一是要将领导干部灾后心理健康保健工作纳入干部工作体系。二是要建立领导干部灾后心理健康培训制度。三是要建立领导干部灾后心理健康档案。

中领院

中国领导学研究（2006—2008）

要通过观察领导干部灾后心理健康变化情况，有针对性地为其提供个性化的心理健康改善指导，使领导干部管理更具科学化与人性化。〔郑卫国，2008（3）〕

张丽艳对如何建设基层领导干部的心理调适能力进行了思考，对领导干部提出了四项措施。首先是要学会缓解工作压力，包括对自己提合理的要求、克服忧虑，以及拥有健康的竞争心态；其次要学会克服不良情绪，学会制怒、冷静面对批评、对他人的期望值不要过高；再次要学会应对挫折，提高自信，认识升华；最后要掌握远离心理疾病的方法，积极学习各种心理卫生知识、参加有益健康的体育锻炼、克服个性缺陷。〔张丽艳，2008（7）〕

张剑萍认为要促进领导干部的心理和谐，必须建立和完善领导干部的心理健康服务体系。具体而言，要注意四点。首先，心理健康教育应当与思想政治教育摆在同等重要的位置，并将心理健康教育工作纳入思想政治工作体系当中，实现思想政治工作与心理健康教育的同构共建。其次，将心理素质是否健康和谐的考察作为干部考核、任用的重要依据，建立领导干部心理健康教育工作的价值导向机制。再次，加强对领导干部心理健康的支持服务，优化心理健康服务的社会环境，建立健全干部心理健康的预防、调整、维护等服务机制。最后，要加强对领导干部心理健康的教育与研究，建立健全针对领导干部特点的心理健康教育培训体系。〔张剑萍，2007（12）〕

韩阳在对大连市市管干部心理健康状况进行调查分析的基础上，提出了三条对策帮助解决领导干部的心理健康问题。首先应当增强市管干部心理健康意识，提供配套保障服务体系；其次应当建立并使用好心理健康档案，把心理素质切实纳入干部选拔任用考核体系；最后应当加强市管干部心理健康问题的调查研究，提高问题解决的针对性。〔韩阳，2007（8）〕

三、领导者胜任力研究

胜任力已经逐渐成为新兴人力资源管理模式的核心概念。领导者作为重要的人力资源，是胜任力研究的主要对象之一。胜任力的研究情况在一定程度上也反映了领导胜任力研究的特点。我国的胜任力研究始于1998年〔彭长桂等，2006（1）〕。之后先后经历了萌芽期（1998—2000年）和概念正式导入期（2000年之后），行业性的管理胜任力识别、建模和应用是这两个阶段的主要研究内容〔肖剑科等，2008（10）〕。有学者对中国期刊网2000年后的相关文章按年份进行了汇总（见表1）〔肖剑科等，2008（10）〕。从表1可以看出，从2006年开始，胜任力研究在数量上明显增多。可以说进入了大发展期。这三年我国的领导胜任力研究不仅表现为显著量变，还表现出以下四大特点。第一，视野拓宽，开始关注组织层面；第二，概念专门化，出现元胜任力、创业胜任力、社会网络胜任力等特殊的胜任力；第三，突破了静态的领导者的胜任力结构，重视探索胜任力与其他因素的关系；第四，经历了各行各业广泛建模阶段，重点关注党政领导干部、企业经营者、知识工作者三类群体。

表1　我国胜任力研究论文汇总（2000—2007）

数据库	2000	2001	2002	2003	2004	2005	2006	2007	小计
中国期刊全文数据库（CCSCI）	1	2	4	4	10	5	11	12	49
中国期刊全文数据库（其他）	0	0	1	0	11	8	28	10	58
中国优秀硕士学位论文全文数据库	0	0	1	6	11	26	39	0	83
中国博士学位论文全文数据库	0	0	0	0	2	2	1	0	5
总计	1	2	6	10	34	41	79	22	195

（一）组织层面的胜任力研究

胜任力研究大致可以分为三个层面：国家、组织和个体。近三年，我国学者不再仅限于个体层面的胜任力研究，还开展了组织层面的研究。组织核心胜任力和团队胜任力是两个主要研究领域。

中浦院

中国领导学研究（2006—2008）

1. 组织核心胜任力

组织核心胜任力理论是组织战略、组织行为与人力资源管理研究的重要领域。近两年，在国家自然科学基金的资助下，中国科学院心理研究所时勘和重庆大学贸易及行政学院梁建春带领研究团队进行了系列研究，涉及组织核心胜任力的意义、形成机制以及模型构成等方面。

梁建春等指出，由于"战略—组织—个人"三者之间存在着相互制约的关系，因此要实现组织的战略目标，就必须把行业性的管理胜任力和岗位胜任力的研究与组织的核心胜任力研究结合起来，从更广阔的角度整体看待胜任力问题。他们分析总结了国外的相关研究，认为组织的核心胜任力是组织中独特的、具有竞争优势的各种资源的综合，包括组织的战略、知识、技术、价值观、文化等成分，是组织中个人和组织胜任力的整合；组织的核心胜任力是随时间和组织的发展而积累的，难以被竞争对手所模仿，从而构成组织核心竞争力的重要源泉。他们还指出，面对当前西方新公共管理改革的浪潮，我国的公共组织如何鉴别自身核心胜任力，利用自身内外优势与国际接轨，推动我国市场经济的发展和公共行政改革的深化，是一个值得长期研究的问题。〔梁建春等，2006（4）〕

梁建春等探讨了组织核心胜任力与学习型组织之间的关系。指出组织核心胜任力的本质是知识、技能和能力，学习是组织核心胜任力产生的源泉，组织学习与组织核心胜任力构成了组织发展的递进关系，而学习、创新和组织文化提升则是学习型组织所必须具有的核心胜任力要素。他们认为，创建学习型组织，是形成组织核心胜任力的有效途径。〔梁建春等，2007（4）〕

龙勇等构建了以组织核心胜任力为基础的组织持久获取竞争优势的动态模型（见图1）。〔龙勇等，2008（3）〕

李朗等指出，全面提升中国金融组织的核心竞争力是一项重大而现实的课题。研究从组织核心胜任力角度出发，编制了《金融组织核心胜任特征调查问卷》，对全国30个城市的国有银行及政府金融监管部门的管理人员展开调查，初步构建了包含金融监管能力、战略定位、组织保障、金融创新、队伍素质、责任行政、风险管理水平7个维度的金融组织核心胜任

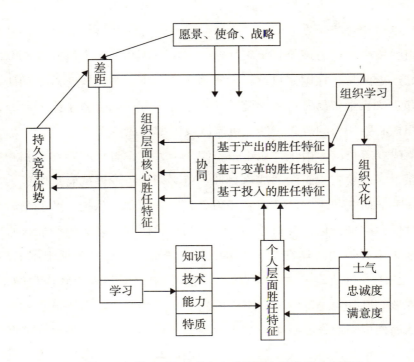

图1 基于组织核心胜任力的组织获取竞争优势的动态模型

力模型。同时发现，政府廉洁、政府效能、有效监督和依法行政是评价优秀金融组织核心胜任力的最重要因素。〔李朗等，2007（8）〕

潘晶晶等采用《政府组织核心胜任特征问卷》对省级政府组织进行测试。结果表明，省级政府组织的核心胜任特征由绩效意识、政府责任、廉政为民、宏观调控、人才开发五个维度17个因素构成。其中性别和职务不影响被调查者对核心胜任力的评价，但工龄、学历、单位行业和所属省份等因素导致被调查者的评价出现显著差异。〔潘晶晶等，2008（3）〕

梁建春等采用《政府组织核心胜任特征问卷》对政府交通运输管理组织进行测试。结果表明，政府交通运输管理组织的核心胜任特征由管理创新、人才激励、沟通监督、服务意识、依法行政、电子政务六个维度12个因素构成。〔梁建春等，2007（19）〕

缪丽华等采用《政府组织核心胜任特征问卷》对政府环保组织进行了调研，研究发现重要性排在前20位的组织核心胜任力要素按从高到低排列分别为：危机管理、总揽全局、团结协作、政府廉洁、科学行政、创新能力、责任政府、责任追究、资源配置、依法行政、公共服务、政府沟通、制约腐败、社会保障、以人为本、节俭行政、和谐社会、公平分配、人力资源、强制能力。将这些要素与环保部门现行的工作职责（以重庆市为例）进行对比研究，结果表明，9 个要素在现行的工作职责中得到了印证，而 11 个要素还没有被体现在现行工作职责中。另外，"政务公开"、"发展经济"、"国际化"这几个要素虽然在现行的工作职责中有所体现，但在问卷调查中它们的重要性低于前 20 个要素。〔缪丽华等，2008（5）〕

2. 团队胜任力

20 世纪 80 年代以来，在工作场所中团队的运用日益增加。以项目和任务为导向的工作团队作为一种新兴的工作组织形式逐渐受到人们的关注。团队胜任力也因此成为研究团队有效性的新视角。团队胜任力与团队成员的个体胜任力是两个不同的概念。团队胜任力是指团队作为一个整体，以成员的胜任力为核心而形成的相互作用、相互弥补的一系列知识、技能等特征的组合。

赵希男等指出，团队成员的个体优势互补是团队高效运作的必要条件，有效识别团队胜任特征中的个体优势是实现优势互补的前提和基础。基于这种认识，他们开发了识别团队胜任特征中个体优势的量化方法，根据团队共识的指标体系和价值取向，从最有利于成员个体的角度识别其优势特征。他们认为，有效识别个体优势特征，可以在实践中为组建团队提供依据，真正实现个体优势互补的团队理论构想；同时可以在团队内部形成有效的学习机制，从而不断提高团队胜任力水平。〔赵希男等，2008（5）〕

《经济观察报》2006 年 2 月 24 日登载的《高层管理团队：权力联盟、角色互补、一人拿总》中指出，高层管理团队至少应该有 4 种角色：战略家、管理者、企业家、领导者。〔马浩，2006—02—24〕

（二）特殊概念的胜任力研究

与一般的能力素质相比，胜任力具有较高的岗位绩效区分性和预测性，因而成为基于能力的人力资源管理模式中的核心概念。随着研究的深入，从一般的胜任力概念中又逐渐分化出某些特殊的胜任力概念。元胜任力、创业胜任力、社会网络胜任力、全球胜任力等概念近年来开始得到国内学者的关注。

1. 元胜任力

随着胜任力研究的深入，学者们认为有必要阐明胜任力概念的一般结构框架。其中，元胜任力作为重要的胜任力构成被提出并予以关注。Cheetham 和 Chivers 认为有五个内在联系的胜任力系列，分别是认知胜任力、职能胜任力、个人胜任力、价值观以及元胜任力。Nordhaug 认为，胜任力的划分应该从三个维度进行，即任务具体性、行业具体性和公司具体性，而元胜任力是非公司、非行业和低任务性的。Francois delamare le deist 和 Jonathan winterton 则提出了一个整合的胜任力结构，包含认知、职能、社会和元胜任力四个胜任力系列。我国对元胜任力的论述和研究甚少。

冯明等指出，目前学界对元胜任力的界定还未达成共识。他认为，总体而言，元胜任力是高序列的胜任力，凌驾于其他序列胜任力之上，其他序列胜任力依赖于元胜任力；元胜任力不局限于特定岗位职能，发展任何具体任务胜任力之前必须先具备元胜任力；元胜任力深深嵌于学习之中，在人的一生中留下烙印，是不能教导的人类本能。研究构思了包含自我发展能力、思维能力和学习运用能力三个维度 12 个因素在内的我国企业管理者元胜任力模型。探讨了元胜任力的属性，认为构建的元胜任力模型结构具有可转移的特点；不同管理层级上的管理者的元胜任力构成相同，但各有侧重：高层管理者需要具备较强的思维能力，中层偏重于学习运用能力，基层更偏重于自我发展能力；元胜任力与管理胜任力属不同维度的胜任力，但它们具有显著相关性。研究还探讨了元胜任力与绩效之间的关系，认为学习运用能力对任务绩效有较大影响；思维能力、学习运用能力和自我发展能力对周边绩效有一定影响；思维能力和学习运用能力有助于发展适应性绩效。〔冯明等，2007（5）〕

2. 创业胜任力

创业胜任力是研究创业精神的一种视角。孟晓斌等在总结前人研究的基础上指出，特质观、胜任力观、文化观和社会网络观共同构成了创业精神的研究视角。创业精神研究的胜任力视角，旨在探求导致创业高绩效的知识、技能、能力、价值观、个性、动机等特征。研究同时指出，刘邦成等（2003）将创业胜任力分为个体和组织层面。前者指企业家的所有创业胜任特征；后者强调组织内的多种因素（如战略、结构等）有利于组织整体创业绩效的程度或水平。〔孟晓斌等，2008（1）〕

　　木志荣指出，创业胜任力方法日益成为研究创业者特质的有效手段，但国内外研究者提出的创业胜任力模型和特征维度，一般都是通用意义的研究成果，忽视了创业环境和创业过程的作用，而不同环境、任务、阶段下以及不同的创业者群体应具备的创业胜任力是不完全相同的。他认为，大学生是一个特殊的创业群体。研究分析了大学生在准备阶段、企业设立阶段和新创企业成长管理阶段所构成的创业过程，认为大学生创业过程的内核是机会、资源和团队；无论处于哪个阶段，大学生的创业过程就是连续的寻求机会、资源和团队之间匹配和平衡的行为。研究在此基础上提出了大学生创业胜任力模型，包括创业素质和创业技能两个维度。创业素质维度的结构要素涉及社会经验与人际能力、创业激情与创造力、团队意识与风险承受力、心理素质与知识结构；创业技能维度的结构要素涉及机会能力、资源整合能力、市场洞察和营销能力、管理技能等。〔木志荣，2008（1）〕

　　3. 社会网络胜任力

　　社会网络胜任力是创业研究者关注的新焦点之一。创业过程中所必需的各种信息、资本、技能等相当部分是通过企业或企业家所拥有的社会网络资源所实现的。

　　伍满桂等认为，社会网络胜任力是企业构建与维持社会网络的基础。研究者援引 Ritter（2003）的论述，指出社会网络胜任力既包括了潜在的知识、技能与资格，也包括了有效运用这些潜质的过程。研究以浙江东部沿海地区的创业企业为样本，采用 Ritter（2002）开发的社会网络胜任力量表和王鑫华（2004）开发的企业创业绩效量表，考察了任务执行和胜任资质两个维度的社会网络胜任力与企业的盈利能力、成长绩效和机会把握三方面创业绩效之间的关系。研究表明，创业企业的社会网络胜任力对其总体创业绩效有显著影响。具体而言，社会网络胜任力中的任务执行维度对盈利能力有显著影响，而胜任资质的影响则不显著；创业企业的成长绩效主要受胜任资质的影响，而任务执行的影响不显著；企业能否把握机会与它的胜任资质与任务执行都紧密相关。〔伍满桂等，2008（4）〕

4. 全球胜任力

21世纪企业成长和发展的瓶颈之一就是缺乏具有全球胜任力的领导者〔蔡建群等，2008（3）〕。近年来，我国学者开始关注全球胜任力的重要性，但研究处于起步阶段，未见实证研究。

蔡建群等对国外的全球胜任力文献进行了梳理，指出国外学者用 global leadership 或 global leadership competency 或 global leadership competence 指代同一个概念，认为全球领导力（全球胜任力）可以定义为企业管理者面对全球化程度不同的环境，综合运用企业及其个人资源施加的跨越地理和文化边界的影响。他们将国外的全球胜任力研究划分为差异化理论和一体化理论两大流派。研究指出，目前国外的全球领导力研究主要集中在以下方面：（1）国别文化、企业文化、企业战略、企业发展阶段之间的相互作用机制及其对领导者与追随者关系的影响；（2）基于东西方文化差异的全球领导者及全球领导力的概念与一般化模型；（3）高新技术的发展对跨国公司组织结构、领导模式的影响；（4）全球领导力与组织绩效的关系；（5）全球领导力的发展与全球领导者的培养。〔蔡建群等，2008（3）〕

赵曙明认为领导者的全球胜任力应该包括五个层次：（1）基本的或核心的全球胜任力，主要体现在：没有偏见、开放、对含糊的宽容、世界大同主义、人际互动的开启、情感灵敏性、行为灵活性、善于调查、乐观主义、自信、自我认同、情绪达观、从容的禀性、压力管理、兴趣的灵活性、自我意识、关系兴趣；（2）人际技能；（3）跨越边界、构建社区；（4）制定符合伦理道德的决策；（5）领导者的系统技能。〔赵曙明，2007（4）〕

（三）动态权变的胜任力研究

胜任力研究在人力资源管理实践中具有很强的现实操作意义。因此，

中国领导学研究（2006—2008）

我国早期的大多数胜任力研究主要是对各行各业各种岗位的胜任力进行广泛识别，关注的是胜任力建模的方法工具和内容结构，是一种静态的建模研究；很少研究胜任力与其他变量的关系。个别学者早期在这方面有所突破。例如，为了解决领导胜任力建模及其评价的静态性和低反馈性，王重鸣在领导胜任力建模方面以"行为绩效、职能绩效和组织绩效"三种关键绩效指标作为综合标准，按照"选拔、评价和决策"等阶段特征综合在一起来构建领导胜任力模型的"整合思路"，提出"人员—职位—组织三层次匹配"以及"吸引—选择—发展（ASD）"内隐评价框架〔王重鸣，2003（5）〕。

近年来，研究者越来越多地涉及胜任力与其他变量之间的关系，个人背景、组织情境和绩效等变量的加入使胜任力研究呈现出一种动态趋势。这种权变关系的研究目前主要从以下三个方向入手：（1）胜任力及其要素对不同绩效的影响，即胜任力及各要素的重要性；（2）不同情境下胜任力的差异，即胜任力的影响因素；（3）胜任力在不同情况下对不同绩效的影响，这是上述两个方面的综合研究，是权变关系研究的深化。

林立杰等研究了高校知识工作者的胜任力要素与个人业绩关系的关系。结果表明，高校知识工作者胜任力模型中提出的3族36项胜任力要素与个人业绩有紧密的正相关关系。其中，个性要素族中与个人业绩关系最密切的是自信心和成就动机；必备知识族中与个人业绩关系最密切的胜任力要素是专业知识；工作技能族中与个人业绩关系最密切的胜任力要素是信息采集能力、创新能力和学习能力。〔林立杰等，2007（3）〕

戴国富、程水源指出，企业家在企业发展的不同阶段所起的作用不同，因而企业家的能力结构是随着企业规模与发展环境的不同而动态变化的。文章认为，在企业创业阶段，企业家的胜任力由机会能力、冒险能力、政府社会关系能力、概念能力、承诺能力、组织能力、学习能力7个方面构成；在守业阶段，企业家需要具备管理能力、关系能力、决策能力、概念能力、组织能力和学习能力；在展业阶段，企业家的胜任力包括创新变革能力、战略能力、决策能力、概念能力、组织能力、学习能力。〔戴国富等，2007（1）〕

夏琳和陆夏峰将企业家胜任力作为中间变量，证实了在中国文化背景下创业导向对于企业绩效的正面促进作用。研究从实证的角度分析了创业导向、企业家胜任力以及企业绩效三者之间的关系。认为在创业导向与企业绩效之间的关系中，企业家胜任力作为一种重要的企业资源，起着关键的中介作用。研究者认为，在企业家胜任力的形成中，企业经营过程中所采用的行为方式、风格起着重要的作用。通过在企业经营过程中的学习和经验总结，企业家胜任力得以提升；这进一步增强了企业主自身的创业效能感，增强了通过创业活动来不断提高企业绩效的动机，并最终促进了绩效水平。由此可见，企业创业导向，通过作用于企业主的自身能力结构，间接达到了提高企业绩效的效果。〔夏琳、陆夏峰，2006（3）〕

（四）重点研究的人群

我国早期的胜任力研究主要以通用的管理胜任力为主。随着基于胜任力的人力资源管理模式日益受到重视，建模对象广泛涉及各行各业各种岗位，如跨国公司高层人员、职业银行家、项目管理者、人力资源经理、煤炭企业经理人、旅游业经理、职业营销经理、学校管理者、知识型员工、研发团队等，研究相对比较分散。近年来，党政领导干部、企业经营者、知识工作者三类群体逐渐受到重点关注。

1. 党政领导干部

胡月星主持了国家哲学社会科学规划办的 2006 年立项课题《中国基层县处级党政领导干部胜任力实证研究》。研究从核心胜任特征、成就动机、需求结构、价值取向、情绪智力、工作满意度以及心理健康状况七个方面展开了对基层县处级干部胜任力基本要素的探索，并比较了各要素在性别、工作年限、行政区域、行政级别等维度上的差异。七个子课题系统深入的研究成果展示了党政领导干部胜任力研究的广阔视野。研究表明，基层党政领导干部的关键心理品质是：事业心、自律、坚定性、自信心、责任心、公仆意识、务实精神、灵活性、原则性、法律意

中国领导学研究（2006—2008）

识、创新精神；基层党政领导干部的核心能力要素是：结果导向、学习能力、决策能力、领导能力、组织能力、沟通协调能力、调查研究能力、信息整合能力、心理调适能力、应变能力。（胡月星等，2009，第56—64页）

郑学宝认为，胜任力模型是提高领导人才执政能力的关键所在。文章指出，党政领导人才人力资源开发与管理必须解决四个问题：一是什么样的能力素质才能胜任某类别某职位的领导工作，这是选拔标准问题，现代人力资源管理理论称做胜任力模型；二是用什么样的方式与手段才能识别这些能力素质，这是选拔方式与手段问题，现代人力资源管理理论称做测评工具；三是具有什么样绩效的领导人才才算称职与不称职，这是绩效考核问题；四是如何知道领导人才缺乏什么能力与素质，从而有效地培训领导人才，这是教育培训问题。在这四个需要解决的问题中，第一个问题，即建立人才能力素质胜任力模型是选准、育好、用好党政领导人才的前提与基础。〔郑学宝，2006（2）〕

赵辉等探讨了构建党政领导干部胜任力模型的重要意义。认为构建党政领导干部胜任力模型，开展基于胜任力的党政领导干部管理，能够充分实现领导干部的内在素质（价值观、个性、需要、动机、态度等）与岗位的匹配，这对提高政府的竞争力和国家的综合实力具有举足轻重的作用。研究还总结了包含成立胜任力开发小组、职位分类划分、确定绩效标准、选取分析效标样本、获取胜任力模型数据、资料统计分析并建立胜任力模型、验证胜任力模型七个步骤在内的党政领导干部胜任力模型开发模式。〔赵辉等，2006（2）〕

郑学宝等综合了两种思路来构建广东省县级党政领导正职的胜任力模型：一种是根据组织的发展战略来研究对组织成员的能力素质的要求；另一种是根据对绩效优秀和一般的组织成员的行为事件访谈来分析二者在行为方式上的差异。同时综合考虑了党的执政能力建设、广东省率先实现现代化、入世后市场经济国家和县级党政领导正职日常工作角色与行为等四个方面对县级党政领导正职能力素质的要求。构建的模型包括知识、能力、素质、个性特征4个维度共45个要素。研究还对广东省县级党委领

导正职和政府领导正职的胜任力特征进行了比较分析。〔郑学宝等，2006（1）〕

白凯采用问卷调查法对 322 名党政管理人才进行了问卷调查，通过因素分析得到党政管理人才的四个胜任特征要素，即身心要素、政治要素、品德要素和能力要素；其中品德要素的水平相对较高，而身心要素、政治要素、能力要素水平较低；另外，处级及其以上党政管理人才在政治要素、品德要素和能力要素水平上显著高于其他党政管理人才。〔白凯，2008（6）〕

2. 企业经营者

随着企业经营者的职业化和市场化发展，经营者的选拔和考核被认为是影响企业通过人力资源管理获取竞争优势的重要途径。因此，经营者胜任力研究越来越受到国内外学者、企业界及政府管理部门的广泛关注。程国平（2002）认为企业经营者是指专门从事企业经营活动，具有企业战略决策权，并对经营结果承担责任的高级管理人员。刘子斐等区别了企业经营者与一般管理人员，认为企业经营者所处的地位是战略的和整体的，而一般管理人员是策略性的和局部的，因而企业经营者应该具备更广泛的胜任力；同时，研究者还区分了企业经营者和企业家两个概念，认为两者承担相同的职能，但企业家是经营者中的优秀者，因而两者所要求的胜任力要素应该是一致的，只是企业家在某些胜任力要素上更为突出。〔刘子斐等，2007（2）〕

上述创业胜任力的研究已经表明国内学者对创业者这类企业经营者的关注。这里将从国有企业经营者、家族接班人、中小企业经营者等其他角度来反映国内学者对企业经营者胜任力的研究。

在国家自然科学基金的资助下，柯翔等从胜任力的角度探讨了"企业管理者任职资格测评系统"。研究选定江苏省国资委、经贸委行业内连续 3 年排名前 10 位的 10 家国有企业的 30 名高层经营管理者为绩优样本进行深度访谈，形成了一个由 9 个维度 55 个子能力构成的能力集，并据此编制了国有企业高层经营管理者胜任特征测试问卷。通过对江苏省近 10 个行业 500 多名企业高层经营管理者的问卷调查，研究最终构建了包括控制

中国领导学研究（2006—2008）

力、解决问题能力、自信力、追求成就、对权威遵从、团队合作能力、人际省察力、影响力 8 个因子在内的国有企业高层经营管理者胜任力模型。〔柯翔等，2006（2）〕

刘学方等认为胜任力建模有利于家族企业更好地完成接班人的培养选拔工作。研究对 200 多家完成继承的家族企业中高层管理人员进行了问卷调查，通过探索性和验证性因素分析，首次建立了家族企业接班人胜任力模型。家族企业接班人胜任力包括管理素质和关键管理技能两个维度共 8 个因子，其中管理素质涉及决策判断、学习沟通、组织承诺、自知开拓和诚信正直 5 个因子，关键管理技能涉及关系管理、科学管理和专业战略 3 个因子。研究还发现，组织承诺、诚信正直等非智力因素对家族企业的继承绩效具有更显著的相关关系。研究者建议家族企业对接班人的选拔和培养需要更加重视接班人在这些方面的潜质。〔刘学方等，2006（5）〕

3. 知识工作者

林立杰等人承担了教育部科学技术研究资助重点项目，对知识工作者的胜任力做了大量研究。研究者指出，在知识经济时代，知识工作者的胜任力是各国发展综合国力的核心力量。由于知识工作者的工作成果和质量在短期内不易外显，工作结果具有非直接度量性和不可观察性，应采用特殊方法来评价知识工作者的胜任力。研究者认为，传统上在对个体的整体胜任力进行判断的时候，采用的是简单算术加总法或简单加权汇总法，这些方法的优点是简单，但其隐含的假设是各要素之间是线性互补的。而知识工作者的胜任力要素之间不是线性互补而是族内协同互补、族间共生抑制的关系。研究基于知识工作者胜任力的这两个性质，开发了知识工作者整体胜任力水平评价法。〔林立杰等，2006（11）〕

教师是知识工作者中的重要组成部分。张俊友从"教师胜任力"的视角对我国教师资格认定进行了反思。文章回顾了我国教师资格制度实施的历史过程，认为其中对胜任力的要求与认定既考虑了科学性与专业性，也考虑了现实可行性。文章从胜任力标准、认定测定机构、认定测定方式三个方面总结了我国教师资格制度中有关胜任力的标准与测评的主要规定。并提出采用"胜任力"对我国教师进行资格认定，需要从以下四个方面加以改进：（1）提高教师测评组织、测评技术、方法及测评内容的专业水平；（2）提高教学资格的学历标准；（3）提高申请者实习环节的要求；（4）适当细化教师资格的融通性。〔张俊友，2007（2）〕

林立杰等认为，高校知识工作者既是知识工作者的典型代表，同时又是知识工作者的直接生产者，随着知识经济的来临，非常有必要对高校知识工作者的胜任力进行研究。通过专家访谈、问卷调查等方法，建立了包括个性要素族、必备知识族和工作技能族共3族36项要素的高校知识工作者胜任力模型（见表2）。〔林立杰等，2006（3）〕

表2　高校知识工作者胜任力模型

要素族	胜任力要素
个性要素族	责任心、自信心、自我控制能力、成就动机、身体适应能力、移情能力、坚韧性、特强性、变革性、独立性
必备知识族	理论知识、专业知识、环境知识、组织知识
工作技能族	学习能力、语言表达能力、观察能力、创新能力、信息采集能力、动手能力、综合分析能力、理解能力、自我发展能力、团队合作能力、指导能力、倾听能力、应变适应能力、关系构建能力、解决问题能力、解决冲突能力、逻辑思维能力、发散思维能力、前瞻性思维能力、提供与反馈能力、定量分析能力、影响他人能力

徐建平等运用行为事件访谈（BEI）技术对31名中小学教师进行了访谈，并通过对叙述的180个关键事件的主题分析和行为编码以及对不同绩效教师胜任特征的差异比较，构建了中小学教师胜任力模型，包括11项鉴别性胜任特征和11项基准性胜任特征。其中，具有区分能力的鉴别性胜任特征有提升的动力、责任感、理解他人、自我控制、专业知识与技能、情绪觉察能力、挑战与支持、自信心、概念性思考、自我评估、效率感等，研究者认为这些特征可用于制定评优和奖惩标准；基准性胜任特征有组织管理能力、正直诚实、创造性、宽容性、团队协作、反思能力、热情、沟通技能、尊敬他人、分析性思维、稳定的情绪等，研究者认为这些特征为教师共有，是教师入职必备品质，可用于教师任职资格标准的制定。经聚类分析，所有这些特征可分为服务特征、自我特征、成就特征、

认知特征、管理特征、个人特质六大胜任特征群。〔徐建平等，2006（1）〕

以博士生为核心的研究生群体已经成为高校和科研院所的科研工作中不可缺少的一支重要生力军。李玲指出，针对当前我国研究生创新能力不足的问题，许多学者主要从研究生培养的角度进行思考。她认为，还应该从研究生招生复试这个环节来探讨如何选拔具备科研能力的研究生。文章指出，传统的复试过程主观随意性强，缺乏统一客观的参照标准；而且大多是对已有知识水平的考察，对价值观和动机等深层次特征难以测察，而后者恰是研究生在研究过程中能否发挥主观能动性和创新精神的重要因素。研究者认为，胜任力模型可以解决上述问题，帮助导师选拔具有潜力、值得付出心血培养的学生。〔李玲，2008（42）〕

知识工作者或称专业技术人员在企业中同样占有重要的一席之地。张兰霞等指出，知识型员工已经成为或正在成为知识型企业或正在转变为知识型企业的核心资源。研究结合知识型员工工作的特点，构建了包括基准性特征评价指标和鉴别性特征评价指标的知识型员工胜任力的评价指标体系；并据此提出了知识型员工胜任力的多指标综合评价方法。〔张兰霞等，2008（6）〕

附：相关论、著索引

一、著作部分：

1. 赵洪俊主编：《中国领导人才能力测评技术参考手册》，新华出版社2006年版。

2. 中共中央组织部干部教育局编著：《干部教育培训工作条例（试行）学习辅导》，党建读物出版社2006年版。

3. 杜波依斯等著：《基于胜任力的人力资源管理》，中国人民大学出版社2006年版。

4. 荆其诚主编：《当代国际心理科学进展（全二卷）》，华东师范大学出版社2006年版。

5. 吴能全、许峰编：《胜任能力模型设计与应用》，广东经济出版社2006年版。

6. 胡冶研、许晓平著：《管理人员能力素质测评》，国家行政学院出版社 2008 年版。

7. 郑日昌著：《领导素质测评》，华东师范大学出版社 2008 年版。

8. 胡月星等著：《基层党政领导干部胜任力实证研究》，国家行政学院出版社 2009 年版。

二、论文部分：

1. 彭长桂、张剑：《国内胜任特征研究进展及评价》，《科研管理》，2006（1）。

2. 汤爱萍：《关注领导干部的心理健康——四川领导干部心理素质及其心理健康状况的调查》，《理论与改革》，2006（1）。

3. 徐建平、张厚粲：《中小学教师胜任力模型：一项行为事件访谈研究》，《教育研究》，2006（1）。

4. 郑学宝、孙健敏：《县域经济发展与县级党政领导正职的胜任力模型研究——以广东省为例》，《学术研究》，2006（1）。

5. 马浩：《高层管理团队：权力联盟、角色互补、一人拿总》，《经济观察报》，2006—02—24。

6. 柯翔、程德俊：《国有企业高层经营管理者胜任特征模型研究》，《江海学刊》，2006（2）。

7. 赵辉、黄晓、韦小军：《党政领导干部胜任力模型的构建》，《科学管理研究》，2006（2）。

8. 郑学宝：《基于胜任力模型的党政领导人才执政能力建设研究》，《广东社会科学》，2006（2）。

9. 朱斯琴：《转型期领导者的心理压力及其调适》，《内蒙古农业大学学报（社会科学版）》，2006（2）。

10. 林立杰、高俊山、毛建军：《大学知识工作者个体工作胜任力研究》，《现代大学教育》，2006（3）。

11. 夏霖、陆夏峰：《创业导向与企业绩效：胜任力和资源的影响》，《应用心理学》，2006（3）。

12. 李连魁：《健康的心理素质：助领导者走向成功》，《党政干部学刊》，2006（4）。

13. 李延英：《干部提拔先过"心理关"》，《党的建设》，2006（4）。

14. 梁建春、时勘、何群：《组织核心胜任特征的研究概况》，《西南民族大学学报（人文社科版）》，2006（4）。

15. 刘燕、刘云艳：《公务员心理健康研究述评》，《临沂师范学院学报》，2006（4）。

16. 马晓琴：《建立党政干部心理素质优化导向机制的思考》，《理论视野》，2006（4）。

17. 杨敏：《朝阳"减压实验"》，《决策》，2006（4）。

18. 刘学方、王重鸣、唐宁玉、朱健、倪宁：《家族企业接班人胜任力建模：一个实证研究》，《管理世界》，2006（5）。

19. 郭爱玲、高化：《当代领导心理常见的问题及其调试》，《甘肃社会科学》，2006（6）。

20. 胡祖岩：《公选模式创新及发展趋势浅析》，《领导科学》，2006（6）。

21. 沈泉涌：《干部心理健康：一个不容忽视的问题》，《共产党人》，2006（6）。

22. 王登峰：《党政干部突围压力困扰》，《人民论坛》，2006（6）。

23. 潘虹玮：《关注领导干部心理健康》，《领导科学》，2006（8）。

24. 张兰霞、张燕、王俊：《知识型员工胜任力的评价指标与方法》，《东北大学学报（自然科学版）》，2006（8）。

25. 李海红、黄坚学、袁登华：《领导干部选拔中评价中心技术应用的初步探讨》，《山东行政学院 山东省经济管理干部学院学报》，2006（10）。

26. 李文新：《领导干部如何增强心理素质》，《中国党政干部论坛》，2006（10）。

27. 林泉：《浅谈领导干部的心理健康与心理调适》，《思想政治工作研究》，2006（10）。

28. 林立杰、高俊山：《基于协同效应和共生效应的知识工作者胜任力评价方法》,《科学与科学技术管理》,2006(11)。

29. 彭勇、关集双:《实现公选常态化的思考》,《领导科学》,2006（12）。

30. 杨柏荣:《如何考查领导干部的心理素质》,《领导科学》,2006（15）。

31. 牛伟宏:《公开选拔领导干部考试科学化、制度化问题的思考》,《理论前沿》,2006（16）。

32. 艾理生:《我国党政领导干部公选模式的回望与前瞻》,《湖南城市学院学报》,2007（1）。

33. 戴国富、程水源:《中国企业家的胜任力模型研究》,《企业管理》,2007（1）。

34. 徐青华:《军队离退休干部心理健康状况调查》,《解放军预防医学杂志》,2007（1）。

35. 张成:《党政领导干部公开选拔制度存在的问题及其对策》,《理论探讨》,2007（1）。

36. 赵曙明、杜娟:《企业经营者胜任力及测评理论研究》,《外国经济与管理》,2007（1）。

37. 刘丁蓉、黄巍:《我国领导干部公选制度:历史发展、现状扫描与路径选择》,《湖北行政学院学报》,2007（2）。

38. 刘子斐、王建芳:《企业经营者胜任力模型研究述评》,《江西财经大学学报》,2007（2）。

39. 潘莉、佘双好、李怀军、戴永胜:《公务员工作压力与心理健康的关系研究》,《四川行政学院学报》,2007（2）。

40. 张俊友:《从"教师胜任力"的视角对我国教师资格认定的反思》,《江西教育研究》,2007（2）。

41. 朱水成:《对公选实践的理性反思》,《理论探讨》,2007（2）。

42. 林立杰、高俊山、裴利芳:《高校知识工作者胜任力要素与个人业绩关系的实证研究》,《管理学报》,2007（3）。

43. 刘福奎:《民主测评中"公论不公"现象的分析及矫正方法》,

中浦院

中国领导学研究（2006—2008）

《党政干部学刊》2007（3）。

44．吕臣：《培养领导干部健康心理素质的探讨》，《中外企业家》，2007（3）。

45．梁建春、金洁艳：《学习型组织与组织核心胜任特征的关系》，《经济与管理》，2007（4）。

46．王亚群：《领导干部心理健康问题产生原因剖析》，《党政干部论坛》，2007（4）。

47．赵曙明：《开发具有全球胜任力的领导者》，《新资本》，2007（4）。

48．冯明、尹明鑫、廖冰：《企业管理者元胜任力研究》，《科学与科学技术管理》，2007（5）。

49．肖凌、梁建春、时勘：《获取持久竞争优势——以组织核心胜任特征为基础的动态模型》，《当代经济管理》，2007（6）。

50．钟重明、朱霞：《以"五变"提高民主测评》，《政工学刊》，2007（6）。

51．杜爱华：《领导干部心理健康问题调查与研究》，《理论学习》，2007（8）。

52．韩阳：《领导干部心理健康问题及调适——大连市市管干部心理健康状况调查分析》，《大连干部学刊》，2007（8）。

53．李朗、梁建春：《金融组织核心胜任特征模型的构建》，《国际经贸探索》，2007（8）。

54．张剑萍：《论领导干部的心理健康与和谐社会构建》，《求实》，2007（12）。

55．梁建春、付孝莉、时勘：《政府交通运输管理组织核心胜任特征评价》，《统计与决策》，2007（19）。

56．韩菁菁：《领导干部心理健康探析》，《中共乐山市委党校学报》，2008（1）。

57．孟晓斌、王重鸣：《创业精神模型的构思与测量研究进展》，《心理科学》，2008（1）。

58．木志荣：《创业困境及胜任力研究——基于大学生创业群体的考察》,《厦门大学学报（哲学社会科学版）》, 2008（1）。

59. 王登峰：《论领导干部的心理和谐》,《中国井冈山干部学院学报》, 2008（1）。

60. 霍团英：《党政干部心理健康调查与研究》,《中国健康心理学杂志》, 2008（2）。

61. 肖莉、冯健：《领导干部的心理压力及其调适》,《九江学院学报》, 2008（2）。

62. 蔡建群、刘国华：《国外全球领导力研究前沿探析》,《外国经济与管理》, 2008（3）。

63. 龙勇、聂鹰、肖凌：《获取持久竞争优势——以组织核心胜任特征为基础的动态模型》,《管理评论》, 2008（3）。

64. 潘晶晶、梁建春、刘兰静、陈霞：《省级政府组织核心胜任特征实证研究》,《工业技术经济》, 2008（3）。

65. 赵世明、郑日昌：《领导干部人群的心理健康及其人格特征分析》,《中国浦东干部学院学报》, 2008（3）。

66. 郑卫国：《浅议震灾后领导干部心理调适》,《中共成都市委党校学报》, 2008（3）。

67. 伍满桂、骆骏：《社会网络胜任力对创业绩效影响的实证研究》,《经济与管理》, 2008（4）。

68. 赵世明：《领导干部心理健康的干预和保障机制》,《理论探讨》, 2008（4）。

69. 缪丽华、梁建春、田野：《构建具有核心胜任特征的政府环保组织——与环保部门现行工作职责的对比研究》,《辽宁师范大学学报（社会科学版）》, 2008（5）。

70. 赵希男、贾建锋、付永良：《基于个体优势识别的团队胜任特征研究》,《管理科学》, 2008（5）。

71. 白凯：《党政管理人才胜任特征模型的实证研究》,《福建论坛（社科教育版）》, 2008（6）。

72. 周爱保、金戈、赵鑫：《领导干部应付方式与心理健康的相关研究——基于对甘肃省 951 名领导干部的调查》，《甘肃理论学刊》，2008（6）。

73．张丽艳：《基层领导干部心理调适能力建设研究》，《辽宁行政学院学报》，2008（7）。

74．许燕：《带"病"提拔难过"关"》，《人民论坛》，2008（8）。

75．肖剑科、赵曙明：《国内胜任特征研究之元分析》，《经济管理》，2008（10）。

76．何江军、张庆林：《重庆市领导干部心理健康和生活状态调查及建议》，《中国健康心理学杂志》，2008（11）。

77．杨树峰：《增强民主推荐民主测评的科学性和真实性》，《党政干部论坛》，2008（12）。

78．杨花伟：《组织部门在提高干部心理素质上的独特作用》，《领导科学》，2008（13）。

79．万敏：《关于中小民营企业团队胜任力特征的访谈研究》，《经济论坛》，2008（18）。

80．李玲：《论胜任力模型在高校研究生招生复试中的作用》，《考试周刊》，2008（42）。

附　录
国内外领导学学术
会议观点荟萃

　　学术交流是学术研究的活力之源。高质量、高水平的学术交流，有助于深化实践者、研究者和教育者之间的对话，有助于分享国内外领导学的最新研究动态，有助于促进领导学的学科发展。近三年来，国内外领导学界召开了多次不同主题、不同层面的领导学学术研讨会，这里介绍的只是其中的一部分，主要是国际性会议和全国性研讨会所涉及内容的简要综述。

　　国际领导协会成立于 1999 年，是由美国马里兰大学领导研究所发起创建的世界上第一个领导学专业的国际性学术组织。三年来，国际领导协会每年组织一次学术年会。2006 年 11 月 1 日至 6 日，国际领导协会（International Leadership Association，简称 ILA）第八次年会在美国芝加哥举行，会议主题为"处于十字路口的领导与领导学"（Leadership at the Crossroads）。此次会议目的在于促进与会者从各个角度对领导学本身及各个分支领域的研究与实践进行多层次、多方位的反思，从而发现问题，明确未来发展方向。2007 年 10 月 31 日至 11 月 4 日，国际领导协会第九届年会在加拿大温哥华召开，大会以"领导：影响、文化与可持续发展"

（Leadership：Impact，Culture and Sustainability）为主题。此次会议吸引了全球五大洲 30 多个国家共约 720 名各界代表，不仅有专业各异的学者，还有众多来自企业、政府、NGO 组织和咨询培训机构的实践中的领导者以及领导理论的运用者。2008 年 11 月 11 日至 16 日，国际领导协会第十届年会在美国洛杉矶举行，会议主题是"全球领导：回顾过去，展望未来"（Global Leadership：Portraits of the Past and Visions for the Future）。

中国领导科学研究会是由中共中央党校、国家行政学院、中国人民大学、中国人民解放军国防大学共同发起的学术性组织，每年举行一次学术年会。2006 年 11 月 8 日至 10 日，中国领导科学研究会年会在四川省乐山市举行，140 余名来自全国各地的有关领导干部、专家学者参加，年会主题为"努力提高构建社会主义和谐社会领导能力理论研讨会"。2007 年 12 月 22 日至 24 日，中国领导科学研究会年会在上海浦东举行，160 余名来自全国各地的有关领导和专家学者参加，年会以"学习贯彻十七大精神，推进领导科学创新"为主题。2008 年 12 月 25 日至 27 日，中国领导科学研究会年会在湖南省长沙市举行，年会主题为"提高学习实践科学发展观领导能力　暨纪念改革开放 30 周年理论研讨会"。

值得关注的是，为更好地搭建中国与世界领导学对话的学术平台，促进中国领导学与国际领导学研究接轨，分享领导创新的最新理论实践成果，促进领导学界与政府领导、企业领导的交流，推动领导学的发展与繁荣，中国浦东干部学院于 2007 年 10 月 19 日至 20 日在上海举行第二届领导论坛，来自美国、俄罗斯、英国、瑞士、荷兰、澳大利亚等 14 个国家和地区的 300 多名代表参加会议，会议主题为"领导·转型·创新"。

在学术会议中，各国领导学研究者、实践者和教育工作者畅谈研究成果和心得体会，共同推动领导学的学科发展，促进丰富化的领导实践。学术会议讨论所涉及的问题很多，难以面面俱到，在此，主要从领导力理论、文化和领导力、领导力开发等角度对与会者的观点进行概要综述。

一、不同类型的领导力理论

（一）变革型领导

领导力理论的探讨是近年来领导学学术会议关注的焦点。多次会议上都有与会者围绕变革型领导（Transformational Leadership）进行了热烈讨论。澳大利亚卡耐基梅隆大学 Roberto Cavazos 分析了变革型政府领导和绩效的关系，提出变革型政府领导有助于提高政府绩效。〔Roberto Cavazos，2007（上海）〕中国浦东干部学院原常务副院长奚洁人以中国的发展历程为案例阐述变革型领导和领导创新的问题。他认为，历史上无数次的社会转型，不论其具体方式是通过激进的革命或温和的变革实现的，领导创新始终既是社会转型的产物，同时又总是以这样或那样的方式推进、引领着社会变革和转型，书写历史发展的新篇章。当代几代中国领导人以其独特的智慧和方式领导人民进行了一场深刻的从观念、理论、体制到实践的全方位的创新，开辟了顺应世界潮流、符合中国实际、具有中国特色的发展道路和模式。〔奚洁人，2007（上海）〕

那么，变革型领导有什么经验而循，如何进行变革型领导呢？Bethune-Cookman University 的 Ashley Johnson 将全面质量管理和 σ 西格玛管理工具引入变革型领导过程，推进学校财务部门的服务产出。〔Ashley Johnson，2008（洛杉矶）〕上海行政学院陈尤文教授论证了领导思维创新的实践价值。她认为，领导创新的目的是要产生实效，而创新思维是实践的派生物。不断拓展实践范围、提高实践层次，这是领导者推进思维创新的需要，也是实现高水平领导工作的需要。〔陈尤文，2007（上海）〕北京大学李成言教授认为，变革型领导者在创新过程中的关键作用是把握创新的方向、推动创新过程的实现，并承担创新的风险。行政领导创新不同于以追求利润为目标的企业家创新，要以公共利益为根本价值取向，以人民群众是否满意为标准，避免扭曲"政绩观"导向的"假创新"，以领导创新促进社会创新。〔李成言，2007（上海）〕

有的与会者还探讨了变革型领导的模型构建。Bethune-Cookman University 的 Aharon Piety-Nowell 提出了可供个人和组织分析的理论框架：变革型领导问题解决模型，在这个模型中，领导者在批判性反思、分析、投射和行动的循环过程中作出道德的组织决策。〔Aharon Piety-Nowell，2008（洛杉矶）〕Bethune-Cookman University 的 Michael Humphreys 则基于 Charles Curran 的相关责任模型和 Jodi Dean 的合作道德模型之上，探讨变革型领导的道德问题。〔Michael Humphreys，2008（洛杉矶）〕

此外，中国科学院研究生院时勘采用文献研究、问卷调查和团队焦点访谈等方法，分析了变革型领导和交易型领导在个体层面及团体层面的作用机制。他的实证研究表明：中国的变革型领导是一个四维的结构，包括愿景激励、德行垂范、领导魅力和个性化关怀，而交易型领导的结构包括权变奖励、权变惩罚、过程监控和预期投入四个维度。相对而言，变革型领导对领导有效性具有更强的预测力。交易型领导行为、变革型领导行为对角色内外绩效、工作满意度以及领导有效性具有正向预测作用；而对离职意向具有负向预测作用；但交易型领导行为和变革型领导行为对不同的结果变量有不同的效果：交易型领导在离职意向方面的负向预测力明显强于变革型领导。〔时勘，2007（上海）〕

（二）服务型领导

服务型领导（Servant Leadership）也是与会者关注的问题之一。有的与会者从特质的角度探讨服务型领导。Regent University 的 Sandra Bryant 研究了公共部门中选举型公务员和事务型公务员两种类型公务员服务型领导特质的异同之处。〔Sandra Bryant，2007（温哥华）〕Orange County，CA 的 Colleene Preciado 等学者则从当地、地区、国家三个层次探讨服务型领导在公共行政领导中的效用和适合性。〔Colleene Preciado，2008（洛杉矶）〕

中国领导学研究（2006—2008）

还有的与会者关注服务型领导的测评。Monash University 的 Sen Sendjaya
运用心理学测量方法，从 6 个维度、35 个项目对服务型领导行为进行测
量，测量结果表明，服务型领导受到服务导向、整体观念、道德精神的
重视程度等因素的影响。〔Sen Sendjaya，2007（温哥华）〕还有的与会者
从跨文化的角度思考服务型领导。Purdue University 的 Zeynep Hale Oner-
Keifer 阐述了在土耳其商业背景下服务型领导的概念，这一个理论概念的
界定有助于区分土耳其文化背景下的服务型领导和家长型领导。〔Zeynep
Hale Oner-Keifer，2008（洛杉矶）〕Ciudad Santa Fe，Real Estate 的 Magda
Serrano 探讨了在拉丁美洲，尤其是在巴拿马文化背景中，帕特森服务型
领导理论（2003）的可行性和适用性（爱、谦卑、利他、远见、信任、授
权和服务。〔Magda Serrano，2006（芝加哥）〕

（三）代际型领导

随着 80 后、90 后新生代逐渐走入工作岗位，代际型领导
（intergenerational leadership）日益受到人们关注。纽约大学的 Angie Chan
提出了代际领导的可持续发展问题，即新老领导交替所引发的多方面问
题，比如，新一代领导者如何看待责任？他们的工作归属感如何？他们如
何融入组织，并发挥作用？年轻领导在领导力发展和代际合作上有什么障
碍？在推动组织持续发展中，新一代领导者面临什么挑战？老一代领导者
如何支持新一代领导者？〔Angie Chan，2007（温哥华）〕Purdue 大学的
Lisa Ncub 等人也提出，随着社会发展的加速，代际时间差越来越短，但
代际观念差异却越来越大。不同时代的人有着不同的价值观，不同价值观
之间可能有着挑战和冲突。团队中常常因为代际差异而导致紧张氛围，进
而工作效率下降。领导者需要了解不同时代人群的价值观和需求，了解如
何最大化激发他们的潜能，如何跨越他们之间的价值观代沟。〔Lisa Ncub，
2007（温哥华）〕美国瑞金大学的 Dail Fields 教授选取了 674 名中国应届
大学毕业生和 160 名中层管理者进行代际对比研究。应届大学毕业生和中
层管理者同时对影响个体成为杰出领导的因素进行重要性评定，据此，分

析两代人对个体成为杰出领导的影响因素的评价是否存在差异？如果存在，差异是什么？研究结果表明，不同年代的人群对领导力的不同理解，应届大学生和中层管理者在 11 个维度上存在着显著差异。〔Dail Fields，2007（上海）〕

（四）协作型领导

有些与会者还关注着协作型领导（Collaborative leadership）问题。St. Mary's College of California 的 Suzanne Van Stralen 和 San Diego University 的 Theresa Lally 认为，协作领导力随着时代发展而不断变化，我们必须不断丰富我们的理念、习惯和实践，才能跟上不断发展变化着的外部世界。〔Suzanne Van Stralen&Theresa Lally，2008（洛杉矶）〕马萨诸塞大学 José C.Alves 探讨了和谐与团队创造力之间的关系，他认为，社会资源和人力资源、领导行为和激励制度是发挥团队创造力的三种动力。三种动力因素和谐发展，团队就会更具创造力。〔José C.Alves，2007（上海）〕四川行政学院李锡炎着重从文化层面谈如何提高构建和谐社会的领导力，他认为，提高各级领导干部领导社会主义和谐社会建设的能力和本领，必须从增强领导干部的和谐文化素质、思想政治素质入手，从和谐文化层面努力，坚持以和谐理念促进高瞻远瞩，坚持以和谐思维促进统筹协调，坚持以和谐精神促进科学发展，坚持以和谐心理促进共建共享，坚持以和谐风尚促进风清气正。〔李锡炎，2006（四川乐山）〕黑龙江省委党校刘兰芬认为"以人为本"是领导活动的科学规律，也是历史发展的客观规律。遵循"以人为本"的规律对于推动领导方式的变革、提高领导能力、促进人类社会的健康发展具有重要的意义。〔刘兰芬，2007（上海）〕

（五）讲故事型领导

"讲故事"（story telling）是近几年学术会议中的重要关键词，这反映了西方研究的方法论从理性分析向直观感悟的回归。"讲故事"作为一

中国领导学研究（2006—2008）

种持久推动创新的领导方式，得到与会者的普遍认同。Story Arts，Inc 的 Heather Forest 认为，沟通是领导的核心所在，而讲故事在领导沟通中起着非常重要的作用，故事可以触及听者的情感，为思想交流提供了一个间接的、有说服力的方式。在领导过程中，领导者可以有目的选择隐喻和美丽的言语，促进人们思考、激发人们行动、甚至激励和掀起社会变革。〔Heather Forest，2006（芝加哥）〕Gilliam Consulting 的 Karen L.Gilliam 提出讲故事型领导（Storytelling Leadership）。他认为，和服务型领导和魅力型领导一样，讲故事型领导将故事的力量和声音、知识、多种能力和经验相融合，基于此团结一批人，为了共同的目的而努力。与会者们还认为，讲故事的领导通过直觉和情感的影响，促进人们理解不断更新的领导范式，促使人们动态地适应组织生态环境变化。迎接过去挑战的故事可激发听众去应对目前的挑战，但有关未来的故事语言要有感染力，描绘的图景不能太具体，这就给追随者留出了想象空间，而不是总在不断地适应各种转折和苦恼。〔Karen L.Gilliam，2006（芝加哥）〕

〔六〕其他类型领导

美国里奇蒙大学 Gill Robinson Hickman 提出无形领导（Invisible leadership）无形领导指的是一种奉献精神，一种人们采取行动甚至奋不顾身的巨大动力，主要包括：共同的目标，个体对目标的崇高信仰和激情投入，机遇事件和汇聚集体力量的人力资源，代表共同目标的组织机构和超越个人利益的意愿等五个方面。无形领导的关键在于领导过程，而不是领导者个人〔Gill Robinson Hickman，2007（上海）〕。哈佛大学的 Ronald Heifetz 以"有用的领导理论"为线索，一一驳斥了权力、权威、影响力、管理、激励等领导文献中的常见核心概念与"领导"之间的等同关系。Ronald Heifetz 认为，领导的本质即在于解决创新与适应的问题，这是实践的要求，而我们的领导理论常常纠缠于权力、影响力和权威（power，influence and authority）等问题，这是对领导工具（如运用权力还是影响力）和领导本质（在实践者看来，即推动人们解决棘手的问题）的混淆。他以权威和领导为例来进行阐述，权威的作用在于提供方向、保护和秩序，权威的功能在平稳的环境中能有效发挥，而在现实的变化多端环境中，权威系统就会崩溃。由于很多人从自己"带伤疤"的经历出发，权威常常被误解为平等地位的丧失，实际上在组织中倡导权威意味着倡导信任。再比如，影响力和领导。领导"不是使人们爱你"（这是影响力所强调的），而是"使人们在你能够承受的范围内恨你"。同样，激励和领导也存在着差别。在 Heifetz 看来，一个好的领导力研究关注的问题应该是我们如何适应挑战，如何超越价值取向与现实实践之间的矛盾，而在这个过程中，激励也解决不了问题。那么，如何揭示领导的本质呢？ Heifetz 认为，大多数情况下，我们不需要领导，因为 80%—90% 的问题是技术性问题（Technical Problem），需要的是权威性的专家；需要领导来解决的是那些涉及创新与适应的问题，需要我们改变心智模式和行为。领导的本质必须从问题出发，在领导的过程中，你要改变什么？你要保留什么？〔Ronald Heifetz，2007（温哥华）〕美国学者 Mary Uhl-Bien 提出强调复杂性的领导（Complexity Leadership）。她认为，运用复杂性领导方式的领导人了解最好的创新机制和解决办法不是来源于个人的有限智慧，而是来自整个团队在互动过程中产生的启发和火花。通过群体互动所得的理念和办法，很难说归功于哪一个人，而是源自整个团队。所以，运用复杂性领导理念来领导整个组织进行创新的要点是对团队关系的关注。她认为，可以在组织的常规机制之外建立一个创新机制（system），并创造一定空间让这个促进团队互动的创新机制保持正常运转，从而促进创新观点（idea）的不断产生。〔Mary Uhl-Bien，2006（芝加哥）〕中国东华大学贺善侃则对生态领导和超级领导理论做了探讨，他将领导视为一种生态圈，这是一种更为开放的领导观。〔贺善侃，2007（上海）〕

此外，还有些与会者探讨了领导风格与领导业绩之间的关系。Lake University 莱克大学的 Malcolm Ree，Adrian Guardia 抽取了全球金融服务公司的 750 个呼叫中心，运用模型分析了不同风格下领导、团队有效性和团队业绩之间的关系。〔Malcolm Ree&Adrian Guardia，2007（温哥华）〕前联合国秘书长科菲·安南发言人埃克哈德（Frederic Eckhard）以讲故事的方式，剖析了历任联合国秘书长不同的领导风格以及他们作为领导者的局限和欠缺，从正反两方面为与会者提供了何为有效领导的生动案例。〔Frederic Eckhard，2007（上海）〕上海市委办公厅秦德君认为领袖的个体风格特点决定着社会历史事件的个别外貌，影响着历史的进程和命运，应深入研究领袖个体的风格特征和政治—行政过程中的领袖个性因素，求证领导个性风格与绩效之间的关联。〔秦德君，2007（上海）〕

二、文化与领导力

　　许多领导研究都是基于西方的文化价值观之上，将这些研究结果运用到其他文化背景的过程中出现了研究的文化边界和文化局限性。基于这一认识，领导学研究者越来越关注文化和领导力的研究，试图在不同文化的交流对话、会通融合中发现民族文化中蕴藏的领导智慧与领导文化，挖掘领导者在跨文化领导中的规律特征。

　　不同文化背景引致人们对领导力的理解出现差异，文化差异呼唤着跨文化领导的研究和实践。韩国梨花女子大学的 kisuk 指出，以北美为主流的有关领导的新概念和理论在捷克、斯洛伐克、波兰等中欧国家遇到了文化边界问题。在大多数中欧国家里，没有完全等同于英语里的"leader"、"leadership"、"follower"、"followership"的词汇。当语言不直接等同的时候，文化在理解概念和理念的过程中发挥着重要作用。〔kisuk，2007（温哥华）〕雷鸟大学的 Mansour Javidan 代表"全球领导与组织行为有效性"（Global Leadership and Organizational Behavior Effectiveness，GLOBE）项目研究团队介绍了项目的基本情况。GLOBE 研究从文化理念（应该是什么）和文化实践（是什么）两个角度，评估了不同文化在领导力界定和理解上的异同，旨在考察社会文化、组织文化和组织领导力之间的相互关系。研究者们对"文化"的理论界定是："在一代人中广泛传播的、由集体成员的共同经验引发的对显著事件的理解、认识、信念、价值观和动机。""领导"被界定为"影响、激励组织成员努力实现组织成功的能力"。研究结果表明，不同文化对领导力的理解存在着共性，也存在着差异。不同文化都认同正直、诚实、有远见、提前计划、积极等是领导力的积极因素；而自私、不合作等则是领导力的消极因素。与此同时，不同文化对领导力的评价、语义诠释以及人们心目中关于领导的认知原型、领导力的表现形式等存在着差异。例如，老练或有心计（cunning）在哥伦比亚文化背景中是领导力的一种表现，但在其他文化背景下的国家却没有得到认同。正因为文化对领导学研究产生着显著影响，越来越多研究者认为有必要关注跨文化领导力问题的研究。〔Mansour Javidan，2007（温哥华）〕英国国家政府学院战略领导中心项目主任 David Sweeney 指出，各种领导风格之间存在着明显差异，不同组织文化之间也存在着差异，这就引致人们致使难以在一些问题上达成协同或"一致"，进而呼唤一种超越地域界限的跨文化领导，从而在世界范围内的各个公共部门间达成理解和相互合作，实现共同目标。〔David Sweeney，2007（上海）〕

那么，究竟什么是跨文化领导力呢？学术会议中并没有形成一个完整的界定，但是提出了一些核心的观点。有的发言人认为，领导是全球的，也是跨文化的，跨文化领导力应该以一定的价值观为基础，这种价值观必须是为全世界谋福利的，而不是只为了个人所属的某一个国家或民族。也有的学者认为，跨文化领导力不是用权力影响全世界，而是尊重领导的地位和权力，为全世界绝大多数人的利益服务。还有的学者认为，跨文化领导力在领导实践中意味着可以通过技术、教育、环境和社区的改善和提高，帮助改变现有政府。总之，"事实上，跨文化领导力很复杂，但是很多时候我们都想得太简单，不愿意花时间去了解别人，了解其他的组织、民族和国家"。还有发言人提出了跨文化领导力的两个重要因素：一是人性。跨文化领导力需要理解并尊重人的多样性。二是语言。跨文化领导力必须跨越语言的障碍，了解不同语言中不同话语方式所表现出的思维方式差异和文化差异，从而运用语言准确传达信息，达到相互沟通与理解的目的，避免造成种种误解。

跨文化领导对领导者的素质和能力提出了更高的要求。韩国梨花女子大学赵己淑（Kisuk Cho）认为，20 世纪所流行的领导力研究范式已经不能满足时代需求，不断变化的沟通环境和不断升级的交通技术手段使得国界开始淡化，快速的环境与社会变革促进了跨文化领导的产生，跨文化领导需要具备：领导人愿景、个人领导力、人际领导力、任务导向和组织领导力五类领导能力。理想的领导者应当能够在人际关系融洽和任务完成之间保持平衡，同时又能鲜明地保持其个人领导力素质和组织领导力素质。〔Kisuk Cho，2007（上海）〕University of Maryland Eastern Shore 的 Karin Klenke 提出了文化智力（Cultural Intelligence）的概念，探讨了文化智力和跨文化领导力的关系，在此基础上指出跨文化领导者必须提高文化智力。〔Karin Klenke，2008（洛杉矶）〕福建省委党校史策则提出了全球化视野下领导人才要素的趋同。在跨文化视野下，一个人成为领导人才，主要在于具备知人善任、远见卓识、多谋善断、气量恢弘、人格有魅力等方面的能力、心态与意识，尤其表现为遇到问题时可以在这些方面作出本能、自然、正确反应的特殊素质。〔史策，2007（上海）〕

如何进行跨文化领导，是与会者关注的焦点问题。Mark Grandstaff 引入了"战略性文化"（strategic culture）这个概念。Mark Grandstaff 认为，有效的跨文化领导关键在于，人们如何看待这个世界，人们需要认清自己的世界观（知道自己），并增强对他人世界观（知道他人）的理解，在世界观的自知和他知的基础上形成战略性文化意识。组织的意识形态和文化影响着领导者对长期战略的感知和制定，民族神话、隐喻和故事等就曾经帮助美国的政治领袖形成有效的战略文化，进而提升了领导效力。〔Mark Grandstaff，2007（温哥华）〕哈佛大学公众领导研究中心的 Todd Pittinsky 从国家和民族的层面出发，认为要想持续有效地领导自己的民族（国家），必须学会爱周边的民族（国家）。他指出，领导者为了寻求内部认同和凝聚力所作出的努力有时会引发与外部的矛盾，因而领导者常常面临两难困境：如何处理群体内影响和群体外影响。群体间的矛盾常常是由偏见引起的，虽然减少偏见有助于规避群体间冲突，但不能仅仅用中立的容忍克制来替代偏见。Pittinsky 认为，"纯粹的容忍克制天生就是不稳定的"。正如波斯尼亚和卢旺达这两个国家的族群在貌似融合共生了数十年后，现在仇恨再次燃起，族群间的隔阂重新出现。跨文化领导关键是要对异己群体采取积极的态度（Allophilia），超越传统的容忍克制，对非己所在群体（如其他国家、宗教信仰、种族或者社会的人们）持有正性的态度或观点，从而减少偏见，提高容忍度。〔Todd Pittinsky，2007（温哥华）〕Regent University 的 Melissa McDermott 认为，人们在对领导特征认知的基础上建立信任，信任有助于解决跨文化工作团队中的冲突问题，有助于促进不同文化背景的人们相互理解，而未来国际关系和有效化解冲突的威胁之一就是缺乏文化间彼此的信任。〔Melissa McDermott，2006（芝加哥）〕美国印地安那波利斯大学 Jeffrey P.Miller 对多元文化领导的复杂性进行了研究。越来越复杂的社会形势提升了领导工作的复杂性，以解决问题为特征的传统思维方法难以解决问题，而"学习型组织"的工具和方法为复杂性问题的分析、探讨和解决提供了新的思路。学习型社会的基本原则是社会奉献、服务型领导和能力建设等，核心元素是服务意识、合作精神和系统思维等。〔Jeffrey P.Miller，2007（上海）〕荷兰 Galan 集团的 Gerda van Dijk 女士则以欧盟利益相关者管理模型为例，提出了跨文化领导的差异型领导理论。欧盟中的每一个成员国都有着独特的历史、政治、社会、经济和文化背景及价值观念，在多文化和多形态的管理模式中发展出一套功能性领导的工作程序，这套程序不依赖于领导者的个体能力，而是依赖于基于对利益相关者权力和知识的运用以及严密的程序本身。欧盟正是用这种方法有效地处理了差异性问题〔Gerda van Dijk，2007（上海）〕。美国创新领导力研究中心亚洲部的 Jeffrey Yip 和 Chris Ernst 以 6 个国家为例，分析了在当今世界如何跨越边界有效领导不同种族、宗教、性别和文化的群体。他提出四种跨越边界的领导策略：中止、重构、嵌套和迂回，利用这四种策略，可以有效跨越阻碍不同群体完成共同工作的边界。〔Jeffrey Yip&Chris Ernst，2007（上海）〕

国际领导学协会副主席 Ted J.A.Baartmans 认为，面对全球化的挑战，领导研究已经从过去关注一个国家与其他国家的文化背景、文化价值和行为规范存在的典型区别，转换到更多地关注相似点，关注我们可以从其他文化中学到什么？这说明转型时代领导研究的焦点和视角正在发生着改

中国领导学研究（2006—2008）

变，研究者越来越关注尊重和理解民族文化。〔Ted J.A.Baartmans，2007（上海）〕印度奥斯马尼亚大学的 G.Surya Prakash Rao 探讨了印度的传统文化。印度人很早就开始探求心灵和纯意识的关系，摸索如何修正心灵、控制心灵、理解心灵、挖掘心灵潜在的能量，并利用心灵的力量达到成功的合作，以实现领导目标。〔G.Surya Prakash Rao，2007（上海）〕领导者可以应用心灵来领导组织。俄罗斯西北公共管理学院的 Tatiana Tulupyeva 分析了文化对俄罗斯领导风格的影响，提出传统领导风格及其现代转型问题。〔Tatiana Tulupyeva，2007（上海）〕中国浦东干部学院柏学翥探析了中国的道学思维与领导力研究的关系。他认为当前领导学界出现理论无法整合的状况是西方实证主义研究方法的必然结果，而东方综合思辨方法有助于解决这一问题。他用"道学成功领导者特征模型"对目前领导力研究中八大理论流派进行了尝试性整合，说明各派理论所适用的环境与条件。〔柏学翥，2007（上海）〕还有一些研究者对不同民族文化背景下的领导特征进行对比研究。Lake University 的 Malcolm Ree 运用卡特 16PF 个性调查问卷对美国和墨西哥的营利性组织领导者进行对比，探讨墨西哥和美国领导者在领导个性方面的异同。研究结果表明，Malcolm Ree 发现，美国和墨西哥的营利性组织领导者在个性特征上存在着差异。〔Malcolm Ree，2007（温哥华）〕中国浦东干部学院于洪生提出了领导者如何利用东西方思维方式差异进行领导。他认为，相对于西方式思维，中国式思维更注重整体性、系统性，具有直觉、模糊、实用、人伦、和谐等特点，而西方人习惯于以自然为中心，强调实证性、精确性，惯于逻辑推理，重视理论体系，领导者必须看到这种差异，要善于巧妙地运用不同文化下的思维智慧有效地实施领导，以提升领导力。〔于洪生，2007（上海）〕

三、领导力开发

领导力是领导教育与培训的重要内容。尤其在西方国家，以培养"未来领导者"为目的的领导力教育在大学和中小学开展得如火如荼。而领导力开发也面临着困境：一个并非睿智的教师，如何教导学生成为一位睿智的领导者呢？与会者从大学、研究中心的领导教育项目实践中总结经验，提炼观点，探讨领导力开发的理念、内容和方法。

与会者总结了目前国际上领导力开发的几种培训理念：知识为基础的教学理念、技能为基础的教学理念、胜任力为基础的教学理念、以现实人或使用者为基础的教学理念和以忘却为基础的教学理念，并重点探讨了后三种培训理念。Antinch university 的 Richard Couto 介绍了美国联邦政府基于胜任力的领导力课程。美国联邦政府人事局官员和领导学专家搜集了成功领导所需要的各种能力，基于此，开发了一套提升领导胜任力的课程。〔Richard Couto，2008（洛杉矶）〕以现实人或使用者为基础的教学理念，在国际上企业领导培训中运用较多，也为一些国际企业培训咨询师所认同。这种教学理念注重把培训对象（如企业领导人）当做现实工作中真实的人来对待，通过讲故事的方式，让他们讲述自己的故事，帮助他们了解自我，分析自己工作中面临的挑战，从而激发他们解决问题的热情，帮助他们自主寻求合理的解决办法。马里兰大学的 Tracey Manning 提出以忘却为基础的教学理念。他认为，"忘却学习"（unlearning）是一个非常重要的理念，"忘却学习"将学习看成是既有吸纳也有扬弃的双向过程，强调在吸取新知的同时必须摒弃过时的、错误的观念、技术等，否则后者会成为学习或践行新知的障碍。Manning 指出，植根于文化的习惯性思维模式（心智模式、人们心目中的领导原型、对成绩的归因过程等）常常无意识地影响对领导（力）的感知、评价以及领导的自我效能和对领导培训的接受度，有策略地改变思维习惯，有利于加强培训效果。〔Tracey Manning，2007（温哥华）〕因此，领导力开发应在过程中贯彻"忘却学习"的理念，强调"忘却"在学习中的作用，帮助受训者认识和澄清过时的观念。在领导力开发理念的探讨过程中，与会者表现出对有效实践经验和体验式教学的高度重视，重视教学互动过程中的经验互享，关注学习他人从实践中总结出的有用经验。

领导力开发的主要内容是什么呢？多位与会者认为，几乎没有一项领

中国领导学研究（2006—2008）

导力培训项目与任何一个领导理论直接对应。领导是一种源于实践、高于实践的理论，在领导力培训中，纯粹的理论教学难以立竿见影。有效的领导力培训都是基于对各种领导理论的深刻理解，然后把已有理论综合运用于领导力培训的实践。领导教育者应该熟知各种领导理论，这样有助于他们在教学中更深入地分析各种实践经验。也有学者认为，领导不是要你拥有自己的观点，而是要你知道如何得到想要的观点。可见，领导教育主要不是要教给学生一些观点，而是要教给他们获得观点的智慧。此外，创新领导中心（CCL）的 Laura Quinn 指出，全球的可持续发展要求组织用系统论的观点来解决组织运行中出现的各种经济、社会和环境的问题。领导在这一新框架或应对新挑战的过程中扮演着至关重要的角色。然而，组织和领导者们对于如何履行自己的社会责任、促进全球的可持续发展还缺乏了解。她提出，领导教育和培训需要研究领导在可持续发展过程中面临的问题，帮助领导者们认识可持续发展的内涵及其益处，通过树立社会责任感促进领导能力的提升，提供履行社会责任的实践活动，并探讨组织系统和战略如何推动可持续发展。〔Laura Quinn，2007（温哥华）〕

传统的教与学是知识的传授过程，而在教授领导力时难以使学生将习得的有关领导力的知识有效地转化为能力，并外显为行为，因此领导力开发中的教学方法尤为重要。案例教学已被公认为一种有效方法，但有着不同的实施模式。哈佛大学的 Ronald Heifetz 所采用的案例都是学生自己的案例。每一个学生都在小组中轮流讲述自己在实践领导力时遭遇的失败经历，供大家讨论。在这个过程中，学生根据所学的概念写清并讲述自己的经验，从而完成了训练有素的书面反思过程。学生们还必须尝试扮演多个不同的角色，站在不同角度考虑问题。〔Ronald Heifetz，2007（温哥华）〕HR 的咨询顾问 Kate Mulqueen 在对 46 位领导者研究的基础之上提出，领导者从自身失败经历中学习的效果最为迅速，从失败中学习是领导力发展中最强有力的工具。〔Kate Mulqueen，2006（芝加哥）〕进而，有与会者认为，在领导力开发中，反面案例在案例教学中应占有较大比重。美国政府官员培训中运用反面案例的一般处理技巧是，把多个反面案例进行重新编辑，整理为一个完整的案例，隐去真实人名地名，并在案例后注明

"基于真实案例编写"。这样处理后的反面案例，既保留了原有的真实性，又不会直接针对或暴露案例中的真人真事。Harvard University 的 Ronald Heifetz 还介绍了恰当案例（case-in-point）教学法。恰当案例教学法的教学目的非常明确，即理解什么是领导力并学会施展领导力。它将课堂本身作为案例，教室内的学习者构成了一个社会群体，课堂里的每一个人都既是当事人，又是观察者。教师为学习者提供概念、比喻、框架等，帮助学习者思考和探讨课堂中发生的每一件事（包括自然发生的和教师人为造成的），如不和谐的气氛、教师的错误等，从而理解权威缺失、解决冲突、保持中立、如何回应等问题，体验中的真实性、与自身经历的关联性影响着学习者观察与反思的深度。可见，恰当案例教学法强调从反复体验、观察和反思中理解并学会实践领导力，正如 Heifetz 教授所说，教师需要研究"做中学"的经验，理解教学的艺术。Ronald Heifetz 还将恰当案例领导教学法引入企业文化建设之中，运用演讲、讲故事、嘉宾个案等的多情景研讨会运用到现实的辅导、指导、跟踪和计划工作中，促使组织的凝聚力建设。〔Ronald Heifetz，2007（温哥华）〕University of San Diego 的 Terri Monroe 也在三个学习过程假设之上探讨了恰当案例教学法。第一，个人经验最令人信服，人们最好依赖于经验进行学习，恰当案例教学提供了这种经验。第二，领导力的学习需要从情和理两方面入手进行，恰当案例教学提供了情和理的氛围。第三，领导力的学习是自我生成的，恰当案例教学提供了自我生成的环境。〔Terri Monroe，2006（芝加哥）〕

Satyam School of Leadership 的 Priscila D.Nelson、Zenger-Folkman 的 John H.Zenger 等工商界和学术界的专家们聚焦于讨论管理教练，包括最佳策略、战略、研究、问题、挑战和机会等。他们认为，管理教练是领导和组织的最佳策略。〔John H.Zenger，2008（洛杉矶）〕美国领导力发展服务中心（Leadership Development Services）主任 Lois J.Zachary 也指出，教练是一种互惠型的学习关系，教练者和被教练者结成了一种合作伙伴关系。通过这种合作伙伴关系，他们在工作中相互合作，被教练者的技能、知识和思维能力得以提高，共同目标得以实现。〔Lois J.Zachary，2006（芝加哥）〕

中浦院

中国领导学研究（2006—2008）

Claremont McKenna College 的 Nicholas Warner 提出要将电影引入领导学的课程之中。他认为，很多情景中，人类的活动是生动形象的，电影提供了一个检视领导者—跟随者间动态关系的视角。〔Nicholas Warner，2008（洛杉矶）〕Rollins College 的 Cara Meixner 则进一步探索了将电影引入领导学习过程中的影响、转化和可持续性等问题。〔Cara Meixner，2008（洛杉矶）〕University of Maryland 的 Carol Burbank 和 Gonzaga University 的 Lois Ruskai Melina 探索了如何运用剧场技术来发展能力、丰富的灵活性和正确的关系。他们以两个剧场技术为案例，探讨如何引入剧场技术，促使领导培训项目更具吸引力，更加深入。这些有意义的、聚焦的、丰富多样的剧场支持策略有助于促进领导力的发展，建立参与者的灵活和自律，建立持久的参与者关系。〔Carol Burbank&Lois Ruskai Melina，2008（洛杉矶）〕

此外，讲故事的方式越来越受到研究者们的关注。Gonzaga University 的 Joe Albert 和 Kaitlin Vadla 在讲故事和领导的新课程实践基础之上提出，讲故事是领导力培训强而有力的工具。〔Kaitlin Vadla，2008（洛杉矶）〕哈佛大学的 Ronald Heifetz 教授还介绍了有组织的练习（Structured exercises）。在生动活泼的过程中，Heifetz 运用音乐使学生体验倾听、表达价值观，诱发他们行动和反思。学生还可以通过即兴演奏，在演奏者和听众之间不断转换，从而学会如何与"听众"沟通。〔Ronald Heifetz，2007（温哥华）〕中国浦东干部学院张素玲副教授对领导教育中的行动学习法做了介绍，提出行动学习法是一个以完成预定的工作为目的、在同事的支持下持续不断的反思与学习的过程。作为一种有效开发和提升领导力的培训方法，行动学习可以提高领导者的系统思维能力、创新能力、沟通协调能力、作为学习组织者的能力和构建愿景的能力。〔张素玲，2007（上海）〕

还有些与会者聚焦于领导力培训的个案研究。中国浦东干部学院郑金洲教授以中国浦东干部学院领导力开发为例，就领导力开发的意义、方法等进行了全面的阐述，并对中西方领导教育与培训及领导力开发的理论和实践进行了多维度的比较分析。〔郑金洲，2007（上海）〕上海交通大学兼职教授 John D.Van Fleet 对商学院全球化中的中国因素进行了分析。他认为中国不仅有很多发展机遇，同时也是全球商业环境的关键。因此，商学院的学生和教职员工必须掌握这方面的专业知识，从而保持自己的竞争力。他论述了帮助商学院深化中国特色 MBA 课程的五种截然不同的方法，并提出了能够增加成功可能性的全面指导方针。〔John D.Van Fleet，2007（上海）〕加拿大圭尔夫大学领导力研究中心主任 Michael Cox 博士提出构建以价值观为本的可持续发展领导力文化，并从理论和实践层面加以阐述，指引重大研究项目和论文写作的理论如何成功地引导实践，这个过程有助于为组织和个人构筑起可持续发展的学习文化。〔Michael Cox，2007（上海）〕

Gareth Edwards 等人介绍了在英国开展的以"可持续发展"为主题的领导培训硕士项目。他们认为，"可持续发展"是所有人释放潜能，通过保护和促进地球生态系统来提高人类生活质量的动态过程。项目涉及三方面课程：（1）领导与可持续发展的相关理论；（2）挂职锻炼，主要在环境部门、中央政府、当地政府、企业、金融或监管机构等机构挂职；（3）围绕领导力开发和团队建设开展的技能培训和关于个人发展的探讨。三方面课程构建了一个体验式学习圈。项目小组认为，要认清领导培训在推动可持续发展进程中的作用。首先要使受训者更有信心去推动可持续发展，其次要为受训者提供一个停下来反思的机会，最后要为受训者推动可持续发展搭建网络。〔Gareth Edwards，2007（温哥华）〕

当今，全球都在大力开展领导教育与培训。从学生到真正身处领导岗位的领导者，都不同程度地接受了相关的教育与培训。但是，很多领导力项目都存在着隔断，基本上都是"培训时心动一动，培训后一动不动"。针对如何加强领导力培训的训后支持系统，与会者们也进行了探讨。加拿大惠斯特"领导与对话"论坛主席 William Roberts 等人提出，如何延长培训后效，是领导教育当务之急要思考的。领导培训与领导力开发往往耗费了大量人力、物力成本。但学员结束培训回到工作岗位后，由于周边的人或事依然如旧，很难将培训中所获新知或心得付诸实践。他们在体现和延续培训效果上遇到了障碍。他们认为，领导培训应该为学员创设训后的支持系统，使他们能够"再进入"（re-entry）培训的影响范围。比如，建立校友联盟、在线学习网络，提供辅导（mentoring）和支持，帮助学员更有效地联系联盟网络或组织，或者尝试改变家庭氛围。〔William Roberts，2007（温哥华）〕加拿大惠斯勒（Whistler）博士提出了重返课程确保领导力项目的"返家后效"的观点，他介绍了一些领导力项目中的"重返课程"，许多报告显示这些项目为学员的有效"重返"提供了准备和支持。〔Whistler，2007（上海）〕

四、其他热点问题

与会者还对领导学的其他前沿问题进行了深入的沟通交流，在此，主要从领导道德、女性领导力、企业领导力、公共领导力、领导测评和领导学研究方法等六个角度进行简要综述。

（一）领导道德和信任

与会者认为，道德对领导发挥着积极作用。George Fox University 的 Craig Johnson 认为，道德领导是一个有道德的人，他通过诚实、一致和热情等行为获得下属的信任，进而用自己道德的行为促进下属道德的发展。实践证明，道德领导有助于组织道德的生成，也有助于生产效率的提高。〔Craig Johnson，2008（洛杉矶）〕Virginia Militaru Institute 的 Thomas Meriwether 教授指出，道德风气直接影响着领导风气、领导有效性及其转换后的领导行为，因而，创设组织中良好的道德风气是领导的职责之一。〔Thomas Meriwether，2007（温哥华）〕Georgia State University 的 Steven D.Olson 提出了一个道德领导的分析框架，并将之运用于 Ken Blanchard 著名的情境领导理论之中。他认为，Ken Blanchard 的理论在道德领域有两个创新：一个是内隐道德，内隐道德控制着人们提高工业生产的行为；一个是外显道德，外显道德寻求着市场经济下公平竞争的外在规则。Olson

认为，Ken Blanchard 没有证明其隐含的道德内涵，也没有考虑到如何协调领导人的变化，而基于道德领导的分析框架从道德领导的角度充实了情境领导理论。还有与会者从心理的角度探讨领导道德。〔Steven D.Olson，2007（温哥华）〕Claremont McKenna College 的 Weichun Zhu 和 Tsinghua University 的 Taoxiong Liu 在对 13 个不同行业 335 个组织雇员的调查后发现，道德领导影响着下属的道德辨认，他们从心理角度探讨道德领导对道德辨认的影响机制。〔Weichun Zhu & Taoxiong Liu，2008（洛杉矶）〕Richmond 大学的 Terry Price 和 Crystal Hoyt 运用道德理论和心理学实证研究考察了领导者的道德问题。他们认为，领导们出现违规行为在一定程度上是因为他们觉得自己比普通人更有理由违规。换句话说，他们相信自己违规是正当的。〔Terry Price&Crystal Hoyt，2008（洛杉矶）〕

还有的与会者用案例分析的方法探讨领导道德，Palacky University 的 Ivana Mrozkova 以捷克领导人为案例探讨后共产主义国家中的道德领导问题。Ivana Mrozkova 认为，捷克领导人一直在不断重新认知领导的道德原则以及沟通这些道德原则的方法。Ivana Mrozkova 从哈维尔的"真理与爱将战胜谎言和仇恨"，到 90 年代广泛的经济和政治变革，再到今日政治中的务实领导，探讨了捷克领导人的道德和道德领导方式。〔Ivana Mrozkova，2008（洛杉矶）〕

信任问题也逐渐进入与会者们的视野。George Fox University 的 Craig Johnson 认为，在道德领导函数中，信任起着非常关键的作用，人们基于信任才产生道德跟随行为。〔Craig Johnson，2008（洛杉矶）〕University of Colorado-Colorado Springs 的 Michael Hackman 和 University of Colorado -Colorado Springs 的 Pam Shockley-Zalabak 引入组织信任模型来测量信任对组织、领导和同事的影响。他们从组织、高级管理人员、直接主管人员和工作团队四个层面，从能力、开放 / 诚实、关心雇员、可靠性和可辨认性五个维度来测量组织信任。〔Michael Hackman & Pam Shockley-Zalabak，2008（洛杉矶）〕The Presentation Group 的 Ted Baartmans 认为，良好领导者获得信任的关键在于了解言语和非言语的沟通模式，获得信任的第一步就在于您的第一印象。基于此，Ted Baartmans 探讨了如何建立自信，并以欧洲领导为例来探讨个人沟通的策略。〔Ted Baartmans，2008（洛杉矶）〕Purdue University 的 Stacey Connaughton 指出，分散式团队在各行各业中逐渐占据了主导地位，研究者应关注在这一环境背景下的领导行为。Stacey Connaughton 分析了领导的地理分布对领导和团队信任发展的影响，探讨了临时分散式团队中共享领导的发展。〔Stacey Connaughton，2008（洛杉矶）〕

（二）女性领导力

女性领导在这个世界上发挥着越来越重要的作用。越来越多研究者关注女性领导力的问题。其一，女性领导力的影响因素分析。虽然越来越多的女性成为领导者，但是她们仍较少出现在高层领导职位上。为什么如此呢？ Northwestern University 的 Alice Eagly 主要从刻板印象的角度来探讨女性领导者之路的阻碍问题。她认为，社会上仍然存在着女性不适合成为领导者的刻板印象，这种刻板印象导致人们的某种偏见，进而影响着女性领导行为，也成为女性职务升迁的障碍。〔Alice Eagly，2006（芝加哥）〕University of Richmond 的 Crystal Hoyt 的实证研究结果表明，自信的女性领导者拒绝接受有关女性的刻板印象，而不自信的女性容易接受有关女性的刻板印象，女性领导者对负面刻板印象的不同反应影响着她的领导效率。此外，还有研究者从女性领导的经历来研究女性领导力的影响因素。〔Crystal Hoyt，2006（芝加哥）〕Mercyhurst College 的 Mary Breckenridge 认为，女性领导儿时的经历影响着领导实践。从两个有关女性领导儿时经历和领导实践的定量研究中，Mary Breckenridge 总结出影响着女性领导方式的儿时经历。〔Mary Breckenridge，2006（芝加哥）〕其二，女性领导的模型建构研究。University of Guelph 的 Karen Korabik 引入如：与性别相关的任务，群体中女性的比率等变量，拓展了 Korabik Ayman 的女性领导模型。〔Karen Korabik，2006（芝加哥）〕Illinois Institute of Technology 的 Roya Ayman 则运用 Korabik Ayman 的女性领导模型，对过去 20 年来公共部门和私人部门男、女性领导进行了对比研究。〔Roya Ayman，2006

（芝加哥）〕其三，女性领导质的分析研究。Regent University 的 Diane Chandler 重点探讨了两位全球型女性领导：巴基斯坦总统 Benizar Bhutto、Palestinian 的文化组织发言人和活动家 Hanan Ashrawi。Diane Chandler 描述了她们的家庭影响，教育背景，婚姻状态和文化变化，试图从中探寻女性领导规律。〔Diane Chandler，2008（洛杉矶）〕此外，与会人员 Dinae Schmitz、Kristina Ricktts、Jacklyn Bruce、Shelley Robbins 等都一致认为，女性领导应该改变其角色，依赖女性智慧，穿越天花板效应，巩固女性的领导力，继续对社会作出重要贡献。

【三】企业领导力

对企业领导（Business Leadership）的关注聚焦于企业领导者面临的问题和最新的发展趋势，尤其关注在全球企业环境中跨国企业的领导问题。IPA 亚洲区总裁 Nicholas Morris 从企业创新的角度谈了对领导使命的认识。他提出，创新是现代企业成功的关键。高效的企业领导对于中国的未来至关重要，在清除恶劣的商业环境、薄弱的资本市场以及落后的教育水平等阻碍创新的绊脚石的过程中，企业领导者扮演着至关重要的角色。企业领导者需要改革企业的组织结构、薪酬体系和经营方式，以激励各层次员工的创新精神。〔Nicholas Morris，2007（温哥华）〕宝钢集团有限公司党委书记刘国胜以宝钢为例分析了企业领导力创新与发展问题。宝钢领导力是宝钢所有财富中最宝贵的财富，是宝钢发展的关键因素，它造就了宝钢在中国钢铁业中的领先地位。宝钢领导力包括七个核心要素：钢铁报国的使命感，追求品德高尚、能力高超的自我管理，顺应现代企业制度要求的文化变革能力，以人为本的人力资源发展能力，富有远见的决策能力，基于系统整合与优化的执行能力，着眼于解决问题的领导方法创新能力。为提升宝钢领导力，要把领导人员队伍建设的整个工作与领导力发展有机结合起来，修订制度，再造流程，把领导力发展贯穿于领导人员的发现、培养和使用的全过程。〔刘国胜，2007（上海）〕南开大学周详副教授从企业并购整合的角度探讨了领导者的使命，认为领导行为在组织变革和组织再造

中国领导学研究（2006—2008）

中浦院

过程中起着关键性作用，伴随着全球范围内并购浪潮的持续增长，要求领导迅速提升自身的应对能力，以提高并购整合活动的领导效力。〔周详，2007（上海）〕

（四）公共领导力

对公共领导（Public service leadership）的关注聚焦于如何促进政府官员、政策制定者及公共服务部门其他人员的领导力发展及其相关问题。随着世界城市体系的形成、扩大和调整，城市之间国际和国内竞争日趋激烈。城市政府是城市公共利益的代表，是城市参与地区竞争的领导主体。在城市面临着发展与竞争两大任务之下，领导者不仅要研究城市的发展之理，还要研究城市的竞争之道，只有揭示和把握城市发展的内在规律，熟悉城市的现实状况，掌握促进城市发展和提升竞争力的战略原则、策略方法，城市才能实现最优化的发展和竞争制胜。美国华盛顿州布莱恩市前市长 ArunG. J. haveri 从自己的工作实践出发，从宏观层面提出了城市领导有效性的标准。认为面临 21 世纪的挑战和机遇，城市及其他政府领导者需要转变传统的领导技能，需要建立一种基于可持续发展原则的新的领导范式，即经济繁荣、社会公正、环境管理三位一体的创新战略。他还指出，远见、正直和激情是一个有效的城市领导者所需要的卓越技能体系。他倡导在城市领导中树立"放眼全球，立足本地"的理念，将传统的核心价值观转变为更为广泛的全球都市战略。〔Arun G. J. haveri，2007（上海）〕澳大利亚皇家墨尔本理工大学的 Lynne Bennington 在演讲中重新界定了中国公共部门领导力，认为实现可持续发展是领导力面临的核心挑战，而相关的研究文献却乏善可陈，中国公共部门的领导要在领导全球实现可持续发展方面有所作为，需要重新定义领导力内涵。〔Lynne Bennington，2007（上海）〕江苏省镇江市市长许津荣从工作实践出发，提出要把握新形势下政府职能转变的背景，明确领导创新的定位，正确处理政府与市场的关系，处理好政府与公众的关系，处理好政府与社会的关系，处理好合法行政与合理行政的关系，以提升管理经济、公共服务、管理社会和依法行政的能

力。〔许津荣，2007（上海）〕

（五）领导测评

北京大学王登峰教授从心理学测评角度探讨了基层党政领导干部工作绩效的结构及其与人格因素的关系。他通过在深度访谈基础上建立的工作绩效自我评定量表的大样本施测，发现通过中国人人格量表（QZPS）测量的人格的 7 个维度及 18 个二级因素均与工作绩效的三个维度存在不同程度的相关，其中处世态度、人际关系和外向性与任务指向绩效关系最直接，处世态度、情绪性和行事风格与品质指向绩效关系最直接，而情绪性与他人评定绩效关系最直接。〔王登峰，2007（上海）〕哈尔滨工程大学博士后杜娟提出了一种通过计算领导者所在组织绩效变化率来间接地测度领导行为有效性的方法。在考察单元的综合指标相对进步率时，为了克服环境的差异对单元绩效产出的影响，利用二次相对效益法来计算跨年度综合得分的相对进步率，以此作为评价该地区领导有效性的客观指标，并通过对黑龙江省 66 个县（市）的实例测算，检验其测度方法的有效性。〔杜娟，2007（上海）〕

（六）领导学研究方法

领导学的不断创新离不开领导研究方法的不断创新。美国科罗拉多大学 Michael Hackman 教授对近 100 年来领导学的研究方法如特质方法、情境方法、职能方法、关系方法和转换设计方法等进行了回顾，指出不同方法适合应用于不同的研究领域。比如从领导者的行为切入的职能方法主要适合于团体领导的研究。再比如，关系方法侧重于研究领导者和追随者的联系或关系，这一角度对于交际学者来说非常重要，因为它试图识别与领导有关的具体交际行为。而转换设计方法则是更"复杂"和"有效"的领导研究方法，适合于研究追随者向领导者的转换。〔Michael Hackman，2007（上海）〕Washington College 的 Michael Harvey 探讨了 2006 年

Nathan Harter 出版的有关领导研究方法的书籍。Harter 的书籍回顾了领导学过去和现在的多学科研究方法，Michael Harvey 试图运用 Harter 丰富的调查方法建造一个有用的领导学概念框架，侧重于从领导职能的角度进行框架研究的探讨。〔Michael Harvey，2006（芝加哥）〕

从近三年国内外领导学学术会议的情况来看，领导学学术会议具有以下特点。其一，领导学学术会议目的明确。领导学学术会议内容紧紧围绕领导实践工作中的热点、难点和疑点问题，创建对话平台，拓宽学术视野，启迪学术思维，弘扬科学精神，促进领导学学科发展。其二，领导学学术会议形式多样。国内外领导学学术会议引入了多种的组织形式：主旨演讲、终身成就奖颁奖、领导案例研讨、与作者见面对话、圆桌讨论、学习实验室、海报展示、工作坊、售书等，这些组织形式提供了更多个别化的讨论交流与体验的机会。比如：学习实验室，即，先介绍最新研究与实践中关注的某个热点问题，然后鼓励参与者积极提出各自观点，通过相互启发来相互学习。再比如，工作坊，运用互动方式在领导研究的实践应用方面总结个人经验、发表个人看法的形式，一般至少三分之一的实践必须是观众参与（不包括问答时间）。这些多样活泼的研讨方式为加深不同国家领导学研究者和实践者的沟通理解提供了机会，充分体现了会议的开放性、灵活性和包容性。其三，领导学学术会议内容丰富。国内外领导学学术会议内容逐步向政治、经济、文化和社会的各个领域延伸，领导模型和领导工具逐步推出，既有宏观、战略性层面的思考，比如：领导与文化；也有微观、技术性层面的探讨，比如：电影技术在领导力提升中的运用。国内外领导学界研究者和实践者逐步打破学科界线，从哲学、行政学、管理学、政治学、心理学、教育学等多学科角度进行多方位的研究与对话。

总的来看，国内外领导学学术活动从多方位、多角度对领导学进行了跨学科、跨领域、跨国界的深入探讨，体现出鲜明的国际性、前沿性和现实性，推动着东西方领导学界对话、领导学理论与实践的互通以及多学科研究视野的融合，推动领导学理论与实践在发展中繁荣创新，在创新中引领未来。但是，由于东西方语言和思维方式的差异，交流对话还不够深入，有待于未来进一步继续加强和深化，促进国内外领导学学科研究的对接，促进领导学学科的持续健康发展。

附：相关论、著索引

论文部分：

1. 罗振宇、陈琳：《提高领导能力　构建和谐社会》,《领导科学》,2006（22）。

2. 翁文艳、高鸿：《全球领导力理论与实践的新模式与新观念——国际领导协会年会内容述要》,《中国浦东干部学院学报》,2007（1）。

3. 翁文艳：《国际领导协会第八次年会述要》,《领导科学》,2007（1）。

4. 曹任何、高鸿：《转型时代的领导与领导创新》,《中国浦东干部学院学报》,2008（1）。

5. 赵军：《中国领导科学研究会2007年年会在上海市举行》,《领导科学》,2008（2）。

6. 林颖：《可持续发展背景下的国际领导学研究热点——国际领导协会第九届年会述要》,《中国浦东干部学院学报》,2008（3）。

7. http://www.ila-net.org/Conferences/Past/index.htm.

中国领导学研究（2006—2008）

后 记

2007 年，中国浦东干部学院组织编写了《中国领导学研究 20 年》，在领导学研究界引起较大反响。该书作为对中国领导学研究进行全面回顾的奠基之作，通过对 20 年来我国领导学学科体系发展历程及领导学各分支领域的研究状况进行全面和系统的总结、回顾，使读者对领导学学科形成一种整体性印象，因而，读者们普遍反映，该书对于深入研究领导学问题具有重要的参考价值。适应这种需求，我们在此基础上，加大相关的研究工作，对 2006—2008 年来国内对领导学研究的最新理论成果进行了梳理，于是形成了《中国领导学研究（2006—2008）》，本书侧重于对近期领导学研究的重要成果、热点问题以及带有发展趋势预测性研究的成果进行梳理、总结，以满足对领导学研究感兴趣的理论工作者和实际工作者的需求。目前，领导学已成为各级党干校和党政企事业领导干部培训机构的主要学科，在这些机构中，领导学课程很受欢迎。我们进行这方面的研究综述，也是为了进一步回顾和总结我国领导理论研究所取得的成就，反思领导理论研究中存在的问题，以推动领导理论研究的深入。

本书由于洪生任主编，中国浦东干部学院领导学研究所具体负责进行总体框架的设计和拟定编写大纲，全书由主编负责统稿、定稿。各部分执笔人为：第一、三章（于洪生），第二章（李冲锋），第四、八章（吴涛），

第五章（王华），第六章（周光凡），第七章（张素玲），第九章（赵世明、林颖、周颖），附录（何丽君）。

每一部分后面都附有著作和论文索引，以方便读者查阅。正文中的引文无论是直接引用还是间接引用，均采用夹注，具体标示方式为：① 引文出自著作的，标明作者、出版年份与页码，比如，陈占安主编：《毛泽东领导理论研究》，人民出版社 2008 年版，第 56 页，文中注标示为〔陈占安，2008，第 56 页〕，非直接引用的一般不标注页码，只标出版年份；② 引文出自期刊的，标明作者、题目、杂志、年份与期数，比如，赵军：《现代西方领导方法探析》，《理论视野》，2008（3），文中注标示为〔赵军，2008（3）〕；③ 引文出自报纸的，标明作者、题目、报纸名称、年月日，比如，黄河：《儒家思想在现代企业管理中的实践》，《湖南日报》，2008—07—08，文中注标示为〔黄河，2008—07—08〕；④ 引文出自国内外学术会议上的发言，标明演讲者、时间、地点，文中注标示为〔Michael Hackman，2007（上海）〕；⑤ 文中注都可在索引部分中找到详细出处，索引是按照出版时间的先后顺序排列的。

在写作过程中，中国浦东干部学院的各级领导给予了大力的支持，学院许多老师参与了编写提纲的讨论以及资料的收集整理工作，在此，一并表示感谢。由于时间仓促，书稿中难免有不当之处，敬请广大读者批评指正。

编　者
2009 年 12 月

责任编辑:洪　琼
责任校对:湖　催

图书在版编目(CIP)数据

中国领导学研究(2006—2008)/于洪生 主编. -北京:人民出版社,2010.3
(中浦院书系·研究报告系列)
ISBN 978 - 7 - 01 - 008739 - 9

Ⅰ. 中… Ⅱ. 于… Ⅲ. 领导学-研究-中国 Ⅳ. C933

中国版本图书馆 CIP 数据核字(2010)第 035861 号

中国领导学研究(2006—2008)
ZHONGGUO LINGDAOXUE YANJIU(2006—2008)

于洪生 主编

人民出版社 出版发行
(100706　北京朝阳门内大街 166 号)

北京中科印刷有限公司印刷　新华书店经销

2010 年 3 月第 1 版　2010 年 3 月北京第 1 次印刷
开本:710 毫米×1000 毫米 1/16　印张:25
字数:370 千字　印数:0,001 - 5,000 册

ISBN 978 - 7 - 01 - 008739 - 9　定价:50.00 元

邮购地址 100706　北京朝阳门内大街 166 号
人民东方图书销售中心　电话 (010)65250042　65289539